Fred Scholz

Länder des Südens

Fragmentierende Entwicklung und Globalisierung

mit Länderbeiträgen von

Andreas Benz, Augsburg: Pakistan
Martin Doevenspeck, Bayreuth: Kongo
Ludwig Ellenberg, Berlin: Costa Rica
Frauke Kraas, Köln: Laos
Fred Krüger, Erlangen: Botsuana
Jörg Janzen, Berlin/Ulan Bator: Mongolei
Martina Neuburger, Hamburg: Brasilien
Nadine Reis, Bonn: Mexiko
Stefan Schütte, Berlin: Afghanistan

unter Mitwirkung der Verlagsredaktion

westermann GRUPPE

© 2017 Bildungshaus Schulbuchverlage
Westermann Schroedel Diesterweg Schöningh Winklers GmbH, Braunschweig
www.westermann.de

Das Werk und seine Teile sind urheberrechtlich geschützt. Jede Nutzung in anderen als den gesetzlich zugelassenen bzw. vertraglich zugestandenen Fällen bedarf der vorherigen schriftlichen Einwilligung des Verlages. Nähere Informationen zur vertraglich gestatteten Anzahl von Kopien finden Sie auf www.schulbuchkopie.de.
Für Verweise (Links) auf Internet-Adressen gilt folgender Haftungshinweis: Trotz sorgfältiger inhaltlicher Kontrolle wird die Haftung für die Inhalte der externen Seiten ausgeschlossen. Für den Inhalt dieser externen Seiten sind ausschließlich deren Betreiber verantwortlich. Sollten Sie daher auf kostenpflichtige, illegale oder anstößige Inhalte treffen, so bedauern wir dies ausdrücklich und bitten Sie, uns umgehend per E-Mail davon in Kenntnis zu setzen, damit beim Nachdruck der Verweis gelöscht wird.

Druck A^2 / Jahr 2020
Alle Drucke der Serie A sind im Unterricht parallel verwendbar.

Redaktion: Thilo Girndt
Druck und Bindung: Westermann Druck GmbH, Braunschweig

ISBN 978-3-14-**151104**-8

Inhalt

1 Entwicklung – Zukunftsgestaltung oder Überlebenssicherung? 5

1.1 Mythos Entwicklung   6
1.2 Stigma Unterentwicklung   11
1.3 Irrgarten der Begriffe   13

2 Globale Entwicklung – Fragmentierung?   19

2.1 Europäisierung der Erde: Handelsregime   20
2.2 Globalisierung der Erde: Ursachen und Effekte   25
2.3 Theorie der fragmentierenden Entwicklung   33
2.4 Fragmentierung in drei konkreten Beispielen   40

3 Unterentwicklung – weltweite Wirklichkeit?   47

3.1 Demografische und soziale Entwicklungshemmnisse   48
3.2 Wirtschaftliche und politische Entwicklungsprobleme   70

4 Länder des Südens – regionale Vielfalt   81

4.1 Strukturelle Unterschiede der Entwicklungsregionen   82
4.2 Afrika: ressourcenreich – perspektivenarm?   84
    4.2.1 Botsuana: Diamantenreichtum und HIV-Pandemie   90
    4.2.2 Kongo: Fluch des Mineralienreichtums?   94
    4.2.3 Niger: Unterentwicklung im Sahel   99
    4.2.4 Afrika – Entwicklungssituation aus Expertensicht 103
4.3 Lateinamerika: eigenständig – widersprüchlich?   105
    4.3.1 Mexiko: Industrialisierung ohne Wirkung?   110
    4.3.2 Costa Rica: klein, aber fein   115
    4.3.3 Brasilien: ungleiche Machtverhältnisse   120
    4.3.4 Lateinamerika – Entwicklungssituation aus Expertensicht 123
4.4 Asien: aufsteigend – ausbeutend?   125
    4.4.1 Oman: auf dem Weg in die Moderne?   132
    4.4.2 Afghanistan: ohne Hoffnung auf Entwicklung?   136
    4.4.3 Pakistan: das gefährlichste Land der Welt?   142
    4.4.4 Mongolei: Ressourcenreichtum als Chance?   147
    4.4.5 Laos: Agrarstaat und globalisierter Tourismus   152
    4.4.6 Asien – Entwicklungssituation aus Expertensicht 157

5 Akteure und Konzepte der Entwicklungszusammenarbeit   159

5.1 Entwicklungsakteure   160
5.2 Klassische Entwicklungsvorstellungen   165
5.3 Praxisnahe Konzepte und Strategien ...   169
5.4 Neue Vorstellungen und Maßnahmen ...   174
5.5 Abschließende Gedanken   184

Anhang   186

Zur Einführung

Leitfrage zu diesem Buch:
Ist der Preis für den Wohlstand des Nordens nicht das Elend des Südens?

In einer Zeit, in der eine massenhafte Fluchtbewegung aus dem Süden stattfindet und die dort unvermindert herrschende Armut und Perspektivlosigkeit fortbestehen, bedarf es da nicht einer gründlichen Überprüfung der bisherigen Entwicklungshilfe?

In einer Zeit, in der durch Entführungen, Attentate, Gewalt und Kriege in den Ländern des Südens eine Verbesserung der Lebensbedingungen der lokalen Bevölkerung verhindert wird, die Sicherheit der Entwicklungshelfer/-innen gefährdet ist und ihre Arbeitsbedingungen erschwert sind, kann da noch die bislang betriebene Entwicklungspraxis fortgesetzt werden?

In einer Zeit, in der der Süden das Fünffache dessen an Schuldendienst überweisen muss, was dieser aus dem Norden an Entwicklungshilfezahlungen bekommt, und sich durch die Globalisierung eine totale Entgrenzung der wirtschaftlichen Ausbeutung und des Raubbaus an der Natur des Südens vollzieht, bedarf es da nicht einer Neukonzeption der Entwicklungszusammenarbeit?

In einer Zeit, in der die Regierungen des Südens immer weniger ihren Aufgaben gerecht werden, ihre Macht missbrauchen oder sie sogar kollabieren und sich gleichzeitig die bislang geltende Weltordnung im Wandel befindet, ist es da nicht auch dringend geboten, über eine wirklich neue Entwicklungspolitik nachzudenken?

In einer Zeit, in der sich nicht nur die Wohlstandskluft zwischen Nord und Süd, zwischen Stadt und Land, zwischen „Unten" und „Oben", Arm und Reich weltweit verschärft, sondern Prozesse bruchhafter Ausgrenzung und Abschottung ablaufen, ist da nicht auch eine neue Wahrnehmung der tatsächlich stattfindenden Entwicklung erforderlich?

Eigentlich waren die bundesdeutsche und auch die internationale Entwicklungspolitik schon in den 1950er-Jahren mit dem Ziel angetreten, die Lebensbedingungen in den ehemaligen Kolonien und damals selbstständig gewordenen Staaten, die allesamt im Norden als rückständig betrachtet wurden, durch technische, finanzielle und personelle Hilfe zu verbessern und sicher zu gestalten. Dabei standen aber nicht einzig karitative Motive im Vordergrund. Von Anbeginn spielten auch eigennützige ökonomische und politische Beweggründe eine Rolle. In der Gegenwart, der Zeit der Globalisierung, dominieren die Wirtschaft und ihre Ziele – wie Wettbewerb, Erfolg und Gewinn – den Umgang mit den Ländern des Südens. Humanitäre Gesichtspunkte, so lehrt die Wirklichkeit, treten dahinter zurück.

Darauf und auf die obigen Fragen versucht die gegenwärtige deutsche Entwicklungspolitik eine Antwort zu geben: Entwicklungspolitik im 21. Jahrhundert muss als Zukunfts- und Innovationspolitik definiert werden, die die globalen Herausforderungen gestaltet und nicht mehr wie bisher als Reparaturbetrieb fungiert. Jetzt – so die Forderung des Bundesministeriums für wirtschaftliche Zusammenarbeit und Entwicklung – muss gehandelt werden, sonst zahlen wir und unsere Kinder morgen einen hohen Preis.

Um diesen hohen Anspruch würdigen, seine politische Umsetzung einordnen und seine tatsächliche Realisierbarkeit einschätzen zu können, bedarf es der Einsicht in die herrschenden politischen und ökonomischen Zusammenhänge und der Kenntnis von den Interessen der beteiligten Verantwortlichen im Norden wie im Süden. In diesem Sinne werden auf den folgenden Seiten Grundlagen vermittelt, die zur kritischen Auseinandersetzung mit der Nord-Süd-Realität befähigen und die Rolle aufzeigen, die wir, der Norden, in dieser Weltsituation einnehmen, welche Vorteile wir daraus ziehen und welcher Verantwortung wir uns stellen müssen/sollten.

Entwicklung – Zukunftsgestaltung oder Überlebenssicherung?

Die Bedrohung der Weltgemeinschaft durch Hunger, Armut, Krankheiten, Gewalt und Terror sowie durch Klimawandel, Zerstörung von Natur und Vernichtung von Lebensgrundlagen wird gegenwärtig nicht mehr einzig von Pessimisten und Ökokritikern gesehen und beklagt. Die Vereinten Nationen und Regierungen in allen Weltgegenden, so auch die deutsche Bundesregierung, haben erkannt, dass es wirklich höchste Zeit ist, diesen realen Bedrohungen mit Entschiedenheit zu begegnen. Die Millennium Development Goals (2015) waren dafür ein erstes sichtbares Zeichen. Die Sustainable Development Goals (2030) stellen eine verheißungsvolle Fortsetzung dar.

Zum Verständnis und zur Einordnung der bestehenden Bedrohungen und praktizierten politischen Gegenstrategien (Entwicklungspolitik) sei im Folgenden in Zusammenhänge und Grundlagen eingeführt.

1.1 Mythos Entwicklung

Der Begriff *Entwicklung* wird gemeinhin für recht verschiedene Geschehnisse verwendet, steht jedoch in diesem Buch ganz allgemein für die Überwindung von Rückständigkeit und für die Verbesserung der Lebensbedingungen in den Ländern des Südens. Doch die Art und Weise, wie bisher dieses Ziel zu erreichen versucht wurde, ist in jüngster Zeit in die Kritik geraten.

Zur Veranschaulichung des geltenden Verständnisses von Entwicklung seien im Folgenden die Sichtweisen von zwei recht unterschiedlich verorteten Wissenschaftlern vorgestellt: dem deutschen Politikwissenschaftler Dieter Senghaas und dem brasilianischen Ethnologen Darcy Ribeiro.

Von dem Gedanken ausgehend, dass Zivilisierung und Frieden als identische Tatbestände als Ausdruck für gelungene gesellschaftliche Entwicklung aufzufassen sind, leitet Senghaas ein Entwicklungsverständnis ab, das in dem „zivilisatorischen Hexagon" Ausdruck findet (M1). Es ist aus den Erfahrungen bei der Herausbildung von Staaten, Gesellschaften und Werten in Europa abgeleitet. Dieses Entwicklungsverständnis basiert auf dem Zusammenwirken von Gewaltmonopol (Entprivatisierung von Gewalt), Verfassungsstaat (Entstehung von Rechtsstaatlichkeit), Gewalt- und Affektkontrolle (Entwaffnung der Bürger), demokratischer Partizipation (Bildung von Parteien und Entscheidungsbeteiligung der Massen), sozialer Gerechtigkeit (Abbau von Privilegien) und Konfliktkultur (Entscheidungsfindung durch gesellschaftlichen Diskurs). Senghaas sieht in diesen sechs Errungenschaften die Grundlage für die Herausbildung einer dynamischen Wirtschaft, einer offenen Gesellschaft, einer demokratiebasierten Politik und eines beachtenswerten Wohlstandes, wie in Europa und Nordamerika der Neuzeit geschehen.

Nach Ribeiro gilt Entwicklung ganz allgemein als ein Vorgang, der zu immer höherer wirtschaftlicher Nutzung der Natur- und Humanressourcen führt, die das Ziel hat, die materiellen, gesellschaftlichen und rechtlichen Lebensbedingungen der Menschen und ihres Zusammenlebens zu verbessern, die soziale Mobilität zu fördern und die politische Teilhabe (Partizipation) zu ermöglichen.

Diese beiden modernisierungstheoretisch begründeten und eurozentrischen Auffassungen von Entwicklung, abgeleitet aus dem Werdegang der atlantischen Industrieländer und getragen von einer undifferenzierten Wachstumsideologie, gaben nach dem Zweiten Weltkrieg auf Seiten des Nordens das entwicklungspolitische Konzept und die Zielrichtung für den Süden vor: *nachholende Entwicklung*.

Dieses Konzept nachholender, Wachstum generierender Entwicklung von Ländern als Ganzen nach dem Vorbild des Nordens bestimmte von Anbeginn das entwicklungspolitische Denken und Handeln und erfährt jetzt durch Globalisierung eine konsequente, entschiedene Auffrischung und Steigerung. Doch damit wird an einem Trugbild festgehalten, das im Süden fast nirgendwo realisiert wurde. Zum einen fehlten dafür in den einzelnen Ländern die geeigneten natürlichen, ökonomischen, politischen und gesellschaftlichen Voraussetzungen. Zum anderen mangelte es auch an den dafür erforderlichen internationalen politischen und wirtschaftlichen Rahmenbedingungen und bisher an einer daran wirklich ernsthaft interessierten, verantwortungsbewussten und selbstlosen Politik des Nordens.

Doch Zweifel an der Richtigkeit dieses Entwicklungskonzeptes hat es immer wieder gegeben. Spätestens seit Anfang der 1970er-Jahre, als das sich steigernde, massenhafte Elend kaum noch zu übersehen war, kamen erste Forderungen nach Befriedigung der elementaren Bedürfnisse (Nahrung, Unterkunft, Kleidung, Arbeit, Gesundheit, Bildung, politische Partizipation) für die Masse der Bevölkerung in den Ländern des Südens auf. In der Folgezeit setzte sich auch die Einsicht durch, dass es nicht genügt, einzig die materielle Situation zu verbessern.

M1: Hexagon der Zivilität

M2: Hafen von Banjul, Gambia

Überlegungen zu politischer Partizipation, Konfliktprävention, zu Nachhaltigkeit, Umweltschutz, Friedenssicherung und Terrorbekämpfung begannen den entwicklungspolitischen Diskurs und bald auch das entwicklungspraktische Handeln mitzugestalten (siehe auch M 4, S. 163).

>> *Dies ist [...] der Leitgedanke der neuen deutschen Entwicklungspolitik: Wir brauchen eine breitenwirksame Entwicklung, um in Entwicklungsländern Menschen weltweit aus der Armut zu führen. Und wir brauchen eine Wirtschaft, die zukunftsfähig ist: ökologisch verträglich, sozial verantwortlich, politisch und wirtschaftlich tragfähig. Wirtschaftliche Entwicklung ist die Grundvoraussetzung für Armutsminderung und bessere Lebensbedingungen der Menschen.*

Dirk Niebel (2009), *Bundesminister für wirtschaftliche Zusammenarbeit und Entwicklung (2009 – 2013)*

Aktueller Ansatz

Die aktuelle Zielsetzung deutscher Entwicklungspolitik formuliert der seit 2013 amtierende Bundesminister noch deutlicher und visionär. Für ihn ist Entwicklungspolitik *globale Zukunftspolitik*:

>> *Stellen wir uns alle die Welt im Jahr 2050 vor: Kein Kind verhungert mehr, Afrika mit seiner jungen Bevölkerung erlebt einen wirtschaftlichen Aufschwung. Der Kontinent wächst und gedeiht, nachhaltige Energie, vor allem aus Sonne, schafft Millionen Arbeitsplätze. In Asien boomt die Produktion von Bekleidung, die nicht die Flüsse vergiftet und von der die Näherinnen mit ihren Familien gut leben können. Durch moderne Technologien haben wir es tatsächlich geschafft, die Erderwärmung abzubremsen, die Überflutung ganzer Landstriche in Bangladesch zu verhindern.*
Es kann bis 2050 aber auch ganz anders kommen: 150 Millionen Klimaflüchtlinge aus Subsahara-Afrika und den Küstenregionen Asiens machen sich auf den Weg. In unseren Meeren schwimmt mehr Plastikmüll als Fische. In Indonesien herrscht Dauersmog, weil noch mehr Urwald für die Palmölproduktion abgefackelt wird. Millionen junger Menschen ohne Aussicht auf eine Zukunft in Afrika fordern gewaltsam ihre Menschenrechte. Lösen wir die Probleme [...] nicht jetzt vor Ort durch eine neue Qualität der Zusammenarbeit, dann kommen die Probleme zu uns. [...] Wir brauchen einen Paradigmenwechsel und müssen begreifen, dass Afrika nicht der Kontinent billiger Ressourcen ist, sondern die Menschen dort Infrastruktur und Zukunft benötigen.

Gerd Müller (2016), *Bundesminister für wirtschaftliche Zusammenarbeit und Entwicklung (2013 – 2017)*

Doch Entwicklungspolitik – so auch in Deutschland – stand bisher nicht einzig für humanitäre, selbstlose Hilfe. Sie hat auch eine immanent wichtige binnenwirtschaftliche Bedeutung und Funktion. So erbrachte, wie eine frühere Studie des BMZ belegt, jeder in der Vergangenheit in Entwicklungsprojekte gesteckte Euro einen vielfachen Gewinn für Deutschland (M 3). Ebenso eindrucksvoll ist die Höhe des Anteils, der von der auf verschiedenen Wegen geleisteten Entwicklungshilfe zurückfließt (M 1, S. 8). Auch bereitet die Entwicklungszusammenarbeit beispiels-

M 3: Ökonomische Effekte der Entwicklungszusammenarbeit für Deutschland

1.1 Mythos Entwicklung

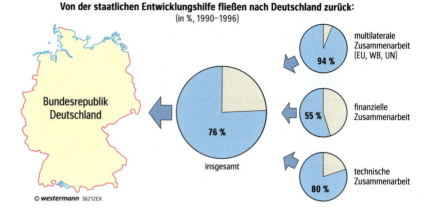

M1: Rückfluss deutscher Entwicklungsleistungen (1990 – 1996)

PPP
Öffentlich-private Partnerschaft, auch Entwicklungspartnerschaft; Kooperationsform von öffentlichen Stellen und privaten Wirtschaftsunternehmen.

FDI
Ausländische Direktinvestitionen, finanzielle Beteiligung eines Investors des Nordens, beispielsweise eines transnationalen Konzerns, an einer neu zu gründenden (Zweigniederlassung) oder einem schon vorhandenen Unternehmen im Süden.

weise über Public Private Partnership (PPP) und Foreign Direct Investments (FDI) Kooperationen zwischen deutschen und Unternehmen in Ländern des Südens vor. Sie tragen dazu bei, Zugang zu Aufträgen, Ressourcen, Rohstoffen, günstigen Produktionsstandorten, Absatzmärkten und geeigneten/billigen Arbeitskräften zu schaffen. Durch die Globalisierung hat diese wirtschaftliche Bedeutung der Entwicklungszusammenarbeit zugenommen.

In Anbetracht dieser Tatsachen ist die Rede des Bundesentwicklungsministers beim Zukunftskongress 2016 in München, wie ein Ausschnitt zeigt, bemerkenswert:

» *Wir müssen neu teilen lernen. Wir auf der Sonnenseite, die Reichen, tragen eine besondere Verantwortung. Wir müssen Wertschöpfung vor Ort schaffen, Globalisierung fair gestalten. Globalisierung darf nicht der Sprössling eines modernen Sklavenhalters sein. Wenn Sie in der Früh in Ihre Jeans schlüpfen, denken Sie darüber nach: Die Jeans kostet 100 Euro, es gibt sie natürlich auch für 9,90 Euro. Wir waren in den Fabriken Pakistans, Bangladeschs, Kambodschas unterwegs. Diese Jeans kostet dort mit allem Drum und Dran, wie wir sie im Kaufhaus hier kaufen, fünf Euro. Hier kostet sie 100 Euro. Wo bleiben die restlichen 95 Euro? Wir brauchen einen Euro mehr vor Ort in Bangladesch. Dann können die Näherinnen einen existenzsichernden Lohn bekommen, ihre Kinder zur Schule schicken, Medikamente kaufen. Das ist nachhaltige Entwicklungspolitik.*

Gerd Müller (2016), Bundesminister für wirtschaftliche Zusammenarbeit und Entwicklung (2013 –)

Millennium Development Goals

Doch ganz offensichtlich konnte durch die Entwicklungspolitik der Vergangenheit keine wirkliche Verbesserung der Lebenssituation für die Menschen des Südens eingeleitet werden. Wie hätte sich sonst die Weltgemeinschaft im Jahre 2000 auf die Millennium Development Goals einigen und sie für so dringlich erachten können, dass sie sich zu ihrer Einlösung bis 2015 verpflichtete?

Diese im Jahr 2000 aufgestellten Entwicklungsziele strebten beispielsweise eine Halbierung der absoluten Armut an sowie der Zahl der Hungernden und der Menschen, die keinen Zugang zu sauberem Wasser haben. Dazu gehörten auch die Forderung nach Grundausbildung der Kinder, Reduzierung der Kinder- (bei Geburt) und Müttersterblichkeit, der Infektionskrankheiten sowie der Durchsetzung nachhaltiger Entwicklung.

Agenda 21
Aktionsprogramm zur Verwirklichung und Durchsetzung nachhaltiger Entwicklung, das auf dem „Erdgipfel" in Rio de Janeiro 1992 verabschiedet wurde. Insgesamt wird es von 170 Staaten getragen. Sie haben sich dazu verpflichtet, ihre Politik sozial verantwortlich, wirtschaftlich tragfähig und ökologisch angemessen (umweltgerecht) zu gestalten.

Die „goals" waren keineswegs überzogen. Sie verlangten lediglich nach elementaren menschenwürdigen Bedingungen und stellten das zentrale Ziel der entwicklungspolitischen Agenda 21, schonender Umgang mit der Umwelt und

Nachhaltigkeit (Sustainable Development), in den Vordergrund. Doch trotz ihrer existenziellen Elementarität, Schlichtheit und Notwendigkeit waren Zweifel an der Ernsthaftigkeit und Fähigkeit der Politik angebracht, sie wirklich umzusetzen. Denn das Ergebnis ist ernüchternd, wurden – trotz beachtlicher Ansätze – doch nicht alle gesteckten Ziele erreicht.

So konnte erfreulicherweise zum Beispiel die absolute Armut prozentual und absolut reduziert werden. Ähnliche Erfolge waren auch bei mehreren anderen Zielen zu verzeichnen (M3). Doch insgesamt wurden einige wichtige Ziele nicht im angestrebten Umfang erreicht. Das trifft beispielsweise für die Primarschulbildung, die Kinder- und Müttersterblichkeit und die Trinkwasserversorgung sowie in besonderem Maße für die Unterernährung zu. Zwar wurde der Anteil der Unterernährten in den Ländern des Südens von 23,3 auf 12,9 Prozent gesenkt und dank der dabei in Ost- und Südostasien gezeigten Ergebnisse wirklich halbiert. Doch die absolute Zahl ging nur von 990,7 auf 779,9 Mio. zurück (M2, M3).

Überhaupt müssen diese Mittelwerte skeptisch gesehen werden, berücksichtigen sie doch nicht die Unterschiede zwischen den Staaten und auf Länderebene, die zwischen Regionen sowie generell zwischen Stadt und Land. In vielen afrikanischen Staaten herrschen beispielsweise Entwicklungsunterschiede zwischen den küstennahen Landesteilen und den peripheren Regionen, die, ebenso wie die immer wieder aufflammenden kriegerischen und häufig ethnisch bedingten Konflikte, eine landesweit gleichmäßige Versorgung oder Entwicklung unterbinden.

Sustainable Development Goals

Trotz dieser positiven wie ernüchternden Ergebnisse sah sich die Weltgemeinschaft dennoch herausgefordert und wohl auch bestärkt, die bisherigen Bemühungen in der 2015 von 150 Staaten beschlossenen Agenda 2030 (Sustainability Development Goals = SDG) fortzusetzen. Deren Ziele sind qualitativ noch umfassender und auf die Welt als Ganze ausgerichtet (M1, S.10). Skepsis und auch grundsätzliche Kritik

	1990-92		2014-16	
	Anzahl	in %	Anzahl	in %
Welt	1010,6	18,6	794,6	10,9
Länder des Südens	990,7	23,3	779,9	12,9
Subsahara-Afrika	175,7	33,2	220,0	23,2
Ostasien	295,4	23,2	145,1	9,6
Südostasien	137,5	30,6	60,5	9,6
Südasien	291,2	23,9	271,4	15,7
Lateinamerika	66,1	14,7	34,3	5,5

Quelle: FAO

M2: Entwicklung der Unterernährung in den verschiedenen Weltregionen 1990/92 bis 2014/16

Forderung	Indikator	Wert 1990	Ziel für 2015	Wert 2015	Veränderung 1990 : 2015
Menschen in extremer Armut (<1,25 US-$)	absolut*	1.900 Mio.	Halbierung des Anteils der Armen	836 Mio.	- 1064 Mio.
	Anteil*	35,8 %		11,4 %	- 68 %
Unterernährte	absolut**	991 Mio.	Halbierung des Anteils der Unterernährten	780 Mio.	- 211 Mio.
	Anteil**	23,3 %		12,9 %	- 21 %
Vollbeschäftigung in ehrbarer Arbeit	Anteil**	64 %	Erhöhung auf 100 %	61 %	- 4 %
Primärschulbildung	Anteil**	80 %	Erhöhung auf 100 %	91 %	+ 14 %
Geschlechtergefälle in der Primar- und Sekundarschulbildung	Verhältnis Mädchen/Jungen in Primarstufe**	0,68	Erhöhung auf 1,0	0,98	+ 44 %
Frauen im nationalen Parlament	Anteil**	12 % (2000)	Erhöhung auf 50 %	21 %	+ 43 %
Kindersterblichkeit	Sterblichkeitsrate von Kindern unter fünf Jahren pro 1000 Lebendgeburten **	100	Senkung um 66 %	47	- 53 %
Müttersterblichkeit	Müttersterblichkeitsrate[1]**	460	Senkung um 75 %	230	- 46 %
HIV-Neuansteckungen	absolut**	3,34 Mio	Senkung	1,94 Mio	- 42 %
Trinkwasserversorgung	Anteil mit Zugang zu sicherem Trinkwasser**	76 %	Erhöhung auf 100 %	89 %	+ 17 %

Quelle: UN *bezogen auf globale Gesamtbevölkerung **bezogen auf die UN-Kategorie „developing regions"
[1]Anzahl der Frauen pro 100 000 Lebendgeburten, die während der Schwangerschaft oder Geburt sterben

M3: Millennium Development Goals (Auswahl): Zielvorgaben und erreichte Werte 2015

1.1 Mythos Entwicklung

an dem in diesen SDG bekundeten Entwicklungsverständnis wurden in jüngster Zeit zwar wiederholt geäußert. Doch greifbar Ausdruck haben sie erst in der Post-Development-Diskussion gefunden und dadurch die Öffentlichkeit erreicht. In dieser Diskussion wird grundsätzlich die Übertragung des westlichen Gesellschaftsmodells auf die Länder des Südens in Frage gestellt. Denn Entwicklung im bisherigen Sinne kann nur als Ideologie des Westens gesehen werden. Damit ist sie als Fortbestand des Kolonialismus/Imperialismus in strukturell neuem Gewand, doch mit faktisch ähnlichem Resultat zu interpretieren. Die Alternative wird in einer Rückbesinnung der Gesellschaften des Südens auf ihre basis- oder radikaldemokratischen Traditionen sowie auf ihre sozialen Ordnungsmuster und Wertnormen gesehen. Dazu bedarf es auch der Verselbstständigung der internen Wirtschaft vom Weltmarkt und eine Rückbesinnung auf lokales Wissen und angepasste Techniken in Handwerk, Landwirtschaft, Fischerei sowie im Siedlungswesen und Marktgeschehen.

Wenn diese Kritik am geltenden Entwicklungsverständnis und als Alternative dazu auch recht vage und realitätsfern eingeschätzt werden dürfte, so richtet sie die Aufmerksamkeit doch wieder auf das zentrale und fast völlig in Vergessenheit geratene Ziel entwicklungspolitischen Handelns, nämlich die Menschen.

1. Armut in allen ihren Formen und überall beenden.
2. Den Hunger beenden, Ernährungssicherheit und eine bessere Ernährung erreichen.
3. Ein gesundes Leben für alle Menschen jeden Alters gewährleisten und ihr Wohlergehen fördern.
4. Inklusive, gleichberechtigte und hochwertige Bildung gewährleisten und Möglichkeiten lebenslangen Lernens für alle fördern.
5. Geschlechtergleichstellung erreichen und alle Frauen und Mädchen zur Selbstbestimmung befähigen.
6. Verfügbarkeit und nachhaltige Bewirtschaftung von Wasser und Sanitärversorgung für alle gewährleisten.
7. Zugang zu bezahlbarer, verlässlicher, nachhaltiger und moderner Energie für alle sichern.
8. Dauerhaftes, breitenwirksames und nachhaltiges Wirtschaftswachstum, produktive Vollbeschäftigung und menschenwürdige Arbeit für alle fördern.
9. Eine widerstandsfähige Infrastruktur aufbauen, breitenwirksame und nachhaltige Industrialisierung fördern und Innovationen unterstützen.
10. Ungleichheit in und zwischen Ländern verringern.
11. Städte und Siedlungen inklusiv, sicher, widerstandsfähig und nachhaltig gestalten.
12. Nachhaltige Konsum- und Produktionsmuster sicherstellen.
13. Umgehend Maßnahmen zur Bekämpfung des Klimawandels und seiner Auswirkungen ergreifen.
14. Ozeane, Meere und Meeresressourcen im Sinne nachhaltiger Entwicklung erhalten und nachhaltig nutzen.
15. Landökosysteme schützen, wiederherstellen und ihre nachhaltige Nutzung fördern, Wälder nachhaltig bewirtschaften, Wüstenbildung bekämpfen, Bodendegradation beenden und umkehren und dem Verlust der biologischen Vielfalt ein Ende setzen.
16. Friedliche und inklusive Gesellschaften für eine nachhaltige Entwicklung fördern, allen Menschen Zugang zur Justiz ermöglichen und leistungsfähige, rechenschaftspflichtige und inklusive Institutionen auf allen Ebenen aufbauen.
17. Umsetzungsmittel stärken und die Globale Partnerschaft für nachhaltige Entwicklung mit neuem Leben erfüllen.

M1: Ziele für nachhaltige Entwicklung (Sustainability Development Goals, SDG)

1 Vergleichen Sie die Definitionen von Entwicklung von Senghaas und Ribeiro (S. 6).
2 Erläutern Sie die Anpassung der Ziele der deutschen Entwicklungspolitik.
3 Analysieren Sie den Erfolg der Millennium Devolopment Goals (M2, M3, S. 9).
4 Beurteilen Sie die Zielsetzungen der Sustainability Development Goals (M1).

Stigma Unterentwicklung

Unterentwicklung wird aus Sicht des Nordens gemeinhin mit hilfsbedürftig und notleidend assoziiert. Darin finden christliche Nächstenliebe ebenso Ausdruck wie das bewusste oder unbewusste Gefühl von Überlegenheit. In Zeiten der Globalisierung ist Unterentwicklung nicht einzig mehr auf die Regionen ehemaliger europäischer Kolonien beschränkt.

Der Begriff Unterentwicklung gilt als Schöpfung der Diplomatie der Industrieländer und ist aus dem Vergleich des beispielgebenden Entwicklungsstandes des Nordens mit dem der Länder des Südens hervorgegangen. Er steht – mehr oder weniger berechtigt – für ein rückständiges, undynamisches und traditionsverharrendes Verhalten und eine hohe Verwundbarkeit. Nicht selten wird er sogar (respektlos oder aus Unwissen) mit Kulturlosigkeit und Primitivität assoziiert. Auch wird den Ländern des Südens die Unfähigkeit zur eigenständigen Bewältigung der gesellschaftlichen, politischen und ökonomischen Herausforderungen unterstellt. Unterentwicklung wird (statistisch) greifbar durch Merkmale wie Unter- und Fehlernährung, Analphabetismus, Armut, Hunger, Trinkwassermangel, Obdachlosigkeit, endemische Krankheiten, Kindersterblichkeit, Kinderarbeit, Massenarbeitslosigkeit, geringe Lebenserwartung, Bevölkerungsexplosion, Frauendiskriminierung, Verstädterung, (Land-)Flucht, Massenmigration oder Billiglohnproduktion und Staatszerfall. In diesem Sinne ist „Süden" nach dem deutschen Soziologen Ulrich Beck keine geographische Kategorie mehr, sondern Ausdruck eines Zustandes, der inzwischen weltweit sowohl damit im Süden als auch in wachsendem Maße (infolge Globalisierung) im Norden anzutreffen ist.

All diese Merkmale, Zuweisungen und Probleme mögen je nach Sichtweise für alle oder bestimmte Länder des Südens zutreffen. Sie stehen aber lediglich für Oberflächenphänomene und sind völlig ungeeignet, die faktisch vorhandenen Schwierigkeiten, unter denen die Bevölkerung des Südens leidet, zu verstehen oder zu erklären. Diese Schwierigkeiten haben zum einen interne und historische (kolonialzeitliche) Wurzeln. Für ihre Fortdauer werden zum anderen – spätestens seit Ende des Kalten Krieges – sowohl ökonomische Faktoren (Deregulierung, Liberalisierung, Privatisierung) als auch politische Kriterien (Bad Governance, Klientelismus, Korruption, alltägliche Gewalt, Stammes-/Clan-/Bürgerkriege, Militarismus) herangezogen. Im Hexagon der Entzivilisierung des Politologen Rainer Tetzlaff finden die politischen Kriterien eine systematische Zusammenführung und entwicklungspolitische Interpretation (M3):

1. In vielen Ländern des Südens ist an die Stelle des mit der Unabhängigkeit aus kolonialer Bevormundung eingeführten oder einzuführen versuchten und durch Wahlen legitimierten staatlichen Gewaltmonopols (demokratische Regierung mit Exekutive, Legislative, Judikative) die Aufsplitterung der Macht – wie zu Zeiten der Kolonialherrschaft – unter eigennützig agierende „Warlords" und Banden getreten.
2. Rechtsstaatliche Regelungen werden und wurden durch Faustrecht und religiöse bis fundamentalistische Ansprüche ausgehöhlt und unterminiert.
3. Die Kontrolle emotionalen Handelns, Grundlage friedlichen Zusammenlebens, wurde durch die Explosion der Emotionen und ungezügelte Gewalt ersetzt.
4. Die demokratische Partizipation schwand und schwindet zu Gunsten von Vetternwirtschaft (Klientelismus) und zerstörerischem Bandenwesen.
5. Soziale Gerechtigkeit stellt keinen hehren Wert an sich dar. Selbstprivilegierung, Eigenbereicherung und Vetternwirtschaft entscheiden – von externen Interessengruppen oder Unternehmen gefördert – über den Ressourcenzugang und die Überlebenssicherung.

Länder des Südens
*In diesem Buch wird grundsätzlich die Bezeichnung Länder des Südens verwendet.
Sie beinhaltet die Länder Lateinamerikas, Afrikas, des Nahen Ostens, Zentralasiens (ohne Russland), Südasiens, Ostasiens (ohne Japan), Südostasiens und Ozeaniens (ohne Neuseeland und Australien), die gemeinhin mit Unterentwicklung assoziiert werden. Die Bezeichnung Entwicklungsländer wird nur an den Stellen verwendet, an denen die alte Terminologie betont werden soll oder wenn sie in Texten und Statistiken anderer Autoren und Organisationen gebraucht wird.*

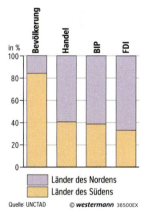

M2: Bedeutung der Länder des Südens im statistischen Vergleich 2015

M3: Hexagon der Entzivilisierung

1.2 Stigma Unterentwicklung

	Anteil der Bevölkerung (in %)		
	frei*	teilweise frei*	unfrei*
Subsahara-Afrika	12	49	39
Nordafrika/Vorderasien	5	12	83
Eurasien	0	21	79
Asien/Pazifik	38	22	40
Europa	85	15	-
Nord-/Südamerika	69	27	4
Welt	39	25	36

Quelle: Freedom House Report: *Bewertung der politischen Rechte und der bürgerlichen Freiheiten

M1: Bevölkerung in politisch-ziviler Freiheit 2017

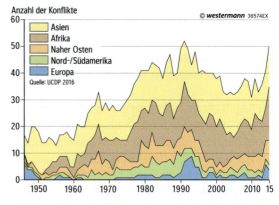

M2: Bewaffnete Konflikte nach Regionen 1946 – 2015

6. Nicht Konfliktbewältigung, sondern Kriege, Gewalt, brutale Ausgrenzung und Terror bestimmen den gesellschaftlichen Umgang, der ethnische Säuberungen und Genozid nicht ausschließt. Und daran sind bestimmte Kräfte des Nordens aus eigennützigen Interessen nicht selten beteiligt.

In derart strukturierten, mit der kolonialen Vergangenheit belasteten und von Außeninteressen beeinflussten Gesellschaften sind die Regierungen (fragile Staatlichkeit) nicht fähig oder willens, die nicht selten reich vorhandenen natürlichen Ressourcen sowie die handwerklichen, kaufmännischen, gewerblichen und landwirtschaftlichen Fähigkeiten der Bevölkerung zu nutzen oder den Rahmen für ihre Inwertsetzung zu gestalten. Und dieser problematische Prozess wird durch Globalisierung keineswegs erleichtert. Daher erweisen sich solche Regierungen auch als unfähig, die Bedürfnisse ihrer Bevölkerung und Wirtschaft zu befriedigen.

Unterentwicklung ist damit nicht einzig Ergebnis lokal gegebener Armut, unstillbaren Hungers oder naturbedingten Ressourcenmangels. Sie ist in erster Linie Folge historischer/kolonialer Vergangenheit, interner politischer Unzulänglichkeiten und Missstände sowie nicht zuletzt auch externer Zwänge und Einflussnahmen.

Nach diesen Ausführungen ist Unterentwicklung nicht einfach das Gegenstück zu Entwicklung. Vielmehr ist es der Zustand all der Länder, für die Folgendes zutrifft:

- **Erstens** werden die vorhandenen Natur- und Humanressourcen zur Befriedigung der Grundbedürfnisse, zum wirtschaftlichen/industriellen Aufbau und zur Sicherung der Nahrungsversorgung und Gesundheitsfürsorge nicht oder nur unzureichend zu Gunsten der lokalen Bevölkerungen genutzt.
- **Zweitens** werden gesellschaftliche und kulturelle Entfaltung mangels rechtlicher Sicherheit, politischer Stabilität und demokratischer Staatsführung (Demokratisierung) weitgehend oder völlig unmöglich gemacht.
- Und **drittens** dürfen bei Entstehung und Fortdauer der derart verstandenen Unterentwicklung die Rolle des Nordens und der von ihm ausgehenden Interessen nicht außer Acht gelassen werden.

Diese Definition sei hier für *Unterentwicklung* eingeführt und steht allgemein für die Länder des Südens.

1 Vergleichen Sie das Hexagon der Zivilität (M1, S.6) und das Hexagon der Entzivilisierung (M3, S.11).
2 Erläutern Sie die Bedeutung von Demokratie und Rechtsstaatlichkeit bei der Überwindung von Unterentwicklung.
3 Nehmen Sie Stellung zu der These von Ulrich Beck, der „Süden" sei im Entwicklungskontext keine geographische Kategorie mehr.

Irrgarten der Begriffe   1.3

Die Begriffsvielfalt, die sich für die Bezeichnung der Entwicklungsländer herausgebildet hat, ist verwirrend. Sie ist das Ergebnis sowohl des politischen Interesses des Nordens und der zuständigen internationalen Organisationen als auch der wirtschaftlichen Bedeutung oder des Entwicklungsniveaus der Länder des Südens. Wenigstens auf einige wichtige und häufig verwendete Begriffe sei zur Orientierung eingegangen.

Für die unabhängig gewordenen Staaten kamen nach dem Zweiten Weltkrieg Bezeichnungen wie *rückständige, un-* oder *unterentwickelte Länder* auf. In der verschämten Diplomatensprache setzte sich jedoch bald der positiv konnotierte Begriff *Entwicklungsländer* durch. Die Bezeichnung *Dritte Welt* entstand auf der Bandung-Konferenz (1955) und spiegelt die Zeit des Kalten Krieges wider, als zwischen marktwirtschaftlich-kapitalistischem Westen (Erste Welt), planwirtschaftlich-kommunistischem Osten (Zweite Welt) und den neutralen, unabhängigen Staaten des Südens (Dritte Welt) unterschieden wurde (M 3). Mit dem Ende des Denkens in Blöcken und des Ost-West-Gegensatzes (1990) ist der eher wert- und ideologiefreie Begriff *Länder des Südens* als Pendant zu Länder des Nordens, den „klassischen" Industriestaaten, üblich geworden.

Bandung-Konferenz
In der javanischen Stadt Bandung trafen sich im April 1955 sechs afrikanische und 23 asiatische Staaten, um die asiatisch-afrikanische Bewegung zu gründen. Später traten auch lateinamerikanische Staaten dieser Verbindung bei.

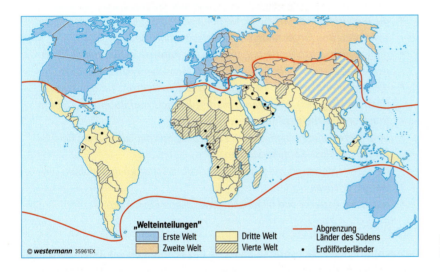

M 3: „Welteinteilung" in der Zeit des Kalten Krieges

Doch daneben gibt es zahlreiche, fantasievolle Wortschöpfungen, so beispielsweise den Begriff *Schwellenländer*. Er findet aus deutscher Sicht bei all jenen Ländern des Südens Anwendung, die schon ein Entwicklungsstadium erreicht haben, in dem sie auf externe Hilfe nicht mehr grundsätzlich angewiesen sind (z. B. Südkorea, Brasilien, Mexiko, Indien, Südafrika). Seit kurzem findet im BMZ der Begriff *Kooperationsländer* Anwendung. Dabei wird zwischen solchen mit vollem bilateralen Länderprogramm (mit bis zu drei Arbeitsschwerpunkten) und denen mit fokussierter regionaler oder thematischer Zusammenarbeit (ein Arbeitsschwerpunkt) unterschieden (M 1, S. 14).

Die Auswahl der Kooperationsländer und die Art der Zusammenarbeit folgen übergeordneten Zielen der deutschen Entwicklungspolitik. Dazu gehört an erster Stelle Freiheit für die Menschen, damit sie ohne materielle Not selbstbestimmt und eigenverantwortlich ihr Leben gestalten können (M 2, S. 14). Die Bundesrepublik Deutschland ist aber auch an der Entwicklungszusammenarbeit der EU und an den entwicklungspolitischen Aktivitäten verschiedener multilateraler, zivilgesellschaftlicher Organisationen (Kirchen, Stiftungen, NGOs) beteiligt.

1.3 Irrgarten der Begriffe

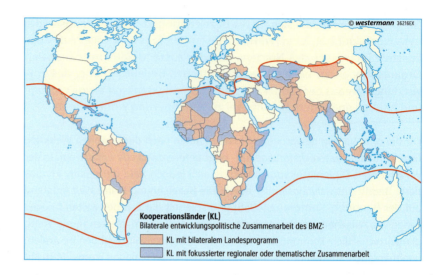

M1: Kooperationsländer der deutschen Entwicklungszusammenarbeit

Kooperationsländer (KL)
Bilaterale entwicklungspolitische Zusammenarbeit des BMZ:
- KL mit bilateralem Landesprogramm
- KL mit fokussierter regionaler oder thematischer Zusammenarbeit

M2: Kriterien des BMZ für Kooperationsländer
www.bmz.de/de/laender_regionen/laenderliste/index.html

Über die entwicklungspolitische Zusammenarbeit des BMZ mit den Kooperationsländern entscheiden im Detail folgende Kriterien:
- die entwicklungspolitische Notwendigkeit und der Bedarf an deutscher Unterstützung (unter anderem Armutssituation, Bedürftigkeit),
- die Entwicklungsorientierung und Art der Regierungsführung der Partnerregierung sowie die Orientierung an Menschenrechtsstandards,
- die Bedeutung und Signifikanz des deutschen Beitrags für den Partner, auch im Vergleich zu anderen bilateralen und multilateralen Gebern (auch unter Arbeitsteilungsgesichtspunkten),
- besondere Gefahrenquellen unter denen die Partner leiden (zum Beispiel fragile und Post-Konflikt-Staaten),
- deutsche Interessen wie strategische Partnerschaften und globale Umweltgüter sowie
- regionale Aspekte und historisch gewachsene Bindungen.

	1980	2000	2015
Welt	0,558	0,634	0,717
Europa/Zentralas.	0,644	0,695	0,756
Ostasien/Pazifik	0,428	0,581	0,720
Südasien	0,356	0,468	0,621
Lateinamerika	0,582	0,680	0,751
Sub-Sahara-Afrika	0,365	0,401	0,523
Arabische Staaten	0,444	0,578	0,687
Norwegen	0,811	0,917	0,949
Deutschland	0,730	0,864	0,926
Südkorea	0,634	0,830	0,901
China	0,404	0,588	0,738
Haiti	0,332	0,421	0,493
Niger	0,177	0,229	0,353

Quelle: UNDP

M3: Veränderung des HDI 1980 – 2015 nach Regionen und ausgewählten Ländern

Gelegentlich in der Tagespresse benutzte Bezeichnungen wie Tiger-, Drachen- und Pantherstaaten sowie Erdöl-, Anker- oder Transformationsländer sind eher euphemistisch zu begreifen oder stehen für bildhafte Symbolik.

Auf internationaler Ebene, so von Organisationen wie UN, WB, FAO und IMF, wurden aus praktischen Erwägungen (z.B. Mittelverteilung, Hilfsbedürftigkeit) oder politischem Kalkül zahlreiche Bezeichnungen für Entwicklungsländer geprägt. Seit den 1970er-Jahren spricht die UN von Least Developed Countries (LDC, 2016: 48 Länder). Es sind die Ärmsten der Armen mit einem Pro-Kopf-Einkommen von unter 1035 US-$ pro Jahr. Auch das Entwicklungsprogramm der UN (UNDP) weist mit seinem jährlichen Index der menschlichen Entwicklung (HDI) eine Kategorie „Low Human Development" aus (2015: 40 Länder), in der sich vor allem afrikanische Länder befinden (M4). Der Multidimensional Poverty Index der gleichen Organisation wird für 101 Staaten berechnet.

Auf eine bemerkenswerte Besonderheit sei hingewiesen: In fast allen Ländern des Südens gelten Frauen als tragende Akteurinnen bei Erhalt und Sicherung der elementaren Lebensbedingungen. Um diese Bedeutung zu erfassen, wurde für ihre Teilhabe am Arbeitsleben, an Bildung und in der Politik sowie für ihre reproduktive Gesundheit der Gender Development (GDI, vgl. M1, S. 56) und 2010 der

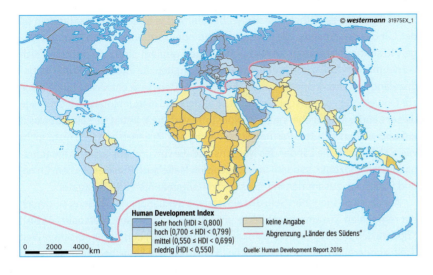

M 4: Stand der „Menschlichen Entwicklung" (HDI) 2015

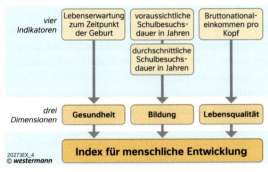

M 5: Indikatoren des Human Development Index

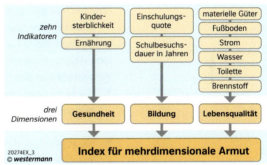

M 6: Indikatoren des Multidimensional Poverty Index

Gender Inequality Index eingeführt. Die WB, um noch eine weitere Organisation und ihre Begriffskreationen anzusprechen, differenziert nach dem Pro-Kopf-Einkommen zwischen Low-Income-Countries (2016: 31 Länder, Obergrenze 1005 US-$ BNE pro Kopf) und Lower Middle-Income-Countries (53 Länder, Obergrenze 1006–3955 US-$) und Upper Middle-Income-Countries (56 Länder, Obergrenze 3956–12 255 US-$). Auch unterscheidet sie nach dem Grad der Auslandsverschuldung zwischen Severely Indebted Middle Income Countries (SIMIC) und den Severely Indebted Low Income Countries (SILIC).

Obgleich all diese Begriffszuweisungen dem Norden entstammen, scheinen die Länder des Südens mehrheitlich nicht etwa brüskiert, sondern wissen recht virtuos und zu ihrem Vorteil damit umzugehen: So verstehen sich zum Beispiel all jene Länder, die von der G8 in den „Club" der G20 aufgenommen wurden, selbstbewusst als Entwicklungsländer. Als Länder nämlich, in denen seit Jahren ein relativ hohes und dynamisches Wirtschaftswachstum (mit teilweise zweistelligen Wachstumsraten) abläuft und deren Teilhabe am Welthandel und am Weltkapitalmarkt im Steigen begriffen sind. Dabei akzeptieren sie noch immer herrschende Unzulänglichkeiten in Infrastruktur, Stadtentwicklung, Bildungs- und Gesundheitswesen, Demokratisierung sowie soziale, ökonomische und räumliche Gegensätze in ihren Ländern. Zur Beseitigung dieser Unzulänglichkeiten halten sie sich selbst für fähig, weisen jedoch weder extern angebotene technische noch finanzielle Hilfe zurück. Zu diesen Ländern werden beispielsweise Brasilien, Indien, Südafrika oder auch China gerechnet. Eine ähnliche Eigensicht zeichnet insbesondere die reichen Erdölförderländer oder die ostasiatischen Aufsteigerstaaten, die „Newly Industrialised Countries" (NIC), aus.

G 8
„Gruppe der Acht", seit 1975 bestehendes Netzwerk der wichtigsten Industrieländer USA, Großbritannien, Deutschland, Frankreich, Italien, Japan, Kanada (seit 1976) und Russland (seit 1998), das auf regelmäßigen Treffen Fragen der Weltwirtschaft erörtert.

G 20
Gruppe der 20 wichtigsten Industrie- und Schwellenländer, seit 1999 bestehendes Netzwerk aus den G8-Staaten, der Europäischen Union sowie Brasilien, Argentinien, Mexiko, Türkei, Südafrika, Saudi-Arabien, Indien, China, Südkorea, Indonesien und Australien. Auf regelmäßigen Treffen werden Fragen des internationalen Finanzsystems diskutiert.

1.3 Irrgarten der Begriffe

M1: Staatschefs beim Treffen der BRICS-Staaten in Fortaleza, Brasilien

Ein völlig anderes Selbstverständnis bestimmt das internationale Handeln all der Länder des Südens, die wiederkehrend oder fortdauernd von Armut, Hunger, Krankheit, Unruhen, Gewalt und Kriegen geplagt sind. Sie befinden sich vornehmlich in Afrika und Lateinamerika. Sie streiten die internen Entwicklungsunzulänglichkeiten keineswegs ab. Vielmehr werden diese entwicklungspolitisch zur Einwerbung von Hilfsgeldern funktionalisiert und instrumentalisiert. Da einige dieser Länder jedoch über gefragte Rohstoffe verfügen, treten sie selbstbewusst auf und suchen sich ihre Partner eigenständig aus. Zu jenen gehören nicht mehr wie bisher einzig die Länder des Nordens und die von dort aus agierenden transnationalen Konzerne, sondern in wachsendem Maße auch Brasilien, Indien, China, und Südafrika; zusammen mit Russland die sogenannten BRICS-Staaten.

Ausdruck gestiegenen Selbstbewusstseins der Länder des Südens sind auch die regionalen Zusammenschlüsse in Südamerika (Unasur, Mercosur, ALBA), Südostasien (ASEAN), Afrika (Afrikanische Union, AU) und der arabischen Welt (Golf-Kooperationsrat, GCC; Arabische Liga). In diesem Sinne begreifen sich auch die regionalen Entwicklungsbanken, so die Asian Development Bank (ADB), die African Development Bank (AfDB) und die lateinamerikanische Banco de Sur.

In diesem Kontext sei noch auf eine im Norden mit einem gewissen Erstaunen wahrgenommene Tatsache hingewiesen: Im Süden vollzieht sich – seit einigen Jahren ganz allgemein beobachtbar – ein Schwinden der Bewunderung und der Vorbildfunktion des Nordens. Als Ursache dafür werden angesehen:

- die hier zunehmenden sozialen Probleme (Verarmung, Ausdünnen der Mittelschicht) und systembedingten ökonomischen Widersprüche (Finanz-, Banken-, Autoindustrieskandale),
- die kopflose und gewaltschürende Flüchtlings-/Migrationspolitik (Zerstörung von Flüchtlingsheimen, Misshandlung von Flüchtlingen) und
- vor allem die Krise der Demokratie (Aufstieg rechter, populistischer Gruppierungen, „Wahltheater" in den USA 2016, Mehrheitsverlust der großen Parteien).

Nicht zu unterschätzen ist der Ansehensschaden für den Norden durch Kriegshandlungen, die die Länder des Nordens insbesondere im Nahen Osten begonnen haben (Irak, Afghanistan) oder an denen sie aktiv oder passiv beteiligt sind (Libyen, Syrien) sowie – im Zuge der Terrorprävention – durch die Folterskandale (Guantanamo, Abu Ghraib) und die Tötungen von Zivilisten (z.B. durch Drohnenangriffe). Und insbesondere haben sich nicht zuletzt auch Zweifel an der generellen Übertragbarkeit der westlichen Demokratie – wie von den USA im Nahen-/Mittleren Osten gewaltsam und desaströs betrieben – auf die Gesellschaften des Südens eingestellt. Das bisher als anstrebens- und nachahmenswert angesehene Entwicklungsmodell des Nordens (vgl. Kap. 5.2) büßt selbstverschuldet an Strahlkraft und Attraktivität in den Ländern des Südens ein.

Um die ganze Spannweite der Vielfalt an Entwicklungsunterschieden zu veranschaulichen, müssten hier viele Beispiele angeführt werden, denn kein Land gleicht dem anderen. In Kapitel 4 wird ausführlicher darauf eingegangen. Um jedoch eine erste Vorstellung von der ganzen, dabei möglichen Spannweite aufzuzeigen, seien als Gegenpole die Beispiele Haiti und Südkorea vorgestellt.

1 Beschreiben Sie die in den Begriffen Entwicklungsländer, Länder des Südens, Dritte Welt, Schwellenländer mitschwingenden Bedeutungsinhalte.
2 Erläutern Sie die Auswahlkriterien der deutschen Entwicklungspolitik für Kooperationsländer (M2, S.14).
3 Erörtern Sie das unterschiedliche Selbstverständnis der Länder des Südens.

1.3.1 Haiti

Der karibische Inselstaat gilt als ein Land, das für all das stehen kann, was mit den Begriffen Entwicklungsländer und Unterentwicklung gemeinhin assoziiert wird: Armut, Krankheiten, Analphabetismus, Bad Governance und wiederkehrend Naturkatastrophen (Erdbeben, tropische Stürme). Haiti gilt als ein Modellfall des Elends.

Von Kolumbus 1492 entdeckt, geriet 1795 der westliche Teil der Insel Haiti unter französische Herrschaft, von der sich die schwarze/mulattische Bevölkerung 1803 zu befreien vermochte. Der Freistaat Haiti, bei seiner Unabhängigkeit ein recht wohlhabendes Land, wurde in der Folgezeit wiederkehrend von Militärherrschaft und Bürgerkriegen erschüttert und geriet 1915 unter US-amerikanische Schutzherrschaft. Diese wurde zwar 1946 durch eine Militärjunta abgelöst, der externe Einfluss setzte sich jedoch ungeschmälert fort. So gelangte 1957 der berüchtigte Diktator François Duvalier mit französischer und amerikanischer Protektion an die Macht. Auch dessen Sohn Jean-Claude Duvalier konnte die bisher praktizierte ausplündernde und mörderische Herrschaft bis 1986 aufrechterhalten. Obgleich seither eine demokratisch konstituierte Republik, setzten sich die interessengeleiteten politischen Unruhen und die externe Einflussnahme in Haiti fort. Die damit verbundene massive internationale Hilfe, von der Regierung regelrecht eingemahnt, brachte jedoch nicht die notwendigen sozialen Reformen sowie die dringenden technischen Infrastrukturverbesserungen. Vielmehr verschlechterten sich sogar die elementaren Lebensbedingungen, nahm die Staatsverschuldung zu und setzte sich die Bereicherung der korrupten Eliten ungemindert fort.

In den Jahren 2008 und 2016 brachen mehrere Hurrikans, tropische Wirbelstürme und 2010 ein Erdbeben über Haiti herein. Tausende fanden den Tod, Millionen wurden obdachlos, zu Waisen und Schwerbeschädigten. Die entstandenen Schäden werden auf mehrere Milliarden US-$ geschätzt. Fortwährend und durch die Naturkatastrophen immer wieder von Neuem müssen internationale Hilfsorganisationen und die Länder des Nordens die Versorgung der Bevölkerung übernehmen. Selbst für die elementare Versorgung mit Unterkünften oder die Aufrechterhaltung von Verwaltung und Infrastruktur des Landes – von deren Erneuerung ganz zu schweigen – ist externe Hilfe notwendig. Das ganze Elend Haitis verdeutlichen folgende Tatbestände: Den Staatshaushalt trägt seit Jahren zu über zwei Drittel das Ausland und das BIP stammt zu 33 Prozent aus der Entwicklungshilfe und zu 16 Prozent aus Überweisungen der Auslandshaitianer. All diese Tatsachen erhärten die Auffassung, dass Haiti, seine Bevölkerung, ohne ausländische Hilfe nicht überleben kann.

Einwohner	10,9 Mio.
Fläche	27 750 km²
Lebenserwartung	64 Jahre
Anteil unter 15-Jähriger	35 %
Fertilitätsrate	3,2
Verstädterungsquote	59 %
Kindersterblichkeit	4,2 %
Anteil Bevölkg. mit Zugang zu sicherem Trinkwasser	58 %
Analphabetenquote	39,3 %
BNE/Ew. (nach KKP)	1760 US-$
Ø-BIP-Wachstum (2006–2015)	2,0 %
Anteil Landwirtschaft BIP	25 %
Export-Import-Relation	1 : 3,0
Jahresstromverbrauch / Ew.	39 kWh
Absolut Arme (1,90 US-$ / Kopf und Tag)	53,9 %
HDI-Wert (Rang)	0,493 (163.)
ODA (Anteil am BNE)	12 %
Internetpenetrationsrate	12 %

Quelle: Population Reference Bureau, World Bank, UNDP

M2: Basisdaten Haiti 2015

M3: Port-au-Prince nach dem Erdbeben 2010

M4: Katastrophenhilfe aus Deutschland in Haiti

1.3 Irrgarten der Begriffe

1.3.2 Südkorea

Das ostasiatische Land Südkorea, ehemals schlicht als Entwicklungsland und seit den 1980er-Jahren als NIC eingestuft, zählt heute zu den wohlhabenderen Staaten der Erde.

Südkoreas demokratische Regierung, weitgehend als stabil und agil geltend, sieht ihr Land selbstbewusst als „Industrial- and Leading IT-Country". Für diese Sichtweise spricht die Tatsache, dass Südkorea seit geraumer Zeit nach China zweitwichtigster Chip-Hersteller der Welt ist. Die südkoreanische Elektronik-Branche bestritt 2016 21 Prozent der Ausfuhren des Landes, die Automobilherstellung (Kia, Hyundai) ist mit 13 Prozent an den Exporten beteiligt. Südkorea ist der Welt größter (Container-)Schiffbauer und ein bedeutender, heute global agierender Automobilproduzent. Neben dem hohen Pro-Kopf-Einkommen und kontinuierlich recht hohen Wirtschaftswachstum sind auch die niedrige Arbeitslosigkeit (3,8 %) und geringe Armut (< 2 %) sowie das effektive Bildungssystem (Spitzenplätze bei den Pisa-Umfragen der OECD) beeindruckend und bestätigen die südkoreanische Selbsteinschätzung.

Doch wirtschaftlicher Erfolg bedeutet noch keineswegs landes- und gesellschaftsdurchdringende Entwicklung. Dazu seien drei Aspekte angezeigt:

a) Die wirtschaftliche Entwicklung konzentriert sich auf drei räumliche Fragmente (vgl. Kap. 2.3): Seoul-Suweon, Jeonju-Gunsan und das Busan-Dreieck (M2). Diese Wirtschaftsfragmente heben sich sozial, infrastrukturell und physiognomisch geradezu bruchhaft von ihrem Umland ab. Entwicklungsfördernde Ausstrahlungseffekte gehen von ihnen nicht aus.

b) Ungleichheit herrscht auch zwischen den staatlich geförderten Großunternehmen (Chaebols) und der vernachlässigten Klein- und Mittelindustrie sowie zwischen der Industrie allgemein und der benachteiligten Landwirtschaft. Folgen sind Land-Stadt-Wanderung und extremes Stadtwachstum (z. B. Seoul: 1980 = 8,3 Mio. Ew., 2016 = 25,6 Mio. Ew. in der Metropolregion; Busan: 1980: 2,4 Mio. Ew., 2016: 8,2 Mio. Ew. in der Metropolregion), wodurch sich in wachsendem Maße die soziale Kluft zwischen Stadt und Land verstärkt und verstetigt hat.

c) Die zunehmende Konzentration auf die Elektrotechnik- und IT-Branche verschafft Südkorea zwar Teilhabe an globalen Märkten, macht das Land und seine Global Player aber auch angreifbarer für Konkurrenz, wie 2016 die Misere um die Batterie des Samsung-Galaxy eindrucksvoll verdeutlicht hat. Diese Konkurrenz geht nicht nur von den dynamischen Akteuren in den USA und China aus, sondern zunehmend auch von den aufstrebenden kleinen ASEAN-Staaten mit ihrem Billiglohnstatus, insbesondere Thailand, Vietnam und Laos. Südkorea, ein rückständiges und nach dem Krieg (1950 – 1953) auch ein zerstörtes Land – damals nach US-Auffassung unterentwickelt – hat den Beweis geliefert, dass durch das glückliche und extern geförderte Zusammentreffen von demokratischer Regierung, interner Sicherheit, sozialen (Land-)Reformen und einer arbeitsamen Bevölkerung zwar Armut und Rückständigkeit überwunden werden können. Das Stigma der Unterentwicklung ist dennoch nicht einfach abzustreifen.

Einwohner	50,7 Mio.
Fläche	100 284 km²
Lebenserwartung	82 Jahre
Anteil unter 15-Jähriger	14 %
Fertilitätsrate	1,2
Verstädterungsquote	82 %
Kindersterblichkeit	0,3 %
Anteil Bevölkg. mit Zugang zu sicherem Trinkwasser	– (100%)
Analphabetenquote	2,0 %
BNE/Ew. (nach KKP)	34 700 US-$
Ø-BIP-Wachstum (2006–2015)	3,5 %
Anteil Landwirtschaft BIP	2,3 %
Export-Import-Relation	1,11 : 1
Jahresstromverbrauch / Ew.	10 564 kWh
Absolut Arme (1,90 US-$ / Kopf und Tag)	–
HDI-Wert (Rang)	0,901 (18.)
ODA (Anteil am BNE)	–
Internetpenetrationsrate	90 %

Quelle: Population Reference Bureau, World Bank, UNDP

M1: Basisdaten Südkorea 2015

M2: Räumliche Zentren wirtschaftlicher Aktivitäten

Legende: Räumliche Fragmente (= Wirtschaftsregionen); Sonderwirtschaftszonen; Land-Stadt-Wanderung; besonders rasch wachsende Städte; Hauptverkehrswege; Hauptstadt; Stadt

....

1 Vergleichen Sie den Entwicklungsstand von Haiti mit dem von Südkorea.
2 Nehmen Sie Stellung zu der These, dass Südkorea heute zu den entwickelten Industrieländern zählt.

Globale Entwicklung – Fragmentierung?

2

Mit den Entdeckungsreisen seit dem 15. Jahrhundert setzte erst linien-, dann flächenhaft die Erschließung der Erde ein und bildeten sich nach und nach verschiedene Handelsregime heraus. Sie folgten von Anbeginn wirtschaftlichen Interessen. Globalisierung, vorerst letzte und aktuelle Phase dieses Weltsystems, ist wohl als das in der Geschichte bisher umfassendste Handels-/Wirtschaftsregime anzusehen. Sie hat widersprüchliche Auswirkungen auf alle Lebens- und Wirtschaftsbereiche. Sie dringt in die entlegensten Erdgegenden vor, hat Auswirkungen auf das Klima, gestaltet Städte um, löst soziale Konflikte aus, verändert kulturelle Identitäten. Sie betrifft die gesamte Menschheit und die Erde als Ganze.

2.1 Europäisierung der Erde: Handelsregime

Die Europäisierung der Erde hat Kolonialismus und Welthandel hervorgebracht. Damit werden auch Unterentwicklung und Rückständigkeit des Südens erklärt. Denn durch die Expansion europäischer Interessen und Macht ist ein Weltsystem entstanden, das durch die Dominanz des Nordens und die Abhängigkeit des Südens geprägt ist und trotz Veränderungen bis in die Gegenwart andauert. Dieser über Jahrhunderte erfolgende Vorgang findet Ausdruck in einer Abfolge strukturell unterschiedlicher Handelsregime.

Regime
Der Begriff Regime (lat. regime = Lenkung, Leitung) steht hier für zeitliche Phasen des Welthandels, die jeweils durch ganz bestimmte kommerzielle (Umgangs-)Formen dominiert wurden.

Der Welthandel nahm mit den von Europa seit Ende des 15. Jahrhunderts ausgehenden Entdeckungsfahrten Gestalt an. Die sich dabei rasch herausbildende Überlegenheit der iberischen Staaten – bald des gesamten Nordens – bestimmte die Spielregeln und damit die Ressourcennutzung, den Warenfluss und die Gewinne sowie letztlich selbst die Entfaltung von Gesellschaft, Infrastruktur und Politik im Norden wie im Süden. Diese Europäisierung der Erde vollzog sich, den Kapitalverwertungszwängen des Nordens folgend, in mehreren Phasen und hat in der Gegenwart durch Globalisierung die Gestalt eines erstmals wirklich weltumspannenden, weltdurchdringenden Handels-/Wirtschaftsregimes erlangt (M 3).

Orienthandel
Am Anfang eines transkontinentalen Warenaustausches stand seit der Antike der über das Mittelmeer florierende Orienthandel (Seiden-, Weihrauchstraße, M 3). Seine Behinderung und Gefährdung durch regionale Mächte leiteten seit Ende des 15. Jahrhunderts die Entdeckung und Erschließung der Erde ein. Anfangs erfolgte die europäische Einflussnahme in Asien und Afrika über Handel sowie in Südamerika über Ressourcenraub. Handelsniederlassungen (Faktoreien, M 1) entlang der Küsten sowie erste Plantagen entstanden. Sie leiteten die später folgende großflächige Landnahme ein.

M 1: Handelsniederlassung in Kanton (China, ca. 1820)

Kolonialhandel
Durch den Waren- und Kapitalbedarf im merkantilistisch-absolutistischen Europa (16. bis 18 Jahrhundert) verstärkt, begann bald die Inwertsetzung der überseeischen Gebiete als Produzenten und Lieferanten agrarischer und mineralischer Rohstoffe (merkantilistischer/Kolonial-Handel). Zu deren Gewinnung wurden Arbeitskräfte in Afrika (Sklaven) geraubt oder gegen billige europäische Manufakturerzeugnisse getauscht und nach Amerika transportiert. Die von diesen dort fast kostenfrei erzeugten Rohstoffe (Bergwerke: Edelmetalle; Plantagen: Zucker, später Baumwolle) gelangten nach Europa, wo sie – anfangs nur in England – ab etwa 1770 in der aufkommenden industriellen Fertigung veredelt und gewinnbringend abgesetzt wurden (Dreieckshandel; M 3). Süd- und Ostasien, insbesondere Indien mit seinem Gewürzreichtum und seiner hochwertigen Textilherstellung, fungierten in dieser Zeit in erster Linie als Lieferanten von Gewürzen, Duft-, Seiden- und Baumwollstoffen.

Freihandel
In dem Maße, wie Industrialisierung, Freihandel und Nationalstaatenbildung in Europa (gegen Ende des 18. Jh.) voranschritten und sich Konkurrenz einstellte, verstärkten sich die kolonialistischen Aktivitäten der einzelnen Länder mit dem Ziel der Ressourcen-, Absatzmarkt- und Siedlungsraumsicherung. So wurden zum Beispiel die Pampa in Argentinien, das Punjab in Nordwestindien sowie Australien, Nordamerika, der Süden Afrikas und auch Mittelasien und Sibirien als Siedlungs- und Wirtschaftsräume für Europa erschlossen.

M 2: Verladung von Sklaven auf ein Schiff in Westafrika (zeitgenössische Zeichnung 18. Jahrhundert)

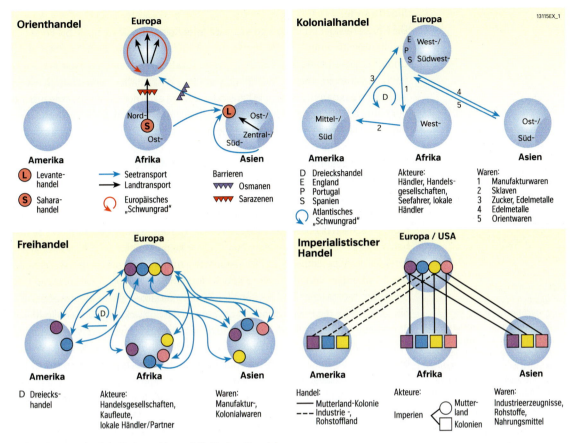

M 3: Orient-, Kolonial-, Frei- und imperialistischer Handel

Imperialistischer Handel

Als die Industrialisierung alle wichtigen Staaten Europas erfasst hatte und diese sich infolge des Freihandels zunehmend Konkurrenz bereiteten (nach 1850), boten die heimischen Märkte keine Gewinnchancen mehr. Wirtschaft und Kaufkraft stagnierten und Anreize für Investitionen und Kapital fehlten. Es grassierten Arbeitslosigkeit, Arbeiterunruhen und Betriebsschließungen (Pleiten). In dieser Situation boten sich die überseeischen Gebiete als Lösung an. Durch territoriale Eroberung und Schaffung von Imperien, das heißt überseeischen Territorien mit völliger Kontrolle durch das jeweilige Mutterland, eröffneten sich neue Chancen zur Kapitalverwertung.

Frankreich leitete mit der Eroberung Algeriens 1838 diesen Prozess ein. England folgte in Nordwestindien seit 1840 nach. Die Berliner Kongokonferenz (1884/85) führte am Grünen Tisch schließlich zur Aufteilung der gesamten Welt unter den Mächten Europas. Unter Einbezug Lateinamerikas, das in der ersten Hälfte des 19. Jahrhunderts seine Unabhängigkeit von Spanien und Portugal errungen hatte, spielte sich jetzt der einträgliche Handel und Kapitalverkehr weitgehend nur noch innerhalb der einzelnen Imperien und damit gesichert und konkurrenzfrei ab (imperialistischer Handel). Die Kolonien lieferten Rohstoffe und Arbeitskräfte. Ferner dienten sie zur Kapitalanlage, als Ventil für den wachsenden Bevölkerungsdruck (europäische Auswanderung) und als Absatzmärkte für die industriellen Fertig- und Massenprodukte der Industrieländer. Damit hatte sich die Weltarbeitsteilung zwischen Agrar- und Rohstoffländern einerseits und Industrieländern andererseits herausgebildet.

M 4: Berliner Kongokonferenz

2.1 Europäisierung der Erde: Handelsregime

Blockhandel

Die Phase riesiger Imperien und ausgedehnter Kolonien währte quasi bis Ende des Zweiten Weltkrieges, als die überseeischen Gebiete nach und nach formal in die Unabhängigkeit entlassen wurden (Dekolonisation) oder sie sich diese erkämpften (z. B. Algerien, Angola, Indochina, Vietnam). Wirtschaftlich und politisch waren sie jedoch ausnahmslos nicht willens oder infolge externer Einflussnahme nicht in der Lage, die Chancen, die sich jetzt boten, zu nutzen. Die marktwirtschaftlichen Industriestaaten des Westens und die planwirtschaftlichen des Ostens begannen, um ihre Märkte und politisch-ideologische Orientierung zu buhlen. Diese Konkurrenz bestimmte hinfort das weltwirtschaftliche und politische Geschehen (Kalter Krieg/„Block"-Handel) und brachte das Instrument der Entwicklungshilfe hervor. Die *„Entwicklungsländer"* waren geboren.

Die Länder des Südens waren zwar jetzt von Rechts wegen (de jure) unabhängig. Tatsächlich blieben die bisherigen Abhängigkeiten jedoch weitgehend bestehen oder es bildeten sich neue heraus: Zu ihrer kolonialzeitlichen Rolle als Rohstofflieferanten, Absatzmärkte und Tourismusziele traten damit die des Bittstellers und des Empfängers von öffentlicher Entwicklungshilfe (ODA) in Form von Krediten, Spenden, technischer und personeller Zusammenarbeit und Katastrophenhilfe hinzu. Auch für die Privatwirtschaft gewannen die Entwicklungsländer allmählich durch kostengünstige Produktions- und gewinnträchtige Investitionsbedingungen sowie als Absatzmärkte an Bedeutung. Damit blieb auch die koloniale Weltarbeitsteilung im Prinzip bestehen. Doch zeichnete sie sich jetzt strukturell durch vielfältige und meist einseitige ökonomische Abhängigkeiten und Ungleichheiten aus. Auch findet sie Ausdruck in der massiven Auslandsverschuldung aller Länder des Südens. So stand 2013 in Subsahara-Afrika ein jährlicher Schuldendienst von 81,8 Mrd. US-$ Entwicklungshilfezahlungen von 47,7 Mrd. US-$ gegenüber.

Für die finanzielle Schwäche der Länder des Südens sind aber auch die ungerechten Austauschbedingungen im Handel von Rohstoffen gegen Industrieerzeugnisse (Terms of Trade) verantwortlich. Dadurch entstehen den Ländern des Südens erhebliche Einnahme-/Devisenverluste. Nur mit Devisen können sie aber die für ihre Entwicklung wichtigen Güter und Waren im Ausland kaufen. Die Landeswährungen der Entwicklungsländer sind international nicht konvertibel, das heißt, dass sie außerhalb des Landes als Zahlungsmittel nicht eingesetzt werden können. Daher ist Devisenerwerb, der einzig über den Export oder dank Krediten aus dem Norden möglich ist, von existenzieller Wichtigkeit. Nachteilig für die Finanzplanung der Länder des Südens ist gleichfalls, dass die Preise für agrarische Rohstoffe jährlichen Schwankungen unterliegen (M2).

Terms of Trade,
1959 durch Raúl Prebisch in die entwicklungstheoretische Diskussion eingeführt, sind ein Ausdruck für ungleiche Austauschbeziehungen im Welthandel. Für Entwicklungsländer ist dabei die Frage wichtig, welche Gütermenge (mineralische/agrarische Rohstoffe) sie exportieren müssen, um bestimmte Mengen an Importgütern (industriellen Fertigwaren) erwerben zu können. Dieses Verhältnis verschlechtert sich ständig zu Ungunsten der Entwicklungsländer, das heißt konkret, dass sie für die gleiche Exportmenge immer weniger Importgüter einkaufen können.

Devisen
Zahlungsmittel (z.B. US-Dollar, Euro, Yen, Pfund), mit denen auf ausländischen und internationalen Märkten bezahlt werden kann

---

Phasen	Europäisierung		
Zeit	ca. 1500	ca. 1750-1770	
Wirtschaftsregime	Orienthandel	Kolonialhandel	Freihandel
		Industrialisierung	
Idee/Motive	Spätscholastik/Renaissance	Entdeckung, Kolonialismus	Freihar
Wiss./techn. Neuerungen	Kummetgeschirr (Pferd) Nackenjochgeschirr (Ochse)	Globus	Dampfmaschine
Akteure	Kaufleute	Seefahrer, Handelskompanien	
Ursprungsherd	Südeuropa	SW-Europa	W-Europa (England)
Räumliche Erstreckung	Alte Welt	Kolonien-Mutterländer/Peripherie-Zentrum	
Produktionsweise	Tausch-Handel/Kapitalismus	Handelskapitalismus	Industr

M1: Schema der Europäisierung und Globalisierung der Wirtschaft und des Handels

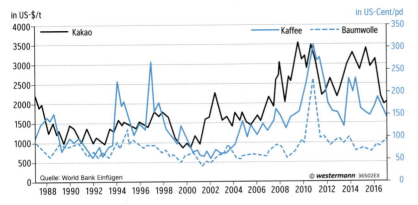

M 2: Weltmarktpreise für ausgewählte agrarische Rohstoffe

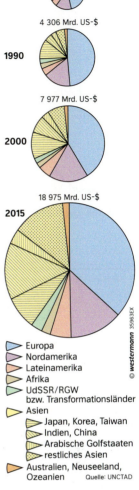

M 3: Welthandel (Waren und Dienstleistungen) nach Regionen (nur Exporte)

An dieser schwachen Position des Südens vermochte auch der in zahlreichen Ländern vorhandene Ressourcenreichtum wenig zu ändern, zumal die Ressourcen immer weniger von den Ländern oder Unternehmen des Landes selbst vermarktet werden. Je stärker sich der Welthandel liberalisierte, umso mehr begannen transnationale Konzerne das globale Wirtschaftsgeschehen zu dominieren. Dem Süden wuchs dabei eine neue Rolle zu, nämlich die der *globalen Werkbank*.

Globaler Handel

Diese neue Rolle des Südens ist Folge der Globalisierung, durch die es seit Ende der 1980er-Jahre zu einem geradezu explosionsartigen Anstieg des Welthandels kam. Daran nahmen die Länder des Südens zwar 1985 nur mit 24 Prozent, 1995 mit 26 Prozent und 2015 immerhin mit 42 Prozent teil. Dieser Zuwachs ging jedoch in erster Linie auf die Newly Industrialized Countries zurück, allen voran China (allein 14 %), Südkorea, Indien, Taiwan, Türkei, Südafrika, Mexiko und Brasilien (M 1, S. 24).

In diesem Zusammenhang ist aber bemerkenswert und darauf sei betont hingewiesen, dass ganz Afrika 2015 am Welthandel gerade einmal mit 2,4 Prozent, der Mittlere Osten mit 5,3 Prozent und Lateinamerika mit 5,8 Prozent beteiligt waren. Noch bemerkenswerter ist die Tatsache, dass 2015 die 100 ärmsten Länder des Südens zusammen gerade einmal einen Anteil von knapp einem Prozent des Weltexports erzielten, während allein die vier exportstärksten Nationen der Erde (China, USA, Deutschland, Japan) zusammen 35,8 Prozent für sich verbuchten.

Diese Wirtschaftsdaten finden raumstrukturell Ausdruck in einem globalen Handelsregime, in dem die Hauptströme von Waren und Kapital zwischen den

2.1 Europäisierung der Erde: Handelsregime

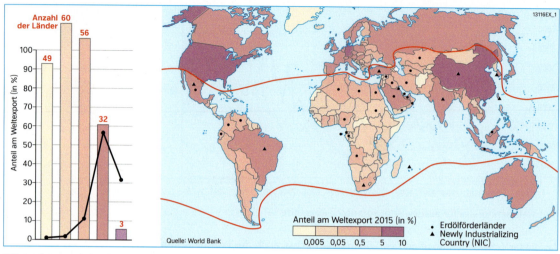

M 1: Weltexport (Güter) nach Ländern 2015

Triade-Staaten (M 2) verlaufen und die übrige Welt daran zeitlich und quantitativ recht unterschiedlich und nachgeordnet beteiligt ist. Der derart gestaltete globale Handel, wohl berechtigt mit Triadisierung und logisch mit Globalisierung assoziiert, hat eine völlig neue Qualität im Umgang zwischen Norden und Süden gebracht und wirklich allerorts tiefgreifende gesellschaftliche und wirtschaftliche Veränderungen gezeitigt. Entwicklung und Unterentwicklung haben dadurch eine neue Struktur und zwar auch oder vor allem in räumlicher Dimension angenommen.

M 2: Quellentext zur Triadisierung
Die Gruppe von Lissabon: Grenzen des Wettbewerbs (1997)
Die globalisierungskritische Gruppe von Lissabon wurde 1992 gegründet und umfasst 22 Mitglieder (Japan, Westeuropa und Nordamerika) mit Erfahrungen in Wirtschaft, Politik, internationalen Organisationen und Wissenschaft.

Triadisierung heißt, dass die technologischen, wirtschaftlichen und soziokulturellen Integrationsprozesse zwischen den drei – im atlantischen Sinne verstanden – entwickeltesten Regionen der Welt (Japan und die neu industrialisierten Länder Ostasiens sowie Westeuropa und Nordamerika) durchgängiger, intensiver und bedeutender sind als Zusammenarbeit und Austausch zwischen diesen drei Regionen und den weniger entwickelten Ländern oder zwischen den benachteiligten Ländern selbst. Triadisierung findet auch in den Köpfen der Menschen statt. – Japaner, Nordamerikaner und Westeuropäer gehen davon aus, dass die Welt, die zählt, ihre eigene Welt ist. Hier sind die kulturelle und wissenschaftliche Vorherrschaft, die technische Überlegenheit, die militärische Hegemonie, der wirtschaftliche Wohlstand zu finden, und damit auch die Fähigkeit zur Steuerung und Gestaltung der Weltwirtschaft und Weltgesellschaft. Das Phänomen der Triadisierung zeigt sich zudem im geographischen Muster der strategischen Unternehmensallianzen. Von den zwischen 1980 und 1989 weltweit von Firmen eingegangenen 4200 strategischen Kooperationsabkommen wurden 92 Prozent zwischen Unternehmen aus Japan, Westeuropa und Nordamerika abgeschlossen.

1 Vergleichen Sie den Welthandel zu Zeiten der verschiedenen Handelsregime (M 3, S. 21).
2 Charakterisieren Sie die Entwicklung des Welthandels (M 1, S. 22).
3 Erklären Sie die Terms of Trade und ihre Folgen für die Länder des Südens.
4 Erörtern Sie, ob es sich bei der Globalisierung um ein neues Phänomen handelt.

Globalisierung der Erde: Ursachen und Effekte 2.2

Die schwindenden Gewinne in den 1980er-Jahren zwangen die Unternehmen des Nordens zur Suche nach neuen Formen von Produktion und deren Organisation. Dadurch entstanden ein den Globus umspannender Markt sowie neue globale Produktionsnetze und -konzepte mit vielfältigen Auswirkungen für den Norden wie den Süden.

>> *Die Globalisierung hat das Gefühl des Ausgeschlossenseins verringert, das viele in der Dritten Welt empfinden, und sie hat vielen Menschen in den Entwicklungsländern Zugriffsmöglichkeiten auf Wissen eröffnet, die weit über das hinausgehen, was selbst den Vermögendsten in einem beliebigen Land vor hundert Jahren offenstand.*

Joseph Stiglitz, US-amerikanischer Ökonom, ehem. Chefvolkswirt der WB (2002)

>> *Ich bin eine scharfe Kritikerin der Globalisierung der Konzerne, weil sie die Distanz zwischen Menschen, die Entscheidungen treffen, und denen, die darunter zu leiden haben, vergrößert hat. Früher wusste ein Bewohner von Kerala, dass die Entscheidungen über sein Leben vielleicht in Trivandrum oder höchstens in Neu-Delhi getroffen wurden. Heute hingegen könnte es ebenso gut in Den Haag oder in Washington sein, und zwar von Menschen, die nichts oder kaum etwas über die möglichen Konsequenzen ihrer Entscheidung wissen.*

Arundhati Roy, Schriftstellerin und Globalisierungskritikerin, Neu Delhi, Indien

>> *Die Länder der Triade interagieren immer mehr untereinander und ihr Integrationsprozess schreitet voran. Wenn das Ziel der Sieg ist, kann es nur wenige Gewinner geben. Die Verlierer werden ausgegrenzt und allein ihrer Lage überlassen. Die Gewinner werden weiter zusammenhalten und sich zunehmend integrieren. Die Notwendigkeit, zwischen den Ausgegrenzten und den Integrierten neue Brücken zu schlagen, verliert an Bedeutung. Damit entsteht, gleichzeitig mit der Globalisierung, eine neue Spaltung der Welt.*

Die Gruppe von Lissabon (1997)

>> *Die Globalisierung ist für unsere Volkswirtschaft das, was für die Physik die Schwerkraft ist. Man kann nicht für oder gegen das Gesetz der Schwerkraft sein – man muss damit leben. Die Globalisierung ist nicht aufzuhalten, sie ist ein Fakt.*

Alain Minc, französischer Ökonom (1998)

Globalisierung: Begriff und Merkmale

Globalisierung wird bei aller Unterschiedlichkeit der Auffassungen allgemein als Entstehung einer globalen Welt verstanden. Es handelt sich um einen primär wirtschaftlichen, weltdurchdringenden Prozess, der sich auszeichnet durch

- freie, grenzübergreifende Bewegung und Übertragung von Kapital, Waren, Ressourcen, Wissen und Arbeitskräften,
- das Überwinden sozialer, kultureller, ethnischer, konfessioneller und nationaler Grenzen sowie
- das Initiieren, Beeinflussen und wechselseitige Steuern völlig entfernt voneinander ablaufender sozialer, ökonomischer, kultureller, politischer und ökologischer Veränderungen und Beziehungen.

Globalisierung ist danach ein allumfassendes Phänomen, das vor allem wirtschaftlich begründet ist. Sie wird mehrheitlich – wie einst Freihandel oder imperialistischer Handel – als Ausdruck für die heutige Form des kapitalistischen Systems (globaler Kapitalismus) angesehen. Daran sind nicht mehr wie bisher nur Europa, sondern auch Asien, Amerika und Afrika, wenn auch recht unterschiedlich, so doch aktiv, beteiligt. Globalisierung ist weltweit wirksam und bestimmt durch exzessiven Wettbewerb das Wirtschaftsgeschehen und damit auch Gesellschaft, Politik und Umwelt weltweit.

2.2 Globalisierung der Erde: Ursachen und Effekte

M1: Chengdu, China: IKEA, schwedischer Möbelkonzern

Globalisierung mit der Europäisierung der Erde gleichzusetzen und sie mit der Neuzeit (Entdeckung Amerikas) beginnen zu lassen, ist danach weder sinnvoll noch logisch. Dies gilt umso mehr, als in den wirtschaftlichen Bewegungen der vergangenen fünf Jahrhunderte schon mehrere Phasen abliefen, die sich durch jeweils recht eigenständige und strukturell spezifische Kapitalverwertungszwänge unterschieden (M1, S. 22). Globalisierung schließt zwar zeitlich daran an und setzt strukturell diesen Prozess fort, stellt aber eben doch eine neue Phase des Weltsystems dar. In diesem Sinne wird „Globalisierung" in diesem Buch verstanden und begrifflich verwendet.

Fassbare Kennzeichen der Globalisierung in diesem ökonomischen Verständnis sind die Entgrenzung der Finanzströme, der Märkte und Marktsysteme sowie des Wettbewerbs und seiner Regulierungsmechanismen. Als Akteure des finanziellen und wirtschaftlichen Geschehens fungieren jetzt vorherrschend Kapitalfonds und Banken sowie transnationale Konzerne und multinationale Unternehmen. Globalisierung schlägt sich nieder in weltweiter Verbreitung von bislang unbekannten Informations-, Technologie- und Produktionssystemen. Sie findet Ausdruck im entgrenzten politischen Zusammenspiel der Nationen in Organisationen und Verbänden sowie bei Konferenzen, Militäreinsätzen und der Terrorbekämpfung. In ihrer materiellen Dominanz und Durchdringung führt sie zum einen zu weltweiter Angleichung von Konsumverhalten, Lebensstilen, Wohnweisen und kulturellem Leben und zum anderen zur sozialen und ökonomischen Fragmentierung von Staaten und Gesellschaften auch in räumlicher Dimension. Sie wird begleitet von der virtuellen wie realen Schrumpfung des Raumes und der Distanzen. Nicht zuletzt dadurch werden Umweltprobleme – hauptsächlich vom oder im Norden verursacht und im Süden von verheerender Auswirkung – ins Weltbewusstsein gerückt.

Globalisierung: Hintergründe und Ursachen:

Als Wegbereiter der Globalisierung seien drei Tatsachen angeführt.

a) **Technische und infrastrukturelle Neuerungen**: Dazu gehören zum einen die Fortschritte in der Elektrotechnik, wie beispielsweise leistungsfähige Computer und Datenspeicher, die Telekommunikation mit Mobil- und Satellitentelefonen und nicht zuletzt das Internet und seine vielfältigen Einsatzmöglichkeiten (E-Mail, elektronischer Zahlungsverkehr, virtuelle Büros, Telearbeit usw.). Nicht weniger bedeutsam waren zum anderen aber auch die Perfektionierung von Container- und Luftfracht, die Entstofflichung von Handel und Produktion, die Expansion des Dienstleistungssektors sowie das leicht zugängliche Angebot von (billigen) Arbeitskräften und laschen Umweltauflagen in den Ländern des Südens.

b) **Politisch-ökonomische Veränderungen**: Sie haben ebenfalls ganz unterschiedliche Wurzeln. Beispielhaft sei dafür die Einführung flexiblerer Wechselkurse genannt. Im Jahre 1944 waren auf der Konferenz von Bretton Woods das System der stabilen Wechselkurse eingeführt und WB, IMF und GATT gegründet worden (vgl.

Container
Genormter Großraumbehälter zur Lagerung und zum Transport von Gütern, der eine Revolution des Transportwesens einleitete. Erste Container waren 1957 im Einsatz, 2014 täglich circa 36,5 Mio.

Entstofflichung
Zum einen Abkopplung der Finanzwelt von der realen, produzierenden Wirtschaft, zum anderen die Zunahme der Dienstleistungen/Wissensarbeit und der Befriedigung von Individualbedarf im Vergleich zur materialgebundenen, maschinellen Massenproduktion.

Kap. 5.1). Von da an fungierten der IMF als Hüter nationaler Währungen und der US-Dollar als internationale Leitwährung. Diese Funktionen liefen jedoch Anfang der 1970er-Jahre aus, das System der flexiblen Wechselkurse setzte sich durch und die Voraussetzungen für entgrenzten Kapitalverkehr waren geschaffen. Begleitet wurde diese Entwicklung durch die von WB und IWF eingeführten Strukturanpassungsmaßnahmen (vgl. Kap. 5.4.2), die zur Öffnung der Märkte insbesondere der verschuldeten und kapitalbedürftigen Länder des Südens dienen sollten.

c) **Volkswirtschaftliche Ideen**: Eine ganz entscheidende Rolle im Entfaltungsprozess der Globalisierung kam den liberalen Ökonomen Friedrich August von Hayek (1899–1992), Ideengeber der britischen Premierministerin Maggie Thatcher, und Milton Friedman (1912–2006), Berater von US-Präsident Reagan, zu. Angesichts der Wirtschaftskrise in den USA und Großbritannien (Erdölschock, Inflexibilität des Fordismus) lehnten sie in den 1970er-Jahren das Modell der Vollbeschäftigung durch staatliche Investitionen, für das vor allem der englische Wirtschaftswissenschaftler Lord John Maynard Keynes (1883–1946) gestanden hatte, als überholt ab. Stattdessen forderten sie die Rücknahme jeglicher staatlicher Interventionen und die Reduzierung des Staates einzig auf die Rolle eines „Ordnungshüters". Sie propagierten den freien Wettbewerb und damit Deregulierung, Liberalisierung und Privatisierung (M2). Darauf basiert auch der Washington Consensus, 1989 zur Ausformung der Strukturanpassungsmaßnahmen bei WB und IMF eingeführt. Damit waren nach 1990 neue Grundregeln des internationalen Kapital- und globalen Warenverkehrs verbunden.

Die ersten Auswirkungen dieser sich rasch weltweit durchsetzenden Neuerungen, Veränderungen und Ideen kündeten sich in Ostasien (Japan, Südkorea) an. Hier vollzog sich bemerkenswert rasch und konsequent der Übergang von der bisher gültigen fordistischen Massenproduktion (Fließbandarbeit) zur Flexibilisierung von Warenherstellung und Angebot/Vermarktung (Toyotismus, Post-Fordismus). Doch weitreichende Konsequenzen waren damit vor allem bald in den westlichen Industriestaaten verbunden. Die britische Premierministerin Maggie Thatcher (Thatcherismus) und der US-amerikanische Präsident Ronald Reagan (Reaganismus) setzten in den 1980er-Jahren in ihren Ländern Privatisierungen, Niedrigsteuern, Einschränkungen staatlicher Sozialleistungen und die Beschränkung der Macht der Gewerkschaften durch. Anfang der 2000er-Jahre folgte Deutschland mit der Agenda 2010 nach.

Beschleunigend wirkte bei der Umsetzung der Maßnahmen auch das Ende des Ost-West-Gegensatzes. Denn für den Westen fiel damit die früher bestehende und die wirtschaftlichen Aktivitäten einschränkende Notwendigkeit weg, sich sozial betätigen oder beweisen zu müssen (soziale Marktwirtschaft, Sozialstaat). Damit begann die Erosion der bisher als westliche Errungenschaft geschätzten wohlfahrtsstaatlichen Politik und der breitenwirksamen Wohlstandssicherung. Gleichzeitig ging die Bedeutung des nationalen Territoriums als strategischer Wirtschafts- und sozialer Verantwortungsraum zurück. Diese Veränderungen hatten tiefgreifende soziale und ökonomische Folgen in den Gesellschaften sowie organisationstechnische Auswirkungen in den Industrien der Länder des Nordens.

Fordismus
Unter Fordismus wird nicht nur die zu Beginn des 20. Jahrhunderts von Henry Ford eingeführte Fließbandproduktion verstanden, sondern auch ganz generell die damit einsetzende Massenproduktion und der Massenkonsum auf der Basis der Sozialpartnerschaft von Unternehmern und Arbeitern.

Toyotismus
Das von Toyota nach dem Zweiten Weltkrieg entwickelte Produktionskonzept beruhte auf der Verbesserung der organisatorischen Abläufe. Dazu zählen Automatisierung unter Einsatz moderner IT, flexible Arbeitsorganisationsformen (z. B. mehr Selbstverantwortung, abgeflachte Hierarchien), Kundenorientierung (Just-in-time-Produktion), kontinuierliche Verbesserung („kaizen"), Vermeidung von Produktionsfehlern sowie Konzentration auf das Kerngeschäft (Verringerung der Fertigungstiefe; Outsourcing/Zulieferer) und Virtualisierung des Unternehmens.

Deregulierung:	Rücknahme staatlicher Vorhaben und interventionistischer Regelungen, Rücknahme von Eingriffen in das Finanz- und Wirtschaftsgeschehen, in Sozialstandards, Lohnautonomie und sogar in die Stadtplanung.
Liberalisierung:	Öffnung des Kapitalverkehrs und der Märkte weltweit bei Gültigkeit unbegrenzten Wettbewerbs im Sinne des Grundgesetzes der „reinen Marktwirtschaft": Angebot und Nachfrage regeln den Preis.
Privatisierung:	Primat der privaten Verfügbarkeit über Produktionsmittel, Kapital, Standorte und Infrastruktur.

M2: Maßnahmen des Washington Consenus

2.2 Globalisierung der Erde: Ursachen und Effekte

M1: Mobiler Handyverkäufer in Kenia. An dem national größten Mobilfunkanbieter Safari.com ist der britische Vodafon-Konzern beteiligt.

Globalisierung: Konsequenzen und Neuerungen

In struktureller und quantitativer Hinsicht erlangten im Norden vor allem die Neuerungen in der Organisation von Vermarktung und Produktion an Bedeutung. Sie nahmen von Anbeginn globale Dimensionen an, banden den Süden in ihr Kalkül ein und überfluteten bald die regionalen und lokalen Märkte weltweit mit Waren gleichen Standards der global bekannten Marken. Damit verbunden waren insbesondere die transnationale Ausbreitung sowohl standardisierter sozialer, kultureller, ökologischer und politischer Normen als auch alltäglicher Konsum- und Modemuster. Dadurch wurden sogar bisher als unwichtig erachtete, kaufkraftschwache Absatzmärkte erschlossen, bestehende gesichert und neue Abhängigkeiten insbesondere auch in den Ländern des Südens geschaffen.

Auf zwei bemerkenswerte Neuerungen sei eingegangen, weil dadurch gezeigt werden kann, welch neue Rolle dabei den Ländern des Südens und ihren Arbeitskräften zugedacht wird:

a) **Globale Produktionsnetze**: Mit der Einrichtung von Produktionsstätten selbst in bislang unerschlossenen Ländern mit massenhaft billigen Arbeitskräften, machtlosen Gewerkschaften und geringen staatlichen (Umwelt-)Auflagen wurden globale Produktionsnetze aufgebaut. Dazu gehört auch die Strategie der raschen Verlagerung der Produktion zwischen verschiedenen Standorten (Flexifactory) sowohl innerhalb einzelner Länder als auch zwischen ihnen. Dadurch werden eine optimale Kapazitätsausnutzung und die Einhaltung von Lieferterminen angestrebt, aber auch Arbeitskonflikte oder Umweltauflagen zu umgehen versucht.

Bei der Organisation dieser Produktionsnetze lassen sich mehrere Unternehmensmodelle differenzieren, die sich räumlich-strukturell und hinsichtlich ihrer Entstehungszeit unterscheiden (M2):

Modell A: International organisierte Unternehmen: In der Zeit vor Einsetzen der Globalisierung herrschten internationale Unternehmensverflechtungen in der Art vor, dass das national verortete Mutterunternehmen eigene und stets weisungsgebundene, abhängige Produktionsstätten in anderen Staaten unterhielt. Als Beispiele seien die großen deutschen Automobil- und Elektrotechnikunternehmen genannt, die inzwischen ihre Strukturen aber auch im Sinne des Modells B verändert haben (M3, M5).

Modell B: Global organisierte (virtuelle) Unternehmen: Zum einen konzentrieren sich dabei die Unternehmen in ihren Aktivitäten auf die sogenannten Kernkompetenzen, worunter Markenpflege, Design- und Produktentwicklung, Werbung und Vermarktung sowie Auftragsvergabe verstanden werden. Die Produktion ihrer Erzeugnisse jedoch wird überwiegend oder völlig an Subunternehmen vergeben, wobei es sich sowohl um selbstständige benachbarte und kostengünstige Unternehmen als auch und vor allem um Produktionsstätten in Billiglohnländern handelt. Die derart agierenden sogenannten virtuellen Unternehmen verlagern damit aber nicht einzig die Produktion nach außen. Sie geben damit auch deren Risiko sowie alle sozialen Folgekosten und die Verantwortung für die Arbeitsbedingungen (z.B. Löhne, Sozialversicherung, Kinderarbeit!) an die Subunternehmen weiter. Über die Frage, welche Betriebe des Südens von den Unternehmen des Nordens überhaupt und wie lange berücksichtigt werden, entscheiden globale Konkurrenz, Löhne, Werkstückkosten, Lieferverlässlichkeit und allgemeine kostenminimierende Kriterien. Ein solches Unternehmensmodell betreiben beispielsweise die bedeutenden Sportartikelhersteller oder auch fast alle namhaften Produzenten von Bekleidung, Schuhen und Spielwaren der Triadestaaten.

b) **Globale Produktionskonzepte** wie der Toyotismus zeichnen sich durch Flexibilität der Produktion aus. Sie wird durch Verschlankung von Herstellung

M2: Globale Produktionsnetze vor und seit der Globalisierung

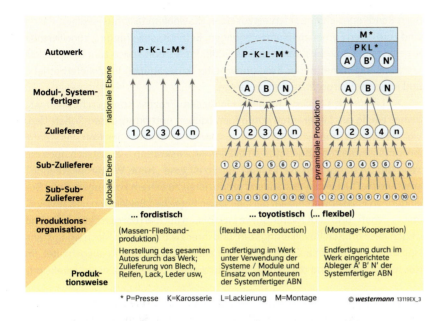

M 3: Produktionskonzepte in der Automobilindustrie

und Organisation (Lean Production, Lean Management) sowie durch den Einsatz moderner Informationstechnologie erreicht. Die derart agierenden Unternehmen beschränken sich ebenfalls auf ihre Kernkompetenzen. Mit Zeit-, Leih-, Werkvertrags-, Niedriglohn- und Heimarbeitern werden die Lohnkosten und sozialen Folgekosten so gering wie möglich gehalten. Außerdem kommt es zur Vergabe von Aufträgen an Zulieferer (Subunternehmen), die jetzt den Fertigungs- und Kostendruck zu tragen haben. Diese wiederum versuchen ihrerseits, Teilaufträge an Sub- und Subsubunternehmen weiterzugeben, um den Druck ebenfalls nach außen zu verlagern (pyramidale Produktion; M 3).

All diese neuen Organisationsformen der Produktion dienen einzig zur Maximierung und Sicherung der Gewinne aus dem Investiv- und Produktivkapital. Dieses Kapital ist heute mehrheitlich anonym. Es stammt unter anderem auch von unzähligen Prämienzahlern, Kleinaktionären und Fondsanteilhaltern, die ihre Ersparnisse und Vermögen, verbunden mit großen Erwartungen in sichere und hohe Gewinne, an Renten-, Versicherungs- und Kapitalfonds sowie Banken übertragen haben. Diese sind daher gezwungen, das ihnen anvertraute Kapital ohne Rücksichtnahme auf die Effekte für Arbeitnehmer und Standorte einzig

M 4: Automobilproduktion von BMW in Dadong, China

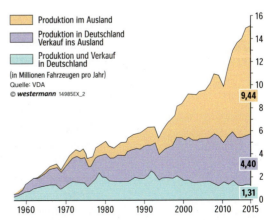

M 5: Automobilproduktion deutscher Hersteller

2.2 Globalisierung der Erde: Ursachen und Effekte

nach Renditegesichtspunkten einzusetzen (Kasinokapitalismus). Folgen davon sind zum einen Firmenzusammenlegungen, Betriebsschließungen, zunehmende Arbeitslosigkeit und Finanzkrise (z.B. 2008) im Norden sowie zum anderen die Erschließung immer neuer Billiglohnarbeiter, kostengünstiger Zulieferbetriebe und Massengüterproduzenten im Süden.

Die Länder des Südens fungieren in diesem Prozess somit nicht mehr wie bisher einzig als Lieferanten von mineralischen und agrarischen Rohstoffen. Vielmehr wuchs ihnen jetzt durch die Auslagerungsindustrie des Nordens – dank ihres massenhaften Angebotes an billigen Arbeitskräften – zusätzlich noch die Rolle der „verlängerten Werkbank" zu. So ist eine „Neue Weltarbeitsteilung" entstanden: Die Länder des Südens produzieren zu extrem kostengünstigen Bedingungen Massenwaren, zum Beispiel in den Bereichen Bekleidung und Textilien, Spiel-, Schuh- und Lederwaren sowie inzwischen auch im Bereich Elektronik. Und wegen ihrer großen Bevölkerungszahl und ihrer zwar geringen, doch wenigstens langsam steigenden Kaufkraft werden sie auch als Absatzmarkt ausgebeutet. Im Norden hingegen sind die Akteure und Nutznießer dieses Prozesses lokalisiert.

Globalisierung: Stimmen und Bewertungen

An der Globalisierung und ihren unterschiedlichen Auswirkungen sowohl im Norden als auch im Süden scheiden sich die Geister. Dazu sei eine Zusammenfassung der bisherigen Merkmale von Globalisierung vorangestellt:

Globalisierung ist ein primär wirtschaftliches, Wachstum generierendes, Wohlstand verheißendes und heute weltweit präsentes Phänomen. Es findet fassbaren Niederschlag in der Entgrenzung der Finanz-, Waren-, Arbeits-, Rohstoff- und Produktionsmärkte sowie in der Gültigkeit von Wettbewerb, Privatisierung und Deregulierung. All dies wiederum findet Ausdruck in weltumspannenden technologischen Netzwerken, Transport-, Produktions- und Informationssystemen, in einem supranationalen politischen Zusammenspiel und sogar in überall auf der Welt ähnlichen Lebensweisen, Konsumverhalten und kulturellen Bedürfnissen.

Befürworter (internationale Organisationen wie WB, IMF, WTO, Global Player der Wirtschaft, viele Regierungen) sehen in der Globalisierung einen weltweiten, auch gesellschaftlichen und kulturellen Homogenisierungsprozess, durch den Armut und soziale Gegensätze schwinden sowie Lebensstile angeglichen und räumliche Disparitäten abgebaut werden. Auf diese Weise stellt sich Wohlstand letztlich für alle – auch für die Länder des Südens – ein.

>> *Globalisierung ist eine große Chance für die Welt. [...] Gerade die Länder, die sich voll auf die Globalisierung einlassen, sind doch die einzigen Lichtblicke in der Weltwirtschaft. [...] Aber abgesehen von den wirtschaftlichen Vorteilen: Globalisierung ist auch moralisches Gebot. Denn sie bedeutet letzten Endes Gleichheit. Gleiche Chancen für alle.*

Peter Sutherland, *ehem. GATT / WTO-Direktor (2004)*

>> *Der freie Austausch von Waren ist eine Waffe im Kampf gegen die Armut. Ein kurzer Blick in die Geschichte zeigt, dass die letzten 50 Jahre mit immer kleineren Barrieren für den Handel eindeutig besser gewesen sind als der protektionistische Alptraum der dreißiger Jahre. In den vergangenen 50 Jahren konnten wir mehr gegen die Armut auf dieser Welt tun als in den vergangenen 500. Seit 1960 hat sich die Kindersterblichkeit in Entwicklungsländern halbiert. Die Unterernährung ist um ein Drittel zurückgegangen. Und mittlerweile gehen drei von vier Kindern in die Schule. Früher war es nur jedes zweite Kind.*

Mike Moore, *WTO-Generalsekretär 1999 bis 2002 (2001)*

>> *Ich würde Globalisierung als die Freiheit für meine Gruppe von Unternehmen definieren, zu investieren, wo und wann sie will, zu produzieren, was sie will, zu kaufen und zu verkaufen, wo sie will und die möglichst geringsten Restriktionen zu unterstützen, die aus Arbeitsgesetzen oder anderen sozialen Übereinkünften resultieren.*

Percy Barnevik, *ehemaliger Vorstandsvorsitzender des Elektrotechnikkonzerns ABB (2001)*

Diesen Auffassungen steht die inzwischen weltweit und vielerorts von zivilgesellschaftlichen Gruppen auch kämpferisch vorgetragene Einstellung gegenüber, dass durch Globalisierung ein zutiefst widersprüchlicher Prozess ausgelöst wurde. Die Globalisierungsgegner betonen, dass sich nicht nur die wirtschaftlichen und gesellschaftlichen Unterschiede verschärft haben, sondern dass es sogar zu einem regelrechten sozioökonomischen Auseinanderdriften (Fragmentierung) zwischen dem Norden und dem Süden, zwischen benachbarten Ländern sowie innerhalb der jeweiligen Gesellschaften gekommen ist.

>> *Wir haben noch keine sozialen und ökologischen Leitplanken, die der Ausbeutung von Mensch und Natur und dem ‚Raubtier-Kapitalismus' Grenzen setzen könnten, keine internationale Wettbewerbsordnung, die die Belohnung eines solchen Verhaltens im internationalen Konkurrenzkampf verhindern könnte, und keine internationale Währungsordnung, die den spekulativen ‚Casino-Kapitalismus' bändigen könnte.*

Franz Nuscheler, *deutscher Politologe (2000)*

>> *Freie Marktwirtschaft allein schafft in Schwarzafrika allenfalls Inseln des Wohlstands, die man einzäunen und scharf bewachen müsste. Zwischen diesen ‚Monacos' gäbe es nur schwarze Löcher – Sierra Leone, Somalia –, in denen die Armen zugrunde gingen.*

Breyten Breytenbach, *südafrikanischer Schriftsteller (1998)*

>> *Selbst wenn Handel zu wirtschaftlichem Wachstum führt, muss dies nicht den Ärmsten zugutekommen. Gründe können sein, dass sie nicht in den Exportsektor direkt oder mittelbar eingebunden sind, dass sie keine Dienstleistungen oder Waren anbieten, die von den Gewinnern nachgefragt werden, dass ihnen die skills und gesundheitlichen Partizipationsvoraussetzungen fehlen bzw. allgemein, dass ihnen der Zugang zu funktionierenden Waren-, Kapital-, Dienstleistungs- und Arbeitsmärkten verwehrt ist.*

VENRO, *Verband Entwicklungspolitik deutscher Nichtregierungsorganisationen (2003)*

Globalisierung: Für und Wider

Ein Phänomen, das zu derart gegensätzlichen Auffassungen veranlasst und allerorts das Leben der Gegenwart durchdringt, ist nur schwerlich objektiv zu fassen. Um dennoch diesem Anspruch ansatzweise zu genügen, sei im Folgenden ein „Für und Wider" angeboten, das mehr spielerisch eine Annäherung ermöglicht und zur Erlangung einer eigenen Position verhelfen könnte.

Für: Globalisierung erhöht die wirtschaftliche Dynamik, von der alle Teile der Erde und damit auch die Länder des Südens erfasst werden können.
Wider: Wirtschaftliche Dynamik bedeutet für die Länder des Südens und ihre Menschen eine neue Form von Ausbeutung.

Für: Durch die Herausbildung einer globalen Wirtschaft entstehen soziale Synergieeffekte, die jedermann die Chance zur aktiven Partizipation eröffnen.
Wider: Nicht jeder kann an den Chancen teilhaben, da die notwendigen Voraussetzungen (z. B. Bildung, Sprache) nicht bei jedermann vorhanden sind.

2.2 Globalisierung der Erde: Ursachen und Effekte

Für: Die Ausweitung von Handel und Industrie weltweit schafft Arbeitsplätze, generiert Einkommen und trägt ganz entschieden dazu bei, Armut und Hunger zu verringern.
Wider: Das neue Arbeitsplatzangebot ist ein Scheineffekt. Für das Heer der Arbeitsuchenden in den Ländern des Südens entsteht dadurch eine Konkurrenzsituation, die die Löhne drückt, Überflüssige hervorbringt und die Entstehung von Slums und Hüttenvierteln fördert.

Für: Den Ländern des Südens bieten sich Möglichkeiten als Produzenten von Massengütern und als Zulieferer für die Unternehmen des Nordens. Damit wird ein aktiver Beitrag des Nordens zur Industrialisierung des Südens geleistet.
Wider: Die Förderung der industriellen Produktion des Südens geschieht in erster Linie aus Gewinninteresse/-zwängen der transnationalen Konzerne und nicht mit dem Ziel, den Süden zu industrialisieren.

Für: Durch die weltweiten Umweltaktivitäten (z. B. Konferenzen/Protokolle: Rio 1992, Kyoto 1997, Paris 2015, Marrakesch 2016) ist das Bewusstsein insbesondere für die Bedrohung des Südens geweckt worden. Finanzmittel wurden bereitgestellt und Maßnahmen eingeleitet.
Wider: Die global präsenten Umweltprobleme (Erwärmung, Wassermangel, Dürren, Meeresspiegelanstieg) werden hauptsächlich im und durch den Norden verursacht. Darauf hat der Süden kaum Einfluss und an den Folgen trägt besonders die Masse der dort lebenden Armen schwer. Häufig setzen die Regierungen des Südens sogar Umweltauflagen aus, um Investoren aus dem Norden anzulocken.

Für: Den qualifizierten Bewohnern des Südens bietet der Norden die Möglichkeit, daselbst als Ärzte, Krankenschwestern, Wissenschaftler, Hochleistungssportler, Novizen, Geistliche tätig zu werden.
Wider: Der „Braindrain" bedeutet Abwanderung all jener, die zum Landesaufbau und zur Verbesserung der Lebensbedingungen im Süden dringend benötigt werden. Auch darf der perfide und vom Norden ausgehende Organhandel nicht verschwiegen werden.

Für: Die Ablehnung der Globalisierung durch zivilgesellschaftliche Akteure verkennt ihre positiven Effekte und die neuerlich um sich greifende Kritik von nationalistischen, rechten Bewegungen ist populistisch und irreführend.
Wider: Die zivilgesellschaftlichen, transnationalen Bewegungen verkennen keineswegs die Chancen, die Globalisierung bietet. Doch sie lehnen eine global wuchernde Entwicklung ab, die einzig den Profitinteressen transnationaler Unternehmen und dem Kasino-Finanzkapital gehorcht. Sie sehen und fordern Chancen zur Verbesserung der Lebensbedingungen von Milliarden Menschen im globalen, transnationalen Zusammenwirken vor allem von sozialen Bewegungen (z.B. im Weltsozialforum). Strikt abzulehnen ist jedoch der Missbrauch möglicher Chancen der Globalisierung durch inzwischen weltweit beobachtbare rechtsorientierte, nationalistische Gruppierungen.

Weltsozialforum
„Alternatives", seit 2001 jährlich stattfindendes Treffen der Kritiker der Globalisierung
www.weltsozialforum.org

1 Erläutern Sie die wirtschaftlichen Vorteile, die ein global organisiertes Unternehmen hat (M 2, S. 28).
2 Vergleichen Sie die Argumente der Globalisierungsbefürworter und -kritiker.
3 „Durch die Globalisierung rückt die Welt zugleich zusammen und auseinander." Begründen Sie diese These mit selbst gewählten Beispielen.

Theorie der fragmentierenden Entwicklung 2.3

Nach der Darstellung all dieser zahlreichen Fakten und widerstreitenden Auffassungen zur Globalisierung drängt sich die Frage auf, welche Konsequenzen damit für die Länder des Südens verbunden sind. Auch ist zu klären, ob ihre Probleme wirklich verringert oder sogar behoben werden können. Das heißt letztlich, welche Entwicklung ist ihnen in Zeiten der Globalisierung möglich? Eine Antwort auf diese Fragen gibt die Theorie der fragmentierenden Entwicklung.

„Eine [...] Antwort auf die Krise der großen Theorien ist die [...] Theorie der fragmentierenden Entwicklung."
Ferdinand Paesler, *deutscher Wirtschaftsgeograph*

Die Theorie der fragmentierenden Entwicklung ist eine erklärende Beschreibung und Analyse der Entwicklungsrealität in der Ära der Globalisierung. Das Entwicklungsverständnis, das spätestens seit Ende des 18. Jahrhunderts den zivilisatorischen Prozess insbesondere in den Ländern des Nordens bestimmt, beruht auf der These fortdauernd aufsteigender (nachholender) Entwicklung von Ländern und Gesellschaften als Ganzes durch Wachstum. Wirtschaftliches Wachstum bildet auch die Grundlage für die Verheißungen der Globalisierung. Doch von diesen Verheißungen profitieren – wie eingangs schon erwähnt – keineswegs Länder und Gesellschaften per se. Daher lautet die hier vertretene These: Nicht nachholende, sondern fragmentierende Entwicklung findet in Zeiten der Globalisierung statt (und zwar im Norden wie im Süden!). Diese These sei in mehreren Schritten diskutiert:

1. Globalisierung ist ein zutiefst widersprüchlicher und durch Gegensätze geprägter Vorgang. Er resultiert aus dem (exzessiven) Wettbewerb sowie – ganz wichtig – aus der Entpersönlichung von Produktionsmitteln (Kapital), Produktion (Automatisierung, Digitalisierung) und Produktionsstätten (Outsourcing, Offshoring/Auslandsverlagerung, Standortfluktuation). Diese Vorgänge sind wegen des geltenden Erfolgszwanges beziehungsweise der Zwänge des globalen Finanzkapitals nicht von Konsens und Solidarität, sondern von Wettbewerb, Erfolg, Sieg, Konkurrenz und Verdrängung bestimmt. Denn, so folgert die Gruppe von Lissabon: „Wenn das Ziel der Sieg ist, kann es nur wenige Gewinner geben."

2. Niederschlag finden diese Vorgänge in der Gleichzeitigkeit und im räumlichen Nebeneinander inkludierender (einschließender) und exkludierender (ausschließender) Prozesse. Sie stehen für Fragmentierung. Darunter wird die bruchhafte Trennung zwischen Gewinnern und Verlierern, zwischen Aufsteigern und Absteigern, zwischen Teilhabern, temporären Teilhabern (Scheingewinnern) und Marginalisierten/Überflüssigen in sozialer, wirtschaftlicher und räumlicher Dimension (=Fragment) verstanden. Bruchhaft ist diese Trennung, weil sie unter wettbewerbsbestimmtem, gewinnorientiertem und erfolgsverpflichtetem Zwang abläuft und (letztlich) konsensfrei und solidaritätsentbunden erfolgt.

3. Die möglichen Fragmente sind keineswegs gleich. Nach dem jeweiligen globalen Milieu – agierend, reagierend, stagnierend/regressiv (M1, S. 34) – und nach der räumlichen und funktionalen Struktur sind verschiedene Fragmente denkbar. Modellhaft sei die mögliche Vielfalt in drei Kategorien zusammengefasst und in ihren Strukturen jeweils gekennzeichnet. Sie bilden die Grundlage für anschließende (theoretischen) Erörterungen:

a) **Global agierendes Milieu**: Die „globalen Orte/Regionen" (*acting global cities/regions*, M1, S. 34) sind die Schaltstellen des durch grenzübergreifenden Wettbewerb gesteuerten weltwirtschaftlichen Geschehens. Dieses vollzieht sich global wie lokal über Kapitalbewegungen und Investitionen sowie über Produktionsaufträge, Produktionsstandorte, Produktionsumfang und Produktionsdauer. Virtuelle Firmen kreieren hier ihre *„logos"* (Markenzeichen) und *„brands"* (Marken), betreiben daselbst Forschung und Entwicklung, Produktentwurf, Planung,

Wirtschaftswachstum
Wachstum ist volkswirtschaftlich der Anstieg des realen Volkseinkommens pro Kopf (gemessen z.B. durch das Bruttoinlandsprodukt) der Bevölkerung in einem bestimmten Zeitraum.

Literaturtipp:
Die Gruppe von Lissabon: *Grenzen des Wettbewerbs. Die Globalisierung der Wirtschaft und die Zukunft der Menschheit (1997)*

Outsourcing
Auslagerung von bisher in einem Unternehmen selbst erbrachten Leistungen an externe Auftragnehmer oder Dienstleister (Subunternehmer)

Offshoring
Verlagerung betrieblicher Aktivitäten ins Ausland

2.3 Theorie der fragmentierenden Entwicklung

Globale Orte vs. Global Cities
Um Missverständnissen und begrifflicher Verwechslung vorzubeugen: Der Begriff „globale Orte/Regionen" (acting global cities/regions) ist funktional- und sozialräumlich zu verstehen und damit weiter gefasst als der nur funktional bestimmte Begriff „Global Cities". Dieser steht einzig für (virtuelle) Knotenpunkte von Kapitalströmen im globalen Finanzhandel mit weltweiter Reichweite wie etwa New York, London und Tokio.

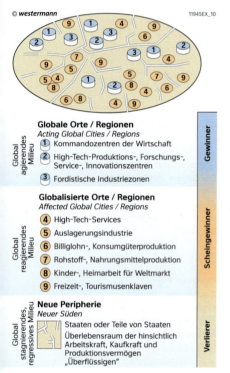

Globale Orte / Regionen
Acting Global Cities / Regions
① Kommandozentren der Wirtschaft
② High-Tech-Produktions-, Forschungs-, Service-, Innovationszentren
③ Fordistische Industriezonen

Globalisierte Orte / Regionen
Affected Global Cities / Regions
④ High-Tech-Services
⑤ Auslagerungsindustrie
⑥ Billiglohn-, Konsumgüterproduktion
⑦ Rohstoff-, Nahrungsmittelproduktion
⑧ Kinder-, Heimarbeit für Weltmarkt
⑨ Freizeit-, Tourismusenklaven

Neue Peripherie
Neuer Süden
Staaten oder Teile von Staaten
Überlebensraum der hinsichtlich Arbeitskraft, Kaufkraft und Produktionsvermögen „Überflüssigen"

Global agierendes Milieu — Gewinner
Global reagierendes Milieu — Scheingewinner
Global stagnierendes, regressives Milieu — Verlierer

M1: Modell der globalen Fragmentierung

Werbung und Vermarktung. Die jeweilige Produktfertigung erfolgt über Outsourcing und Offshoring weltweit. An den jeweiligen Standorten erlangen diese Unternehmen (Global Player) durch ihre ökonomische Wichtigkeit auch politische Entscheidungsmacht und vermögen Einfluss auf lokale wie auch auf weit davon entfernte Vorgänge zu nehmen. Die Territorien im Umfeld dieser global aktiven Knoten jedoch spielen eine untergeordnete Rolle, werden irrelevant oder dysfunktional und können bis zur Verelendung reichenden Entzugsprozessen unterliegen.

b) **Global reagierendes Milieu**: Funktional und in der Entscheidungshierarchie nachgeordnet folgen die „globalisierten Orte/Regionen", die *„affected global cities/regions"*. Dazu zählen zum einen die Stadt- oder Landesteile mit den Filialen der transnationalen Konzerne (TNK) in optisch auffälligen Business-Distrikten und den zugehörigen Wohnparadiesen. Zum andern gehören dazu speziell ausgewiesene Areale mit Werkhallen (z.B. Exportproduktionszonen), in denen die lokalen Partner der TNK in (Niedriglohn-)Fabriken sowohl Massen- wie Luxuswaren und in wachsendem Maße selbst Hightech-Erzeugnisse für den Weltmarkt produzieren. In ihnen arbeiten billige Arbeitskräfte, überwiegend Frauen (teilweise sogar Kinder). In anderen „globalisierten Orten/Regionen" werden auch Bodenschätze (z.B. Coltan in Ost-Kongo; Gold in der Mongolei) ab- oder Agrarprodukte und Blumen (Rosen in Äthiopien, Kenia; Spargel in Peru) für den Weltmarkt angebaut. Auch wird in den „globalisierten Orten/Regionen" die externe Nachfrage nach kostengünstigen, üppig ausgestatteten und (wehrhaft) abgesicherten Enklaven für Freizeit, Zweitwohnsitz und Tourismus befriedigt.

Es sind stets Orte mit reichen Reserven an Arbeitskräften aus Slum- und Hüttenvierteln, mit extrem niedrigen Löhnen, mit lockeren Umweltschutzbestimmungen, schwachen oder fehlenden Gewerkschaften und einer extrem eigennützigen Elite oder korrupten Politikerclique. Über die Zukunft der „globalisierten Orte/Regionen" und ihrer Akteure/Menschen (im global reagierenden Milieu) entscheiden sie nicht selbst, sondern jene in den Schaltzentralen der Macht, in den „globalen Orten/Regionen".

c) **Global stagnierendes, regressives Milieu**: Die dritte Kategorie der modellhaft vorgestellten Fragmentierung bildet die „neue Peripherie". Sie ist im Norden wie im Süden anzutreffen, von Kontinente übergreifender und vor allem flächenweiter Ausdehnung. Hier lebt die Mehrheit der Weltbevölkerung. Sozial, ethnisch, sprachlich, kulturell vielfältig differenziert, zeichnet sie sich durch all jene Merkmale aus, die für die bisherige Dritte Welt als typisch erachtet werden: Armut, Hunger, Krankheiten, Kindersterblichkeit, Trinkwassermangel, Arbeits- und Zukunftslosigkeit, Bildungsmangel, (Land-)Flucht, Elends-/Hüttensiedlungen und Naturkatastrophen. Dazu gesellen sich jetzt noch Ausgrenzung, Abkopplung und Überflüssigsein.

Diesen drei räumlichen Kategorien (von Fragmenten) liegen elementare soziale Fragmentierungsprozesse zugrunde, die einerseits mit Aufstieg, Abgrenzung, Abschottung oder Inklusion und andererseits mit Abstieg, Ausgrenzung, Ausschließung, Abkopplung, Marginalisierung oder Exklusion beschrieben werden (siehe Exkurs S. 38).

Diese modellhafte Fragmentierung erstreckt sich zum einen auf die ganze Erde (M1, S. 36) und besitzt zum anderen auch eine lokale Entsprechung (M2). So nehmen zum Beispiel „globalisierte Orte" keineswegs geschlossen an der Globalisierung teil. Sie setzen sich stets aus mehreren, funktional und global recht unterschiedlich eingebundenen Fragmenten zusammen. Und erfolgreich sind immer nur die Fragmente, die für die Kapitalverwertung geeignet sind, oder jene Gruppen und Individuen, die sich dem Wettbewerb stellen.

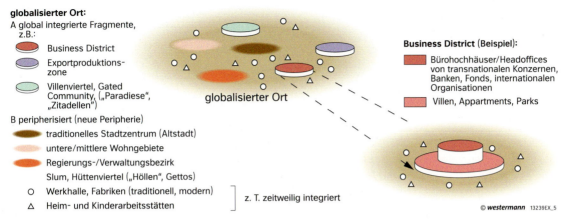

globalisierter Ort:
A global integrierte Fragmente, z.B.:
- 🔴 Business District
- 🟣 Exportproduktionszone
- 🟢 Villenviertel, Gated Community, („Paradiese", „Zitadellen")

B peripherisiert (neue Peripherie)
- ⬛ traditionelles Stadtzentrum (Altstadt)
- 🟤 untere/mittlere Wohngebiete
- 🟠 Regierungs-/Verwaltungsbezirk
- Slum, Hüttenviertel („Höllen", Gettos)
- ○ Werkhalle, Fabriken (traditionell, modern)
- △ Heim- und Kinderarbeitsstätten

] z. T. zeitweilig integriert

Business District (Beispiel):
- 🔴 Bürohochhäuser/Headoffices von transnationalen Konzernen, Banken, Fonds, internationalen Organisationen
- 🟥 Villen, Appartments, Parks

M2: Modell der lokalen Fragmentierung

4. Für die eingangs angeführte These fragmentierender Entwicklung in Zeiten der Globalisierung lassen sich aus diesem räumlichen Modell von drei unterschiedlichen Fragmenten mehrere erklärende (theoretische) Folgerungen ableiten:

a) Bei den verschiedenen räumlichen und sozialen Fragmenten handelt es sich keineswegs um Funktionsstandorte langer Beständigkeit und bleibender Nachhaltigkeit per se. Auch müssen von den „globalen und globalisierten Orten" keineswegs wachstumspolgleiche, raumgreifende und die gesamte Gesellschaft durchdringende Sickereffekte und tiefenwirksame Entwicklungsimpulse ausgehen. Insbesondere bieten sie keineswegs unveränderbare soziale Zuordnungen (z.B. auf Solidarität beruhende, schichten-/klassenübergreifende Gemeinschaften oder karitative und infrastrukturelle Bezüge und Dienste) und noch weniger garantieren sie bleibende, gesicherte Positionen in der Arbeitswelt.

Ursache für dieses Ungleichgewicht ist ganz konkret der herrschende (exzessive) Wettbewerb, dem sie auf globaler Ebene ausgesetzt sind. Daher, und darauf sei betont hingewiesen, können sie sich – wollen sie selbst fortbestehen/überdauern – nur um das eigene Überleben kümmern. Das gilt insbesondere für die „globalisierten Orte", ihre Akteure und die dort vorherrschenden Scheingewinner, zu denen ebenso die qualifizierten Wissensarbeiter wie die unzähligen Niedriglohnempfänger gehören. Denn gemäß der Logik des Wettbewerbscredos können sie, falls sie nicht Erfolg haben, ganz oder partiell (immer) wieder in die ausgegrenzte „neue Peripherie", die Welt der Überflüssigen, zurückfallen.

b) An dem globalen Wettbewerb und seinen nachweisbaren Segnungen partizipieren nicht Länder an sich und nicht deren Bevölkerung als Ganzes, sondern nur bestimmte Orte/Regionen und auch dort einzig Teile der Bevölkerung. Diese Partizipation wiederum währt aber nur so lange, wie es die Wettbewerbsbedingungen erlauben. Das schließt keineswegs aus, dass einzelne Orte/Regionen Erfolg haben und in die Welt der „globalen Orte/Regionen" aufsteigen können (z.B. Bangalore, Dubai, Kapstadt, São Paulo, Shenzhen). Auch ist es möglich und wahrscheinlich, dass immer wieder hier ansässige Einzelpersonen, Personengruppen und Unternehmen erfolgreich sind und zu den „globalen Akteuren" aufzuschließen vermögen.

c) Prinzipiell und der Logik des Globalisierungscredos gemäß steht selbst der „neuen Peripherie" die Option zur Partizipation an den „Segnungen" des globalen Marktes offen. Doch strukturell und real bleiben ihr und ihren Bewohnern nicht viele Alternativen. Beispielhaft verwiesen sei auf ihre mögliche Funktion als Absatzmarkt für Gebrauchtwaren und billige, industriell gefertigte Massenartikel,

---

Modell
Unter Modell wird in der Wissenschaftsterminologie ein auf die tragenden Strukturen reduziertes Abbild der Wirklichkeit verstanden, das die Grundlage für die Formulierung einer Theorie bilden kann.

„Dieses Ungleichgewicht geht auf Ideologien zurück, die die absolute Autonomie der Märkte und die Finanzspekulationen verteidigen. Darum bestreiten sie das Kontrollrecht der Staaten, die beauftragt sind, über den Schutz des Gemeinwohls zu wachen. Es entsteht eine neue, unsichtbare, manchmal virtuelle Tyrannei, die einseitig und unerbittlich ihre Gesetze und ihre Regeln aufzwingt."
Papst Franziskus (2013)

2.3 Theorie der fragmentierenden Entwicklung

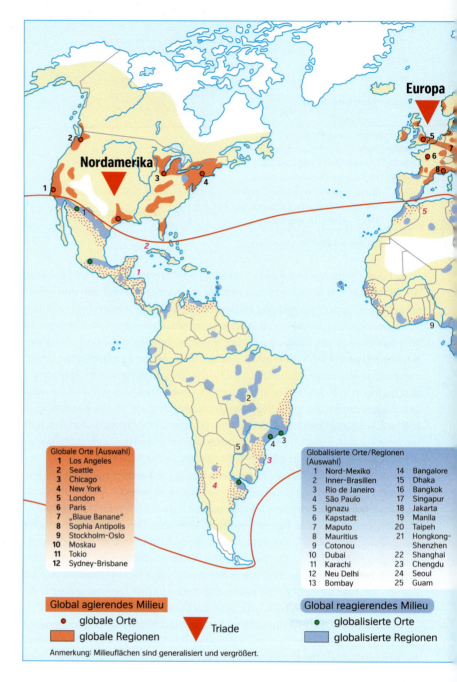

M1: Entwicklung in Zeiten der Globalisierung – globale Fragmentierung

als Standort für Niedriglohnproduktion, als Lieferant von Rohstoffen, Luxus- und Nahrungsmitteln, menschlichen Organen, von IT-Spezialisten, Hochleistungssportlern, exotischen Frauen oder seltenen Haustieren. Sie können aber auch ganz schlicht zu Empfängern von Arbeitslosenunterstützung, Sozialhilfe, Almosen, Katastrophenhilfe oder zu Nutznießern von Terrorpräventionen und Befriedungsaktionen werden. Gelegentlich und bestenfalls erfahren sie technische und finanzielle Entwicklungs- und Militärhilfe.

Langfristig wird die hier lebende Mehrheit der Weltbevölkerung jedoch nicht nur doppelt, sondern sogar dreifach überflüssig sein: als Arbeitskraft, als Konsument und als Produzent. Momentan besteht im Norden sogar die Neigung, Teile oder Gruppen der „neuen Peripherie" als Lieferanten terroristischen Aktionismus

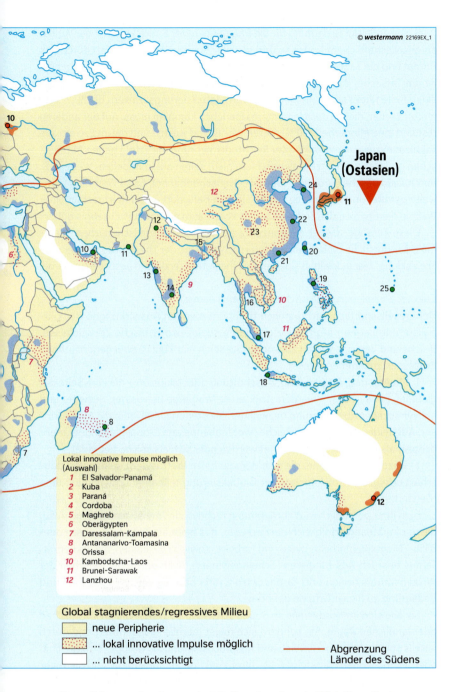

zu stigmatisieren oder die von dort Aufbrechenden als Flüchtlingsübel zu empfinden oder politisch zu missbrauchen.

d) Daraus folgt generell, dass an den ökonomischen Möglichkeiten, die Globalisierung zweifellos bietet, nur jene Orte und Personen partizipieren, die sich eben dem Wettbewerb stellen. Erfolgreich werden sie aber nur dann sein können, wenn sie ihren ganz eigenen, egoistischen Interessen folgen. Daher können niemals alle Staaten, kann kein Land an sich und auch nicht seine Bevölkerung insgesamt erfolgreich sein. Gemäß dieser Logik kann es daher in Zeiten der Globalisierung keine – wie von den Marktbefürwortern und Globalisierungsapologeten vertreten – wachstumsbasierte nachholende Entwicklung für Länder und Gesellschaften als Ganze geben.

2.3 Theorie der fragmentierenden Entwicklung

Konsens- und Solidaritätsdenken
hat letztlich mit den Errungenschaften der Französischen Revolution (den Humanitätsidealen Freiheit, Gleichheit, Brüderlichkeit) Einzug in die Weltgemeinschaft gehalten und wurde nach dem Zweiten Weltkrieg durch die Vereinten Nationen (UN) im Prinzip weltweit durchgesetzt. Das in Zeiten der Globalisierung geltende Primat des „Ökonomischen" (Wettbewerb, Erfolg und Wachstum) steht diesen Idealen entgegen.

„Die Gier nach Macht und Reichtum kennt keine Grenzen. In diesem System, das dazu neigt, alles aufzusaugen, um den Nutzen zu steigern, ist alles Schwache wie die Umwelt wehrlos gegenüber den Interessen des vergöttlichten Marktes, die zur absoluten Regel werden."
Papst Franziskus *(2013)*

Überflüssige
Die Bezeichnung „Überflüssige" knüpft an den von dem englischen Nationalökonomen David Ricardo (1772–1823) gebrauchten Begriff „redundant population" an. Er verstand darunter alle jene Arbeiter, die als solche wegen des großen lokalen Angebotes und der geringen lokalen Nachfrage nicht gebraucht wurden. In Zeiten der Globalisierung fällt dem Begriff eine weiterreichende Bedeutung zu: Überflüssige sind eine Folgeerscheinung global agierender, wettbewerbsbestimmter Wirtschaft, bei der Arbeitsplatzsicherheit, Recht auf Beschäftigung und soziale Absicherung dem Gewinn- und Erfolgsprinzip, den Interessen des globalen Finanzkapitals untergeordnet sind.

5. Von zentraler Bedeutung für die fragmentierende Entwicklung ist der Verlust an gesellschaftlichem Konsens und sozialer Solidarität. Sie wurden durch das Primat und die Exzessivität des globalisierten Wettbewerbs verdrängt. Ergebnis ist die Tatsache, dass von einer weltweiten Bruchlinie auszugehen ist. Auf der einen Seite findet sich jene Mehrheit (von Globalisierungskritikern bei 80 % vermutet) wieder, die um das elementare Überleben kämpfen muss. Auf der anderen residiert jene Minderheit (20 %), deren Wohlstand wächst und die im Extrem alle Taktiken exzessiv unverschämter Reichtumsmehrung mit Erfolg gegen Mitmenschen und Natur einsetzt. Das geschieht nicht selten auf kriminellem Wege (z.B. durch Geldwäsche, Drogen-, Waffen-, Menschenhandel, Land Grabbing, Umweltverstöße) und wird durch Globalisierung befördert oder erleichtert. In einer Welt, in der der Sieg das Ziel ist, kann es eben kaum ein anderes Ergebnis geben.

Diese Aussage spiegelt die ganze Tragweite des weltgesellschaftlichen Dilemmas, das durch die Globalisierung verursacht und mit der These „fragmentierende Entwicklung" hier modellhaft skizziert und theoretisch/erklärend beschrieben wurde.

Exkurs: Sozial-wirtschaftliche Fragmentierung

Den gesellschaftlich und räumlich fragmentierenden Auswirkungen der Globalisierung liegen natürlich tiefgreifende sozial-ökonomische Zerwürfnisse, Brüche und Veränderungen zugrunde. Sie seien hier kurz in zwei gegenläufigen Prozessen zusammengefasst:

1. Mit Aufstieg, Abgrenzung, Abschottung oder Inklusion – die eine Seite der globalen Entwicklung – werden strukturelle Vorgänge bewusster, gezielter und aktiver sozialer Absonderung bezeichnet. Sie stehen für all jene, die als Gewinner, Aufsteiger, Erfolgreiche, Reiche/Wohlhabende und Global Player oder mehr bildhaft als *flying geese* bezeichnet werden oder sich als solche begreifen.

a) Dazu zählen all jene, die sich dem globalen Wettbewerb stellen und dauerhaft erfolgreich am Angebot der Globalisierung teilhaben und sie gestalten (Gewinner).

b) In ihrer persönlichen Wahrnehmung rechnen sich meist auch all jene dazu, die nur kurzfristig erfolgreich partizipieren, das heißt als Zeit-, Leih-, Tele- oder Billig-/Niedriglohnarbeiterinnen und -arbeiter sowie all diejenigen, die als Perma-Temps oder Ich-Ags fungieren (Scheingewinner). Auch dürfte die Mehrheit der Wissensarbeiterinnen und -arbeiter trotz ihrer ständig wachsenden Zahl und Bedeutung zu dieser Gruppe gehören.

Sie alle sind im Norden wie im Süden ebenso anzutreffen wie im städtischen oder ländlichen Raum. Sie sondern sich meist räumlich konzentriert und durch jeweils spezifische Lebensweise und Anspruchshaltung als Gruppe (Erfolgreiche) oder als Individuen (Aufsteiger) ab. Ihrer Funktion entsprechend sind sie mehr oder weniger global vernetzt, wissen trotz großer Distanzen mehr voneinander als von den räumlich näher lebenden Menschen, den Nachbarn. Doch ihre Position erfordert Leistungsbereitschaft und ist dennoch in hohem Maße fragil, weil sie von Entscheidungen und von Entscheidungsträgern abhängt, auf die sie keinen Einfluss ausüben und die auf sie auch keine Rücksicht nehmen können.

2. Abstieg, Ausgrenzung, Abkopplung, Marginalisierung oder Exklusion – die andere Seite der gegenwärtigen Entwicklung – stehen hingegen für Alternativen all jener, die sich dem Wettbewerb entziehen und verlieren (Verlierer). Dazu gehören auch jene, die kaum eine Chance finden, sich dem Wettbewerb zu stellen, ihm überhaupt zu begegnen und verzagen oder eben als dreifach überflüssig gelten. Diese Überflüssigen, deren Zahl weltweit zunimmt, sind in der globalisierten Wirtschaft dreifach wertlos: a) als Käufer sind sie nicht interessant, weil sie

über keine Kaufkraft verfügen, b) als Arbeitskraft werden sie wegen des großen Angebotes nicht benötigt, und c) die Produkte, die sie herstellen (können), sind global nicht gefragt. Mit Begriffen wie zum Beispiel Scheingewinner, Absteiger, Ausgeschlossene, Erbärmliche, *working poor, underclass, underdogs, sitting ducks, les exclus* oder *coach potatoes* und sogar Abfall haben sie Eingang in die Literatur und die breite Öffentlichkeit gefunden.

Doch die Überflüssigen sind – wie sich inzwischen weltweit beobachten lässt – keineswegs ohne Perspektive oder Lebensqualität. Sie entwickeln gezwungenermaßen regelrechte Parallelgesellschaften mit ganz eigenständigen Existenz- und Überlebensstrategien wie zum Beispiel Tauschringe, Bonusmärkte, Wärmestuben, Nachbarschafts- oder Quartiershilfen. Sie entdecken alte und schaffen neue gesellschaftliche Identitätsrituale, Kommunikationsformen, alternative Bewertungskonzepte wieder. Sie besinnen sich in bemerkenswerter Weise auf die Werte traditioneller, ehemals gültiger lokal/regional typischer Sprachen sowie auf Gebräuche, Techniken, Handwerke, Anbauweisen, Werkstoffe und Nutzpflanzen. Sie beleben vergessen geglaubte soziale Netzwerke, Bezugssysteme sowie landwirtschaftliche und handwerkliche Traditionen wieder. Aber sie reaktivieren auch ethnische oder sprachlich begründete Regionalismen, versteigen sich in populistische Nationalismen oder steigern sich in militante Frontstellungen bis hin zu terroristischem Aktionismus. Und in diesem Zusammenhang muss auch auf die zunehmenden Flüchtlingsströme hingewiesen werden, die von der Hoffnung auf Perspektiven (n)irgendwohin getragen werden.

Diese Vorgänge sind zwar überall weltweit – inzwischen selbst in den Triadestaaten – zu beobachten. Doch handelt es sich meist noch um Suchvorgänge, deren Vielfalt, Tragfähigkeit und Nachhaltigkeit bislang nicht annähernd abzuschätzen sind. Daraus könnte sich aber einmal eine Peripherie- oder peripherisierte Parallelgesellschaft mit Lebensperspektiven bilden. Dann wäre die globale Fragmentierung erreicht.

M1: Quellentext
Papst Franziskus: Die frohe Botschaft Jesu. Leipzig 2013

> *Ebenso wie das Gebot „du sollst nicht töten" eine deutliche Grenze setzt, um den Wert des menschlichen Lebens zu sichern, müssen wir heute ein Nein zu einer Wirtschaft der Ausschließung und der Disparität der Einkommen sagen. Diese Wirtschaft tötet. Es ist unglaublich, dass es kein Aufsehen erregt, wenn ein alter Mann, der gezwungen ist, auf der Straße zu leben, erfriert, während eine Baisse um zwei Punkte in der Börse Schlagzeilen macht. Das ist Ausschließung. [...]*
> *Mit der Ausschließung ist die Zugehörigkeit zu der Gesellschaft, in der man lebt, an ihrer Wurzel getroffen, denn durch sie befindet man sich nicht in der Unterschicht, am Rande oder gehört zu den Machtlosen, sondern man steht draußen. Die Ausgeschlossenen sind nicht „Ausgebeutete", sondern Müll, „Abfall".*

1 Erklären Sie die Begriffe „globaler und globalisierter Ort" anhand eines selbstgewählten Beispiels.
2 Analysieren Sie typische Merkmale eines „globalen" bzw. „globalisierten Ortes".
3 Übertragen Sie das Modell der lokalen Fragmentierung (M2, S. 35) mithilfe des Atlasses auf einen „globalisierten Ort" (z.B. in Lateinamerika oder Asien).
4 Beurteilen Sie die Chancen der „neuen Peripherie" und ihrer Bevölkerung.
5 Erörtern Sie die Folgen der fragmentierenden Entwicklung für die Weltbevölkerung.

2.4 Fragmentierung in drei konkreten Beispielen

Die Welt ist durch die Globalisierung, ihre Wert- und Handlungsnormen sowie die daraus resultierenden Effekte in Fragmente zerfallen. Sie sind nach Bevölkerungszahl und Territorium extrem verschieden und nehmen auch in recht unterschiedlicher Art und Weise am Weltgeschehen teil.

Das ganze Ausmaß fragmentierender Entwicklung wird erst wirklich sichtbar und begreifbar in seiner konkreten geographisch/kartographischen Umsetzung (M 1, S. 36). Nach den bisherigen Ausführungen ist es logisch, räumlich drei Ebenen zu unterscheiden:

1. All jene Fragmente, die agieren („globale Orte/Regionen"), befinden sich in den Triade-Regionen des Nordens bei punkthafter Streuung und arealmäßig äußerster Begrenzung. Dabei zeichnen sich Verteilungsmuster ab, die zum einen tradierten Vorgaben folgen (Industriestaaten, Industrieregionen). Zum anderen aber schließen sie Orte aus, die sich in der Vergangenheit durch Dynamik und Wachstum hervortaten, und heute als Industrieruinen (Rostgürtel; z.B. Detroit, Manchester, Teile des Ruhrgebiets) verkümmern.

2. Partielle/potenzielle Aufsteiger, die reagierenden „globalisierten Orte", sind mehrheitlich in den Ländern des Südens konzentriert. Verwiesen sei dazu beispielhaft auf (Blue) China, Südkorea, Dubai, Mumbai oder São Paulo. Und im Norden sind dazu beispielsweise das baskische Spanien, West-Polen, Ost-Apulien oder Irland zu zählen.

3. Doch besonders augenfällig ist die Tatsache, dass der stagnierende/regressive „Rest" in flächenhafter Weite, länder- und grenzübergreifend die Kontinente des Südens regelrecht ausfüllt. Dazu gehören vor allem Länder, die gemeinhin schon als Entwicklungsländer gelten und jetzt zutreffender als Länder des Südens bezeichnet werden. Doch auch Teile des Nordens und sogar ganze Regionen oder Standorte, die ehemals tragende wirtschaftliche Bedeutung besaßen, sind inzwischen auch dieser Restwelt zuzuordnen.

Dubai: vermeintlicher Gewinner?

Anfang der 1970er-Jahre noch ein von Sandwüste umgebenes Fischernest innerhalb einer Region, die gerade aus britischer Bevormundung und Kontrolle entlassen worden war, zählte Dubai wie alle Nachbarn entlang der Westküste des Arabisch-Persischen Golfes zu den ärmsten und rückständigsten Regionen der Erde. Heute hingegen wird es zu den wohlhabendsten Staaten der Welt gerechnet. Scheich Rashid al Maktoum, von 1958 bis 1990 Herrscher des Emirats Dubai, eines der sieben Scheichtümer der Vereinigten Arabischen Emirate, erkannte früh die Chancen der Globalisierung und begann das Emirat als Handelsstandort auszubauen. Seit Anfang der 1990er-Jahre wird dieser Weg von seinem zweitältesten Sohn Scheich Muhammad (heutiger Herrscher Dubais) mit immer neuen Projekten fortgesetzt.

>> *Bei einem Gespräch war Emir Scheich Rashid al Maktoum sehr an Informationen über Deutschland und vor allem an dessen Marktwirtschaft interessiert. Nach der Erläuterung der bei uns praktizierten sozialen Marktwirtschaft wiegte er lange den Kopf, dann meinte er: ‚Diese Marktwirtschaft ist für uns nicht geeignet. Wir brauchen jegliche Freiheit, um unsere Visionen zu verwirklichen und meine Leute werden davon profitieren. Das Soziale war und ist bei uns immer gegeben.'*

Fred Scholz, *Reisetagebuch (1986)*

Dank kühner Visionen, der zwar vergleichsweise geringen, doch vorhandenen Erdöl- und Erdgasvorkommen und seiner geschäftstüchtigen Kaufleute und Händler schuf das Emirat seit Anfang der 1990er-Jahre in rasanter Schnelle und

Einwohner	9,6 Mio.
Fläche	83 600 km²
Lebenserwartung	77 Jahre
Anteil unter 15-Jähriger	14 %
Fertilitätsrate	1,8
Verstädterungsquote	86 %
Kindersterblichkeit	0,6 %
Anteil Bevölkg. mit Zugang zu sicherem Trinkwasser	100 %
Analphabetenquote	7 %
BNE/Ew. (nach KKP)	70 570 US-$
Ø-BIP-Wachstum (2006–2015)	2,9 %
Anteil Landwirtschaft BIP	-
Export-Import-Relation	1,16 : 1
Jahresstromverbrauch / Ew.	11 244 kWh
Absolut Arme (1,90 US-$ / Kopf und Tag)	-
HDI-Wert (Rang)	0,840 (42.)
ODA (Anteil am BNE)	-
Internetpenetrationsrate	91 %

Quelle: Population Reference Bureau, World Bank, UNDP

M 1: Basisdaten Vereinigte Arabische Emirate 2015

quasi aus dem Nichts eindrucksvolle Siedlungsprojekte, luxuriöse Shopping Malls, großzügige Golfanlagen, komfortabelste Appartement- und Hotelkomplexe, die mit Burj al-Arab und dem höchsten Gebäude der Welt, dem Burj Khalifa (M2), weltweit Berühmtheit erlangt haben. Es plante und realisierte riesige Inseln in Form von Dattelpalmen (Jumairah-, Jebel Ali-, Deira Palme, M3) oder der Weltkugel (The World) vor seiner Küste. Die Eigentümer der hier geschaffenen Grundstücke, der prachtvollen, palastartigen Villen und der Luxus-Appartements in den Hochhauskomplexen kommen aus allen Weltgegenden.

Das Emirat richtete auch IT-Zentren für Kommunikation, Werbung, Vermarktung und Chip-Produktion in der Silicon Oasis sowie eine Internet City mit mehreren tausend Wissensarbeitern aus aller Welt ein. Es veranstaltet jährlich „Global-Village"-Verkaufswochen, wirbt weltweit mit großartigen Kulturveranstaltungen, Kunstausstellungen, Sport-, Musik- und Vergnügungs-Ereignissen und bietet mit Super-Hotels geradezu unbegrenztes Urlaubsvergnügen. Dazu gehören saubere Strände, Korallentauchen, Fischen, Segeln, Wüstentouren, Sandrennen, Eisbahnen, Hallenskipisten und immer wieder überraschende Events, die jedes Jahr aufs Neue Millionen von Besuchern anlocken.

In Dubai sind Landerwerbungen für Ausländer ebenso möglich wie Investitionen in den Dubai-Investment-Parks mit IT-Unternehmen. Das Emirat garantiert für Sicherheit und Gewinne. Es werden persönliche und materielle Freizügigkeit und Entfaltung sowie rechtliche Unantastbarkeit geboten und eingehalten. Investoren lockt Dubai mit seiner geostrategisch günstigen Lage und einer perfekten Infrastruktur für globale Geschäfte. Dafür stehen ein Hafen (Port Rashid) mit modernsten Containeranlagen sowie eine eigene Luftlinie (Emirates Airline) und zwei Flughäfen zur Verfügung, von denen der Al Maktoum International Airport in den letzten Jahren zur Drehscheibe im Asien-Afrika-Europa-Luftverkehr aufgestiegen ist. Mit 77 Mio. internationalen Passagieren ist er der größte Flughafen der Welt. Gerade diese internationale Verkehrsinfrastruktur hat Dubai zusammen mit dem freien finanziellen und touristischen Angebot sowie den luxuriösen Lebens- und Wohnfantasien in besonderem Maße den Ruf eines Gewinners der Globalisierung eingebracht. Es überrascht daher nicht, wenn sich Dubai in seinen Werbeprospekten selbst als ein Global Player bezeichnet.

Doch bei all diesen beeindruckenden Entwicklungsergebnissen, die Dubai durch Globalisierung momentan erreicht hat, sollten für deren Fortbestand folgende Tatsachen nicht unbeachtet bleiben:

a) Grundlage dieser Entwicklung und vermeintlicher Garant für ihre Sicherung waren und sind trotz ihrer Begrenztheit (Ende 2020) und gegenwärtigen Verringerung die Einnahmen aus dem Erdöl. Auch unterliegt der Welterdölmarkt wie-

M2: Dubai: Burj Khalifa, höchstes Gebäude der Welt (828 m)

M3: Dubai: Palm Island

M4: Dubai: Ausländische Arbeiter auf einer Baustelle

2.4 Fragmentierung in drei konkreten Beispielen

Warum Dubai?
- *Seine Lage gibt Unternehmen die Möglichkeit, Märkte in einem Gebiet mit 1,8 Mrd. Menschen ins Visier zu nehmen,*
- *es bietet eine hoch entwickelte Transport-Infrastruktur, Internet City, Media City, Knowledge Village, Global City, China City, Dubai Silicon Oasis,*
- *es bietet freie Geschäftsmöglichkeiten, dauerhaften Wohnsitz, steuerfreies Einkommen, sichere Investitionen, finanzielle Unterstützungen, freie Grundstücke an Luxusorten.*

M1: Text aus Werbebroschüre für Dubai (2015, übersetzt)

derkehrend Schwankungen und die Nachfrage nach fossilen Rohstoffen dürfte in Zukunft dank alternativer Energien, Elektromobilität und maßvollen Umgang mit Energie im Norden an Bedeutung verlieren. Reichen dann die Mittel und Kontakte aus, um den Erhalt der kostspieligen Infrastruktur sowie der großartigen Bauwerke und Unterhaltungsanlagen zu finanzieren?

b) Dubai setzt auf eine offene, dynamische, freizügige und friedliche Welt für Ideen, Kapital, Güter und Menschen. Der „Arabische Frühling" ließ zwar das Emirat unbehelligt und der „Islamische Staat" (IS) hält sich mit Kritik und Aktionen zurück. Doch der Umbruch in der Region ist noch keineswegs abgeschlossen.

c) Die einheimische arabische Bevölkerung nimmt gerade einmal etwa zehn Prozent der rund 3,5 Mio. Einwohner des Emirats ein. Sie lebt mehrheitlich von unverdienten Einkommen und ihre Funktion erschöpft und befriedigt sich im Verwalten und Nutznießen. Dabei verlässt sie sich bei allen verantwortlichen Aufgaben (z.B. Verwaltung, Banken, Gesundheitswesen, Universitäten) auf qualifizierte und gut bezahlte Fachkräfte/Wissensarbeiter aus Europa, Nordamerika und auch aus Indien. Alle niederen Dienstleistungen sowie alle einfachen Tätigkeiten in Gewerbe, Handel, Bau- und Transportwesen jedoch werden von einer Masse ausländischer, insbesondere süd- und südostasiatischer Arbeitskräfte, ausgeführt. Insbesondere diese werden karg entlohnt, sind sozial ausgeschlossen und rechtlich nicht abgesichert. Die Lösung der Fragen, wie sie sich in Zukunft organisieren und ob sie ihren gegenwärtigen Status der Ausbeutung weiterhin akzeptieren werden, entscheidet auch über die Zukunft des Modells Dubai.

Dubai hat von den Möglichkeiten der Globalisierung zweifellos profitiert, wirbt mit verheißungsvollen Angeboten weltweit und kann momentan zu den Gewinnern gezählt werden. Doch ist Skepsis geboten! Denn handelt es sich letztlich nicht doch nur um einen „globalisierten Ort"?

Bangladesch: hoffnungsloser Verlierer?

Bangladesch gilt als „klassisches" Beispiel eines Entwicklungslandes. Armut, hohes Bevölkerungswachstum, Arbeitslosigkeit, Krankheiten, Analphabetismus, Bad Governance mit Korruption und Vetternwirtschaft werden seit seiner ersten Unabhängigkeit als Ost-Pakistan (1949) mit diesem Land verbunden. Daran hat auch seine volle Selbstständigkeit als Bangladesch (1971) nichts geändert. All dieses Elend wird noch überlagert von wiederkehrenden Überschwemmungen und Sturmfluten, die zur Zerstörung von Ackerland, Infrastruktur, Ernten und Behausungen sowie zum Tod unzähliger Menschen führen. Von tragischer Brisanz ist die Tatsache, dass das gesamte Land von einem nahezu unüberwindbaren, von über 50000 Polizisten bewachten Zaun umgeben wird, den der Nachbar Indien vor vielen Jahren errichtet hat, um islamistische Terroristen, Schmuggler und Arbeitsmigranten abzuhalten.

Das eigentlich fruchtbare Land, in dem bis zu drei (Reis-)Ernten möglich sind, ist fortwährend auf Nahrungsmittelimporte angewiesen. Diese zehren gemeinsam mit den unverständlich hohen Militärausgaben (Waffenkäufen) die mühsam erwirtschafteten Devisen auf. Gerade sie werden jedoch dringend für den Import von Produktionsgütern, den Ausbau der technischen und sozialen Infrastruktur sowie die Flutsicherung benötigt.

Bangladesch zählt zu den ärmsten Staaten Asiens. Etwa 27 Prozent der Bevölkerung sind unterernährt, der Anteil der Fehlernährten ist mehr als doppelt so hoch. Noch immer müssen 57 Prozent der Bangladescher mit weniger als 3,10 US-$ am Tag auskommen. Extrem problematisch ist das Wachstum der Bevölkerung. Im Jahre 1901 lebten auf dem Territorium des heutigen Bangladesch gerade einmal 30 Mio. Menschen. Bis 1961 hatte sich diese Zahl verdoppelt. Für

Einwohner	160,4 Mio.
Fläche	147 570 km²
Lebenserwartung	71 Jahre
Anteil unter 15-Jähriger	33 %
Fertilitätsrate	2,3
Verstädterungsquote	34 %
Kindersterblichkeit	3,8 %
Anteil Bevölkg. mit Zugang zu sicherem Trinkwasser	87 %
Analphabetenquote	39 %
BNE/Ew. (nach KKP)	3550 US-$
Ø-BIP-Wachstum (2006–2015)	7,1 %
Anteil Landwirtschaft BIP	15,5 %
Export-Import-Relation	1 : 1,37
Jahresstromverbrauch / Ew.	311 kWh
Absolut Arme (1,90 US-$ / Kopf und Tag)	18,5 %
HDI-Wert (Rang)	0,579 (139.)
ODA (Anteil am BNE)	1,2 %
Internetpenetrationsrate	14 %

Quelle: Population Reference Bureau, World Bank, UNDP

M2: Basisdaten Bangladesch 2015

eine weitere Verdoppelung brauchte es nur 30 Jahre (1961 bis 1991). Für 2025 liegen die Prognosen bei 183 Mio. und für 2050 bei 226 Mio. Schon heute läge Bangladesch in einer Weltrangliste der Bevölkerungsdichte mit 1084 Ew./km^2 – abgesehen von einigen Stadtstaaten – an führender Stelle.

Durch die Globalisierung hat die Lage von Bangladesch in den letzten Jahren noch eine ganz andere Qualität angenommen: Während am Export früher Rohjute- und Jutefertigerzeugnisse sowie Tee und Shrimps zu 80 Prozent beteiligt waren, herrschen heute Textilien, Bekleidung und Lederwaren (Schuhe) mit über 85 Prozent vor (M3): Die Verlagerung zu der auf Niedriglohn basierenden (Massen-)Produktion von Bekleidungsartikeln aller Art setzte Anfang der 1980er-Jahre ein, als die Regierung die ersten Exportproduktionszonen (EPZ) eröffnete. Mit Steuer- (für 10 Jahre) und Zollfreiheit auf alle Importerzeugnisse (Vorprodukte z.B. Garne, Stoffe, Knöpfe etc.; Werkzeuge/Maschinen) sowie einem riesigen Angebot an billigen Arbeitskräften, geräumigen Werkhallen und produktionsdienlicher Infrastruktur versuchte die Regierung, ausländische Unternehmen anzulocken. Im Jahr 2016 gab es in Bangladesch elf EPZ mit mehreren tausend Textilbetrieben und mehreren Millionen Beschäftigten. Sie konzentrieren sich auf die zweitgrößte Stadt Chittagong, auf Khulna und vor allem auf die Megacity Dhaka (Einwohnerzahl: 1941 = 240 000; 2011 = 14,5 Mio., 2025 ~ 30 Mio.). Aus dieser kolonialzeitlich geprägten Stadt erwuchs seit der Unabhängigkeit (1949/1971) ein regelrechtes Stadt-Monster, das inzwischen als „globalisierter Ort" mit mehreren Stadtfragmenten fungiert (M1, S.44).

Dhaka ist das Hauptziel der (überwiegend weiblichen) zuwandernden (billigen) Arbeitskräfte vom Land. Diese Binnenmigranten werden mehrheitlich von der Hoffnung angezogen, Arbeit in einer Textilfabrik zu finden. Den meisten bleibt jedoch nur der informelle Sektor und damit die absolute Armut, in der zwei Drittel bis drei Viertel der Stadtbewohner vegetieren müssen. Ausdruck dafür sind die riesigen Hüttenlager (Bustees), in denen nach Angaben der Stadtplanungsbehörde 1999 über die Hälfte der Einwohner hausten. Und nach neuesten Aussagen hat sich an diesem Zustand nichts geändert.

Dadurch ist auch das massenhafte Angebot an extrem billigen Arbeitskräften ohne Beschäftigungsalternative erhalten geblieben und hat den Ruf Dhakas (und Bangladeschs) als Produktionsstandort für lohnkostenintensive Fertigtextilien verstetigt. Diesen Ruf nutzen trotz der weltweit aufgrund der miserablen Arbeitsbedingungen erhobenen Proteste die transnational agierenden Unternehmen unverdrossen weiter. Als Partner vor Ort fungieren dabei mittelgroße lokale, als „formell" geltende Unternehmen. Ihre Fertigungsstätten liegen über die Stadtgebiete verstreut oder konzentrieren sich auf die EPZ. Sie lagern – aus Kosten- und nicht selten aus

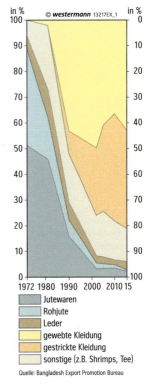

M3: Bangladesch: Export nach Warengruppen 1972 – 2015

M4: Textilarbeiterin in Dhaka

M5: Beim Einsturz der Produktionshallen der Firma Rana Plaza 2013 kamen über 1135 Arbeitskräfte ums Leben

2.4 Fragmentierung in drei konkreten Beispielen

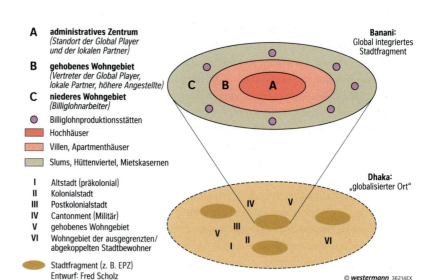

A **administratives Zentrum** *(Standort der Global Player und der lokalen Partner)*
B **gehobenes Wohngebiet** *(Vertreter der Global Player, lokale Partner, höhere Angestellte)*
C **niederes Wohngebiet** *(Billiglohnarbeiter)*
● Billiglohnproduktionsstätten
▮ Hochhäuser
▮ Villen, Apartmenthäuser
▮ Slums, Hüttenviertel, Mietskasernen

I Altstadt (präkolonial)
II Kolonialstadt
III Postkolonialstadt
IV Cantonment (Militär)
V gehobenes Wohngebiet
VI Wohngebiet der ausgegrenzten/abgekoppelten Stadtbewohner

▮ Stadtfragment (z. B. EPZ)
Entwurf: Fred Scholz

Banani: Global integriertes Stadtfragment

Dhaka: „globalisierter Ort"

M1: Dhaka: Modell des globalisierten Stadtfragments Banani

Zeitgründen (Just-in-Time-Produktion) – häufig Teile der Fertigung zu „informellen" Kleinst-/Subunternehmern und Heimarbeitern aus (pyramidale Produktion; M 2, S. 29). Durch dieses Outsourcing werden selbst die billigsten Arbeitskräfte, überwiegend Frauen, nicht selten auch Kinder, für den globalen Markt erschlossen. Deren Arbeitsbedingungen sind rechtlich nicht gesichert und beklagenswert, unterscheiden sich jedoch nicht wesentlich von denen in den großen Fabriken.

Schaltstelle dieses global orientierten Wirtschaftens und Sitz der lokalen Partner und ihrer ausländischen Auftraggeber ist in Dhaka der Stadtteil Banani (M 2). Hier sind fast alle namhaften Sportartikel- und Bekleidungsproduzenten der Welt vertreten. Seit einigen Jahren haben sich auch namhafte Unternehmen der IT-Branche in den Hochhauskomplexen eingerichtet. Der Stadtteil Banani ist ein Stadtfragment, an dem sich in besonders eindrücklicher Weise alle für einen „globalisierten Ort" typischen funktionalräumlichen Elemente fassen lassen:

1. Ein Central Business District mit Bürohochhauskomplexen, der notwendigen globalen Infrastruktur und Informationsvernetzung, nimmt hier das räumliche Zentrum ein.

M2: Dhaka-Banani: funktional-räumliche Differenzierung eines „globalisierten Ortes":
1 – Central Business District,
2 – Residenzviertel,
3 – Hüttenviertel,
4 – Werkhallen

2. In unmittelbarer Nachbarschaft dazu liegen mehrere exklusive Residenzviertel für die zugehörigen ausländischen Akteure und die involvierten lokalen Eliten. Hier konzentrieren sich auch die Sitze der internationalen Organisationen und die Botschaften.

3. Daran schließen sich fast direkt, doch durch Zäune und Mauern erkennbar getrennt, ausgedehnte Wohnquartiere an, die aus Hütten, Not- und Massenunterkünften sowie trostlosen Wohnsilos bestehen.

4. In diesen Elendsvierteln befinden sich nestartig eingeschachtelt vereinzelt große, mehrgeschossige Werkhallen, in denen die Billigtextilien für den globalen Markt produziert werden. Diese Viertel sind infrastrukturell höchst unzureichend und nur punktuell erschlossen sowie hoffnungslos überbevölkert. Dennoch leben hier die wenigen „Glücklichen" aus dem Heer der billigen Arbeitskräfte, die Scheingewinner. Sie haben einen „Job" gefunden und profitieren von der Globalisierung, wenn damit auch keine langfristige Perspektive verbunden ist.

Bangladesch, ein als „typisch" geltendes Entwicklungsland, ist trotz oder gerade wegen seiner Teilhabe am globalen Markt mit seinen Millionen Billiglohnarbeitskräften heute zu der „neuen Peripherie" mit einem Heer von Überflüssigen zu zählen und vermag einzig mit seinen „globalisierten Orten" Dhaka, Chittagong und Khulna an den Verheißungen der Globalisierung teilzunehmen.

M3: Dhaka: Fragile Wohnhütten direkt an den Eisenbahnschienen

Santiago de Chile: ein „globalisierter Ort"

Durch die Effekte der Globalisierung wurden die Städte Lateinamerikas weitreichend verändert. Diese Feststellung gilt insbesondere für Chile, wo das neoliberale Credo früher als in den Nachbarländern durch die „Chicago-Boys" eingeführt und durchgesetzt wurde. Das wirkte sich nicht nur in der Wirtschaft Chiles aus, sondern besonders bemerkenswert in seiner Hauptstadt Santiago de Chile, wo alle Merkmale eines „globalisierten Ortes" nachzuweisen sind.

Die externe Steuerung der Funktionen der lateinamerikanischen Städte ist allgemein feststellbar. Auch besteht auf der Makroebene allerorts die bekannte Teilung in „reiche" und „arme" Stadt. Doch innerhalb derselben haben sich, Folge der Fragmentierung, sichtbar weitere Differenzierungen vollzogen. So entstanden selbst in der „armen" Stadt die „Barrios Cerrados", Viertel der Ober- und Mittelschicht, die von hohen Mauern umschlossen werden und nur durch bewachte Tore zugänglich sind (Gated Communities). Fragmente jedoch von armen Bevölkerungsgruppen gibt es auch innerhalb der wohlhabenden Viertel, wo sie durch elende Unterkünfte, dürftigste Versorgungseinrichtungen sowie begrenzende Stacheldrahtverhaue auffallen. Und ebenfalls von der Umgebung abgesondert

Chicago-Boys
Bei den sogenannten „Chicago Boys" handelt es sich um eine Gruppe vornehmlich lateinamerikanischer Absolventen der von Milton Friedman (Wirtschaftsnobelpreisträger 1976) gegründeten Wirtschaftsfakultät der Universität Chicago. Sie wurden zur Verbreitung neoliberalistischer Wirtschaftsvorstellungen anfangs in Lateinamerika, allen voran in Chile, später auch in anderen Ländern der Erde sowie bei WB und IMF tätig.

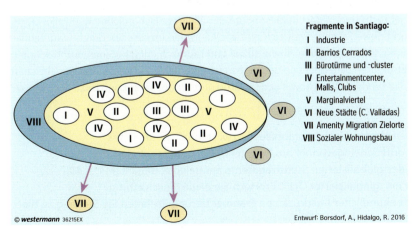

M4: Modell der fragmentierenden Stadtentwicklung in Santiago de Chile

2.4 Fragmentierung in drei konkreten Beispielen

M1: Bewachter Eingang zur neuen Stadt Valle Norte im Umland von Santiago de Chile

Amenity migration
(amenity = Annehmlichkeit, auch Lifestyle-Migration) Wanderung von Menschen aus Städten in Regionen mit hoher Lebensqualität: immissionsfrei, schöne Landschaft, Freizeitmöglichkeiten, authentische lokale Kultur, schöne Wohnlagen, angenehmes Klima, Sicherheit.

Literaturhinweise:
Naomi Klein: No Logo – Der Kampf der Global Players um die Marktmacht – Ein Spiel mit vielen Verlierern und wenigen Gewinnern (2000)

Papst Franziskus: Die frohe Botschaft Jesu. Aufbruch zu einer neuen Kirche (2013)

sind die Quartiere der Wohnhochhauskomplexe (vertikale Gated Communities), der Einkaufszentren (Malls), der Bürotürme oder der Industrieanlagen. Selbst die an der Peripherie entstandenen und entstehenden „neuen Städte" gehören hierzu. Sie sind von der Umgebung auch völlig abgegrenzt und von nur einer sozialen Schicht bewohnt.

Sichtbares Zeichen dieser Fragmentierung und Ausdruck exklusiver/inklusiver sozialer Wirklichkeit sind die allerorts existierenden Sicherungseinrichtungen und Ab-/Ausgrenzungsbarrieren. Dabei handelt es sich um Mauern, Zäune mit bewehrten Eingangstoren und Wachtürmen, ständiges Wachpersonal und Videokameras. Nicht weniger Zeichen der sozialen Zerklüftung der Bevölkerung von Santiago de Chile ist eine bisher nicht gekannte Stadtflucht der wohlhabenderen Einkommensgruppen (amenity migration). Sie führt zur Entstehung von luxuriösen Villenvierteln im Umland (Gebirge, Küste), die ebenfalls umzäunt sind und bewacht werden. Diese *amenity migration* wird eindeutig durch den Rückzug des Staates aus der Raumordnung, das heißt durch die Deregulierung, die Privatisierung des Bodenmarktes und andere Faktoren begünstigt, die sämtliche mit der Globalisierung in Verbindung stehen.

Zusammenfassende Überlegungen

Die Globalisierung hat zwar für Wenige zweifellos Chancen, doch für die Mehrheit der Weltbevölkerung völlig neue, bisher weitgehend unbekannte Herausforderungen und vielfältige negative Effekte gebracht. Es ist daher verständlich, dass weltweit und von unterschiedlichster Seite Forderungen nach einem Umdenken oder gar nach einer Umkehr erhoben werden. Zu dem Kreis der Mahner und Kritiker gehören neben den Kirchen, allen voran Papst Franziskus, Gewerkschaften, NGOs und Wissenschaftler, inzwischen sogar Vertreter der Bundesregierung (wie der Bundesentwicklungsminister), der EU, WB und IMF.

Konkret werden unter anderem humane Arbeitsbedingungen in den Sweatshops des Südens, die Einhaltung von international akzeptierten Sozialstandards und ein fairer Handel verlangt. In diesem Sinne wird die Wahrung oder Durchsetzung geltender international akzeptierter Regelwerke, wie zum Beispiel von den OECD-Staaten vorgeschlagen, eingemahnt. Auch die Millennium Development Goals (MDG) zielten darauf ab, und die jetzt gültigen Sustainable Development Goals (SDG) verfolgen dieses Ziel. Sie sprechen ganz konkrete Missstände an und fordern ihre Beseitigung oder zumindest ihre Verringerung.

Wenn diese Forderungen inzwischen auch allgemein – zumindest verbal – akzeptiert sein mögen und selbst auf dem Weltwirtschaftsforum in Davos oder den G8-Treffen diskutiert werden, so ist Skepsis bei ihrer Einlösung nicht unangebracht und bedarf insbesondere der zivilgesellschaftlichen Kontrolle. Doch, und diese Frage drängt sich auf, wie kann den inzwischen durch Fragmentierung, lokal und global sowie sozial und räumlich entstandenen und beklagten Strukturen begegnet und gegengesteuert werden? Und ist die Weltgemeinschaft dazu wirklich fähig sowie gegenwärtig und in näherer Zukunft dazu auch bereit?

---

1 Beschreiben Sie die typischen Merkmale eines „globalen" bzw. „globalisierten Ortes".
2 Charakterisieren Sie den Begriff Scheingewinner am Beispiel Dubai und Bangladesch.
3 Analysieren Sie das Modell des globalisierten Stadtfragments am Beispiel Banani (M1, S.44).
4 „Dubai ist letztlich auch nur ein ‚globalisierter Ort'". Erörtern Sie diese Einschätzung.
5 Gated Communities sind offenkundlicher Ausdruck von Fragmentierung. Nehmen Sie Stellung zu diesem Phänomen.

Unterentwicklung – weltweite Wirklichkeit?

3

Die Weltgemeinschaft trat 2000 mit den Millennium Development Goals (MDG 2015) erstmals gemeinsam an, um die elementaren Probleme zu beseitigen, unter denen Millionen Menschen in aller Welt und vor allem die Bevölkerungsmehrheit in den Ländern des Südens zu leiden haben. Doch die Erfolge bei der Erreichung der MDG-Ziele sind bisher bescheiden, beruht Unterentwicklung ganz offenkundig auf beharrlichen Strukturen, denen nicht einzig durch finanzielle und technische Hilfe begegnet werden kann. Diese scheinen geradezu zu den Ländern, den Menschen des Südens zu gehören und unabwendbar zu sein. Und zu diesen fast altbekannten, strukturell zu nennenden Problemen gesellen sich seit der Entgrenzung der Welt und seit der elektronischen Informationsexplosion neue hinzu. Dabei handelt es sich ganz offensichtlich um Folgen der Globalisierung.

3.1 Demografische und soziale Entwicklungshemmnisse

Für Unterentwicklung werden demografische und soziale Strukturen für bedeutsam gehalten, weil sie sich durch große Beharrung auszeichnen und die Gesellschaften des Südens recht unterschiedlich durchdringen. Zwar haben sich darin infolge externer Einflüsse Veränderungen vollzogen, doch tragen sie nicht unbedingt zur Verbesserung der Lebensbedingungen bei.

3.1.1 Bevölkerungsentwicklung

In den Industrieländern lebten 2016 1254 Mio. und in den Entwicklungsländern 6164 Mio. Menschen (Verhältnis 1: 4,9, 1950: 1:2,1). 2030 stehen – je nach Prognose – 1298 Mio. schon 7241 Mio. (1:5,6) und 2050 1 322 Mio. sogar über 8548 Mio. (1:6,5) gegenüber (M 2). Geradezu umgekehrt verteilen sich Reichtum und Armut, Infektionskrankheiten, Alphabetisierung oder/und Lebenserwartung.

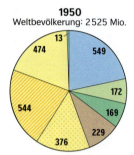

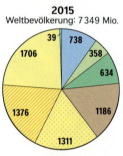

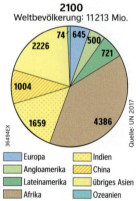

M 1: Bevölkerungsverteilung nach Regionen 1950, 2015 und 2100 (Prognose)

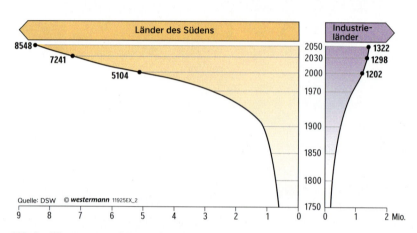

M 2: Bevölkerungsentwicklung der Länder des Südens und des Nordens

Zu- und Abnahme einer Bevölkerung resultieren aus ihrem natürlichen Wachstum sowie der Zu- und Abwanderung. Geburten- und Sterberate hängen ihrerseits wiederum vom Entwicklungs- und Bildungsstand eines Landes ab. Das seit Jahrzehnten hohe Wachstum der Bevölkerung in den Ländern des Südens ist Ergebnis einerseits der gut gemeinten medizinischen und hygienischen Hilfe des Nordens und andererseits Folge mangelhafter Bildung und auch des Fortbestandes traditioneller sozialer, quasi paternalistischer Verhaltensmuster.

Nach dem Modell des demografischen Überganges (M 3) – aus den Erfahrungen in Europa abgeleitet – nehmen Geburten- und Sterberate hohe Werte in Populationen an, die sich im Stadium agrarischer und vorindustrieller Produktionsweise befinden. Die Bevölkerungszunahme ist dabei gering oder stagniert. Im darauffolgenden frühindustriellen Stadium beginnt die Sterbezahl rasch zu sinken, während die Zahl der Geburten nahezu unverändert hoch bleibt. Die Bevölkerung erreicht ihre höchsten Wachstumszahlen. Im anschließenden Stadium der industrialisierten Gesellschaften gehen jetzt selbst die Geburtenzahlen rasch zurück und der Bevölkerungszuwachs nimmt ab. Im spät- und postindustriellen Stadium endlich pendeln sich beide Größen auf tiefem Niveau ein. Der Bevölkerungszuwachs ist niedrig, stagniert oder schwindet.

Die Länder des Südens befinden sich trotz der noch immer nur langsam sinkenden Geburtenraten heute mehrheitlich – nach dem Modell des demografischen Überganges – in einem frühindustriellen bis industriellen Stadium. Die Tatsache, dass die Bevölkerung rein rechnerisch ständig zunimmt und die Wachstumsrate bisher nicht rascher abfällt, liegt daran, dass die Sterberate – schon in der Kolo-

Natürliches Bevölkerungswachstum
Differenz aus Geburten- und Sterberate

Geburten-/Sterberate
Geburtenzahl/Sterbefälle pro 1000 Einwohner (in ‰)

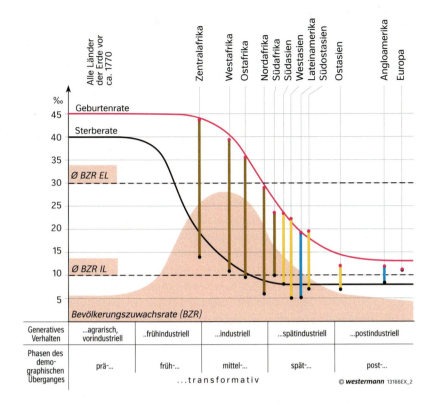

M3: Modell des demografischen Überganges

nialzeit und insbesondere seit Ende des Zweiten Weltkrieg abnehmend – sinkt, was vor allem mit der Verringerung der Kindersterblichkeit und der Erhöhung der Lebenserwartung zusammenhängt. Technisch möglich wurde diese Entwicklung durch den Einsatz von Medikamenten, Maßnahmen zur Seuchen- und Epidemie-Bekämpfung sowie die Verbesserung der Hygiene und Ernährung. Dazu gehören an erster Stelle sauberes Trinkwasser, gekochte Mahlzeiten und Krankenversorgung. Nicht vergessen seien dabei aber auch die Nahrungsmittellieferungen aus dem Ausland, Epidemie- und Seuchenbekämpfung im Katastrophenfall und die Beseitigung/Reduzierung wiederkehrender oder permanenter Versorgungsmängel.

Für die Fortdauer der hohen (> 20 ‰), nicht oder nur langsam sinkenden Geburtenzahlen – vor allem in Afrika – (M4) sind das Festhalten an traditionellen Sozialnormen und religiösen Zwängen sowie der überkommene Brauch der Altersabsicherung der Eltern durch eine große Kinderzahl verantwortlich – in Ländern ohne soziale Netzwerke ein verständliches Verhalten (M1, S. 50). Erst mit Verbesserung der Bildung. Insbesondere der Frauen, der Einkommen (unter Einbezug der Frauen in den Arbeitsprozess) sowie durch Befolgung extern geförderter Geburtenkontrolle und der Zwei-Kinder-Politik nahm die Geburtenrate in zahlreichen Ländern allmählich ab. Dazu trugen nicht zuletzt die Reduktion der Kindersterblichkeit und die Erhöhung der Lebenserwartung bei: Weil die Mehrzahl der Kinder jetzt am Leben blieb, wurde ihre große Zahl als Altersabsicherung überflüssig. Außerdem setzte sich die Erkenntnis durch, dass reicher Kindersegen deren Zukunftschancen mindert, wenn beispielsweise die Mittel zu ihrer Gesundheitsvorsorge und Ausbildung fehlen.

Allgemein verbreitet ist diese Einsicht heute jedoch keineswegs. Auch stehen in manchen Ländern oder Gesellschaften nicht selten religiöse Tabus und politisches Kalkül einer geringeren Kinderzahl entgegen. So wird beispielsweise in islamischen Gemeinschaften eine große Zahl (vor allem männlicher) Kinder als Zeichen göttlicher Gnade angesehen. In manchen Regionen Indiens sind einzig

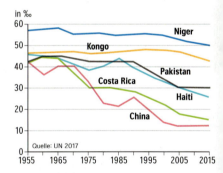

M4: Entwicklung der Geburtenrate in ausgewählten Ländern

3.1 Demografische und soziale Entwicklungshemmnisse

Jungen erwünscht, weil für sie keine Morgengabe (Brautgeld, Dhowri) bezahlt werden muss. Politische Hintergründe für eine große Kinderzahl spielen in jenen Ländern eine Rolle, die bei geringer Einwohnerzahl ein relativ großes Territorium besitzen, zum Landesaufbau über nicht genügend eigene Arbeitskräfte verfügen oder mit der Bevölkerungsgröße international ihre Interessen (Hilfsgelder, Stimmrechte) durchzusetzen versuchen. Folglich wächst die Bevölkerung des Südens, wenn auch nicht wie bisher, doch mit einer Rate von immerhin noch 1,4 Prozent und damit deutlich rascher als die der Länder des Nordens (0,3 %).

M1: Quellentext zur Fortdauer tradierter Sozialnormen
Reisetagebuch Fred Scholz, Feb. 2012

»

Hamad war als Zwölfjähriger vom Vater, einem Bergnomaden, vom Oman nach Saudi-Arabien geschickt worden. Dort hatte er bei der damals noch US-amerikanischen Erdölfördergesellschaft ARAMCO eine Tätigkeit gefunden, etwas Englisch und mit Geld umgehen gelernt. Als sich das Sultanat Oman 1970 zu öffnen begann, kehrte Hamad zurück, nahm die Tätigkeit eines Wächters bei einem deutschen Unternehmen an, heiratete, wurde rasch Vater von mehreren Töchtern und drei Söhnen. Die Söhne erhielten Schulbildung, studierten sehr erfolgreich erst in Oman, dann mit Stipendium in Ägypten, England und den USA. Heute sind sie bei der Regierung in gut besoldeten Positionen tätig. Der Vater und die drei Söhne besuchen fast jedes Jahr Deutschland als Touristen oder zur ärztlichen Behandlung. Sie haben nahe Kontakte zu deutschen Familien, zwei der Söhne lesen sogar Übersetzungen von Romanen von Günther Grass, Max Frisch, Jurek Becker und Stefan Zweig. Said, der Älteste (heute 45 Jahre) ist inzwischen Vater von fünf Kindern (davon 3 Jungen), Ahmed (35) Vater von sechs Töchtern und Ali (31) hat einen Sohn und vier Töchter. Auf die Frage, warum so viele Kinder, schweigen sie sich aus. Da ich mich damit nicht zufriedengebe und weiter insistiere, kommt zögernd die Antwort: Vater Hamad akzeptiert die vielen Töchter und auch die zwei Frauen, die nur Mädchen gebären, nicht. Er fordert noch weitere männliche Enkel und die beiden Söhne sogar dazu auf, eine zweite Frau zu nehmen, wenn die erste weiterhin nur Mädchen zur Welt bringt. Ali und Ahmed, junge gebildete Omanis, sind für meine Gegenargumente offen, erwähnen sogar, dass die Vier-Kinder-Familie in Oman inzwischen zwar Standard ist, wagen aber dennoch nicht, sich dem Willen des Vaters zu widersetzen. Und meine Argumente lassen sie mit stillem Lächeln und geschlossenen Augen unkommentiert.

«

M2: Benin: Familie mit 11 Kindern von zwei Müttern

M3: „Zwei oder drei Kinder reichen aus. Lassen Sie sich von Ihrem Arzt beraten." Plakat in Indien

Altersaufbau

Eine Folge des Zuwachses der Bevölkerung ist der hohe Anteil Jugendlicher (unter 15 Jahre). Er beträgt durchschnittlich in allen Ländern des Südens 28 Prozent (ohne China 31 %). Damit gehen vor allem drei Probleme einher:

a) Für Unterhalt und Ausbildung der Heranwachsenden sind Aufwendungen notwendig, die in den Familien nicht oder nur unzureichend vorhanden sind. Meist ist nur eine kleine Minderheit in der Lage, diese Vorleistungen zu erbringen. Häufig werden die wenigen Mittel nur für einen Nachkommen in der Erwartung aufgebracht, dass er einmal eine bessere Position erlangt und dann die gesamte Familie versorgt. Dadurch wird aber die soziale Kluft nicht verringert, sondern bei Misserfolg sogar noch erweitert. Denn die Mehrzahl der Heranwachsenden bleibt von den notwendigen Grundlagen für gesellschaftliche Partizipation wie Schul-, Universitäts- oder Berufsbildung ausgeschlossen; ein in Zeiten der Globalisierung verheerender Mangel.

b) Für die große Zahl Jugendlicher muss nicht nur für eine berufliche und akademische Ausbildung gesorgt werden, sondern es müssen anschließend auch Arbeitsplätze zur Verfügung stehen. Dafür sind organisatorische und finanzielle Aufwendungen erforderlich, über die die Mehrzahl der Länder des Südens nicht verfügt, beziehungsweise wozu die dafür notwendige Bereitschaft und Einsicht nicht vorhanden sind. Dieses Problem wird international zwar wahrgenommen, doch geeignete Maßnahmen werden nicht im notwendigen Umfang ergriffen und die Verheißungen der Globalisierungsbefürworter haben bisher keine konkreten Ergebnisse gezeitigt. Perspektiven sehen die Jugendlichen in den Städten oder im Ausland. Landflucht, Städtewachstum, legale wie illegale Migration oder nicht selten auch politische Unruhen sind die Folgen.

c) Zwar gehen UNO-Schätzungen davon aus, dass bis 2050 die Geburten- und damit die Bevölkerungszuwachsrate weltweit zurückgegangen sein werden. Doch dann wird der Anteil der Älteren an den ca. acht Milliarden Menschen einen größeren Umfang einnehmen. Die Konsequenzen dieser Entwicklung in den Ländern des Südens sind auch in Anbetracht der bei uns stattfindenden Diskussion zur Überalterung der deutschen Bevölkerung und des Mangels an Lösungskonzepten zur Sicherung der bestehenden Sozialsysteme eigentlich unvorstellbar. Denn in der Mehrzahl dieser Länder wird es auch 2050 aller Voraussicht nach noch keine staatlichen sozialen Netzwerke geben und die tradierten werden verschwunden sein. Sollten die dann hoffentlich noch üblichen internationalen Hilfsaktionen oder

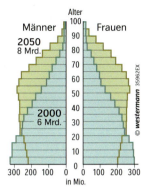

M 4: Altersaufbau der Weltbevölkerung 2000 und 2050

„Die Flucht nach Europa hat viele Gründe. Zwei Ursachen sind jedoch zentral, der Staatszerfall im Nahen Osten und in Afrika und die hiermit verbundenen Youth Bulges, demographische Blasen durch einen massiven Anstieg des jungen Bevölkerungsanteils."
Basam Tibi, *deutscher Politikwissenschaftler syrischer Herkunft (2017)*

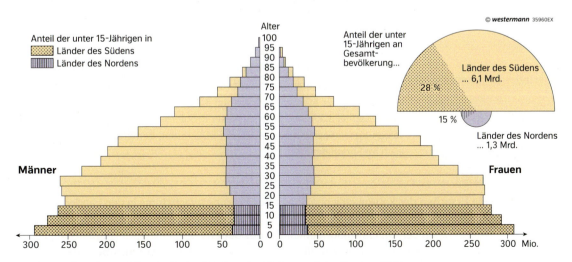

M 5: Altersaufbau der Bevölkerung in den Ländern des Südens und des Nordens 2015

3.1 Demografische und soziale Entwicklungshemmnisse

die SDG ebenso wenig bewirken wie die MDG und die Globalisierung auch dann noch dominiert, dürfte das Phänomen Massenarmut in den Ländern des Südens fortbestehen und Fluchtbewegungen nach Norden würden unabwendbar sein.

Heiratsalter

Das Heiratsalter einer Frau entscheidet maßgeblich über die Zahl der von ihr geborenen Kinder. Der Zeitpunkt der Heirat hängt von religiösen Tabus und tradierten ethnischen Bräuchen sowie vor allem vom Bildungsgrad der Frauen ab. Dabei gilt: Je niedriger der Bildungsgrad, desto früher treten Frauen in die Ehe ein. Und umso jünger eine Frau mit dem Gebären beginnt, desto länger ist die Zeit ihrer Fruchtbarkeit und umso mehr Kinder können von einer Frau geboren werden (M1). Daran halten konservative Bevölkerungsgruppen oder traditionsgebundene Religionsgemeinschaften fest und lehnen selbst die elementare Schulbildung der Mädchen und erst recht ihre berufliche und akademische Weiterbildung ab. Auf zwei Aspekte sei besonders hingewiesen:

1) Ein höheres Heiratsalter erlaubt Zugang zu Bildung und führt zu längeren Ausbildungszeiten, höherer Qualifizierung und dem Anspruch der Frauen, die erworbenen Fähigkeiten auch beruflich auszuleben. Auf diese Weise findet eine ganz natürliche Reduktion der Geburtenzahl pro Frau und damit der Zuwachsrate statt. Auch die Gesundheit der Frauen kann dadurch verbessert werden. Erfahrungen dazu liegen nicht nur für Industrie-, sondern inzwischen auch für zahlreiche Länder des Südens vor. So brachten zum Beispiel in Thailand im Jahr 2000 Frauen ohne Schulbildung im Mittel 4,5 Kinder zur Welt. Bei denjenigen mit längerer Schulzeit sank die Zahl auf 3,3. In Bangladesch und Sri Lanka rangieren die entsprechenden Werte jeweils bei 4,9 und 3,5 sowie in Mexiko bei 5,6 und 3,5. Doch bislang sind derartige Entwicklungen nicht in vielen Ländern des Südens zu verzeichnen.

2) Die Verbesserung der Bildung breiter Bevölkerungsgruppen führt im Prinzip auch zu einer Steigerung des Pro-Kopf-Einkommens. Damit ist erfahrungsgemäß selbst in Ländern des Südens ein Rückgang der Fruchtbarkeit verbunden. Wenn international wiederkehrend Forderungen nach einer drastischen Senkung der Analphabetenrate von Frauen erhoben werden, dann stehen dahinter nicht nur verständliche Gleichberechtigungsforderungen. Sie geschehen auch mit Blick auf die (Welt-)Bevölkerungsentwicklung.

Zur dringend gebotenen Reduzierung des Bevölkerungswachstums in den Ländern des Südens wurden in den vergangenen sechs Jahrzehnten auf internationaler Ebene unzählige Programme formuliert und umfangreiche Maßnahmen ergriffen. Doch die Bevölkerung des Südens hat trotzdem um 3,7 Mrd. zugenommen, was den Druck auf die Gesundheits- und Ausbildungseinrichtungen ebenso wie auf den städtischen und vor allem ländlichen Arbeitsmarkt erhöht hat. Daraus resultieren Landflucht (Binnenwanderung), das Wachstum und die Verelendung der Städte (siehe Kapitel 3.2.2) sowie die internationale Migration (siehe Kapitel 3.2.1). Angesichts dieser Probleme ist die Beachtung, die der Bevölkerungszuwachs in den MDG und SDG findet, bemerkenswert. Doch ist das auch im Süden der Fall?

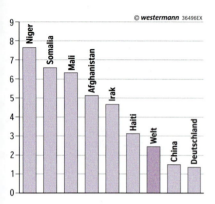

M1: Fertilitätsrate ausgewählter Länder 2015
Die Fertilitätsrate gibt an, wie viele Kinder eine Frau (15 bis 45 Jahre) im Laufe ihres Lebens im Mittel bekommt.

---

1 Fassen Sie die Ursachen des kontinuierlichen hohen Bevölkerungswachstums in den Ländern des Südens zusammen.
2 Erläutern Sie die Folgen der Altersstruktur der Länder des Südens.
3 Erklären Sie die Bedeutung von schulischer Bildung bei der Verringerung der Fruchtbarkeitsrate (M1).
4 Beurteilen Sie den kontinuierlichen Bevölkerungszuwachs als Entwicklungshemmnis.

3.1.2 Armut – absolute Armut

Gemäß der Logik der Globalisierung wird die Verantwortung für die Situation, in der sich ein Mensch befindet, ihm selbst zugeschrieben. Eine solche Erklärung für die Armut von Millionen Menschen in den Ländern des Südens ernsthaft zu akzeptieren, wäre mehr als Hohn. Armut ist auch kein gottgegebener, allein durch Klima oder Naturbedingungen verursachter Zustand. Vielmehr ist sie in den Ländern des Südens zum einen das Ergebnis Jahrhunderte währender kolonialistischer Ausbeutung und Unterdrückung und zum anderen Folge ganz aktueller, lokal und international fortdauernder gesellschaftlicher und politischer Prozesse. Dazu gehören auch der wachsende Wohlstand und die ständigen Forderungen nach wirtschaftlichem Wachstum im Norden. Insofern ist Armut eine gesamtgesellschaftliche, eine globale Herausforderung.

In der „Allgemeinen Erklärung der UN-Charta 1945" nehmen die wirtschaftlichen, sozialen und kulturellen Menschenrechte eine prominente Stellung ein. Darin kommt dem „Recht gegen Armut" eine besondere Bedeutung zu. Auf diese Grundlage bezog sich letztlich die Weltgemeinschaft, als sie im Jahre 2000 mit der Verabschiedung der MDG unter anderem die Halbierung der Zahl der Armen bis zum Jahr 2015 forderte.

Anfang der 1970er-Jahre, als der damalige Weltbankpräsident McNamara das Problem weltweiter **absoluter Armut** in seiner berühmten Nairobi-Rede hoffähig machte, gab es 900 Mio. Menschen (etwa 25 % der Weltbevölkerung), die mit weniger als 1,25 US-$ am Tag auskommen mussten. Bis 1990 erhöhte sich diese Zahl auf 1,9 Mrd. (36 %). Seitdem hat sich die Zahl tatsächlich weltweit auf 836 Mio. (12 %, siehe Kap. 1.1 und M3, S. 9) verringert. Dieser Rückgang ist vor allem Ergebnis der eindrucksvollen Erfolge Chinas, wo der Anteil der Armen von 1990 mit 61 Prozent bis 2015 auf vier Prozent sank. In Afrika sind vergleichbare Erfolge bisher ausgeblieben.

Armut stellt, in welcher Form auch immer, eine Geißel der heutigen Menschheit dar. Sie ist schlicht der elementarste Ausdruck von Unterentwicklung und größtes Hemmnis für Entwicklung. Ihre Beseitigung oder Reduzierung wurde von der Weltgemeinschaft in den SDG 2015 erneut betont. Dieser weltweiten Armut wurde ebenso der Kampf angesagt wie den ebenfalls elementaren Geißeln Hunger, Krankheit, Trinkwassermangel, Obdach- und Beschäftigungslosigkeit. Denn sie beinträchtigen noch immer massiv die Lebensrealität von Milliarden Menschen.

Absolute Armut ist in erster Linie materieller Mangel. Sie bedeutet letztlich ganz konkret die fehlende Befriedigung der Grundbedürfnisse aus eigener Kraft. Was damit verbunden ist, sei am Beispiel Dhaka veranschaulicht. In der Hauptstadt von Bangladesch werden die Grundbedürfnisse einer Person „offiziell" dann befriedigt – so die Stadtplanungsbehörde (2005) –, wenn folgende Kriterien erfüllt sind:
- Nahrung: 2122 kcal pro Tag,
- Kleidung: zwei Lendentücher und Langhemden,
- Gesundheit: steter Zugang zu medizinischer Hilfe,
- Erziehung: Sicherstellung einer Grundschul- oder Berufsschulausbildung.
- Behausung: ein unabhängiger, gegen Wettereinflüsse gesicherter Raum, der ein Minimum an Privatheit und Zugang zu sanitären Einrichtungen verspricht.

Im Jahre 2008 waren in Dhaka für 64,5 Prozent der Einwohner (= 9,5 Mio. Menschen) diese Kriterien nicht erfüllt. In vielen Ländern des Südens dürften solche Schwellenwerte der absoluten Armut noch geringer sein und der prozentuale Anteil derjenigen, die sie nicht erreichen, dürfte weit höher liegen.

Ein Beispiel für mögliche Hintergründe und Zusammenhänge, die Menschen in absolute Armut führen können, sei aus Belutschistan (Pakistan) vorgestellt.

Absolute Armut
Einkommensmangel bezogen auf eine definierte Existenzgrenze (Die WB hat den Grenzwert 2015 von 1,25 US-$ auf 1,90 US-$/Tag hochgesetzt.)

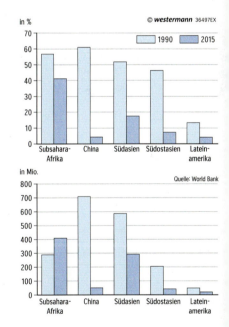

M2: Absolute Armut (in %, absolut) in ausgewählten Räumen 1990 und 2015

3.1 Demografische und soziale Entwicklungshemmnisse

M1: Quellentext über die Curd-Nomaden in Pakistan
Reisetagebuch Fred Scholz, 1978, 1996

» Die Angehörigen des Curd-Stammes wanderten bis 1973 als Nomaden im saisonalen Rhythmus zwischen dem Hochland der pakistanischen Gebirgsprovinz Belutschistan und der Kachhi Ebene (Sind, Indus-Tiefland). Unter der Regierung von Zulfikar Ali Bhutto wurden im Rahmen seines Landesentwicklungsprogramms nach 1972 zentrale Teile Belutschistans und damit auch das ausgedehnte Becken von Quetta mit Elektrizität versorgt. Damit konnten Motorpumpen betrieben und weite Teile des Quetta-Beckens agrarisch erschlossen werden. Das bislang unbebaute Land, traditionell Stammesgebiet und seit der britischen Kolonialherrschaft (1872) nominell den Stammesoberhäuptern (Sardar) unterstellt, wurde nach der berühmten Khuzdar-Rede von Bhutto staatlicherseits konfisziert und an Interessenten, so auch an Mitglieder des Curd-Stammes, zur Erschließung übereignet. Ungefähr 20 Curd-Familien verkauften ihre Schaf- und Ziegenherden sowie ihre Lasttiere (Kamele), um sich ein Startkapital zu verschaffen. Dennoch waren sie zur Aufnahme von Krediten gezwungen, um das Land nivellieren und terrassieren sowie Brunnenschächte graben und Stromleitungen legen zu lassen. Außerdem mussten Motorpumpen, Pflüge, Saatgut, Baumsetzlinge und Zugtiere (Ochsen) erworben werden. Sie errichteten Lehmhütten als Unterkünfte und konnten endlich ihre Kinder in die Schule schicken. Doch eine katastermäßige Zuschreibung und damit besitzrechtliche Sicherung des zugewiesenen Landes erfolgte nicht sofort.

Als Zulfikar Ali Bhutto 1977 einem Militärputsch zum Opfer fiel und der konservative General Zia ul-Haque die Regierung übernahm, eigneten sich die Oberhäupter der Stämme ihr zuvor von Bhutto konfisziertes und verteiltes Land wieder an. Wie viele andere setzten sich auch die 20 Curd-Familien zur Wehr, klagten vor Gericht ihren Eigentumsanspruch ein, wandten Gewalt an und griffen sogar zur Waffe. Doch es half nichts. Sie mussten das von ihnen kultivierbar gemachte Land verlassen, ihre selbst errichteten Behausungen alternativlos aufgeben, die Kinder aus der Schule nehmen. Denn selbst dazu fehlte das Geld. Und eine Rückkehr zur nomadischen Wirtschaftsweise war nicht möglich, da ihnen die Lasttiere und Herden fehlten. Am schlimmsten traf sie jedoch der Zwang zur augenblicklichen und vollständigen Zurückzahlung der gekündigten Bankkredite. Die 20 Familien mit etwa 180 Mitgliedern waren zur Veräußerung aller Habe gezwungen. Sie standen vor dem Nichts. Es blieb ihnen nichts anderes übrig, als sich bei lokalen Geldverleihern zu verschulden. Damit gerieten sie in eine Schuldknechtschaft, der wohl nicht einmal die Kinder werden entrinnen können.

Seit Ende der 1970er-Jahre ziehen diese Familien, inzwischen in mehrere selbstständige Gruppen aufgeteilt, innerhalb und im Umland von Quetta von Lagerplatz zu Lagerplatz. Sie hausen unter dürftigen Schutzschirmen, versuchen sich als Gelegenheits- und Erntearbeiter zu verdingen, betteln und nutzen die wenigen Armenküchen, die reiche Landlords anbieten.

Diese Familien wären glücklich, würden sie wenigstens über jenen Mindestwert für absolute Armut (1,25 US-$ pro Tag) verfügen oder ihre Kinder in die Schule schicken können. Ihr Los würde erträglicher sein, wenn sie Zugang zu medizinischer Betreuung, zu hygienischem Trinkwasser oder einer täglich sicheren Nahrung fänden. Mangel an politischer Weitsicht und Fürsorge sowie Fehlen gesellschaftlicher Solidarität haben diese Menschen in eine Armut gestoßen, aus der sie sich wohl kaum selbst zu befreien vermögen werden. «

M2: Verarmte Curd-Nomaden vor Zelt als Dauerbehausung

Solche Beispiele mögen extrem wirken, können immer neue Gesichter annehmen und als Einzelfälle betrachtet werden. Doch die Wirklichkeit bietet unzählige solcher Fälle, die alle Strukturen der Armut widerspiegeln, die in den Gesellschaften der Länder des Südens variantenreich vorherrschen und inzwischen auch im Norden nicht mehr unbekannt sind. Und bei der Vorstellung von absoluter Armut darf nicht vergessen werden, dass sie mit dem Zustand, dem Los des Ausgeschlossen- und Überflüssigseins einhergeht und damit Folge sozialer und räumlicher Fragmentierung ist.

3.1.3 Frauenbenachteiligung und Kinderarbeit

Ungleichbehandlung der Geschlechter (Gender Inequality) gibt es überall auf der Welt. Doch im Süden bedeutet Inequality die Infragestellung der Frau an sich. Es geht um ihre elementare Existenz, ihre menschenwürdige Behandlung, die Beendigung ihrer Diskriminierung durch religiöse Verblendung, überkommene Sitten, ihre Ausbeutung als schlecht bezahlte Arbeitskraft. Daher muss bei allen entwicklungspolitischen Maßnahmen das Ziel im Zentrum stehen, dass die Frauen in den Ländern des Südens als gleichwertig und gleichberechtigt anerkannt und als Mensch geachtet und behandelt werden.

Die Frauen des Südens sind mehrheitlich Analphabeten, minder oder schlecht entlohnt, recht- und besitzlos. Sie sind zusammen mit den Kindern die Hauptopfer von Gewalt, Bürgerkriegen und AIDS. In extrem verharrenden Gesellschaften werden sie zwangsverheiratet, beschnitten und sogar heute noch gesteinigt. Und in jüngerer Zeit – Folge liberalisierten Welthandels – werden sie zu Billiglohnarbeit in Plantagen, Farmen, Haushalten gezwungen und vor allem in Massengüterfabriken (Sweatshops) zu Billigarbeit gepresst. Besonders abzulehnen ist der ebenfalls in diesem Zusammenhang global florierende und expandierende Handel mit Frauen, um sie in den Rotlicht-Vierteln des Nordens schamlos auszunutzen, zu entwürdigen und zu missbrauchen. Auch sind Frauen schutzlose Opfer ehelicher Gewalt und von Vergewaltigung. In ihrer überwiegenden Mehrzahl haben sie keinen Zugang zu Politik, Administration, Wissenschaft, Bildung, Gesundheitsfürsorge und Freizügigkeit. Selbst katastrophalen Naturereignissen sind gerade sie besonders ausgesetzt, weil sie – so die vieljährige Erfahrung – die Folgen für sich selbst und ihre Kinder meist allein zu tragen haben. Nach Schätzungen der ILO fallen Frauen weltweit nur ein Zehntel des Welteinkommens und ein Hundertstel des Welteigentums zu. Für die Frauen des Südens schrumpfen diese Anteile zur Bedeutungslosigkeit.

	Bevölkerung mit mindestens Sekundarstufenabschluss (in %)		Erwerbsbeteiligung (in %)	
	Fr.	Mä.	Fr.	Mä.
Afghanistan	8,8	35,4	19,1	83,6
Ägypten	54,5	68,2	22,8	76,1
Iran	66,8	70,2	16,2	72,7
Pakistan	26,5	46,1	24,3	82,2
China	69,8	79,4	63,6	77,9
Bangladesch	42,0	44,3	43,1	81,0
Brasilien	59,1	55,2	56,3	78,5
Kongo	14,5	35,0	70,5	71,8
Niger	3,6	8,4	40,2	89,4
Äthiopien	10,8	20,7	77,0	89,1
Deutschland	96,4	97,0	54,5	66,4

Quelle: UNDP   Fr. = Frauen, Mä. = Männer

M3: Geschlechtsspezifische Ungleichheit bei Bildung und Erwerbsbeteiligung in ausgewählten Ländern 2015

3.1 Demografische und soziale Entwicklungshemmnisse

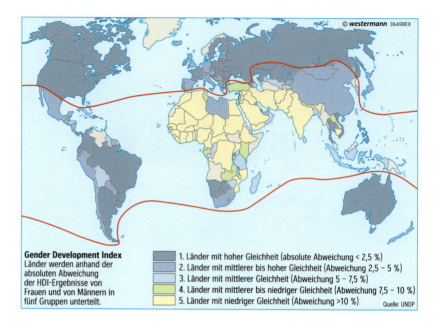

M1: Gender Development Index 2015

Gender Development Index
Länder werden anhand der absoluten Abweichung der HDI-Ergebnisse von Frauen und von Männern in fünf Gruppen unterteilt.

1. Länder mit hoher Gleichheit (absolute Abweichung < 2,5 %)
2. Länder mit mittlerer bis hoher Gleichheit (Abweichung 2,5 – 5 %)
3. Länder mit mittlerer Gleichheit (Abweichung 5 – 7,5 %)
4. Länder mit mittlerer bis niedriger Gleichheit (Abweichung 7,5 – 10 %)
5. Länder mit niedriger Gleichheit (Abweichung >10 %)

Quelle: UNDP

- *Frauen besitzen nur ein Prozent des globalen Vermögens, produzieren aber bis zu 80 Prozent der Grundnahrungsmittel.*

- *Fast die Hälfte aller Frauen über 15 Jahre hat überhaupt keinen Zugang zu wirtschaftlichen Aktivitäten.*

- *In den afrikanischen Ländern südlich der Sahara werden rund drei Viertel der unbezahlten Arbeit von Frauen geleistet. Männer dagegen besetzen fast drei Viertel aller entlohnten Arbeitsstellen.*

- *In Südostasien erledigen Frauen fast 90 Prozent der Arbeit beim Reisanbau, in Pakistan 50 Prozent bei der Weizenernte und in Kenia etwa 75 Prozent der gesamten landwirtschaftlichen Arbeit.*

M2: Arbeitsleistungen der Frauen des Südens

Diese Situation ist umso unverständlicher, als insbesondere die Frauen des Südens nachweisbar die tragenden gesellschaftlichen „Säulen" bilden (M2). Frauen sichern hauptverantwortlich die Ernährung der Nachkommen (insbesondere in Afrika) und decken mit ihrer landwirtschaftlichen Produktion den regionalen Nahrungsbedarf. Inzwischen kämpfen sie weltweit und auch organisiert um den Erhalt natürlicher Ressourcen und setzen sich auf internationalen Foren für Frieden, Gerechtigkeit und Gender Equality ein. Wegen ihres Engagements und ihrer Verlässlichkeit werden sie von den Akteuren der Entwicklungszusammenarbeit als wichtige, wenn nicht sogar als die wichtigsten Träger und Partner angesehen.

Diese positive entwicklungspolitische Bewertung der Frauen kann aber auch dazu führen, dass sie mit weiteren, zusätzlichen Aufgaben belastet und sogar überfordert werden. So können damit ein höherer physischer Einsatz sowie vor allem gesellschaftliches und politisches Engagement verbunden und nicht selten geradezu revolutionäre Durchsetzungsfähigkeit gefordert sein. Mit diesem „Empowerment of the Women" gehen nicht selten soziale Veränderungen und Umbrüche einher, die in den noch immer überwiegend traditionellen Gesellschaften der Länder des Südens Kampf, Gefahr, Ausgrenzung/Diskriminierung und auch Gewalt bedeuten.

Alle Gender-Aktivitäten erlangen inzwischen allgemein internationale Aufmerksamkeit, global-politische Beachtung und lokale wie überlokale Unterstützung. So bemühen sich beispielsweise die UN um Kriterien, mit denen die Lage der Frauen des Südens objektiv erfasst und beurteilt wird sowie Maßnahmen abgeleitet werden können. Ein Instrument dazu ist der Gender Development Index (GDI, M1), der den unterschiedlichen Fortschritt von Männern und Frauen in drei Dimensionen menschlicher Entwicklung (Gesundheit, Bildung, Lebensstandard, HDI, M5, S.15) widerspiegelt.

Die von den UN vorgelegten Indizes beweisen, dass die Frauen in fast keiner Gesellschaft der Welt die gleichen Chancen wie Männer haben. In den meisten Ländern des Südens hat der Prozess der Gleichstellung bisher auch kaum begonnen und wird vor allem durch die allgegenwärtige Armut be- oder verhindert. Verwiesen sei auch auf die Tatsache, dass die Gleichstellung der Frau insbesondere in der islamischen Welt nicht nur extrem langsam verläuft, sondern sie in der Gegenwart sogar behindert oder zurückgeschraubt wird.

Zu den allgegenwärtigen und im Zuge der Gender Equality immer bedeutsamer werdenden Problemen gehört die rechtliche Stellung der Frauen. Sie folgt in den meisten afrikanischen Ländern südlich der Sahara den traditionell vorgegebenen Sitten (M 3). In der arabisch/islamischen Welt gilt ganz allgemein das islamische Recht, nach dem einer Tochter nur die Hälfte des Erbteils eines Sohnes zusteht.

Die kinderlose Frau eines an Kriegseinwirkungen erkrankten Mannes betätigte sich erfolgreich als Markthändlerin und erwarb mit ihrem Verdienst nach und nach immer wieder Felder, die sie von Pächtern bewirtschaften ließ. Obgleich sie selbst die Mittel für den Kauf der Felder erbrachte, wurde katastermäßig nur ihr Mann als Eigentümer eingetragen. Als er starb, gingen der gesamte Landbesitz des Mannes und sogar die von der Frau ebenfalls finanzierte Behausung (Hütte) nicht an sie über, sondern – traditionsgemäß – an den Bruder des Verstorbenen. Die Frau, inzwischen durch ein Augenleiden am Markthandel behindert, durfte anfänglich noch in der Hütte verbleiben und wurde von dem Schwager mit Nahrungsmitteln versorgt. Doch als er die Unterstützung aufkündigte, verfügte die Frau weder über eine Behausung noch über die Basisgrundlagen für ihre Ernährung. – Der Fall gelangte bis vor die höchste richterliche Instanz des Landes. Doch auch hier wurde zu Ungunsten der Frau entschieden. Ähnliche Fälle liegen auch für andere afrikanische Länder vor. Initiativen, diese geltende Rechtsprechung, die die Frauen benachteiligt und diskriminiert, zu verändern, sind zahlreich, doch bislang nirgendwo erfolgreich gewesen.

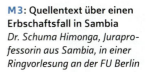

M 3: Quellentext über einen Erbschaftsfall in Sambia
Dr. Schuma Himonga, Juraprofessorin aus Sambia, in einer Ringvorlesung an der FU Berlin

Die rechtliche Gleichstellung der Frau ist ein hohes Gut, das auch im Norden erst seit Beginn des 20. Jahrhunderts allmählich und von Land zu Land unterschiedlich eingeführt wurde. In den Ländern des Südens – eingeschränkte Ausnahme Lateinamerika – steht sie noch in weiter Ferne, obgleich sie für die gesellschaftliche wie wirtschaftliche Entwicklung eine notwendige Voraussetzung darstellt. Dazu aber müssen tradierte soziale Regelungen und dabei insbesondere die Privilegierung des Mannes (insbesondere in Afrika) überwunden werden.

Ausbeutung von Kindern

Wer über einen Teppich aus Asien läuft, tritt meist auf den Knoten herum, die von Kinderhänden gewirkt wurden. Wer mit seiner Hand über eine bestickte oder mit Pailletten besetzte Bluse aus Indien, Nepal, Pakistan oder Bangladesch streichelt, berührt Tausende von Stichen kleiner Kinderhände. Wer Kakao aus Ghana oder Kaffee aus Kolumbien genießt, hilft Kindern, sich wenigstens die tägliche Nahrung zu verdienen. Wer mit Freude einen in Sialkot (Pakistan) genähten Fußball kickt, kann sicher sein, dass ein Junge von unter zwölf Jahren daran mindestens zwei Tage gearbeitet hat. Ähnliche Bilder ließen sich für die Ernte von Litschi oder Physalis, das Schneiden von Rosen und sogar das Ernten von Tee zeichnen. Obgleich in den vergangenen zwei Jahrzehnten Kinderarbeit gebannt und auch tatsächlich im Rückgang begriffen ist, stellt sie noch immer eine Tatsache in zahlreichen Ländern des Südens und besonders dort dar, wo Armut, Hunger, Krankheit und Obdachlosigkeit andauern und es häufig Kinder sind, die ganz Familien ernähren.
Nach Unterlagen der Internationalen Labor Organisation (ILO) gab es 2015 weltweit rund 120 Mio. Kinderarbeiter zwischen 5 und 14 Jahre. 40 Mio. gehen sogar einer gefährlichen Arbeit nach, die sich nachteilig auf Sicherheit, Gesundheit und die psychi-

Kinderarbeit
Die ILO differenziert zwischen erwerbstätigen Kindern, Kinderarbeitern und Kindern in gefährlicher Arbeit. Kinderarbeit ist enger definiert als der Begriff erwerbstätige Kinder. Kinderarbeit schließt erstens alle Kinder aus, die älter als 12 Jahre sind und nur einige Stunden pro Woche eine erlaubte leichte Arbeit verrichten. Zweitens sind Kinder ausgeschlossen, die älter als 15 Jahre sind und deren Arbeit nicht als gefährlich eingestuft wird.

3.1 Demografische und soziale Entwicklungshemmnisse

M1: Kindersoldat im Kongo

In der Kinderarbeit liegt auch ein Grund für die hohe Analphabetenquote der Über-15-Jährigen. Sie ist in Afrika generell und in einigen sahelischen Ländern besonders hoch (z.B. Niger 81 %, Mali 67 %, Burkina Faso 62 %, 2015), doch weisen auch mehrere asiatische Staaten ähnlich hohe Werte auf (z.B. Afghanistan 62 %, Pakistan 54 %, Bangladesch 39 %).

M2: Quellentext zur Kinderarbeit in Ghana
Herzog, G.: Die Kinder von Toxic City. Berliner Zeitung 20.10.2011

sche Entwicklung von Kindern auswirkt. Verlässliche Zahlen über die Kinderarbeiter in den verschiedenen Entwicklungsregionen liegen nicht vor. Doch sicher ist die Tatsache, dass in Asien und Lateinamerika die Zahl der Kinderarbeiter in den vergangenen Jahren abnahm, während sie hingegen in Afrika südlich der Sahara weiterhin angestiegen ist.

Als Kinderarbeiter gelten Jungen und Mädchen unter 14 Jahren, die gezwungen sind oder gezwungen werden, außerhalb der Familie ganztags und häufig sechs bis sieben Tage pro Woche zu arbeiten, um das eigene Überleben oder das der Familienmitglieder zu sichern. Sie finden Einsatz in (Billiglohn-)Fabriken, Handwerksbetrieben, Plantagen, Haushalten und sogar – wie Anfang des 19. Jahrhunderts auch in Europa – in Bergwerken. Kinder müssen vornehmlich niedere, gefährliche, schmutzige, monotone Arbeiten verrichten sowie solche, die flinke Finger erfordern. Sie arbeiten als Teppichknüpfer, Wollfärber, Fußballnäher, Sticker, Erntehelfer, Hirten, Fließbandarbeiter, Lastenträger, Küchenhilfen, Rikschafahrer, Müllsammler oder Bettler. Zu letzteren werden Kinder sogar gezielt ausgebildet und nicht selten schon im Säuglingsalter durch körperliche Verstümmlung zur Mitleiderregung regelrecht „zugerichtet". In jüngerer Zeit wird Kinderarbeit in dem Maße, wie sie weltweit ins Gerede geriet, der öffentlichen Wahrnehmung zu entziehen versucht und inzwischen auch von bisher kritisierten Unternehmen in ihren Sweatshops unterbunden. In Heim-, Familien- und Hausarbeit sowie im informellen Bereich dauert sie jedoch ungemindert fort.

Elternlose oder den Familien entflohene Kinder gehören in vielen Ländern des Südens zum städtischen Straßenbild, insbesondere in Lateinamerika und Westafrika. Sie finden sich zu Banden zusammen, die sich durch Kleinkriminalität, Erpressung, Rauschgifthandel, Prostitution, Gelegenheitsarbeit und Müllverwertung am Leben erhalten. Niemand schützt sie vor Gewalt und Mord. Sie hausen auf Müllhalden, an Bahngleisen, unter Brücken und in Ruinen. In Ländern wie der Elfenbeinküste, dem Kongo, Ruanda und Somalia wurden Kinder, Jungen und Mädchen, sogar zu einer besonders altersfremden, abartigen Arbeit missbraucht: Sie wurden zu Kindersoldaten ausgebildet. Mit Narkotika in Rauschzustände versetzt, agierten sie beispielsweise im Ost-Kongo als gefühllose Mörder ohne Erinnerung und Skrupel. Jahrelange Gewohnheit entfremdete sie jeglicher gesellschaftlicher Bindungen und Verpflichtungen. Für ein Erwachsenenleben sind sie nicht vorbereitet. Nicht anders ergeht es den Kindern in Palästina/Gaza, die in kriegerischer Umwelt oder jenen, die in Afghanistan, Irak, Syrien oder Libyen in einer Atmosphäre ständiger Gewalt und Zerstörung aufwachsen. Wenn es ihnen gelingt, mit ihren Familien in den Norden zu flüchten, dann bedürfen gerade sie eines fürsorglichen Verständnisses auf dem Wege der Integration.

> *Am Rand der ghanaischen Hauptstadt Accra liegt der größte Elektroschrottplatz des westafrikanischen Landes. Computergehäuse, Fernseher, Kühlschränke, Scanner und Kabel sind hier auf mehr als einem Quadratkilometer aufgehäuft. [...] Seit vier Jahren ist Daniel hier zu Hause. Er lebt alleine, schläft in Hauseingängen, Mülltonnen, auf Pappstücken am Rande der Halde. [...] Er sammelt wie rund 300 andere Kinder jeden Tag Metallreste. Als Second-Hand-Ware deklariert, kommt der Sondermüll vor allem aus Europa und Nordamerika. [...] Dass die alten Bildschirme Blei und krebserregendes Kadmium enthalten und aus den Kühltruhen giftige Flüssigkeiten tropfen, interessiert niemanden. [...] Mit acht Jahren ist Daniel aus dem Norden Ghanas in die Hauptstadt gekommen. [...] 61 500 Kinder leben wie er in Accra auf der Straße. Gewalt, Prostitution, Krankheit gehören zum Alltag.*

All diese Kinder, egal ob aus Kriegsgebieten oder Elendsregionen, identifizieren sich einzig mit der sie ständig umgebenden Gewalt und all jenen brutalen Eigenschaften, die sie zum Überleben in ihrem Umfeld benötigen. Sie kennen keine Schule, kein Krankenhaus, keine sichere Mahlzeit. Unbeschwertes Spielen ist ihnen fremd. Sie werden misshandelt, getrieben, ausgenutzt, missbraucht und Unzählige sogar ermordet. Sie lernen ihre Würde als menschliche Wesen nie wirklich kennen, denn dazu fehlten ihnen Wärme, Geborgenheit und Verständnis der Erwachsenen, von Eltern, die sie zum Teil gar nicht kennen. Wenn sie das Kindesalter verlassen, sind sie des Lesens und Rechnens unkundig, gesundheitlich meist nachhaltig geschädigt und daher selten in der Lage, für sich selbst zu sorgen. Ihre Lebenserwartung ist gering. Ihre Lebensperspektive bleibt Armut. Länder mit derart geschädigten Menschengruppen können ihre Zukunft kaum gestalten.

Die in jüngerer Zeit unternommenen Aktivitäten von Wirtschaft und zivilgesellschaftlichen Gruppen, den Einsatz von Kindern in der industriellen Produktion zu beenden und Waren aus Kinderhand im internationalen Handel zu bannen, sind begrüßenswert. Doch sie werden das Problem „Kinderarbeit" nicht lösen; denn dafür wäre es notwendig, zum einen die Armut zu besiegen und zum anderen die durch die Globalisierung belebten Kapitalverwertungszwänge zu bändigen.

M3: Indischer Junge in einer Textilfabrik

3.1.4 Krankheiten

Als die Ebola-Infektionskrankheit in einigen westafrikanischen Staaten auftauchte und 2014 pandemische Ausmaße anzunehmen drohte, waren die betroffenen Regierungen nicht in der Lage, unmittelbar Gegenmaßnahmen zu ergreifen. Ohne fremde Hilfe wären Millionen Menschen ums Leben gekommen. Derartige Ereignisse treten auch auf, wenn nach Naturkatastrophen Seuchen ausbrechen und lokal schlicht fast alle Voraussetzungen fehlen, geeignet darauf zu reagieren. Doch nicht einzig durch plötzliche Geschehnisse zeigt sich in Ländern des Südens die problematische Tragweite der bestehenden, unzureichenden medizinischen Versorgung. Krankheiten wie beispielsweise Malaria (212 Mio. Erkrankte weltweit, 430000 Tote, 2015), Tuberkulose (10,4 Mio. Erkrankte, 1,8 Mio. Tote inkl. HIV-Infizierte), Cholera, Pocken, Gelbfieber und selbst Lepra sind noch vielerorts anzutreffen. Dazu gesellen sich neue Seuchen wie SARS, Vogelgrippe, Ebola oder AIDS. Um all diesen Gefahren wirkungsvoll und rasch zu begegnen, mangelt es an Medikamenten, Ärzten, Krankenpflegepersonal, Krankenhäusern und -transportern sowie nicht selten an hippokratischer Ethik. Krankheiten und ein unzureichendes medizinisches Versorgungssystem in fast allen Ländern des Südens stellen daher einerseits ein grundlegendes Hemmnis und anderseits eine elementare Herausforderung für Entwicklung dar.

Nach Angabe der WHO dominieren in den Ländern des Südens in erster Linie Infektions- und parasitäre Krankheiten als Folge unzureichender Hygiene und qualitativ einseitiger und quantitativ mangelhafter Ernährung sowie wegen Mangel an sauberem Trinkwasser. Viele der Krankheiten sind hier endemisch. So treten 92 Prozent der Malaria-Fälle (und 92 Prozent der Todesfälle) in Afrika auf. 60 Prozent der neuen Tuberkulose-Fälle wurden 2015 in nur sechs Ländern beobachtet: Indien, Indonesien, China, Nigeria, Pakistan und Südafrika.

Nicht nur die hohen Sterberaten bei diesen Krankheiten führen zu einer Belastung der Gesellschaften und verursachen hohe volkswirtschaftliche Kosten. Menschen, die Malaria oder Ebola überwunden haben, unterliegen lebenslang Einschränkungen und Folgeerkrankungen. Als Pflegefälle und Nothilfeempfänger überfordern sie letztlich sowohl Familien wie Staat.

pandemisch
sich über mehrere Länder oder Landstriche ausbreitend

Im Jahre 2015 waren weltweit etwa 793 Mio. Menschen unterernährt. In Ostasien betraf es 222 Mio. (10 % der Gesamtbevölkerung), in Südasien 283 Mio. (16 %), in Lateinamerika 46 Mio. (7 %), in Nordafrika und Vorderasien 34 Mio. (8 %) und in Sub-Sahara-Afrika 185 Mio. (19 %).

endemisch
andauernd gehäuftes Auftreten einer Krankheit in einer begrenzten Region oder Population

3.1 Demografische und soziale Entwicklungshemmnisse

	HIV-Infizierte	HIV-Neuinfizierte
Welt	36 711	2 069
Europa/Nordamerika	2 395	91
Osteuropa/Zentralasien	1 528	186
Asien/Pazifik	5 078	295
Nordafrika/Vorderasien	230	21
Lateinamerika	1 982	102
West-/Zentralafrika	6 466	412
Ost-/Südafrika	19 029	962

Quelle: UNAIDS

M1: HIV-Infizierte und HIV-Neuinfizierte 2015 (in 1000)

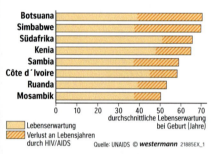

M2: Verringerung der Lebenserwartung bei im Jahre 2000 geborenen Kindern durch HIV/AIDS in ausgewählten afrikanischen Ländern

AIDS

Ein nun schon mehrere Jahrzehnte andauerndes Problem stellt die Immunschwäche AIDS dar. Sie ist zwar inzwischen weltweit verbreitet, tritt jedoch im Süden, insbesondere in Afrika, gehäuft auf (M1). Im Jahr 2015 wurden 1,1 Mio. AIDS-Tote verzeichnet, 800 000 in Subsahara-Afrika. AIDS ist eine Immunschwächekrankheit, die auf dem von Primaten auf den Menschen übergegangenen HI-Virus basiert. Von seinem wahrscheinlichen Ursprungsort in Westafrika breitete sich das HI-Virus zuerst flächenhaft und danach linear entlang von Land- und Seetransportwegen aus. Anfang der 1970er-Jahre gelangte es in die Karibik und bald nach Europa. Heute verzeichnet AIDS außer in Afrika vor allem in Osteuropa sowie Zentral-, Süd- und Ostasien die größte Zunahme.

In vielen Ländern sind Frauen als Opfer sexueller Gewalt innerhalb und außerhalb der Familie häufiger von AIDS betroffen. So waren 2015 von den 25,5 Mio. erwachsenen HIV-Infizierten in Afrika südlich der Sahara 56 Prozent Frauen (weltweit 51%). Das ist besonders problematisch, weil sie ihre Immunschwäche bei der Niederkunft an die Neugeborenen weitergeben. Die Zahl infizierter Kinder wurde für das Jahr 2015 auf 1,8 Mio. geschätzt. Weltweit starben 2015 über 110 000 Kinder an AIDS.

Die meisten AIDS/HIV-Betroffenen der Erde befinden sich in Subsahara-Afrika (M1). Hier leben circa 69 Prozent aller Infizierten. Nach UN-Angaben werden trotz Prävention und medizinischen Fortschritts in den nächsten 20 Jahren im südlichen Afrika noch 80 Mio. Menschen an AIDS sterben.

Ein besonders alarmierender Fall ist Südafrika. Hier bestritt der frühere Präsident Thabo Mbeki (bis 2009) sogar beharrlich den Zusammenhang zwischen HIV und AIDS und schrieb die Schuld an der hohen AIDS-Quote seines Landes – wie ganz Afrikas – externen „Mächten" zu. In Südafrika war 1982 der erste AIDS-Fall aufgetreten. Im Jahre 1994 waren bereits 7,6 Prozent und 2015 19,2 Prozent der Bevölkerung HIV-infiziert. Von den Infizierten entfielen etwa ein Zehntel auf die *high educated*, zwei Zehntel auf die *middle educated* und der große Rest auf die *low/less educated people*. In der Zentralafrikanischen Republik, um ein ebenfalls alarmierendes, wenn auch nicht mehr aktuelles Beispiel anzuführen, war die Regierung 2005 sogar gezwungen, wegen AIDS-bedingten Lehrermangels 107 von 173 Schulen zu schließen.

Welche wirtschaftlichen Folgen AIDS nach sich ziehen kann, sei für Kenia gezeigt: Die Landwirtschaft ist der Hauptarbeitgeber des Landes, und im ländlichen Raum leben über 70 Prozent der durch AIDS geschwächten und arbeitsunfähigen Kranken. Folglich nehmen die unbebauten Flächen zu, die Produktivität geht zurück, arbeitsintensive Anpflanzungen werden aufgegeben und die Nutztierhaltung wurde eingeschränkt. Damit ist nicht nur ein Rückgang der landeseigenen Versorgung mit Nahrungsmitteln verbunden. Der Staat ist, obgleich ausreichend Ackerland zur Verfügung steht, zum Nahrungsmittelimport gegen nur schwer zu erwirtschaftende Devisen gezwungen. Auch unternimmt er – ähnlich wie Tansania – seit einigen Jahren Anstrengungen, chinesische Bauern anzuwerben und anzusiedeln. Schließlich sind die beiden Regierungen bereit, Land an ausländische Interessenten (Unternehmen, Monarchen/Emire) zu verpachten oder zu verkaufen (Land Grabbing; vgl. Kap. 3.2.2).

Die hohe Quote HIV/AIDS-Erkrankter insbesondere in den Ländern des Südens resultiert zweifellos außer aus den bekannten internen Ursachen auch aus dem fehlenden Zugang zu Medikamenten. Sie können diese Erkrankung zwar bislang noch nicht beheben, wohl aber die Auswirkungen mildern und das Leben der Infizierten verlängern. Ihren Einsatz verhindert zum einen die allgegenwärtige Armut.

M3: Kinderfriedhof im Osten Botsuanas

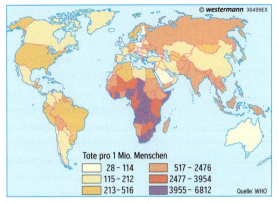

M4: Todesfälle durch Infektions- und parasitäre Krankheiten 2015

Doch Verständnis dafür wird auch nicht von den Giganten der Pharmaindustrie des Nordens aufgebracht. Sie halten an den hohen Preisen für die Medikamente und auch an den kostspieligen Lizenzen für ihre Herstellung fest. Diese Hürden kann selbst das von AIDS stark getroffene Botsuana, das über die notwendige Finanzkraft verfügt, nicht nehmen (vgl. Kap. 4.2.1). Und ebenso wenig erfolgreich ist das UN-AIDS-Programm (UNAIDS). Es leistet zwar seit Jahren eine beachtliche Arbeit, doch der Ausbreitung dieser Krankheit konnte dadurch nicht wirklich Einhalt geboten werden. Von Gesellschaften, die von AIDS regelrecht befallen, von zahlreichen anderen Krankheiten dauerhaft und von Seuchen wiederkehrend heimgesucht werden, kann die Weltgemeinschaft nur begrenzt eine Verbesserung der Lebensbedingungen aus eigener Kraft erwarten. Überall hier ist sie – wegen oder trotz Globalisierung – zu Solidarität verpflichtet.

Neben all diesen Infektionskrankheiten, endemisch in und typisch für die Tropen und Subtropen, registriert die WHO in den Ländern des Südens seit zwei Jahrzehnten in zunehmendem Maße nicht übertragbare Krankheiten wie Diabetes, Krebs und Herz-Kreislauf-Erkrankungen. Nach WHO-Angaben sterben pro Jahr allein in Afrika 17,3 Mio. an Herz-Kreislauf-Erkrankungen, 7,6 Mio. an Krebs und 1,3 Mio. an Diabetes. Es wird geschätzt, dass in den ärmsten Ländern über 75 Prozent der Diabetesfälle gar nicht diagnostiziert werden. Als Ursache für die Zunahme nicht übertragbarer Krankheiten, traditionell typisch für den Norden, werden die wachsende Verstädterung in den Ländern des Südens (Verstädterungsquote: 1960 = 22 %; 2015 = 49 %, Tendenz weiter steigend) und die damit einhergehende Veränderung der Ernährung angesehen. Dazu gehört der zunehmende Konsum von Fleisch, Fett, Salz, Zucker, Weizen, Zigaretten, Limonade und Alkohol. Beteiligt daran ist auch die Agrarwirtschaft des Nordens, die die afrikanischen Märkte mit minderwertigen Billigerzeugnissen, ungesunden Getränken und Weizen überflutet.

1 Entwickeln Sie eigene Kriterien zur Messung von absoluter Armut.
2 Analysieren Sie die geschlechtsspezifischen Ungleichheiten in den ausgewählten Ländern (M3, S. 55).
3 Beurteilen Sie die Differenzierung der ILO in „erwerbstätige Kinder", „Kinderarbeiter" und „Kinder in gefährlicher Arbeit".
4 Erklären Sie die hohe Anzahl von Todesfällen aufgrund von Infektionskrankheiten in den Ländern des Südens (M5).
5 Erörtern Sie die sozialen und wirtschaftlichen Folgen von AIDS für die Länder des Südens.

3.1 Demografische und soziale Entwicklungshemmnisse

3.1.5 Flucht und Migration

In den vergangenen Jahren sind infolge schrecklicher Kriegsereignisse im Nahen und Mittleren Osten Millionen Menschen in die Nachbarländer und nach Europa geflohen. Flucht aus den Ländern des Südens allgemein dauert seit Jahrzehnten an, hat aber in jüngerer Zeit beträchtlich zugenommen. Für diese Flüchtlinge (*refugees*) sind zunehmende Armut und Beschäftigungslosigkeit verantwortlich, die wiederum Folgen des hohen Bevölkerungswachstums (Überbevölkerungsflüchtlinge) bei gleichzeitig stagnierender oder rückläufiger Wirtschaftsentwicklung sind. Die Flüchtenden folgen unterschiedlichsten Zwängen. Sie sind politisch bedrohte Asylsuchende, existenzgetriebene Arbeitsmigranten („Wirtschaftsflüchtlinge") sowie Umwelt-, Katastrophen-, Kriegs- und Armutsflüchtlinge. Sie alle befinden sich in extremer Not, und Flucht/Migration ist für sie zur Überlebensstrategie geworden.

Berichte über Flüchtlingspolitik erscheinen heute fast täglich in der Presse. In den USA wurde jüngst der Ausbau der Grenzbefestigungen zu Mexiko und in Australien über eine konsequentere Umsetzung der Immigrationsgesetze entschieden. In der EU wurden verschärfte Maßnahmen gegen Schlepperbanden beschlossen und es wurde über eine entschiedenere Abschottung Europas debattiert. So wurden auf europäischer Seite die Kontrolle des Mittelmeeres verstärkt und Abkommen mit den südlichen Anrainerstaaten zur Errichtung von Sammellagern für Migranten vereinbart. Von den entwicklungspolitisch Verantwortlichen werden wiederkehrend Forderungen zur Verbesserung der Lebensbedingungen in den Herkunftsländern erhoben und dabei finanziell anspruchsvolle Programme geplant (vgl. Kap. 5.3). Dabei tauchen Forderungen auf, mit denen schon Ende der 1950er-Jahre die deutsche Entwicklungshilfe angetreten war.

Um eine Vorstellung vom Ausmaß der Flüchtlingsbewegungen und der damit verbundenen Gefährdungen zu vermitteln, seien einige Zahlen angeführt: Der UN-High Commissioner for Refugees (UNHCR) schützt und unterstützt langfristig Menschen, die „vor Krieg, Verfolgung und massiven Menschenrechtsverletzungen geflohen sind oder sich in flüchtlingsähnlichen Situationen befinden". 2015 waren weltweit 65,3 Mio. Menschen auf der Flucht, 21,3 Mio. wurden von der UNHCR als Flüchtlinge registriert. Mehr als die Hälfte von ihnen kam aus Syrien, Afghanistan und Somalia. Allein 39 Prozent der Flüchtlinge befanden sich in Nordafrika und Vorderasien, 29 Prozent in Afrika und 14 Prozent in Asien. Lediglich sechs Prozent wurden in Europa verzeichnet. In der Türkei waren 2015 2,6 Mio. Flüchtlinge in Lagern untergebracht (Pakistan 1,6 Mio., Libanon 1,1 Mio.). In Afrika gab es 4,4 Mio. Flüchtlinge, von denen

Flucht und Migration werden hier in gleichem Sinne verwendet.

Asyl
Nach der Genfer Konvention von 1951 können all jene Menschen Asyl beanspruchen, die begründete Furcht haben, wegen einer Gruppenzugehörigkeit (Religion, Rasse, Nationalität, Stamm, soziale Gruppe und politische Meinung) verfolgt zu werden.

Armutsmigration/Auswanderung
Strategie zur ökonomischen Existenzsicherung, zur Verbesserung der wirtschaftlichen Lage und der Lebensperspektive.

„Die meisten Flüchtlinge, denen ich begegnet bin, wünschen sich – wie fast alle Menschen – eine Zukunft in ihrer Heimat. Sie wollen dort leben, wo ihr Zuhause ist und ihre Familien sind. Hier sind unsere Anstrengungen und unsere Energie gefragt."
    Gerd Müller, deutscher Entwicklungshilfeminister (2015)

M1: Das Zaatari Flüchtlingscamp in Jordanien war im April 2013 mit 200 000 Flüchtlingen belegt (2016: 79 000).

M2: Flüchtlingsboot vor der libyschen Küste

viele in riesigen Lagern regelrecht dahinvegetieren. Genannt seien z.B. Dadaab in Kenia (500000 Flüchtlinge in fünf Lagern, 2011), Gambela (270000) und Dolo Ado in Äthiopien (215000) sowie Nyarugusu in Tansania (150000).

Besonders alarmierend sind auch die Zustände in den riesigen Lagern in Libyen, wo vor allem Afrikaner, zusammengepfercht auf eine Passage über das Mittelmeer nach Europa warten. Wie verzweifelt diese Menschen sind, zeigt die Tatsache, dass sie die gefahrvolle, lebensbedrohliche Überfahrt wagen. Nach UNHCR-Angaben kamen allein 2015 860000 Bootsflüchtlinge nach Griechenland (Syrer, Afghanen, Iraker und Pakistani) und 170000 nach Italien, Spanien und Malta (Eritreer, Nigerianer, Gambier, Somali und Sudanesen). Über 3500 starben bei der Überfahrt.

Die Ursachen dieser massenhaften Migration sind vielfältig. Ein ungefähres Bild davon vermittelt das Push-and-Pull-Modell (M3):

1) Zu den **Push-Faktoren** gehört an erster Stelle der hohe Druck vor allem junger Bevölkerungsmassen (Youth Bulges) infolge des raschen natürlichen Zuwachses. Daraus resultieren mobilisierende Zwänge als Folge elementar existenzieller Armut, unentrinnbarer Arbeitslosigkeit und ökonomischer Perspektivlosigkeit (z.B. in Subsahara-Afrika stehen für jährlich 15 Mio. neue Erwerbstätige nur zwei Mio. neue Arbeitsplätze zur Verfügung), aber auch infolge der zerfallenden Staaten (z.B. Somalia, Libyen, Syrien).

2) Nicht weniger bedeutsam sind direkt existenzbedrohende Ereignisse. Dazu gehören Kriege, ethnische, religiöse oder politische Verfolgungen sowie direkte und indirekte Gewalt. All diese Anlässe spielen sich zwar auf lokaler und nationaler Ebene ab und werden auch dort verursacht. Doch unterliegen sie häufig externen Zwängen und Eingriffen des Nordens wie seit einigen Jahren in besonders rücksichtsloser Art im Nahen und Mittleren Osten. Nicht selten lösen Waffenlieferungen oder direkte militärische Präsenz (Söldnereinsatz) ebenso wie die Verfolgung ökonomischer (Rohstoffe, Energie, Absatzmärkte) und politischer Interessen Migrationsbewegungen aus (Kongo, Südsudan). Selbst Maßnahmen zur Terrorprävention können gewaltsame Vertreibung, militante Konflikte und sogar blutige Gemetzel in der unschuldigen Bevölkerung nach sich ziehen (Somalia, Syrien, Afghanistan). Insbesondere Frauen und Kinder sind die Leidtragenden und bilden das Heer der Flüchtenden.

3) Aber auch die Auswirkungen des globalen Klimawandels oder Natur- und Hungerkatastrophen sowie Epidemien (z.B. Ebola) und sozial wirksame Eingriffe in die Agrar- oder Anbaustruktur sind wesentliche Ursachen für massenhafte Migration (Westafrika). Bei Erdbeben, Tsunamis, Überschwemmungen, Dürren und Missernten fehlen vor Ort meist Erfahrungen, geeignete Organisationen und sofort bereitstellbare Mittel (Haiti, Sri Lanka, Bangladesch) sowie ein wirkungsvolles Katastrophenmanagement.

4) Selbst durch Mechanisierung der Landwirtschaft sowie den Übergang zu weltmarktorientierten Anbaugewächsen (Baumwolle, Kaffee, Kakao, Ölpalmen, Cashewnüsse, Südfrüchte, Blumen/Rosen) und damit verbundener neuer Anbau- (Großfarmen, Hybrid-Saatgut, Kunstdünger) und Absatz-/Vermarktungsorganisation können Migrationsbewegungen ausgelöst werden.

All diese Zwänge gab es zwar auch schon in der Vergangenheit, doch durch die Globalisierung wirken sie direkter und haben eine neue Dimension und Qualität (z. B. „Land Grabbing"; vgl. Kap. 3.2.4) angenommen. Landarbeiter, Pächter und Kleinbauern werden arbeitslos und geraten auf der Suche nach alternativen Einkommensmöglichkeiten in den Sog der Städte. Doch auch dort bietet selbst die Industrie, in ihren prosperierenden Zweigen heute meist für transnationale Konzerne tätig, nur wenige und dann stets niedrig bezahlte Arbeitsplätze. Der

Push Factors
gehen aus von…
- hohem Bevölkerungszuwachs
- Lockerung ethnischer, stammlicher Solidaritätsbeziehungen
- Auflösung der Großfamilie als ökonomische Basis
- agrarer Überbevölkerung
- Niedergang der Subsistenzwirtschaft
- Agrarreformen, Mechanisierung, Agrobusiness
- Pachtauflösung, Freisetzen von Landarbeitern
- Mangel, Fehlen von Arbeitsalternativen
- polit. Konflikten, Verfolgung, Kriegen
- direkter, indirekter Gewalt
- politischen Unruhen
- Natur-, Umweltkatastrophen
- Krankheiten, Epidemien
- Hunger, Armut, Ausgrenzung
- wenig Bildungsmöglichkeiten
- Mangel an medizinischer Versorgung
- Überlebensangst
- Neugier, Hoffnung, Abenteuerlust
- geweckten Erwartungen

Land → massenhaft **Migration** chaotisch → Stadt Ausland

- Konzentration von Industrie, Gewerbe
- Infrastruktur: Flug-, Seehäfen, TV, Radio
- Arbeitsplätzen, Verdienstchancen
- Informellem Sektor, Gelegenheitsarbeit
- Tertiärem Sektor
- Behausungen, Unterkünften
- Trinkwasser, medizinischer Versorgung
- Schulen, Universitäten
- Märkten, Einkaufszentren
- Warenangebot
- Vergnügungseinrichtungen
- sozialer Anonymität
- sozialer Mobilität
- Überlebenserwartungen
- Existenzsicherung, -verbesserung

Pull Factors
gehen aus von…

M3: Push-and Pull-Modell zur Beschreibung der Gründe für Binnen- und internationale Migration

3.1 Demografische und soziale Entwicklungshemmnisse

M1: Kongolesin auf der Flucht (Nord-Kivu, D.R. Kongo)

M2: Grenzzaun/-streifen zwischen USA und Mexiko

expandierende informelle Sektor vermag bei all seiner Dynamik meist nur – wenn überhaupt – das nackte Dasein zu garantieren.

Ergänzt werden diese Push- durch **Pull-Faktoren**, die durch mehr oder weniger berechtigte Erwartungen ausgelöst werden, die ihrerseits von den lokalen und/oder den ausländischen, überseeischen Zielgebieten ausgehen. Begünstigt und verstärkt werden diese inzwischen durch die überall zugänglichen modernen Kommunikationsmittel wie Handy, Internet und Fernsehen. Auf zwei dieser Erwartungen sei hingewiesen:

1) Von den lokalen Zielen, den Städten, meist den Hauptstädten mit Sitz der Regierung und häufig einziger Standort von Industrie, Häfen, internationalen Organisationen, Universitäten, höheren Schulen, Krankenhäusern, geht eine magische, geradezu irrational zu nennende Anziehung aus. Vereinzelt zählen dazu auch ganze Regionen wie beispielsweise die Küstenregion Chinas („Blue China") mit den Sonderwirtschaftszonen.

2) Noch attraktiver sind die ausländischen Zielgebiete, insbesondere die Städte des Nordens. Die an sie geknüpften meist vagen, fantastischen, nicht selten geradezu verklärten Erwartungen und Hoffnungen ziehen insbesondere junge Menschen an, zunehmend auch Frauen.

Fast alle aufgezählten Faktoren des Push-and-Pull-Modells deuten – global betrachtet – auf ein Gefälle zwischen Norden und Süden sowie auf das daraus erwachsende Bedürfnis oder den Zwang der Flüchtenden hin, durch Verlassen ihrer Heimat faktisch bessere Lebensbedingen zu erreichen oder das Überleben zu sichern. Und da es sich bei den Migranten in der Regel um junge, besser gebildete und gestellte Personen handelt, geht den Herkunftsgebieten für die zukünftige Entwicklung das dringend benötigte „Humankapital" verloren und erhöht sich letztlich die Gefahr weiterer Verarmung der Zurückbleibenden.

M3: Quellentext zu Flüchtlingen aus Afrika
Asserate, A.-W.: Die neue Völkerwanderung. Berlin: Propyläen 2016, S. 33

Es ist Afrikas Zukunft, die den Kontinent verlässt. […] Die meisten Flüchtlinge, die sich nach Europa aufmachen, entstammen der unteren Mittelschicht. In ihren Familien wird das Geld gesammelt, damit sie die gefährliche Reise aufnehmen können. Für die Angehörigen ist es eine Investition in die Zukunft. Einer der Ihren, der gesund und robust ist, wird auf den Weg geschickt. Schafft er es nach Europa, so ihre Spekulation, wird er von dem Geld, das er dort verdient, den Großteil nach Hause schicken – und auf diese Weise sie alle ernähren können.

Die Migration hat inzwischen dramatische Formen angenommen und ist räumlich zum einen auf die Industrieländer und die Erdölstaaten der Golfregion, zum anderen überall dorthin gerichtet, wo bessere Überlebenschancen als im Herkunftsgebiet erhofft werden (M 4). Doch der Zugang zu den „Festungen des Nordens" ist durch Einreise- und Aufenthaltsbestimmungen, Grenzkontrollen, Luft- und Seepatrouillen, Zäune, Mauern, Minengürtel, Auffanglager (Aussortierungslager/ Hotspots in Nordafrika) und „Pufferstaaten" (Schengener Abkommen) erschwert und wird zunehmend verschärft. All diejenigen, denen es doch gelingt, diese Hindernisse zu überwinden, landen in Auffang- oder „Asylanten"-Heimen und ihnen droht Abschiebung. Für sie bieten sich kaum Chancen, selbst die vagsten Hoffnungen oder aufgebauten Erwartungen auch nur annäherungsweise zu erfüllen. Ihre Lage wird dazu noch skrupellos von Schleusern und Menschenhändlern ausgenutzt. Von der Internationalen Arbeitsorganisation (ILO) wird geschätzt, dass sogar mehrere Millionen Menschen (davon vier Fünftel Frauen) als Arbeitssklaven international gehandelt werden. Sie werden zu Diensten in Haushalten, Sweatshops und Bordellen gezwungen.

Außer durch Flucht bietet sich für einige Menschen des Südens die Möglichkeit, über legale Regelungen als einfache Arbeiter oder als Höherqualifizierte ihre Heimatländer verlassen zu können: Arbeitsmigranten aus dem Süden werden seit Anfang der 1970er-Jahre insbesondere in den arabischen Erdölländern, in den Bergwerken Südafrikas und Australiens oder in den Maquiladoras im Norden Mexikos benötigt. Hier führen sie bei geringsten Löhnen, dürftigsten Lebensbedingungen und meist ohne rechtliche Absicherung schwerste Arbeiten aus. Um nur ein Beispiel zu nennen: In den arabischen Golfstaaten, wo seit Anfang der 1970er-Jahre mehrere Millionen Asiaten und Afrikaner als Fremdarbeiter tätig sind, haben sie die Hauptlast des eindrucksvollen Aufbaus dieser Länder, die Errichtung der imposanten Bauwerke und Stadtanlagen getragen. Selbst die Wirtschaft (Handel, Banken, Information, Privathaushalte) sowie Verwaltung, Gesundheits- und Bildungswesen der Vereinigten Arabischen Emirate, Katars und auch Saudi-Arabiens sind auf qualifizierte Ausländer angewiesen.

Schengener Abkommen
Übereinkommen europäischer Staaten mit dem Ziel, die Kontrollen ihrer Binnengrenzen abzubauen und die der Außengrenzen zu verstärken, um illegale Einwanderung zu unterbinden.

Sweatshop
Fabrik oder Manufaktur in Ländern des Südens, in denen Menschen zu Niedriglöhnen arbeiten.

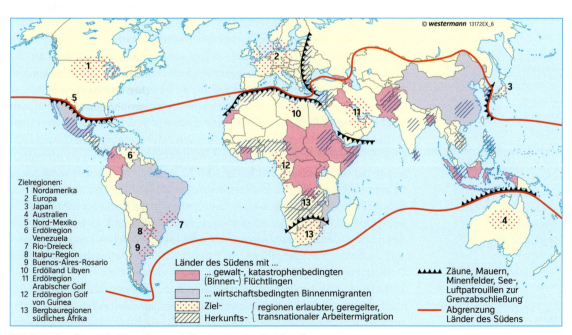

M 4: Transkontinentale Migration und „Festungen des Nordens"

3.1 Demografische und soziale Entwicklungshemmnisse

M 1: Blue Card, der Aufenthaltstitel soll insbesondere hochqualifizierten Drittstaatenangehörigen den Aufenthalt in der EU ermöglichen.

M 2: Flüchtlinge in Bayern 2015

In jüngerer Zeit wird auch in einigen Ländern des Nordens der Mangel an qualifizierten Arbeitskräften beklagt und die Lösung in einer moderaten Einwanderungspolitik gesehen. Als Vorbild werden dafür Kanada, die USA und Australien angeführt. Frankreich hat sich schon vor Jahren davon anregen lassen und 2006 ein neues Einwanderungsgesetz verabschiedet, in dem eine „ausgewählte Migration" auf der Grundlage einer Qualifikationsprüfung der Bewerber vorgesehen ist. In Deutschland mangelt es noch an einer geeigneten gesetzlichen Regelung.

Braindrain im Süden

Doch die im Norden momentan begrüßte Zuwanderung bedeutet letztlich auf der Kehrseite Abwanderung der gebildeten, qualifizierten jüngeren Bevölkerung aus den Ländern des Südens („Braindrain"). Darunter befinden sich vor allem IT-Spezialisten, Ärzte, Krankenschwestern und Hebammen sowie sogar Novizinnen und Geistliche. Wachsende Bedeutung erlangen sogar Pflegepersonal und Personal für einfachste Dienstleistungen. Für die Herkunftsländer der Migranten sind mit diesem „Aderlass" weitreichende Folgewirkungen verbunden. Auf zwei Aspekte dazu sei eingegangen:
1) Die qualifizierten Migranten erhalten ihre Ausbildung in den Heimatländern, wo dafür erhebliche gesellschaftliche Leistungen erbracht werden müssen. Mit der Abwanderung gehen den Ländern diese Investitionen in die Menschen verloren. Es findet damit aber nicht nur ein Wertetransfer von Süd nach Nord statt. Es wandern vor allem ja auch all jene (akademisch) Gebildeteren ab, die für den Aufbau und das Funktionieren der Länder erforderlich sind. Ganz konkret entstehen Versorgungslücken. Aus Sambia wird von einem Verlust an Ärzten, in Ghana, Philippinen oder Indonesien an Krankenschwestern berichtet und von Haiti heißt es, dass 80 Prozent der Haitianer mit höherer Bildung ausgewandert sind.

Das von der WHO geforderte Verhältnis von einer Krankenschwester auf 1000 Einwohner wird im Süden infolge mangelhafter Ausbildung, aber vor allem auch wegen der Abwanderung nur selten erreicht (M 3). Diese Tatsache wiegt umso schwerer, als die Menschen in diesen Regionen mit hoher Verbreitung von Malaria, Tuberkulose, AIDS und wiederkehrenden Epidemien auf kompetente hygienische Betreuung und medizinische Behandlung angewiesen sind. In dem Maße, wie durch Abwanderung diese Dienste nicht oder nur unzureichend angeboten werden, leiden die Volksgesundheit und damit letztlich die Arbeitsleistung und die Chancen zur Hebung des Lebensstandards aus eigener Kraft.
2) Diese gesamtgesellschaftlich negativen Auswirkungen werden auch nicht durch die beträchtlichen Rücküberweisungen der Migranten in ihre Heimatländer aufgewogen, zumal diese Zahlungen die Empfänger daran gewöhnen, dass andere für ihr Lebensrisiko haften. Im Jahr 2015 erreichten die Überweisungen eine

	Krankenschwestern auf 1000 Ew.
Schweiz	17,36
Deutschland	11,49
Brasilien	7,60
Oman	5,38
Mongolei	3,62
Botsuana	2,84
Laos	0,88
Kongo	0,82
Costa Rica	0,77
Pakistan	0,57
Bangladesch	0,22
Niger	0,14
Somalia	0,11
Afghanistan	0,07

Quelle: WHO

M 3: Krankenschwestern auf 1000 Einwohner 2010/13

Höhe von 553 Mrd. US-$ und überstiegen damit die geleistete Entwicklungshilfe (152 Mrd. US-$). Nach den ausländischen Direktinvestitionen (FDI) bilden die Rücküberweisungen die zweitwichtigste Finanzquelle der Entwicklungsländer (M4). Diese Mittel verschwinden jedoch mehrheitlich in Konsum, Bildung und Gesundheitsversorgung. Sie sichern zwar die Existenz der Familien und heben deren Kaufkraft und Lebensstandard an. Doch damit tragen sie vor Ort zum generellen Anstieg der Preise und damit wiederum der Lebenshaltungskosten bei. Darunter haben all jene zu leiden, die keine Geldsendungen aus dem Ausland erhalten. Da die Überweisungen selten in einkommensschaffende Maßnahmen investiert werden, bleiben die Familien von ihren Arbeitsmigranten abhängig und sind zur Entsendung immer neuer Mitglieder gezwungen. Auch darin liegt eine Ursache für die meist auch illegale Migrationsbewegung. Doch es gibt auch Berichte aus einigen westafrikanischen Ländern, wo auf der Grundlage dieser Überweisungen Infrastruktureinrichtungen geschaffen wurden (vgl. Kap. 5.3)

	Rücküberweisungen	
	in Mrd. US-$	in % des BIP
Indien	69,9	3,1
China	44,4	0,4
Philippinen	30,0	10,1
Mexiko	23,0	2,3
Nigeria	20,7	3,9
Nepal	6,7	32,7
Liberia	0,7	31,3
Tonga	0,1	30,3
Lesotho	0,4	19,7
Gambia	0,2	19,4

Quelle: UNCTAD

M4: Rücküberweisungen von Migranten 2015

1 Charakterisieren Sie die Herkunfts- und Zielregionen der Migration (M4, S.65).
2 Erläutern Sie das Push-and-Pull-Modell (M3, S.63).
3 Beurteilen Sie die Folgen der Migration für die Länder des Südens.
4 Nehmen Sie Stellung zu der Abschottungspolitik der Länder des Nordens.
5 Erörtern Sie den Einfluss von Entwicklungspolitik auf die Migration.

3.1.6 Wuchernde Städte

Die zahlen- und bevölkerungsmäßige Zunahme von Städten sowie der räumliche Ausbreitungsprozess städtischer Bauweisen, Funktionen und Lebensformen ins angrenzende Umland werden als Verstädterung oder auch Urbanisierung bezeichnet. Dabei handelt es sich um einen weltweit zu beobachtenden Vorgang. Allgemein wird Verstädterung als Fortschritt begriffen. Doch diese Einschätzung gilt keineswegs generell. Denn das hohe Bevölkerungswachstum, insbesondere in den Ländern des Südens, und die massenhafte Landflucht – auch Folge von Kriegen, Gewalt, Verfolgung, Naturkatastrophen – haben zu einer unkontrollierbaren Ausdehnung, einem regelrecht explosionsartigen Wuchern vor allem der schon vorhandenen Millionenstädte geführt und die Megacities entstehen lassen. Diese „Stadtmonster" sind verwaltungsmäßig unregierbar, infrastrukturell nicht zu bewältigen und Herde von sozialen und politischen Unruhen. Ihre Zahl nahm vor allem in Asien zu, wo sich heute die meisten Megacities befinden (M1, S.68).

Der Vorgang urbanen Wucherns vollzieht sich in den Regionen des Südens recht ungleich. Während in Afrika die Verstädterungsquote im Jahr 2015 bei 40,1 Prozent (Prognose 2030: 47,1 %) und in Asien bei 48,2 Prozent (2030: 56,3 %) lag, zeichnet sich Lateinamerika durch eine traditionell höhere Verstädterungsquote (2015: 79,8%, 2030: 83,0%) aus.

Die Millionen- und Megastädte des Südens sind nicht nur bevölkerungsreich, sondern sind auch von schnellem Zuwachs (Verstädterungsraten), großer Horizontalerstreckung, Verkehrschaos und infrastruktureller Unter- oder Nichtversorgung geprägt. Viele von ihnen gehören seit Anfang der 1990er-Jahre verstärkt zu den Zielorten globalwirtschaftlicher Interessen („globalisierte Orte"; vgl. Kap. 2.3). Sozialräumlich sind sie punkthaft fragmentiert:

- Einerseits die Wohlstandsinseln, die isolierten Gated Communities, in Form räumlich eng begrenzter, von Mauern oder Zäunen umschlossener, innerstäd-

Megacity
nach UN-Definition einzelne Stadt mit mehr als zehn Mio. Einwohnern (also keine Städteagglomerationen/ megaurbane Räume)

Verstädterungsquote
Anteil der Stadt- an der Gesamtbevölkerung eines Landes

Verstädterungsrate
jährlicher Zuwachs der Stadtbevölkerung in Prozent

3.1 Demografische und soziale Entwicklungshemmnisse

M1: Wachstum der globalen Stadtbevölkerung nach Stadtgrößen (2030 Prognose)

M2: Pavement Dweller im Finanzdistrikt von São Paulo (Brasilien)

M3: Mafiose Bande in Karachis ältestem Slum Lyari

tischer Hochhauskomplexe (vertikale Paradiese) oder von bewehrten, ummauerten/umzäunten Villenvierteln meist in der städtischen Peripherie (horizontale Paradiese). Strenge Zugangskontrollen machen beide zu No-Entrance-Areas.
- Andererseits die Armutsviertel (Höllen), die ausgedehnten Hütten- und Slumareale. Hier herrschen infrastrukturell wie sozial extrem menschenunwürdige Lebensbedingungen vor. Wegen der Gewalt und Kriminalität sind sie für Ortsfremde nicht zu betreten und selbst für die Bewohner nicht ungefährlich (No-Go-Areas).
- Daneben gibt es Wirtschaftsfragmente, ebenfalls nach außen geschlossene Areale (Exportproduktions-, Sonderwirtschaftszonen), in denen die für den Weltmarkt produzierenden Fabriken (Sweatshops) konzentriert sind und sich die dafür notwendigen elektronischen Kommunikationseinrichtungen befinden.

Der informelle Sektor gilt in diesen Stadtmonstern und insbesondere in den Elendsquartieren als Hauptarbeitgeber. Er umfasst alle Branchen und schließt sogar Organspenden, Kinderarbeit, Prostitution und Betteln mit ein. Gewalt und Kriminalität beherrschen und gefährden den öffentlichen Raum. Zum Beispiel gehören in São Paulo, Johannesburg (Soweto) oder Karachi ganze Wohngebiete mit mehreren Hunderttausend Bewohnern zu diesen No-Go-Areas. In Pakistans Hafen- und Megastadt betreiben hier mafiose Banden die Verteilung und den Verkauf von Land, das ihnen nicht gehört. Sie erpressen Mieten und Schutzgelder, kontrollieren die Taxis und beteiligen sich an den Konflikten zwischen Vierteln mit Bewohnern unterschiedlicher ethnischer oder regionaler Herkunft. Hunderte von Morden finden hier jährlich statt. Familien werden aus ihren Häusern oder Hütten, Händler aus ihren Ladenboxen vertrieben. Die Tore der Polizeistationen sind mit Sandsäcken verbarrikadiert. Bei diesen an Karachi beispielhaft geschilderten Verhältnisse handelt es sich um Strukturen, die in ähnlicher Form in allen Megacities des Südens beobachtet werden können.

Aus derart strukturierten Stadtvierteln hat sich die staatliche Autorität weitgehend zurückgezogen. Viele Städte legen sogar die planerische Verantwortung, die infrastrukturelle Versorgung und polizeiliche Kontrolle in die Hände privater Organisationen, die sich öffentlicher Kontrolle weitgehend entziehen. Doch es gibt auch Stadtverwaltungen, die versuchen gegenzusteuern. So wird beispielsweise in Kapstadt und Durban (Südafrika) mittels Videoüberwachung und erhöhtem Polizeieinsatz versucht, die Pavement Dwellers („Gehwegbewohner"), Bettler, Straßenhändler und -handwerker aus den Innenstädten zu verdrängen, um diese kontrollieren, sichern und säubern zu können. Doch bislang – so die Erfahrungen der vergangenen zwei Jahrzehnte – lässt sich mit diesen Methoden die Sicherheit des öffentlichen Raumes höchstens tagsüber herstellen. Ein anderer Weg für die Ober- und Mittelschicht, den chaotischen städtischen Verhältnissen zu entfliehen, sind

M4: Buenos Aires

neue Wohn- und Geschäftskomplexe an den Peripherien, die nur den dort ansässigen Bewohnern zugänglich sind; eine Art Gated City. Beispiele dieser Entwicklung sind die Ciudades Valladas („eingezäunte Städte") Nordelta bei Buenos Aires (M4) und Alphaville bei São Paulo. Doch solche Maßnahmen bringen keine nachhaltigen Lösungen. Sie zögern die Probleme nur zeitlich hinaus oder verlagern sie räumlich.

Es gibt im Süden auch Städte, die zwar rasch, aber nicht zu unkontrollierbaren Monstern wachsen. Dazu zählen beispielsweise die Golf-Metropolen Kuwait, Abu Dhabi, Doha und Dubai (vgl. Kap. 2.4) sowie Singapur, Shanghai oder auch Astana. Modernste Bauwerke, hochwertige, zum Teil ökologisch angepasste Infrastruktur, Fehlen von No-Go-Areas und sicherer öffentlicher Raum (M5) stellen die Kennzeichen dieser Städte dar. Doch dieses hohe Niveau, das nur in wenigen Städten des Nordens Entsprechung findet, basiert auf den Grundlagen von Erdöl und internationalem Kapital. Deren Nachhaltigkeit wiederum hängt von der Dynamik der Globalisierung und ihrem Fortbestand ab; zwei Größen mit unsicherer Zukunft.

In der jüngeren Geschichte des Nordens fungierten Städte als Innovationszellen in fast allen Bereichen und wirkten als Entwicklungspole mit vielfältigen Ausstrahlungseffekten ins nahe und weitere Umland. Voraussetzung dafür waren funktionierende städtische und auch ländlich/dörfliche Gemeinwesen. Dieses Modell der Wachstumspole im Sinne eines modernisierungstheoretischen Entwicklungsverständnisses wurde auch für den Süden lange propagiert, hat dort aber eigentlich nie funktioniert. Die Städte dienten mehrheitlich als Brückenköpfe externer Interessen sowie als Ziele interner Migration (Landflucht) und als Ausgangspunkte vielfältiger, auf das Umland gerichteter Entzugseffekte. Diese Rolle der Städte des Südens hat sich durch die Globalisierung noch verstärkt. Sie wird sich kaum ändern, wenn es keine wirksame Verbesserung der Lebensbedingungen vor allem in den ländlichen Räumen gibt und die Landflucht unvermindert fortdauert (vgl. Kap. 3.2.1, Push-and-Pull-Modell).

M5: Überwachungskameras in Singapur

1 Analysieren Sie das Nebeneinander von Wohlstandsinseln und Armutsvierteln in Buenos Aires (M4).
2 „Viele Städte des Südens sind keine Entwicklungspole." Beurteilen Sie diese Aussage.

3.2 Wirtschaftliche und politische Entwicklungsprobleme

Während soziale und demografische Entwicklungshemmnisse weitgehend aus tradierten Strukturen erwachsen, sind die wirtschaftlichen und politischen, wenn auch intern angelegt und teilweise natürlich bedingt, doch in bedeutsamer Weise von außen beeinflusst. Im Zuge der Globalisierung sind dazu neue Probleme entstanden und hat sich der externe Einfluss verstärkt. Perspektiven zur Lösung wurden jedoch kaum eröffnet.

3.2.1 Landwirtschaft als Grundlage?

Ackerbau und Tierhaltung bilden fast überall im Süden die wichtigsten Beschäftigungszweige (M1) und dienen in hohem Maße, örtlich nicht selten sogar als einzige Nahrungsquelle. Das überrascht nicht, stellt die Landwirtschaft des Südens doch keineswegs generell ein Stiefkind der Natur dar. So gibt es Standorte (z. B. Schwemmland-, Vulkanböden) mit drei und sogar vier Ernten pro Jahr und höchsten Erträgen. Doch solche Lagen sind rar. In weiten Teilen treten wiederkehrend Dürren, Heuschreckenplagen, Wirbelstürme, Überschwemmungen, Erdbeben und Vulkanausbrüche auf und innerhalb der feuchten Tropen überwiegen Böden, die rasch erschöpfen und den Anbau beschränken. Hungerkatastrophen wie auch Fehl- und Mangelernährung treten überall auf.

Um diesen natürlichen Einschränkungen des Anbaus zu begegnen und die Eigenversorgung mit Nahrungsmitteln zu sichern (Subsistenzwirtschaft; Food Crops), sind schon immer – recht kreativ und optimal an die ökologischen Verhältnisse der Tropen und Subtropen angepasst – zahlreiche Kultur- und Nutzungstechniken entwickelt worden. Über Jahrhunderte und damit nachhaltig haben sie die Subsistenz der Bevölkerung zu sichern vermocht. Verwiesen sei hier nur auf die Sammelwirtschaft und mobile Tierhaltung (Nomadismus), die Mischkulturen, den Stockwerks-, Tupf-, Pflanzstock-, Ritz- und Hakenpfluganbau. Klug angepasst waren auch Wanderfeldbau (meist in Verbindung mit Brandrodung) und Landwechselwirtschaft (Shifting Cultivation). Und weite Verbreitung fand auch der Bewässerungsfeldbau (Oasen) mit Hügel- (M2), Damm- und Beetkulturen auf der Basis raffinierter Wassergewinnungstechniken (Karez, Qanat, Falaj, Foggara etc., M3) und ausgeklügelter Verfahren zur gerechten zeitlichen und quantitativen Wasserverteilung.

Doch dieser keineswegs als rückständig anzusehende und ökologisch angepasste, traditionelle Landbau ist durch die natürlichen Rahmenbedingungen eingeschränkt, gefährdet und nicht beliebig ausbaubar. Dafür sind außer natürlichen aber auch Gründe verantwortlich, die beispielsweise in schrumpfenden Betriebsflächen durch Erbteilung oder Übernutzung der Felder wegen (agrarer,

	Landwirtschaft	
	Anteil an Beschäftigung (in %)[1]	Anteil am BIP (in %)[2]
Sierra Leone	68,5[3]	61,4
Mali	66,0[4]	40,7
Indien	51,1[4]	17,4
Uganda	71,7	24,4
Tansania	68,1	31,1
Zimbabwe	67,2	11,2
Vietnam	43,6	18,1
Indonesien	32,9	13,5
Guatemala	32,6	10,7
Bolivien	30,9	13,7
Honduras	30,0	13,5
China	28,3	8,6
Ägypten	25,8	11,9
Brasilien	9,7	5,5

Quelle: World Bank, [1]2013-2015, [2]2016 [3]2005, [4]2010

M1: Anteile der Landwirtschaft an Beschäftigung und BIP in ausgewählten Ländern

Food Crops
Grundnahrungsmittel, vorwiegend für die Selbstversorgung und den Konsum im Inland

M2: Benin: Hügelkultur, Yamsfeld

M3: Timimoun, Algerien: Wehr eines Foggara-Kanals zur Wasserverteilung

ländlicher) Überbevölkerung liegen. Selbst bei Einsatz moderner Mittel (Kunstdünger, Pestizide, Herbizide, Saatgut) und Technik (Maschinen, Beregnungsanlagen) sowie dem Übergang zum Dauerfeldbau bleibt die Produktionssteigerung des traditionellen Landbaus begrenzt. Dazu trägt auch die Tatsache bei, dass selbst dort, wo über den Selbstversorgungsbedarf hinaus produziert wird, es beispielsweise am Marktzugang infolge großer Distanzen, fehlender Transportmittel und Straßen mangelt oder Spannungen zwischen Dörfern den Transport verhindern. Auch werden lokale von importierten Nahrungsmittel verdrängt und damit Anreize für die örtlichen Produzenten unterminiert.

Ähnliche Verhältnisse wie im traditionellen Landbau herrschen auch in der Tierhaltung des Südens (insbesondere in Zentral-/Vorderasien, Afrika), wo in den trockeneren Regionen (Savannen, Steppen, Wüsten) unterschiedliche Formen mobiler Tierhaltung (Nomadismus) vorherrschten. Sie sind fast überall im Niedergang begriffen oder schon ganz verschwunden. Und selbst dort, wo Tierhaltung noch betrieben wird, vermag sie den lokalen Bedarf nicht zu befriedigen oder unterliegt der Konkurrenz des importierten (Gefrier-)Fleisches. Selbst die lokalen Geflügelproduzenten können sich dieses Wettbewerbs nicht oder nur mühsam erwehren.

M 4: Nomadische Tierhalter im Norden des Sudan

Den natürlichen Beschränkungen unterliegen selbstredend auch die von den Europäern seit Beginn der Kolonialzeit eingeführte Plantagenwirtschaft (z.B. Kaffee, Kakao, Tee, Bananen, Sisal, Jute, Ölpalme, Kautschuk, Holz, Baumwolle) und das heute moderne Agrobusiness mit seinen großflächigen Monokulturen (Soja, Mais, Zuckerrohr).

Die immer anspruchsvolleren Ernährungs- und Konsumgewohnheiten des Nordens haben nämlich in den vergangenen zwei bis drei Jahrzehnten dazu geführt, dass in noch größerem Ausmaß als in der kolonialen Vergangenheit Nutzflächen in Tropen und Subtropen zur Erzeugung agrarischer und agrarindustrieller Rohstoffe erschlossen werden (Land Grabbing, vgl. Kap 3.2.2). Auf diesen Flächen werden zwar für einige Jahre beachtliche Erträge erzielt, doch können sie meist nur durch Einsatz künstlichen Düngers und unter Kulturnahme immer neuer Flächen längerfristig gesichert werden. Da sie für den Weltmarkt produzieren, unterliegen ihre Erzeugnisse (agrare Rohstoffe; Cash Crops) den dort herrschenden Preisregelungen und Preisdiktaten der dominierenden Abnehmer, der global agierenden transnationalen Konzernen (siehe Beispiel Baumwolle). Sie entscheiden damit letztlich über die Deviseneinnahmen der Produktionsländer, die, da der traditionelle Landbau die gegenwärtige Versorgung der Bevölkerung nicht gewährleisten kann, auch in Zukunft von den meisten Ländern des Südens für den Nahrungsmittelimport aufgewendet werden müssen (M5).

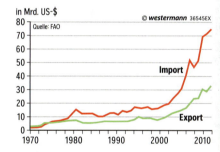

M 5: Afrika: Importe und Exporte von Lebensmitteln 1970 – 2013

Cash Crops
für den Export bestimmte Agrarprodukte.

M 6: Kenia: Rosenproduktion in einem mit Plastikplanen überspannten tunnelförmigen Gewächshaus

M 7: Bugala Island, Uganda: Neuanlage einer Ölpalmplantage

3.2 Wirtschaftliche und politische Entwicklungsprobleme

M1: Baumwollpflückerinnen in Sayakrou (Benin). Die Vermarktung der ökologisch angebauten Baumwolle erfolgt unter dem Label „Cotton made in Africa", bei dem afrikanische Kleinbauern und internationale Textilunternehmen zusammenarbeiten.
www.cottonmadeinafrica.org/de

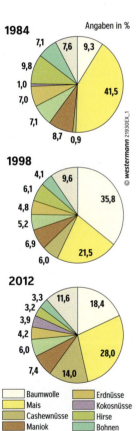

M2: Benin: Anbauflächen (Anteil an Ackerbauflächen in %)

Baumwolle

In den westafrikanischen Sahel- und Sudanstaaten lebt ein beachtlicher Teil der Menschen vom Baumwollanbau (z. B. Mali: 2005 28 % der Landesbevölkerung). Baumwolle gilt hier aber auch als einer der wichtigsten Devisenbringer. Doch der Weltmarktpreis für Baumwolle wird nicht von den afrikanischen Produzenten, sondern den führenden Handelsländern des Nordens – allen voran den USA – bestimmt. Ein Beispiel aus den 2000er-Jahren zeigt dabei das grundlegende Problem: Die USA subventionierten ihre eigenen Baumwollproduzenten (Großbetriebe, Plantagen) mit Milliardenbeträgen und vermochten dadurch, den Weltmarktpreis 2005 auf 0,45 Euro/Pfund und damit weit unter den Erzeugerpreis ihrer eigenen Produzenten (2005 = 1,35 Euro/Pfund) zu drücken. Zu diesem Preis konnten 2005 die afrikanischen (Klein-)Bauern nicht produzieren. Ihr Erzeugerpreis lag zwar wie seit Jahren bei 0,65 Euro/Pfund und damit erheblich unter dem ihrer amerikanischen Konkurrenten, aber eben über dem vom Norden bestimmten, subventionierten Weltmarktpreis. Überlagert werden derartige Machenschaften noch durch die erheblichen Schwankungen, denen die Preise für alle agrarischen Rohstoffe auf dem Weltmarkt ausgesetzt sind (vgl. M3, S.23).

Derartige Zusammenhänge sind dem afrikanischen Kleinbauern nicht zugänglich und für ihn nicht zu durchschauen. Ohne Kenntnis der jeweiligen Weltnachfrage setzte er oft zu lange weiter auf das „weiße Gold", erweiterte die Anbaufläche durch Brandrodung, versuchte die Erträge durch Düngereinsatz und den Verzicht auf Brachjahre zu steigern. Dadurch aber förderte er die Degradation der Böden und riskierte durch den Kauf von Dünger und vor allem von Nahrungsmitteln, für die er wegen der Expansion des Baumwollanbaus keine Flächen mehr hatte, in Schuldabhängigkeit zu geraten und seine bäuerliche Existenz zu verlieren.

Trotz internationaler Bemühungen ist eine faire Regelung des Weltpreises für Baumwolle noch immer nicht erreicht. Einzig regionale Initiativen versuchen, den afrikanischen Kleinbauern ein sicheres Auskommen zu garantieren (M1).

---

1. Recherchieren Sie eine der genannten traditionellen Kultur- und Nutzungstechniken.
2. Erläutern Sie die Ursachen und Folgen hoher Lebensmittelimporte in den Ländern des Südens.
3. Analysieren Sie die Entwicklung des Ackerbaus in Benin (M2).

3.2.2 Land Grabbing

Die riesigen Kapitalmengen, die täglich auf der Suche nach gewinnträchtigen Anlagemöglichkeiten um den Erdball verschoben werden, haben seit einigen Jahren ein neues Betätigungsfeld entdeckt: die ausgedehnten landwirtschaftlichen Nutzflächen des Südens. Ermöglicht haben diesen Trend der freie Handel, der entgrenzte Geldverkehr und die Öffnung fast aller Länder der Erde für dieses gierige Kapital. Es ist ein „Grapschen nach Land" entstanden, das an koloniale Praktiken erinnert, das Land Grabbing. Darunter wird der Kauf oder die Pacht riesiger landwirtschaftlicher Nutzflächen verstanden, die zur Erzeugung agrarischer Rohstoffe oder von Nahrungsmitteln, in der Regel durch ausländische Investoren, dienen. Dabei kann es sich um Einzelpersonen, Agrobusiness-Unternehmen, Finanzinvestoren oder auch um Regierungen handeln.

> Es ist der größte Landraub der Geschichte: Regierungen, Konzerne und Spekulanten bringen seit einigen Jahren weltweit Ackerland in ihren Besitz, vor allem in Afrika, aber auch in Asien und Südamerika. Dort ist Land billig, es locken fantastische Gewinne. Ob schlicht als Spekulationsobjekte oder als Produktionsort für Exportgemüse und Bio-Sprit – der Wettlauf um die besten Böden ist im vollen Gange. Die Folgen sind bestürzend. Gerade dort, wo entsetzliche Hungersnöte herrschen, können die Menschen nichts zur Linderung der eigenen Not beitragen. Dieses zynische Geschäft mit dem Hunger und die grenzenlose Gier werden das Gesicht unseres Globus verändern.

M 3: Quellentext zum Landgrabbing
Quelle: Liberti, S.: Landraub – Reisen ins Reich des neuen Kolonialismus. Berlin: Rotbuch 2012
Stefano Liberti ist italienischer Journalist.

Die Motive zum Land Grabbing reichen von der vorgeblich edlen Absicht, Nahrungsmittel für die wachsende Weltbevölkerung zu erzeugen, über den Anbau von Rohstoffen etwa für die Herstellung von Biotreibstoffen bis hin zur spekulativen Erzielung von Gewinnen durch Weiterverkauf oder Verpachtung. Die Anbieter des Landes sind in der Regel (autokratische) Regierungen, die aus eigennützigen Interessen handeln oder sich Verbesserungen für die eigene Bevölkerung erhoffen. In Afrika stehen nach Schätzungen von Weltbankexperten zurzeit zehn bis 30 Prozent der landwirtschaftlichen Nutzfläche zur Disposition. Es wird geschätzt, dass bis 2030 weltweit weitere sechs Mio. Hektar Agrarflächen auf diese Art und Weise neu erschlossen oder umgenutzt werden. So werden nicht selten gemeinschaftlich genutzte Flächen oder Kleinbauernland illegal zum Verkauf gebracht und die bisherigen Nutzer frei gesetzt.

Ganz konkret handelt es sich bei den Land-Grabbing-Akteuren um Regierungsagenten aus Saudi-Arabien, den Vereinigten Arabischen Emiraten und China sowie um Unternehmen aus Europa, USA, Brasilien, Südafrika, Malaysia, Südkorea oder Indien. Eine wichtige Rolle spielen dabei auch Finanz-/Kapitalgesellschaften/Fonds und die Börsen in London, Singapur oder Chicago (Hunger-Börse). Hauptzielländer/-regionen sind die D.R. Kongo, der Südsudan, Äthiopien, Mosambik und viele Länder Westafrikas sowie fast alle Länder Südostasiens und Südamerikas. Als Anbieter treten seit einigen Jahren auch die Länder Ost- und Südosteuropas auf. Das Land-Grabbing-Geschäft umfasste nach Angaben von Landmatrix im Zeitraum 2000 bis 2017 weltweit 48,9 Mio. ha.

Um die Perversität des Land Grabbings zu veranschaulichen, sei beispielhaft auf die Situation in Ostafrika eingegangen, wo riesige Landflächen angeboten werden und gleichzeitig – wie etwa im Jahr 2011 – eine verheerende Hungersnot

Akteursgruppen	Zweck
Akteure aus Industriestaaten (Energiekonzerne, Investmentfonds etc.)	Produktion von Agrarrohstoffen (Futtermittel, Agrartreibstoffe), Land als Spekulationsobjekt
bevölkerungsreiche Staaten mit hohem Bevölkerungswachstum (Japan, Südkorea, China)	Produktion von Nahrungsmitteln, Futterpflanzen und Agrarrohstoffen für eigenen Bedarf
Staaten mit sehr begrenzten Land- bzw. Wasserressourcen, aber hoher Kapitalverfügbarkeit (Libyen, Kuwait, Katar, Saudi-Arabien)	Verringerung der Abhängigkeit vom Weltmarkt bei Lebensmittelproduktion
nationale Unternehmen in Zielländern (häufig in Kooperation mit ausländischen Investoren)	Gewinnmaximierung

M 4: Investoren/Akteursgruppen bei Land-Grabbing-Verträgen

Hunger-Börse
Wetten auf Hunger, Hunger durch Spekulation oder Lebensmittelspekulation sind nur einige Schlagwörter, mit denen die „Ware" Hunger global zum Ziel unverschämter, von Kapitalinteressen gesteuerter Bereicherung geworden ist.

3.2 Wirtschaftliche und politische Entwicklungsprobleme

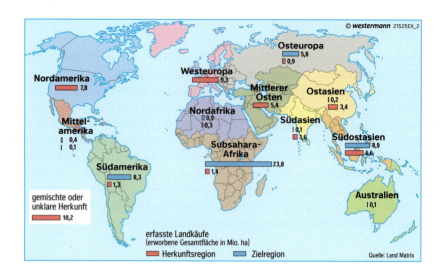

M1: Herkunfts- und Zielregionen von erfassten transnationalen Landkäufen/Land-Grabbing-Verträgen 2000 – 2017 (schätzungsweise 68 % der tatsächlichen Landkäufe)

Vom Ackerland befinden sich in ausländischer Hand beispielsweise in Gabun 85%, Sierra Leone 40%, Mosambik 28%, Sudan 23%. Ein krasses Beispiel für die Nutzung: Nahe der äthiopischen Hauptstadt werden auf solchen Flächen jährlich 2,5 Mrd. Rosen für den Export geschnitten.

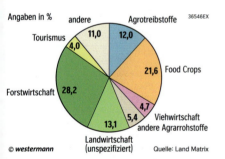

M2: Neue Nutzung der gekauften Landflächen (Land-Grabbing-Verträge 2000 – 2016)

herrschte: Tansania ist ein Beispiel für all die Länder, von denen es in Finanzkreisen heißt, dass sie reich an Anbauflächen, gutem Klima und billigen Arbeitskräften sind, denen es jedoch an Kapital zu produktiver Landwirtschaft mangelt. Die Tatsache, dass das Kapital für die Landkäufe aus dem Norden stammt, ist von den Eliten Tansanias wie von denen der Nachbarländer aus eigennützigen Motiven akzeptiert. Es sind in erster Linie europäische Unternehmen, die hier Holzproduktion betreiben beziehungsweise Purgiernüsse, Soja, Ölpalmen oder Zuckerrohr mit dem Ziel anbauen, Biotreibstoff herzustellen. Das Land, das von der Regierung bei Umgehung des 1999 zur Eigentumssicherung der Bauern erlassenen Village Land Act verschachert wird, gehört in der Regel Dorfgemeinschaften, die bei der Vergabe selten gefragt werden. Ihnen wird zwar Beschäftigung und Einkommen versprochen. Doch sie müssen dafür bei entehrenden Arbeitsbedingungen (z.B. keine Toiletten, keine Verpflegung, kein Atemschutz bei Einsatz von Pestiziden etc.) und Niedriglohn zehn Stunden täglich schuften. Da der Anbau kostengünstig erfolgen muss und raubbauartig stattfindet, bleiben ihnen nach Abzug der ausländischen Unternehmen zerstörte, degradierte Flächen zurück.

3.2.3 Ressourcenausbeutung

Als Rohstoffländer sind die ehemaligen Kolonien in die Geschichte eingegangen und von industrieller Wirtschaft in den Ländern des Südens wird heute eigentlich erst seit der Globalisierung gesprochen. Der Abbau von mineralischen und energetischen Rohstoffen spielt dennoch unverändert, wenn nicht sogar verstärkt, für viele Länder eine existenziell wichtige Rolle (M3). Diese Feststellung gilt nicht nur für die Erdölförderer, sondern auch für all die Staaten, die über Ressourcen verfügen, die insbesondere für die moderne Kommunikationsindustrie unverzichtbar sind. Solche Vorkommen gelten nicht selten eher als Fluch denn als Segen. Denn die dadurch möglichen finanziellen Vorteile wecken Begehrlichkeiten, die zu Korruption führen und meist in Gewalt und bürgerkriegsartiger Exzesse entarten können (Kongo, vgl. Kap. 4.2.2).

Zu den gefragtesten Rohstoffen zählen nicht einzig Erdöl und Erdgas oder – wie bisher – Eisenerz, Phosphor und Kupfer, sondern vor allem Seltene Erden und Koltan. Sie kommen insbesondere in den Ländern des Südens vor. Doch ihre Lagerstätten werden vornehmlich von ausländischen Konzernen (meist Global Playern) erschlossen und extraktiv, häufig sogar raubbauartig genutzt. Daher

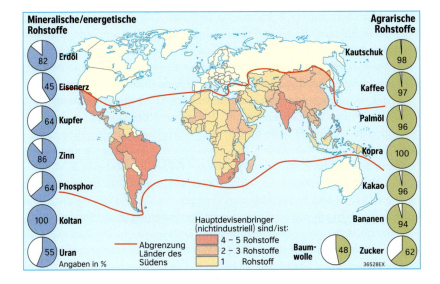

M3: Rohstoffländer des Südens und ihr Anteil am mineralischen/energetischen und agrarischen Rohstoffhandel

haben sie in der Regel kaum Effekte für die lokale Wirtschaft sowie selten Bezüge zum direkten Umland. Auch spielen sie wegen des hohen Technikeinsatzes als Arbeitgeber für die lokale Bevölkerung keine nennenswerte Rolle. Funktional sind sie ausschließlich extern vernetzt und global eingebunden.

Doch überall versuchen auch unzählige Einheimische die mineralischen Lagerstätten zu nutzen. Das geschieht mehr oder weniger legal und in der Regel unter gefährlichen Bedingungen. Die Erlöse aus dieser höchstens überlebenssichernden Tätigkeit sind marginal und beklagenswert. Für die gesellschaftliche Entwicklung sind sie bedeutungslos, wegen der dadurch fortwährenden Armut – wie für den Kongo (vgl. Kap. 4.2.2) und die Mongolei (vgl. Kap. 4.4.4) besonders eindrucksvoll nachweisbar – sogar kontraproduktiv.

3.2.4 Umweltzerstörung und Klimawandel

Im Süden geschehen die verheerenden Eingriffe in den Naturhaushalt mehrheitlich aus Not und Überlebenszwängen, aber auch deshalb, weil skrupellose Eliten sich nicht scheuen, beispielsweise Waldgebiete ausländischen Interessenten zu überlassen, die nach der Brandrodung raubbauartig Ölpalmen- oder Zuckerrohrplantagen anlegen. Es ist aber auch nicht übertrieben zu behaupten, dass die Umweltprobleme des Südens auf den ungehemmten Konsum im Norden und den dadurch mitverursachten Klimawandel zurückzuführen sind.

Alarmierende Nachrichten vom Ausmaß der Umweltzerstörung stammen mehrheitlich aus den tropischen Ländern des Südens: schrumpfende Regenwälder, vorrückende Wüsten, degradierte Böden und zerstörte Vegetation (M4). Dazu kommen verschmutzte, tote Gewässer, Staubstürme, Hangrutschungen, nebelhafter Benzindunst in den Städten und schwarzrauchende Schlote (z. B. China, Indien). Durch den global verursachten Anstieg des Meeresspiegels droht das Versinken halber Staaten (Bangladesch) oder ganzer Regionen (z. B. Ozeanien, Malediven, Amazonien, Nildelta).

Die Regenwälder schwinden, weil (intern) Siedlungs-, Anbau- und Weideflächen benötigt (z. B. Brasilien) und (extern) Edelhölzer für kurzlebige Luxusmöbel begehrt (z. B. Westafrika) oder für einmal verwendete Essstäbchen (z. B. Kalimantan / Indonesien) verschwendet werden. Lokale Überlebenszwänge und Export-

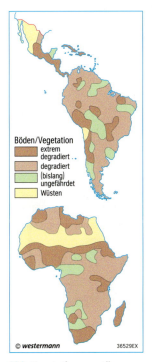

M4: Vegetationszerstörung und Bodendegradierung in Lateinamerika und Afrika

3.2 Wirtschaftliche und politische Entwicklungsprobleme

M1: Golfplatz in Dubai

chancen für Cash Crops (z. B. Baumwolle, Erdnüsse, Soja, Rindfleisch) führen zur extraktiven Nutzung der an sich schon kargen Böden und Altdünen (teilweise bewachsen und stabil; Sahel-Sudan). Dadurch wird die spärliche Vegetation völlig zerstört, Feinsand und Staub werden für den Windtransport aufbereitet, die Böden flächenhaft degradiert und teilweise irreparabel degeneriert.

Es werden riesige und luxuriöse Tourismuszentren mit ausgedehnten, von Grün strotzenden Golfplätzen für die „Bedürftigen" des Nordens in Sonnengegenden geschaffen (M1), die die begrenzten Grundwasserreserven verschlingen. Das führt zum Oasensterben, zu Trinkwassernot, zum Rückgang des Anbaus und zum Veröden generationenlang genutzter Felder und Gärten (z. B. VAE, Tunesien, Marokko, Mittelamerika, Südafrika). Bevölkerungszuwachs und dadurch bedingter Land- und Brennholzbedarf zwingen zur Rodung der Wälder selbst auf steilsten Hängen und zu deren kühnen Terrassierung (z. B. Himalaya, Java, M4). Hangrutschungen, Schlammströme und Erdlawinen sind bei Starkregen die Regel. Und im Vorland führen die wegen des Mangels an wasserspeichernden Wäldern ungehemmt abströmenden Fluten zu Überschwemmungen und zu Zerstörungen von Vegetation und Kulturland. Bedroht sind auch die Stauseen und ihre Nutzungsdauer durch die riesigen, in ihnen abgelagerten Sedimentmengen (z. B. Indien, Pakistan, Bangladesch).

Diese weltweit auftretenden Zerstörungen der Umwelt wurden in der Vergangenheit vordergründig und leichtfertig auf Naturereignisse zurückgeführt. Heute hingegen ist unleugbar, dass die Ökosysteme weltweit und verstärkt im Süden unter den Folgen der globalisierten Wirtschaft und dem damit einhergehenden oder dadurch verursachten Klimawandel leiden. Dafür sind umweltfeindliche Produktionsprozesse, raubbauartige Ausbeutung der mineralischen wie agrarischen Rohstoffe und auch Brandrodungen im Süden (z.B. Kongo, Amazonasbecken, Chile, Südafrika, Malaysia) verantwortlich. Doch als ungleich bedeutsamer werden der extreme Kohlendioxyd-Ausstoß (durch Verkehr, Industrie und Energieerzeugung) und der damit verursachte Anstieg der Luft- und Meerestemperatur, das Abschmelzen des Polareises und die Ausbreitung der Wüsten angesehen. Dafür wiederum steht der verschwenderische (Wegwerf-/Verschwendungs-)Konsum des Nordens, der Ausdruck findet in den verstopften Innenstädten, dem ständig wachsenden Energiehunger des Nordens und besonders alarmierend in den auf den Ozeanen schwimmenden Plastikinseln. Hier wie dort fällt dabei in Zeiten der Globalisierung den Gewinn- und Eigeninteressen der Wirtschaftsakteure eine zentrale Bedeutung zu.

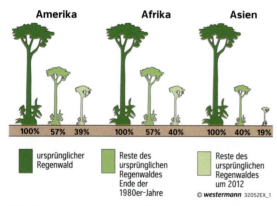

M2: Abnahme der Regenwaldfläche in Amerika, Afrika und Asien

M3: Entwaldung entlang einer Bundesstraße im brasilianischen Bundesstaat Pará

M4: Zerstörungen von Hütten und Terrassen durch eine Hangrutschung infolge heftiger Regenfälle in Nepal

M5: Eine Springflut hat die Insel Tararwa (Kiribati) vollständig mit Meerwasser überspült.

Doch ungeachtet aller möglichen Schuldzuweisungen handelt es sich bei all den beklagenswerten Vorgängen nicht nur um Umweltzerstörung, sondern um nicht weniger als die Vernichtung und irreparable Verschwendung von Ressourcen, die den zukünftigen Generationen des Südens und ihrer Entwicklung unwiederbringlich verloren gehen.

1 Erläutern Sie die verschiedenen Motive von Investoren bei Land-Grabbing-Verträgen (M4, S. 73).
2 Vergleichen Sie Herkunfts- und Zielregionen bei Land-Grabbing-Verträgen (M1, S. 74).
3 Erörtern Sie die Folgen des Land Grabbing für die Länder des Südens.
4 Viele Länder des Südens sind weiterhin in erster Linie Rohstofflieferanten für den Norden.
   a) Erklären Sie die Ursachen.
   b) Beurteilen Sie die Folgen.
5 Erläutern Sie den Beitrag der Länder des Südens zur weltweiten Umweltverschmutzung.
6 Nehmen Sie Stellung zur Verantwortung des Nordens bezüglich des globalen Klimawandels.

3.2.5 Bad Governance

Ein zentrales Problem fast aller Länder des Südens ist ihre fragile Staatlichkeit, die in einem generellen Mangel oder der (sogar brutalen) Unterdrückung demokratischer Regeln (M6) und von der Weltgemeinschaft anerkannter Werte besteht. Ohne Fortschritte auf dem Weg der Demokratisierung aber sind, so die gängige Auffassung der Politiker des Nordens und die Erkenntnis der Wissenschaft, keine nachhaltigen Entwicklungserfolge zu erreichen. Diese Feststellung gilt insbesondere für Autokratien wie vielerorts in Asien, aber eben auch für sogenannte demokratische Regierungen wie in Lateinamerika oder Afrika, die sich durch Machtmissbrauch sowie durch Korruption und Vetternwirtschaft auszeichnen: Bad Governance.

Dabei handelt es sich zum einen um überkommene Herrschaftsformen (z.B. Monarchien) und zum anderen um Strukturen, die aus den Unabhängigkeitskämpfen nach dem Zweiten Weltkrieg oder den Konflikten zwischen ethnischen Gruppen um Macht und um Ressourcen hervorgegangen sind. Ihre entwicklungshemmende Bedeutung kann aus wissenschaftlicher Sicht nur durch Überwindung der im Hexagon der Entzivilisierung (M3, S.11) zusammengestellten Missstände und Mängel erreicht werden. Damit ist der Übergang von Bad in Good Governance gefordert.

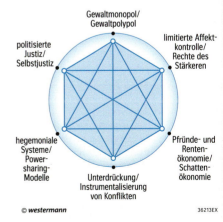
M6: Hexagon fragiler Staatlichkeit

3.2 Wirtschaftliche und politische Entwicklungsprobleme

M1: Originaltext zu Bad Governance
Senghaas, D., 6.12.2016
Dieter Senghaas ist ein deutscher Politikwissenschaftler.

Schutz vor Gewalt, Schutz der Freiheit, Schutz vor Not, Schutz kultureller Vielfalt – dies sind die ordnungspolitischen, somit programmatischen Orientierungen guter Regierungsführung. Die institutionellen Grundlagen hierfür sind Verfassungsdokumente, die die durchaus unterschiedlich konkretisierten Spielregeln politischer Auseinandersetzung festlegen. Man denke an so unterschiedliche politische Ordnungssysteme wie in Frankreich (Zentralismus), der Schweiz (relative Basisdemokratie) und in Deutschland (Föderalismus). Ungeachtet solcher verfassungsmäßig festgelegten Unterschiede sind Gewaltenteilung, demokratische Partizipation sowie eine Ausrichtung zur gewaltfreien Konfliktregelung auch in allen strittigen zivilgesellschaftlichen Konfliktbereichen Inbegriff politischer Kultur und konstruktiver Konfliktbearbeitung. Bad Governance ist nun das Gegenteil eines solchen Profils öffentlicher Ordnung. Leider ist es heute vielerorts in der Welt zu beobachten, insbesondere in zerbrechenden oder schon auseinander gebrochenen Staaten (failing, failed states). Dort werden staatliche Institutionen, sofern überhaupt noch existent, von partikularen Interessengruppen exklusiv zur Selbstbereicherung instrumentalisiert: Kleptokratie, Klientelismus, Rentenwirtschaft, Korruption und andere Begriffe kennzeichnen diese Art von öffentlicher Ordnung, die eigentlich als Unordnung zu charakterisieren ist. Letzteres deshalb, weil die oben zitierten ordnungspolitischen Prinzipien, die in der neueren Geschichte mühsam erkämpft wurden, völlig missachtet werden. Fatal ist, dass die Strukturen, Mentalitäten und Verhaltensweisen von Bad Governance vor Ort meist durch das problematische Verhalten von externen Akteuren (Multis, Staaten, Regionalverbünde wie die EU) verfestigt werden und es somit auch aus diesem Grund zu keiner breitenwirksamen Entwicklung kommt. Nach altkolonialem Muster ist das Interesse der industrialisierten Staaten an unverarbeiteten Ressourcen extrem präsent, so auch das Interesse, verarbeitete agrarische und industrielle Produkte unter möglichst freihändlerischen Bedingungen in hierfür strukturell nicht konkurrenzfähigen Ländern abzusetzen. Unter Bedingungen von Bad Governance spielen die Eliten in Entwicklungsländern vor Ort mit, da sie diese entwicklungspolitisch abwegigen Austauschbeziehungen für sich selbst extrem einträglich finden. Sie bereichern sich, während die Masse der Bevölkerung dahindarbt – ein seit dem Kolonialismus bekanntes Muster, nur dass nunmehr vor Ort an die Stelle der Kolonialherren die lokalen Eliten getreten sind.

Rentierstaat
Die Einnahmequelle des Rentierstaates ist nicht die Besteuerung der wirtschaftlichen Aktivitäten seiner Einwohner. Seine Einnahmen stammen vielmehr aus Renten (z.B. Rohstoffrenten, Lagerenten).

Zwar stellt die Überwindung von Bad Governance eine zentrale Forderung dar, doch ihre Umsetzung ist schwierig. Vage Ansätze dazu sind in einigen wenigen Ländern des Südens und überraschenderweise in den rentenstaatlichen Monarchien am Arabischen Golf (VAE, Bahrain, Kuwait, Katar, Oman) festzustellen. Sie veranlassen externe Beobachter sogar dazu, beispielsweise das Regierungshandeln dieser Autokraten offener, vorbehaltsfreier zu betrachten und die erzielten Erfolge auf dem Weg zur Mitbestimmung des Volkes an den Entscheidungsprozessen als regionale Alternative zu den westlichen Demokratien zu propagieren. Als besonders eindrucksvolles Beispiel dafür gilt das Sultanat Oman (vgl. Kap 4.4.1).

Aus Sicht des Nordens, insbesondere nach US-amerikanischer Auffassung, vollzieht sich hinsichtlich der Verbesserung der Lebensbedingungen die Transformation zu demokratischen Strukturen in all diesen Staaten nicht rasch oder nicht konsequent genug. Daher wurde in den vergangenen Jahrzehnten die vom Norden propagierte und von der Überzeugung getragene Auffassung, dass Entwicklung einzig durch Demokratie langfristig/dauerhaft erreicht und gesichert werden kann, regelrecht gefordert und sogar militärisch umzusetzen (z.B. Afghanistan, Irak, Libyen) oder durch den Sturz bestehender autokratischer Regierungen herbeizuführen versucht. Dazu dienten auch in populistisch schnöder Weise das Argument der Terrorbekämpfung und die Bezeichnung mehrerer Länder in Nordafrika und Asien als „Schurkenstaaten" oder „Achse des Bösen".

Wenn die Motive zu diesen direkten und indirekten Aktionen des Nordens auch vorgeblich hehren Zielen dienen sollten, so haben sie doch überall chaotische Zustände gebracht. In den nordafrikanischen Staaten herrschen jetzt in Konflikt stehende Clans und politische Cliquen oder neue Militärmachthaber. Von einem funktionierenden Staatswesen kann ebenso nirgends die Rede sein, wie von einem befriedeten Leben, einer landesweit funktionierenden Infrastruktur oder einer verlässlichen Versorgung der Bevölkerung. Die Rückkehr zu geordneten Verhältnissen liegt derzeit in weiter Ferne.

In Afghanistan, Irak und Syrien (und indirekt auch in Pakistan, vgl. Kap. 4.4.3) sind noch weit verheerendere Verhältnisse entstanden. Zu deren Lösung wird die heimische Bevölkerung, soweit noch vorhanden (oder vielleicht einmal zurückgekehrt), nie allein fähig sein. Wie weit die Weltgemeinschaft in der Lage oder bereit ist, erscheint momentan fraglich. In Nordafrika und Vorderasien ist auf diese Weise im vergangenen Jahrzehnt eine seit dem Zweiten Weltkrieg eigentlich nicht mehr gekannte, völlig neue Gruppe von Ländern entstanden. Durch interne und externe Gewalt sind sie gesellschaftlich zerfallen, infrastrukturell zerstört, wirtschaftlich ruiniert und politisch in chaotischem Zustand. Für sie treffen die geläufigen Begriffe Entwicklungsland und Unterentwicklung nicht oder nicht mehr zu. Doch sind sie und werden sie mehr denn je einmal auf anhaltende externe Hilfe angewiesen sein, um aus Kriegswirrnis und Landeszerstörung zu einigermaßen lebenswerten und humanitären Verhältnissen zu gelangen.

M2: Irakischer Junge und US-amerikanischer Soldat im Irak

3.2.6 Kriege und Waffenhandel

Seit Ende des Zweiten Weltkrieges ist für die Menschen des Nordens Kriegsgeschehen glücklicherweise in weite Ferne gerückt. In weiten Teilen des Südens hingegen gehören Kriege, militärische Gewalt und ständige Waffenpräsenz zum Alltag. Sie bestimmen das soziale Mit- und Gegeneinander, führen zur Missachtung der Menschenrechte, des Eigentums, des elementaren Lebens. Sie verhindern persönliche, gesellschaftliche und wirtschaftliche Entfaltung, zerstören landesweit Infrastruktureinrichtungen, Wohnraum, ganze Dörfer, Städte und technische Errungenschaften. Und sie vernichten sogar natürliche Wirtschaftsgrundlagen und jegliche Lebensperspektiven. Sie lösen Hunger und Flucht sowie Gewalt gegenüber Frauen und Kindern aus. In einem solchen martialischen Klima müssen ganze Generationen heranwachsen, von denen daher auch kaum friedlicher Umgang miteinander und hoffnungsvolle Zukunftserwartungen ausgehen können. Es ist kein böses Vorurteil zu sagen, dass in solchen Gefahrensorten (*dangerous places*), in derart geplagten Ländern und Gesellschaften Entwicklung oder gar nachhaltige Entwicklung überhaupt nicht stattfinden kann.

Solche Verhältnisse sind in der Vergangenheit aus zahlreichen Ländern Lateinamerikas und Afrikas bekannt und herrschen aktuell in besonders grauenvoller Ausprägung in Nordafrika und Vorderasien. Auf die Darstellung der vielfältigen

M3: Stand des deutschen Rüstungsunternehmens Krauss-Maffei Wegmann mit einem Leopard-Panzer auf der IDEX, der größten Messe für Rüstungsgüter im Nahen Osten in Abu Dhabi

3.2 Wirtschaftliche und politische Entwicklungsprobleme

Exporteure	Anteil	Importeure	Anteil
USA	33,0 %	Indien	14,0 %
Russland	25,0 %	Saudi-Arabien	7,0 %
China	5,9 %	China	4,7 %
Frankreich	5,6 %	VAE	4,6 %
Deutschland	4,7 %	Australien	3,6 %
UK	4,5 %	Türkei	3,4 %
Spanien	3,5 %	Pakistan	3,3 %
Italien	2,7 %	Vietnam	2,9 %
Ukraine	2,6 %	USA	2,9 %
Niederlande	2,0 %	Südkorea	2,6 %

Quelle: SIPRI

M1: Die wichtigsten Waffenex- und Importeure 2011–2015

M2: Zerstörtes Aleppo in Syrien

Das Stockholm International Peace Research Institute (SIPRI) führt in seinem Jahresbericht 2016 auf, dass 36 Prozent der Weltbevölkerung (2,58 Mrd. Menschen) an Gefahrenorten leben.
- 61 Prozent der weltweiten Armut sind dort lokalisiert,
- 67 Prozent der Kinder, die an Gefahrenorten leben, werden in den kommenden 15 Jahren keinen weiterführenden Schulabschluss erreichen,
- 78 Prozent der gewaltbedingten Tötungen ereignen sich hier und
- 98 Prozent der Flüchtlinge und 97 Prozent der intern Vertriebenen weltweit stammen von dort.

Ursachen und Hintergründe all dieser Kriege und militärischen Gewalt sei hier im Detail verzichtet. Nur eins: Nach Angaben des schwedischen Friedensforschungsinstituts SIPRI wurde von den 50 im Jahr 2015 erfassten offenen Konflikten nur einer (Indien-Pakistan) zwischen Staaten ausgetragen. Alle anderen waren innerstaatliche Konflikte um Herrschaft (19), Territorium (29) oder beides.

Mehrheitlich gehen sie von befeindeten Gruppen oder Einzelpersonen aus, die um den Zugang zu materiellen Gütern (Bodenschätzen), politischer Macht oder um territoriale Ansprüche kämpfen. Nicht selten werden diese inländischen Gruppen unterstützt beziehungsweise die Konflikte von ausländischen Akteuren geschürt. Immer jedoch werden sie mit Waffen ausgetragen, die mehrheitlich im Norden produziert werden und deren Hersteller dort als wichtige Arbeitgeber fungieren und diese Funktion als politisches Argument benutzen.

Zu den größten Waffenexporteuren gehört, neben USA, Russland, China und Frankreich, auch Deutschland (M1). Die an Rüstungsimporten besonders interessierten Länder fragen vor allem moderne, schwere und teure Waffensysteme nach. Die Mehrzahl der „dangerous places", also der Staaten, die aktuell in interne kriegerische Auseinandersetzungen verwickelt sind, ziehen hingegen vor allem leichte, mittelschwere Waffen und Bodenabwehrsysteme vor, wie sie aus den älteren Militärbeständen des Nordens reichlich angeboten werden. Dennoch sind für diese Länder damit relativ große Ausgaben verbunden, die einer sinnvollen internen Nutzung entzogen und für alle Gräueltaten verwendet werden. Der Handel erfolgt meist illegal, ist nirgends dokumentiert und statistisch erfasst. Politisch ist er jedoch von brisanter Wirkung und von entwicklungsrelevanter Kontraproduktivität. Das wird dann besonders deutlich, wenn folgende Zahlen bedacht werden: An dem weltweit funktionierenden Waffenhandel, der 2015 stattliche 1676 Mrd. US-$ erreichte, sind die Länder des Südens immerhin mit etwa 540 Mrd. US-$ beteiligt. Diesem Betrag steht eine vom Norden geleistete Entwicklungshilfe von ungefähr 150 Mrd. US-$ gegenüber.

All die in diesem Kapitel 3 behandelten strukturellen Probleme der Länder des Südens und die damit verbundenen Entwicklungshemmnisse treten meist nicht einzeln auf. Sie sind in unterschiedlicher Relevanz überall präsent und vom Norden mitverursacht. Dennoch werden sie gerade dort – aus welchen Gründen auch immer – als Entwicklungsbarrieren interpretiert und als unbedingt verbesserungsnotwendig angesehen.

1 Charakterisieren Sie die Merkmale von Bad Governance.
2 Erläutern Sie die kurz- und mittelfristigen Entwicklungshemmnisse durch (Bürger)Kriege.

Länder des Südens – regionale Vielfalt

4

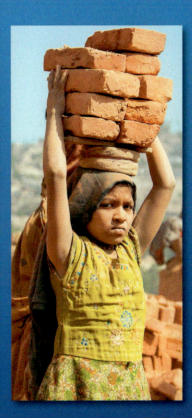

Es ist eine ebenso schlichte wie zutreffende Feststellung, dass die Vielfalt der Länder des Südens mindestens so groß ist wie ihre Zahl. Auch finden beständig Veränderungen statt, die nicht selten völlig neue Verhältnisse zur Folge haben und bislang nicht gekannte Herausforderungen für Entwicklung bedingen. Wenn dennoch in diesem Kapitel zuerst einige allgemeine Merkmale und Zusammenhänge für die einzelnen Entwicklungsregionen angeführt und einige Länder vorgestellt werden, dann mit dem Ziel, beispielhaft Strukturen und Zusammenhänge detailliert aufzuzeigen, die zwar lokaler Art sind, jedoch in ähnlicher Ausprägung überall auftreten können. Dafür mögen die drei Fotos stehen, die auf die allerorts im Süden vorhandene Kinderarbeit unterschiedlichster Form hinweisen. Insbesondere fällt überall der Einsatz von Mädchen auf, die schon im jungen Kindesalter mit Tätigkeiten auf ein Leben (regelrecht) ausgerichtet werden, das von Pein, Unterdrückung, Rechtlosigkeit und Gewalt (wohl auch in Zukunft noch immer) bestimmt sein wird.

4.1 Strukturelle Unterschiede der Entwicklungsregionen

Trotz zahlreicher ähnlicher Strukturmerkmale weisen die Länder des Südens viele nationale und regionale Besonderheiten auf. Sie erwachsen aus Unterschieden in Naturausstattung, Kultur, Geschichte, internationaler Einbindung, ökonomischer Ausbeutung und politischen Verhältnissen.

Tropische bis subtropische, immer- oder wechselfeuchte und trocken-heiße Klimaverhältnisse bilden die Grundlage für die Lebens- und Wirtschaftsbedingungen in den Ländern des Südens. Die örtliche und regionale Ausprägung von Klima, Boden und Vegetation unterliegt jeweils geographischer Breite, Relief, Exposition, Höhenlage und geologischen Gegebenheit. Die für die Ernährung wichtige Qualität der Böden reicht von dauerhaft hoher (z. B. Java: Vulkanböden; Maracaibo-See: Schwemmland) über rasch erschöpfte (z. B. immerfeuchte Tropen) bis zu extrem karger Fruchtbarkeit oder sogar völliger Unfruchtbarkeit, wie sie in wechselfeuchten Tropen und den Trockengebieten auftritt (M2, M3). Von entscheidender Bedeutung für die Nahrungsproduktion ist außerdem das Bewässerungswasser, das äußerst ungleich verteilt und zugänglich ist.

Nicht weniger vielfältig und räumlich unterschiedlich ausgeprägt sind die auf diesen Grundlagen fußenden Kulturen, Gesellschaften, Herrschafts- und Wirtschaftsformen. In ihrer heutigen Struktur sind sie Ergebnis endogener und vor allem auch exogener Prozesse, die durch die europäische Besiedlung und Aneignung sowie durch die wirtschaftliche Ausbeutung der Länder des Südens und ihre Einbindung in den Welthandel bestimmt worden sind. Damit unterlagen sie fortwährend uniformierender und nivellierender Angleichung (Europäisierung); ein sich in Zeiten der Globalisierung noch verstärkender Vorgang (M1). Dieser weltweite Angleichungs- oder Homogenisierungsprozess löst heute überall und vielerorts heftige, sogar militante Gegenreaktionen aus. Sie dienen der Suche nach der verlorengegangenen Identität und den regionalen/lokalen, sozialen und kulturellen Besonderheiten (z. B. indigenes Wissen, Anbautechniken, Stammesbewusstsein). In extrem übersteigerter Form treten diese Reaktionen sogar als ethnisch oder religiös motivierter Terror auf – wie gegenwärtig vor allem in der islamischen Welt.

Für die Lebensbedingungen der Menschen und damit den erreichten Entwicklungsstand eines Landes sind heute in besonderem Maße die Teilhabe an der modernen industriellen Wirtschaft und am globalen Handel von grundlegender Bedeutung. Dafür stehen verschiedene Merkmale wie das BIP und sein Wachstum, die erhaltenden FDI, die Exporte oder auch der Anteil der Internetnutzer (M4–M6). Aber auch die politische Stabilität ist eine wichtige Voraussetzung für Entwicklung und für in- wie ausländische Investitionen (M7).

M1: Himba-Frau in Namibia

M2: Reisterrassen auf Bali, Indonesien

M3: Ziegenherde in den Wahiba Sands, Oman

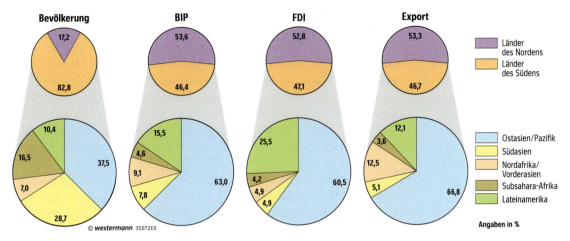

M4: Anteil der Länder des Südens und Nordens bzw. der Entwicklungsregionen an Bevölkerung, BIP, FDI und Exporten 2015

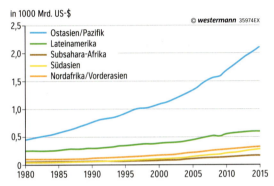

M5: Entwicklung des Bruttoinlandsprodukts 1980–2016

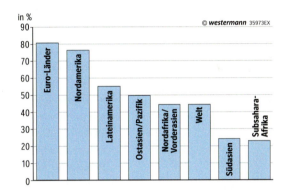

M6: Anteil der Internetnutzer an Gesamtbevölkerung 2015

Die ausgewählten wirtschaftlichen und politischen Kenndaten veranschaulichen, dass es zwischen den drei Entwicklungskontinenten große Unterschiede gibt. So rangiert Afrika wirtschaftlich hinter Asien und Lateinamerika. Dies wird noch deutlicher, wenn man auch soziale Indikatoren wie den Anteil der absolut Armen und der Unterernährten (vgl. Kap. 1.1), den Human Development Index (vgl. Kap. 1.3) oder bestimmte demografische Indikatoren (vgl. Kap. 3.1) berücksichtigt. Doch Afrikas Aussichten werden augenblicklich und wider alle Erfahrungen positiv eingeschätzt, während Asien wegen seiner Überbevölkerung und der wachsenden Kluft zwischen Arm und Reich sowie Lateinamerika mit seinen wiederkehrenden politischen Spannungen recht kritisch gesehen werden. Gemeinsam sind allen drei Kontinenten die allgegenwärtige Korruption und die Gefahr immer wieder aufkommender politischer Instabilität und dadurch verursachter, entwicklungshemmender Verunsicherung.

Um in dieser Vielfalt Übersicht zu vermitteln, wird im Folgenden jeweils einführend die Entwicklungswirklichkeit der einzelnen Kontinente allgemein und danach an einigen Länderbeispielen näher dargestellt. Dabei werden die Betrachtungen der Entwicklungsregionen unter jeweils zwei kennzeichnende Schlagwörter gestellt: Afrika: ressourcenreich – perspektivenarm? Lateinamerika: eigenständig – widersprüchlich? Asien: aufsteigend – ausbeutend?

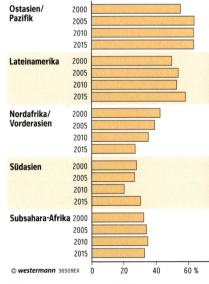

M7: Governance Index: Politische Stabilität 2000–2015

1. Vergleichen Sie die verschiedenen Entwicklungsregionen (M4–M7).
2. Charakterisieren Sie die Europäisierung der Länder des Südens mithilfe selbstgewählter Beispiele.

4.2 Afrika: ressourcenreich – perspektivenarm?

Afrika gilt als reich an Rohstoffen, Krankheiten und Konflikten sowie arm an Nahrungsmitteln, Wirtschaftskraft und politischer Stabilität. Wirtschaftlich einzig als Rohstofflieferant von Bedeutung wurden ihm – trotz anderslautender Bekundungen der Politiker – kaum Perspektiven in der Weltpolitik zugetraut. Denn die erreichten Erfolge wurden durch Umstürze, Gewaltausbrüche und die fast allgegenwärtige Korruption immer wieder in Frage gestellt. Wie ernst sind angesichts dieser Widersprüche nun die in jüngerer Vergangenheit vermehrt auftauchenden, positiv klingenden Stimmen zur Entwicklungszukunft Afrikas zu gewichten?

Kölner Memorandum für eine andere Entwicklungspolitik *(2016)*

>> *Es ist ein mehr als 50 Jahre alter Irrtum zu glauben, wir könnten Entwicklungspolitik für Afrika machen. Ein Irrtum mit fatalen Folgen. Die Reichen und Mächtigen wurden immer reicher. Mit dem Bevölkerungswachstum nahm die Armut zu. Die meisten Länder Afrikas wurden nicht selbstständiger, sondern abhängiger.*

Claudia Bröll, *FAZ-Korrespondentin in Südafrika (2016)*

>> *24 Dollar-Milliardäre [und 163 000 Millionäre; Anm. d. Verf.] gibt es in Afrika. Die meisten verdanken Rohstoffen ihr Vermögen, einige produzieren Konsumgüter, andere wurden mit Mobilfunk reich. Entscheidend sind oft verdächtig enge Kontakte in die Politik.*

Asfa-Wossen Asserate, *äthiopisch-deutscher Autor (2016)*

>> *Man kann den Aufschwung Afrikas an vielen Indikatoren festmachen: an den neuen Highways, der zunehmenden Autodichte und den endlosen Verkehrsstaus in den wachsenden Metropolen; an den Bankpalästen und Industrieparks, die an vielen Orten hochgezogen werden; an den steigenden Preisen für Bau- und Agrarland in vielen Städten; an den Luxushotels, in denen kein Zimmer unter dreihundert US-Dollar zu haben ist; an den modernen Shopping-Malls, die keine Konsumentenwünsche offen lassen, sofern man über eine gut gefüllte Brieftasche verfügt, und an der wachsenden Zahl der Internetnutzer. Die Hoffnungen der nationalen und internationalen Unternehmen in Afrika ruhen besonders auf der sich entwickelnden Mittelschicht, die als Motor des Fortschritts gilt. McKinsey zählte 2010 bereits 15,7 Millionen Menschen zur afrikanischen Mittelschicht – und legte dabei ein tägliches Einkommen von mindestens 55 US-Dollar zugrunde. Die African Development Bank (AfDB) kommt zu einer noch viel optimistischeren Einschätzung. Sie rechnet heute bereits 350 Millionen Menschen in Afrika zur Mittelschicht – ein Drittel der Bevölkerung.*

Ende der 1990er-Jahre, als den Ländern des Südens Wachstum durch Globalisierung verheißen wurde, verkündeten skeptische Stimmen, Afrika sei ein Verlierer, Asien hingegen ein Gewinner. Langjährige Beobachter waren davon überzeugt, dass es einen wirtschaftlichen Aufholprozess in Afrika auf absehbare Zeit nicht geben werde. Vielmehr würde der Kontinent auch in Zukunft von der weltweiten Entwicklung abgekoppelt bleiben, solange seine grundlegenden strukturellen Schwächen weiterbestünden. Verwiesen wurde darauf, dass sich beispielsweise die Lebenserwartung (M1) ebenso wie das Pro-Kopf-Einkommen (M5, S. 83) vergleichsweise stagnierend entwickeln und politische Unruhen fortbestehen. In der Afrika-Agenda des G8-Gipfels von 2005 wurde die Situation des Kontinents sogar als „eine Wunde im Gewissen der Welt" sowie seine Armut und sein wirtschaftlicher Stillstand als „die größte Tragödie unserer Zeit" bezeichnet. Auch sehen zahlreiche Entwicklungspolitiker Afrika in der Armutsfalle.

Doch inzwischen gibt es trotz all dieser Skepsis auch optimistische Einschätzungen, die sich auf eine erwachende panafrikanische Besinnung gründen und auf die inzwischen sichtbaren Zeichen von Wachstum wie Shopping-Malls, Luxushotels, Metropolenwachstum oder Verkehrsstau hinweisen. Im „Afrikajahr 2017" wurde beispielsweise vom BMZ verheißungsvoll ein „Marshall-Plan mit Afrika" verkündet (vgl. Kap. 5.5), freier Marktzugang propagiert und auf internationale Investitionspartnerschaft gesetzt. Dadurch sollen Arbeit und Wachstum generiert werden und soll Migration nach Europa nicht mehr notwendig sein. Damit seien alle Voraussetzungen dafür gegeben, dass selbst in Afrika die Globalisierung und damit neoliberales Wirtschaften angekommen sind.

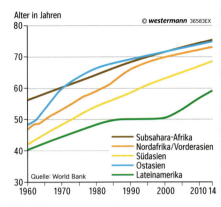

M1: Lebenserwartung bei Geburt in den verschiedenen Entwicklungsregionen 1960–2015

Historische Ursachen

Afrikas Rolle in der Welt hat Geschichte: seit dem 16. Jahrhundert Lieferant von Millionen Sklaven; Aufteilung unter Europa am Grünen Tisch bei der Berliner Kongo-Konferenz 1884/85; fortan Nutzung als Rohstoffquelle und imperialistische „Spielwiese"; Anfang der 1960er-Jahre in die Unabhängigkeit entlassen. Zu diesem Zeitpunkt waren die neuen Staaten unerfahren beim Regieren und Verwalten, arm an Bildungs- und Gesundheitseinrichtungen. Es fehlte an einer leistungsfähigen Landwirtschaft und Industrie, die über den lokalen Bedarf hinaus zu produzieren und ihre Erzeugnisse landesweit oder sogar international zu vermarkten vermochten. Die technische Infrastruktur (z.B. Straßen, Eisenbahnen, Städte) und die Wirtschaftsausrichtung dienten kolonialen Bedürfnissen und waren einzig extern orientiert. Die recht willkürlich gezogenen Grenzen nahmen keine Rücksicht auf Stammesgebiete und traditionelle Reiche (z.B. Ashanti-, Yoruba, Hausa-Reich). Die Bevölkerungen waren auch nicht vorbereitet worden, in nationalen Kategorien zu denken oder politisch über Stammesinteressen hinaus zu handeln. Auch hatten die Kolonialherren ihnen nicht vorgeführt, Konflikte friedlich zu lösen. Dazu kamen zu allem Überfluss noch Ausbeutung der Rohstoffe sowie Armut, Krankheiten, Dürren, Missernten, Heuschreckenplagen, Hunger- und Naturkatastrophen.

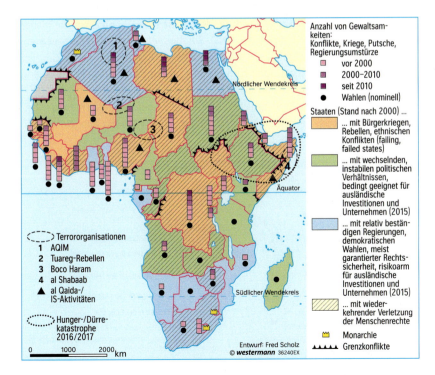

M2: Afrika: Konflikte, Kriege, Militärputsche

4.2 Afrika: ressourcenreich – perspektivenarm?

M1: Patrice Émery Lumumba, 1960 erster Premierminister des von Belgien unabhängig gewordenen afrikanischen Landes Kongo

UNECA
Wirtschaftskommission für Afrika der Vereinten Nationen, 1958 gegründet, Sitz in Addis Abeba, 53 Mitgliedsstaaten, www.uneca.org

Failing State
„gescheiterter Staat", Bezeichnung für einen Staat, der keine vollständige Kontrolle mehr über sein Staatsgebiet ausüben kann oder dessen Regierung in ihren Handlungsmöglichkeiten grundsätzlich beeinträchtigt ist.
Als Failed oder Failing States gelten Angola, Äthiopien, Mali, Nigeria, Ruanda, Uganda und vor allem Kongo, Sudan, Somalia und Côte d'Ivoire.

An dem bisherigen kolonialen Abhängigkeitsstatus änderte sich nach 1960 für die neuen Länder mit ihrer formalen Unabhängigkeit faktisch wenig. Da die jungen Staaten ohne externe Hilfe kaum lebensfähig waren, konnten die ehemaligen Kolonialmächte Frankreich und Großbritannien, aber auch Belgien und Portugal, ihren politischen und ökonomischen Einfluss fast ungemindert weiter ausüben. Bald gesellten sich zu den traditionellen und überkommenen Netzwerken die widerstreitenden US-amerikanischen und sowjetischen Hegemonieinteressen. In Zeiten des Kalten Krieges waren die Supermächte nämlich darauf aus, auch in Afrika ihren politischen, ideologischen und ökonomischen Einfluss auszudehnen und zu sichern. Nicht zuletzt trugen sie dazu bei, die jungen Staaten – durch interne tribale und religiöse Spannungen und persönliche Feindschaften sowieso schon aufgeheizt – in Militärputsche, Bürger- und zwischenstaatliche Kriege zu stürzen.

Viele Auseinandersetzungen begannen in den 1960er-Jahren, wiederholten sich oder dauern – wiederkehrend auflodernd – bis in die Gegenwart an. Sie haben die politische, soziale und ökonomische Entwicklung dieser Länder quasi paralysiert. Wie keine andere Entwicklungsregion ist Afrika durch fortwährende inner- und zwischenstaatliche Konflikte und Kriege erschüttert sowie von Regierungsumstürzen und Militärregierungen heimgesucht worden. Wenn sich in den vergangenen Jahren auch die Lage südlich der Sahara etwas beruhigt hat und demokratische Ansätze häufiger auftauchen, so kann dennoch kaum überraschen, dass die Bewertung der Regierungsarbeit afrikanischer Staaten durch die UNECA schlecht ausfällt und sie selbst für das als vergleichsweise stabil geltende Ghana zu einem recht ernüchternden Ergebnis gelangt (M2).

Derart unsichere politische Verhältnisse schüchterten nicht nur die eigene Bevölkerung ein, sie verhinderten auch ihre entwicklungsrelevanten Eigeninitiativen. Insbesondere hielten sie die dringend benötigten ausländischen Investoren ab und verschreckten selbst Entwicklungsorganisationen. Es trifft sogar zu, dass ausländische Unternehmen, die Rohstoffe abbauen/ausbeuten wollten, sich nicht auf die staatliche Autorität verlassen konnten, sondern auf den Einsatz von Söldnertruppen und Paramilitärs angewiesen waren. Selbst zur Beilegung innerstaatlicher Konflikte oder zur Abhaltung demokratischer Wahlen konnte bisher auf ausländische Hilfe (Militärhilfe, UNO-Blauhelme) nicht verzichtet werden. Zur Verbesserung sogar der elementaren Lebensgrundlagen, zentrales Ziel aller internationalen Verlautbarungen für und über Afrika, trägt diese fortwährend auftretende politische Unsicherheit nicht bei.

Vielmehr haben sich in zahlreichen Staaten die politischen Verhältnisse extrem verschlechtert. Es sind Failed und Failing States, häufig ausgelöst durch

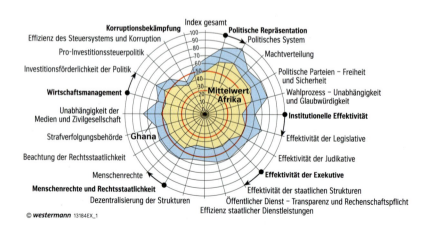

M2: Regierungsführung in Ghana

Ressourcenkriege, entstanden. In jüngster Vergangenheit haben sich als Folge des „Arabischen Frühlings" in den nordafrikanischen und islamisch beeinflussten (Sahel-) Staaten neue Bedrohungen eingestellt. So sorgen beispielsweise die Terrororganisationen Aqim (Maghreb), Boko Haram (Nigeria, Niger) und al Shabaab (Somalia) sowie lokale Rebellengruppen der Tuareg (Mali, Niger; Ziel: Schaffung des eigenen Staates Azawad) für blutigen Schrecken, für Entführungen und für Vertreibung. Hunderttausende sind in all den betroffenen Ländern auf der Flucht – auch nach Europa.

Neuere Entwicklungen

Diese schwierigen, durch das koloniale Erbe, die internen Konflikte und den Ost-West-Gegensatz verursachten Probleme werden seit geraumer Zeit von den Auswirkungen der Globalisierung überlagert. Dazu gehört die Konkurrenz um neuen politischen Einfluss sowie vor allem um den Zugriff auf die mineralischen und energetischen Ressourcen und auf die Landreserven. Daran sind heute insbesondere Global Player aus den USA, China und den EU-Staaten, inzwischen auch aus Brasilien, Indien und Russland sowie den arabischen Erdölländern, beteiligt. Es mag daher nicht verwundern, dass in Bezug auf Afrika bei dieser ausländischen Interessenkonkurrenz von einem „neuen" Imperialismus gesprochen wird.

Doch dabei bleibt eine entscheidende Tatsache unberücksichtigt. Zum Überdauern der fast durchweg schwachen Staaten tragen seit Ende des Zweiten Weltkrieges eben auch zahlreiche Aktivitäten der Länder des Nordens (z. T. ehemalige Kolonialherren, Industrieländer) bei. Dazu gehören die bi- und multilateralen technischen, finanziellen und personellen Förderprogramme und präferenziellen Handelsabkommen, die beispielsweise die EU einmal mit Afrika abgeschlossen hatte (z. B. EU-AKP-/ Cotonou-, Lomé- oder Multifaser-Abkommen) sowie die unzähligen Einzelprojekte und Hilfsmaßnahmen in Katastrophenfällen.

In jüngerer Zeit erfreuen sich insbesondere – Folge der global agierenden Unternehmen und dank moderner Kommunikationstechniken – all jene Länder Afrikas externer Aufmerksamkeit und Förderung, die über nachgefragte mineralische Rohstoffe verfügen. Auch wuchs das Interesse an Afrikas Energieträgern (Öl, Gas) in dem Maße, in dem der globale Bedarf daran zunahm und die Erdölregion des arabischen Golfes krisengeschüttelt und unsicherer wurde. In diesem Wirtschafts-„Poker" gewannen China, Indien und auch Brasilien zunehmend an Bedeutung als solvente Konkurrenz für die Länder des Nordens. Insbesondere China und seine Unternehmen mit ihrem raschen Wachstum erweisen sich seit Jahren für die afrikanischen Regierungen zunehmend als problemlose, stille und unkritische Partner sowie nicht selten als Fürsprecher bei den UN. Auch hat China sich als zahlungssicherer Abnehmer aller Rohstoffe, Lieferant preisgünstiger

M 3: Verladung von Erdöl im Nigerdelta (Nigeria)

In Afrika lagern von den Weltvorkommen an Diamanten 88 %, Coltan 80 %, Platin 73 %, Kobalt 57 %, Gold 42 %, Mangan 39 %, Uran 38 %, Phosphat 31 %, Bauxit 9 %.

Im Jahr 2014 führten 2000 chinesische Firmen 8000 Projekte unter Einsatz vornehmlich chinesischer Arbeitskräfte aus. Die dafür gewährten Kredite sind keine Entwicklungshilfe, sie werden mit Zugang zu Rohstoffen und Ackerland abgegolten. Nachhaltigkeit wird ebenso wenig gefordert wie Umwelt- und Arbeitsschutz.

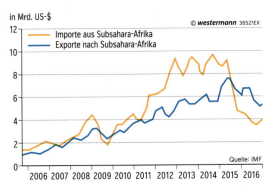

M 4: Chinas Handel mit Subsahara-Afrika (SSA)

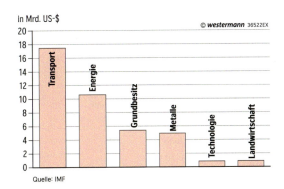

M 5: Chinesische Investitionen in SSA 2015

4.2 Afrika: ressourcenreich – perspektivenarm?

	Exporte		Importe	
	in Mrd. Euro	Anteil an Gesamtexporten	in Mrd. Euro	Anteil an Gesamtimporten
2010	20,0	2,1 %	17,0	2,1 %
2016	24,5	2,0 %	16,6	1,7 %

Quelle: Statistisches Bundesamt

M1: Handel Deutschlands mit Afrika

NEPAD
New Partnership for Africa's Development, wirtschaftliches Entwicklungsprogramm der Afrikanischen Union (Verwaltungszentrum in Midrand, Südafrika, seit 2001)

Afrikanische Union
Nachfolgerin der 1963 gegründeten Organisation der Afrikanischen Einheit (OAU), Sitz Adis Abeba, 53 Mitgliedsstaaten www.au.int.

Massenwaren, als verlässlicher Finanzier und Träger selbst kostspieliger Entwicklungsprojekte sowie durch seine politische Zurückhaltung überall in Afrika einen guten Namen gemacht (M3). Daher kann es kaum überraschen, dass afrikanische Regierungen (z.B. Tansania, Mosambik) sogar Siedler aus China anfordern, um die Agrarwirtschaft und die Landerschließung anzuregen. Nicht zuletzt vor dem wachsenden Einfluss Chinas bemüht sich Deutschland, seinen Handel mit Afrika auszubauen und seine wirtschaftspolitischen Aktivitäten (M1) neu zu beleben.

So erfreulich dieses wachsende Interesse an Afrika auch sein mag, verführt die neue, widerstreitende Konkurrenz der großen Wirtschaftsnationen (G7, BRICS) die Mächtigen und Eliten in allen afrikanischen Staaten – wie ehemals im Kalten Krieg – zur Verfolgung ganz eigener Interessen und vor allem zum Grundübel Selbstbereicherung. In diesem Zusammenhang betont Deutschland, sich nicht an diesen Praktiken zu beteiligen und vielmehr auf die Stärkung der afrikanischen Eigeninitiativen zu setzen sowie auf diese Weise politische „correctness" zu fördern. Eine erste Möglichkeit dazu bot sich 2001, als in Lusaka/Sambia die afrikanischen Staats- und Regierungschefs die Initiative NEPAD ergriffen und ausländischen Interessenten, darunter insbesondere auch Deutschland, ein ernst zu nehmendes Kooperationsangebot offerierten. Auch die Afrikanische Union schloss sich dieser Initiative an. Dadurch wurden zwar Anstöße zu einer

M2: Hauptquartier der Afrikanischen Union in Addis Abeba. Der Konferenz- und Bürokomplex wurde 2009 von China mit geschätzten Baukosten von 200 Mio. US-$ gebaut – als Geschenk an die Staaten Afrikas

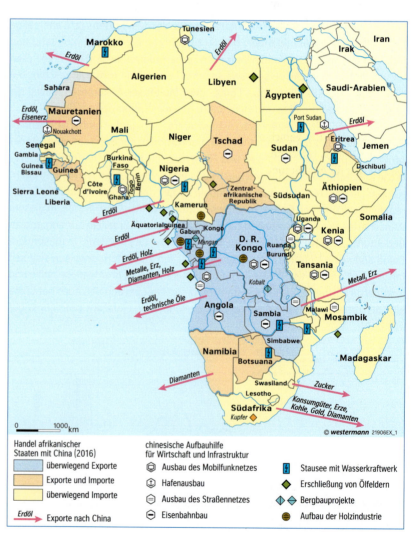

M3: Handel afrikanischer Staaten mit China und Beispiele chinesischer Aufbauhilfe
China importiert aus Afrika in erster Linie Kraftstoffe und Rohstoffe und exportiert Konsumgüter und Maschinen.

Einstellungsänderung gegenüber Afrika im Norden gegeben. Doch wirkungsvolle Maßnahmen zur Verbesserung der Lebensbedingungen für die wachsende Bevölkerung Afrikas wurden dadurch nicht ausgelöst. Das lag auch daran, dass auf afrikanischer Seite die angekündigte Zusammenarbeit nicht eingehalten wurde.

Entwicklung in Afrika kann und darf nur von Afrikanern gemacht werden. Die afrikanischen Länder müssen wissen, was sie wollen, und planen, was sie können. Wenn sie dabei Unterstützung anderer Länder brauchen, müssen sie das sagen und begründen. [...] Afrika braucht einheimische und nur solche ausländischen Unternehmer, die Produktionsbetriebe in Afrika errichten und Arbeitsplätze schaffen. Sie sind umfassend zu fördern, weil die wirtschaftliche Entwicklung Afrikas ohne Industrialisierung nicht möglich ist. Afrika braucht bedarfsbezogene praktische Bildung als Basis für eine nachhaltige wirtschaftliche Entwicklung. [...] Und Afrika braucht Entwicklungshilfe, die an zuverlässige Organisationen vor Ort geleistet wird, um die Eigeninitiative zu fördern [...] und [...] sei ergänzend hinzugefügt [...] Korruption zu unterbinden.

M 4: Quellentext über eine Entwicklungspolitik in Afrika
Kölner Memorandum für Entwicklungspolitik 2016

Der international bekannte äthiopische Politikanalyst Asfa-Wossen Asserate (2016) vertritt sogar die Auffassung, dass Europa nur zu bewahren ist, wenn Afrika gerettet werden kann und dazu muss Schluss sein mit der fatalen Appeasement-Politik des Nordens gegenüber Afrikas Potentaten.

Eine Überblicksdarstellung Afrikas kann der realen Vielfalt an lokalen Entwicklungshemmnissen (*constraints*), externen Einflüssen, unterschiedlichen Entwicklungsansätzen und zweifellos auch erlangten Erfolgen nicht gerecht werden. Um die mögliche Entwicklungsvielfalt wenigstens beispielhaft zu verdeutlichen, seien drei in jeder Hinsicht verschiedene Länder näher betrachtet: Botsuana zeichnet sich durch Diamantenreichtum und eine bemerkenswerte politische Stabilität aus, Kongo steht für Ausbeutung ohne Ende und Niger gilt als hoffnungsloser Fall.

Appeasement-Politik
Beschwichtigungspolitik, Politik ständigen Nachgebens, der Zugeständnisse und der Zurückhaltung gegenüber Diktatoren, besonders gegenüber totalitären Staaten

Angesichts der unzähligen elementaren strukturellen Probleme und lebensbedrohlichen Einschränkungen Afrikas könnte sich den aufmerksamen Bewohnern des Nordens wirklich die Frage stellen, wie die Menschen dieses Kontinents überhaupt überleben und die Staaten überdauern können. Aus den langjährigen Erfahrungen in Afrika und mit Afrikanern sei folgende, ganz persönliche Antwort des Autors versucht: Die Fähigkeit zum Ertragen von Hunger, Krankheit, Gewalt und Unterdrückung scheint schier grenzenlos. Leidensfähigkeit, liebenswerte Duldsamkeit und fast grenzenlose Genügsamkeit sind bemerkenswert. Und besonders beeindruckend ist bei all dem präsenten Elend die Unbeschwertheit, Heiterkeit, Toleranz, Hilfsbereitschaft und das wie selbstverständlich gelebte Anpassungsvermögen. Nicht unbedeutend sind aber auch für mich Fähigkeiten ganz praktischer Natur: Kenntnisse über angepasste, indigene Anbautechniken, Hüttenbau, Weidenutzung, Wasserkonservierung oder die Verwendung von natürlichen Heilmitteln/-pflanzen.

M 5: Afrika anders: ein ganz persönliches Erfahrungsbild
Fred Scholz, 2017

---

1 Charakterisieren Sie die Rolle Afrikas in der globalisierten Welt.
2 Analysieren Sie das chinesische Engagement in Afrika (M 2, M 3 sowie M 4, M 5, S. 87).
3 Vergleichen Sie die deutsche/europäische und die chinesische Entwicklungszuammenarbeit mit Afrika.
4 Nehmen Sie Stellung zu den Forderungen des Kölner Memorandums für Entwicklungspolitik (M 4).

4.2 Afrika: ressourcenreich – perspektivenarm?

Länderportrait
Autor: Fred Krüger,
Friedrich-Alexander-Universität
Erlangen-Nürnberg
fred.krueger@fau.de

4.2.1 Botsuana: Diamantenreichtum und HIV-Pandemie

Botsuana ist hinsichtlich seiner gesellschaftlichen sowie vor allem politischen und wirtschaftlichen Entwicklung verschiedentlich als „Musterland Afrikas" bezeichnet worden. Im Vergleich zu anderen Staaten des subsaharischen Afrika erlebte es seit seiner Unabhängigkeit tatsächlich einen außergewöhnlichen ökonomischen Aufschwung.

Nach Erlangung der Unabhängigkeit 1966 gehörte Botsuana zunächst zu den ärmsten Ländern der Erde. Die Ausgangsbedingungen für eine eigenständige und nachhaltige Verbesserung der wirtschaftlichen und sozioökonomischen Situation waren denkbar ungünstig: Ein hohes Dürrerisiko, eine dadurch wiederkehrend gefährdete mobile Tierhaltung, dürftiger Ackerbau, fehlende Rohstoffe, mangelhafte Infrastruktur und zudem die politisch belastende Nachbarschaft zu den Apartheidstaaten Rhodesien (heute Zimbabwe) und Südafrika (einschließlich Südwestafrika, dem heutigen Namibia) standen der wirtschaftlichen Entwicklung und Verbesserung der Lebensbedingungen der Bevölkerung entgegen.

Zunächst blieb Botsuana von der Unterstützung der ehemaligen britischen Kolonialmacht abhängig, die angesichts der beiden Apartheidregime im Norden und Süden an einer politischen und ökonomischen Stärkung ihres früheren Protektorats interessiert war. Daher gewährte das Vereinigte Königreich vor allem großzügige Kredite und Budgethilfen, was dem ersten Präsident Seretse Khama als Integrationsfigur dazu verhalf, innenpolitisch Stabilität zu erwirken. Aussicht auf eine grundlegende Besserung der wirtschaftlichen Lage bestand zunächst jedoch nicht. Der Binnenmarkt für die damals etwa 550000 Einwohner war zu gering, um eine eigenständige Industrie aufzubauen. Für das damals einzige nennenswerte Exportgut Rindfleisch waren die Absatzmöglichkeiten auf dem Weltmarkt nicht ausbaufähig.

Anfang der 1970er-Jahre veränderte sich diese prekäre Situation grundlegend, als verschiedene Minerallagerstätten entdeckt wurden. Der mit Abstand bedeutendste Fund war ein Diamantenvorkommen am Nordrand der Kalahari. Die Erschließung erfolgte durch den südafrikanischen Bergbaukonzern De Beers, der 1971 nahe der heutigen Planstadt Orapa die Produktion aufnahm (M2). Als einige Jahre später bei Jwaneng im Süden eine weitere große Lagerstätte entdeckt

Einwohner	2,2 Mio.
Fläche	581 730 km²
Lebenserwartung	64 Jahre
Anteil unter 15-Jähriger	33 %
Fertilitätsrate	2,8
Verstädterungsquote	57 %
Kindersterblichkeit	3,1 %
Anteil Bevölkg. mit Zugang zu sicherem Trinkwasser	96 %
Analphabetenquote	12 %
BNE/Ew. (nach KKP)	15 510 US-$
Ø-BIP-Wachstum (2006–2015)	4,4 %
Anteil Landwirtschaft BIP	2,4 %
Export-Import-Relation	1 : 1,23
Jahresstromverbrauch / Ew.	1708 kWh
Absolut Arme (1,90 US-$ / Kopf und Tag)	-
HDI-Wert (Rang)	0,698 (108.)
ODA (Anteil am BNE)	0,5 %
Internetpenetrationsrate	28 %

Quelle: Population Reference Bureau, World Bank, UNDP

M1: Basisdaten Botsuana 2015

M2: Diamanten-Tagebau bei Orapa, Nordrand der Kalahari

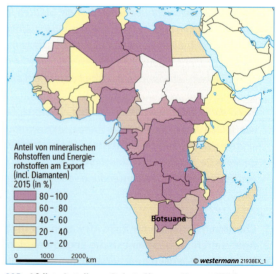

M3: Afrika: Anteil von Rohstoffen am Export 2015

wurde, rückte Botsuana zum größten Produzenten der Welt für Schmuckdiamanten auf. De Beers und der botsuanische Staat gründeten gemeinsam das Joint-Venture-Unternehmen Debswana. Es förderte zwar die Rohdiamanten, ihr Vertrieb weltweit erfolgte jedoch lange Zeit durch eine De Beers-eigene Vertriebsgesellschaft. Um die Einnahmen Botsuanas zu verbessern, wurde 2008 die Diamond Trading Company Botswana (DTCB) in der Hauptstadt Gaborone gegründet. Sie ist nach eigenen Angaben heute das weltgrößte Diamantenvertriebsunternehmen und stellt zusammen mit Debswana sicher, dass ein erheblicher Anteil der Erträge aus der Produktion und Vermarktung von Diamanten in Botsuana verbleibt.

Die Diamanten-Produktion Botsuanas ist fast beispiellos zu nennen, wie der Anstieg seit 1980 von fünf Mio. Karat auf 1990 über 17 Mio. Karat und gegenwärtig auf 20 bis 25 Mio. Karat jährlich belegt. Diese Feststellung wird nicht dadurch geschmälert, dass die Diamantenförderung Russlands volumenmäßig jene Botsuanas (M4) übersteigt, denn die Diamanten aus botsuanischen Minen sind weitaus hochwertiger (geeignet für Schmuckproduktion) und damit teurer (2014/2015: 3–3,5 Mrd. US-$).

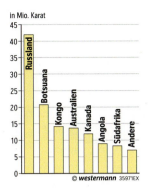

M4: Produktion von Schmuck- und Industriediamanten 2015

Durch die Diamantenproduktion erlebte Botsuana einen rapiden wirtschaftlichen Aufschwung (M5). So wuchs das Bruttoinlandsprodukt pro Kopf zwischen 1966 und 2014 um durchschnittlich fast sechs Prozent pro Jahr, was im Weltvergleich nur noch von Südkorea und der VR China übertroffen wurde. Auch der Außenhandel, an dem Diamanten mit 60 Prozent beteiligt sind, fällt positiv aus. Doch die einseitige Abhängigkeit von diesen Edelsteinen ist problematisch. Durch Tourismus, der sich vor allem auf das Okavangodelta im Nordwesten des Landes konzentriert und bisher nur mit knapp vier Prozent (2014) zum Bruttoinlandsprodukt beiträgt, könnte sich jedoch eine weitere Einnahmequelle auftun.

Die eindrucksvolle bergbauliche Entwicklung und die damit verbundenen Staatseinnahmen erlaubten der Regierung in den Ausbau der Verkehrs-, Energie-, Bildungs- und Gesundheitsinfrastruktur, kurz in die Landesentwicklung zu investieren. Die auf Ausgleich und Verständigung gerichtete Regierungsführung befindet sich seit der Unabhängigkeit in der Hand der Botswana Democratic Party (BDP) und recht verantwortungsbewusst tragen auch die unabhängigen Medien zum bemerkenswert friedlichen Zusammenleben der aus zahlreichen ethnischen Gruppen bestehenden Bevölkerung bei. Eine Voraussetzung dafür waren nicht zuletzt die staatlichen Bildungs- und Ausbildungsprogramme sowie der wegen der gestreuten Verbreitung der Bevölkerung schwierige, aber erfolgreiche Aufbau des Gesundheitsdienstes und die generelle Verbesserung der Lebensbedingungen.

M5: Botsuana: Bruttonationaleinkommen pro Kopf 1990–2015

Teilhabe, aber kein Wohlstand für alle

Angesichts der gesamtwirtschaftlichen Prosperität und des grundsätzlichen Willens der Regierung überrascht die Tatsache, dass nicht alle Teile der Bevölkerung daran partizipierten. So zählt Botsuana zu den Ländern des Südens mit der größten Einkommensungleichheit zwischen Arm und Reich. Im Lebensalltag schlagen sich diese sozialen Unterschiede auch räumlich im Nebeneinander abgegrenzter, kontrollierter städtischer Wohnquartiere (Gated Communities) für die wohlhabendere Bevölkerung und degradierter Stadtviertel für die Mittellosen nieder.

Für diese soziale Fragmentierung gibt es mehrere Gründe. Unter anderen ist dafür die Tatsache verantwortlich, dass im Diamantenbergbau wegen des hohen Automatisierungs- und Spezialisierungsgrades vergleichsweise wenige Arbeitsplätze – und wenn, dann nur für Hochqualifizierte – geschaffen wurden (*jobless growth*). Auch fehlt es in den ländlichen Räumen an Einkommensmöglichkeiten. Denn in der weiten Peripherie dieses sehr dünn besiedelten Flächenstaates ist auch der Zugang zu Arbeitsplätzen nicht zuletzt wegen der großen Distanzen

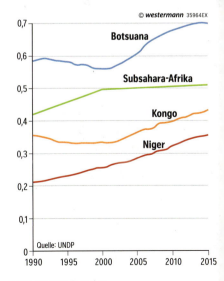

M6: Human Development Index ausgewählter Länder Subsahara-Afrikas 1990–2015

4.2 Afrika: ressourcenreich – perspektivenarm?

M1: Bewachte Wohnsiedlung in Gaborone, Botsuana

M2: AIDS-Aufklärung

stark eingeschränkt. Auch bieten sich kaum Möglichkeiten für die Diversifizierung der Wirtschaft und damit für die Ausweitung des Arbeitsmarktes. Dafür sind auch der begrenzte Binnenmarkt und die Tatsache verantwortlich, dass Botsuana und seine Wirtschaft durch die Einbindung in den globalen Markt dessen Überlegenheit ausgesetzt sind und der interne Bedarf durch den Import beispielsweise aus dem benachbarten Südafrika befriedigt wird.

Der Regierung sind diese Beschäftigungsprobleme bewusst und sie versucht, ihnen regelmäßig zu begegnen. So implementierte sie beispielsweise bereits Mitte der 1980er-Jahre differenzierte Hilfs- und Managementprogramme bei den häufig auftretenden Dürren (z.B. Cash-for-Work-Programme). Auch erhalten bedürftige Kinder eine regelmäßige Schulspeisung oder arme Familien Zugang zu staatlich subventionierten Lebensmitteln. Über ein leidlich funktionierendes Selbsthilfe-Wohnungsbauprogramm wurde insbesondere in den 1990er-Jahren versucht, die städtische Wohnraumversorgung für sozioökonomisch schwächer Gestellte zu verbessern. Vor rund zehn Jahren wurde außerdem eine staatliche Altersrente für alle Bürger über 64 Jahre eingeführt. Aufgrund derartiger Maßnahmen ist Botsuana in der sozial-, politik- und wirtschaftswissenschaftlichen Literatur häufig sogar als Wohlfahrtsstaat bezeichnet worden.

Cash-for-Work-Programme *("Bargeld gegen Arbeit") Beschäftigungsprogramme, die dazu genutzt werden, nach einer Katastrophe oder in einer Krisensituation die Einkommenssituation der betroffenen Menschen für den Übergang zu stabilisieren*

HIV und AIDS als Herausforderung

Inmitten seines Aufschwungs war Botsuana Anfang der 1990er-Jahre mit einer bislang unbekannten Bedrohung konfrontiert: der HIV/AIDS-Pandemie. Das HI-Virus hatte sich über Jahrzehnte unbemerkt über das östliche ins südliche Afrika ausgebreitet. Die Gefahr war in Botsuana um 1990 erkannt worden, als die HIV-Infektionsrate (präziser: HIV-Seroprävalenz) bei Erwachsenen (15- bis 49-Jährigen) die Fünf-Prozent-Marke überschritt. Das eigentliche Ausmaß der Pandemie wurde jedoch erst einige Jahre später deutlich, als die HIV-Seroprävalenz bei Erwachsenen nach UNAIDS auf über 35 Prozent (2003) stieg, die Mortalitätsrate drastisch zunahm und die mittlere Lebenserwartung, bislang dank der Verbesserung der Lebensbedingungen zunehmend, jetzt rapide zurückging (M3). Besonders betroffen waren Frauen zwischen 30 und 39, bei denen um 2013 die HIV-Seroprävalenz bei fast 50 Prozent lag. Heute zählt Botsuana trotz eines leichten Rückgangs der Infektionsraten mit einer HIV-Seroprävalenz bei Erwachsenen von circa 22 Prozent (2015) mit Swasiland und Lesotho zu den drei am stärksten von der AIDS-Pandemie betroffenen Staaten weltweit (M4).

Seroprävalenz *Häufigkeit (in Prozent) der positiv getesteten serologischen Parameter (z.B. HIV-Antikörper) in einer bestimmten Population zu einem bestimmten Zeitpunkt*

Die Hintergründe der AIDS-Krise in Botsuana sind komplex. Neben der fast drei Jahrzehnte dauernden unentdeckten Ausbreitung des Virus sei insbesondere auf gesellschaftliche, traditionsverhaftete Zwänge hingewiesen. So werden im weit verbreiteten Animismus beispielsweise bestimmte Krankheiten als Ausdruck und Folge individuellen oder kollektiven Fehlverhaltens oder des Wirkens von Geistern und anderen Schadenskräften interpretiert. Auch besteht die Auffassung, dass Tabubrüche oder der Verstoß gegen Regeln sozialen Zusammenlebens mit Krankheit bestraft werden. Mit derartigen Vorstellungen waren auch die nach 1995 eingeleiteten AIDS-Aufklärungskampagnen konfrontiert. Sie propagierten meist vergeblich HIV-Prävention mit eigenverantwortlich-individuellem Handeln sowie medizinische Beratungs- und Therapiekonzepte. Zudem verbot sich für viele Betroffene ein offener und öffentlicher Umgang mit den immer häufiger auftretenden Krankheiten, da sonst das Wirken der Geister und das Fehlverhalten des/der Erkrankten für alle Mitmenschen sichtbar würde.

Doch die Regierung stellte sich dieser Herausforderung (M2). Im Jahr 2002 wurde das antiretrovirale Therapieprogramme „Masa" (Morgendämmerung; ARV) initiiert. Es ermöglichte allen HIV-infizierten Bürgern eine kostenlose, lebenslange Therapie und war das erste staatliche, flächendeckende HIV-Therapieprogramm Afrikas. Die Forcierung dieses Programms verhalf vielen Patienten zur Rückführung in ein nahezu „normales" Leben. So ging auch die Sterberate innerhalb weniger Jahre wieder zurück und die mittlere Lebenserwartung stieg wieder an (M3). Inzwischen verzeichnet auch die HIV-Seroprävalenz einen leichten, aber kontinuierlichen Rückgang. Möglich war die Durchführung dieses kostspieligen ARV-Programms dank der Devisenerlöse aus dem Diamantenbergbau, der privaten Unterstützung durch die Bill & Melinda Gates Foundation und sogar (im Fall Botsuana) durch die Förderung internationaler Pharmaunternehmen.

Perspektiven

Die Devisenerlöse aus dem Diamantenexport eröffneten dem Staat die Möglichkeit, ein ganzes Bündel an Infrastruktur- und Sozialleistungen zu realisieren. Doch Beschäftigungs- und direkte Einkommenseffekte ließen sich trotz umfangreicher Bemühungen nicht oder nicht in ausreichendem Maße umsetzen. Und es besteht natürlich für den inneren Frieden Botsuanas auch die Gefahr, dass infolge Turbulenzen auf dem globalen Diamantenmarkt, der Importabhängigkeit und der mangelnden Diversifizierung der Wirtschaft die bisherigen Wohlfahrtsleistungen nicht oder nicht mehr im gewohnten Umfang bereitgestellt werden können.

Mit der HIV/AIDS-Pandemie als größter Herausforderung wurde zudem eine kulturelle Dimension von Fragmentierung deutlich: So basiert zum einen das bislang erfolgreiche staatliche Therapieprogramm auf einem naturwissenschaftlichen, externen und im weiteren Sinne globalisierten und interessengeleiteten Verständnis von Gesundheit, Krankheit und ihrer Behandlung. Zum anderen aber wird das Programm nur erfolgreich sein können, wenn lokale, traditionelle sozialethische Weltsichten (Kulturvorstellungen) in Prävention und Therapie eingebunden werden. Nur so kann die elementar wichtige Therapietreue sichergestellt werden. Solange eine Ausrottung des Virus nicht möglich ist, besteht die Gefahr, dass es zu einer erneuten Verschärfung der HIV/AIDS-Krise kommt. Von der Überwindung dieser (kulturellen) Fragmentierung wird die Entwicklung und die Zukunft Botsuanas abhängen, das anders als die meisten Länder des Südens reich genug ist, seinem Ruf als „Musterland Afrikas" gerecht zu werden.

M3: Botsuana: Lebenserwartung und Sterberate 1960 – 2014

Antiretrovirale Therapie
Medikamentöse Behandlungsstrategie bei HIV-Patienten, bei der durch die Kombination verschiedener Medikamente das Virus dauerhaft in seiner Vermehrung gehemmt wird und so die Folgen einer unkontrollierten HIV-Infektion unterbunden werden können.

M4: Geschätzte HIV-Seroprävalenz bei Erwachsenen im südlichen Afrika 2015

Therapietreue (*adherence*)
dauerhaftes Einnehmen der Medikamente.

---

1 Vergleichen Sie die Entwicklung des HDI Botsuanas mit anderen subsaharischen Staaten (M6, S. 91).
2 Erläutern Sie den Begriff jobless growth am Beispiel Botsuana.
3 Erörtern Sie die Ursachen und Wirkungen der AIDS-Pandemie in Botsuana.

4.2 Afrika: ressourcenreich – perspektivenarm?

Länderportrait
Autor: **Martin Doevenspeck**,
Universität Bayreuth
doevenspeck@uni-bayreuth.de

4.2.2 Kongo: Fluch des Mineralienreichtums?

Die dank Rohstoffextraktion bis 2015 hohen wirtschaftlichen Wachstumsraten der Demokratischen Republik Kongo (DR Kongo) hatten höchstens selektiv und punktuell positive Auswirkungen auf die Lebensbedingungen der kongolesischen Bevölkerung. Denn seit nun rund 25 Jahren leiden die Menschen unter politischer Instabilität, Bürgerkriegen und anhaltenden bewaffneten Konflikten.

Geschichtlicher Rückblick

Um die heutige Situation in der DR Kongo verstehen zu können, ist ein Blick auf die Geschichte dieses unter dem Äquator gelegenen Landes erforderlich:

Bereits im 13. Jahrhundert bestanden im weiteren Kongobecken mehrere größere Staatswesen. Das wohl bedeutendste war das Königreich Kongo, mit dem Portugal bereits im 15. Jahrhundert diplomatische Beziehungen pflegte. Nach ersten Erschließungsversuchen begannen seefahrende portugiesische Kaufleute zunächst vor allem mit versklavten Menschen zu handeln, wodurch weite Teile des Landes regelrecht entvölkert wurden. Die flächenhafte Ausnutzung und die Ausbeutung der Gold-, Silber- und Kupfervorkommen sowie der Raub von Elfenbein und Kautschuk setzten im 19. Jahrhundert ein, als das Landesinnere durch Eisenbahnbau und Schiffbarmachung des Kongo zugänglich gemacht wurde.

Eine entscheidende Zäsur brachte die Berliner „Kongo-Konferenz" (1884), als das Land dem belgischen König Leopold II. als Privatbesitz zugesprochen wurde. Es entstand ein System brutalster Ausbeutung, das auf Zwangsarbeit, willkürlicher Gewalt und grausamer militärischer Unterdrückung basierte. Weltweiter öffentlicher Druck, den Grausamkeiten ein Ende zu bereiten, veranlasste die belgische Regierung 1908, den heutigen Kongo in eine offizielle belgische Kolonie umzuwandeln. Doch die Ausplünderung der Bodenschätze setzte sich fort und die Extraktionsgebiete wurden mit geeigneter Infrastruktur für Verkehr und Bergbau erschlossen.

Nach der Unabhängigkeit 1960 begann unter externer (belgischer) Einwirkung eine Phase der Kriege und Umstürze, die mit der gewaltsamen Machtübernahme durch den korrupten, von den USA unterstützten Diktator Mobutu Seso Seko endete. Er führte ein Einparteiensystem ein und bediente sich eines Repressionsapparats, der sich von den ehemaligen Kolonialherren nicht viel unterschied. In seiner 32-jährigen Präsidentschaft wurde er – vom Westen geduldet – zum Inbegriff eines kleptokratischen Diktators.

Die bereits lange schwelenden Konflikte im Osten des Landes eskalierten, als 1994 zwei Mio. Ruander in die Region flüchteten und sich Bürgerkrieg und Genozid in Ruanda auf die kongolesische Kivu-Provinzen übertrugen. Aus den fortdauernden gewaltsamen Auseinandersetzungen, als „Erster Kongokrieg" (1996–1997) bekannt, ging der Rebellenführer Laurent-Désiré Kabila als Sieger hervor, der das Mobutu-Regime beendete (1997). Als sich Kabila 1998 mit seinen beiden Verbündeten Ruanda und Uganda überwarf, gründeten diese eine eigene Rebellenorganisation und besetzten weite Teile in Ost-Kongo.

Der daraus folgende „Zweite Kongokrieg" wurde Anfang 2003 durch das Friedensabkommen von Sun City in Südafrika formal beendet, indem alle kongolesischen Kriegsparteien an einer Übergangsregierung beteiligt wurden (*power sharing*). Im Jahr 2006 fanden unter internationaler Beobachtung die ersten demokratischen Wahlen statt, die der Sohn Laurent-Désiré Kabilas, Joseph Kabila, gewann. 2011 wurde er wiedergewählt. Der Friedensschluss von 2003 und die

Einwohner	79,8 Mio.
Fläche	2 344 858 km²
Lebenserwartung	59 Jahre
Anteil unter 15-Jähriger	46 %
Fertilitätsrate	6,5
Verstädterungsquote	42 %
Kindersterblichkeit	9,7 %
Anteil Bevölkg. mit Zugang zu sicherem Trinkwasser	52 %
Analphabetenquote	23 %
BNE/Ew. (nach KKP)	720 US-$
Ø-BIP-Wachstum (2006–2015)	8,6 %
Anteil Landwirtschaft BIP	20,6 %
Export-Import-Relation	1 : 1,106
Jahresstromverbrauch / Ew.	107 kWh
Absolut Arme (1,90 US-$ / Kopf und Tag)	77,1 %
HDI-Wert (Rang)	0,435 (176.)
ODA (Anteil am BNE)	8,0 %
Internetpenetrationsrate	4 %

Quelle: Population Reference Bureau, World Bank, UNDP

M 1: Basisdaten Demokratische Republik Kongo 2015

Kleptokratie
Herrschaftsform, bei der die Herrschenden eine willkürliche Verfügungsgewalt über den Besitz und die Einkünfte der Beherrschten haben und diese Macht ausnutzen, um sich oder ihre Klientel zu bereichern (Vetternwirtschaft).

zwei von der internationalen Gemeinschaft finanzierten nachfolgenden Wahlen haben nicht zu Frieden geführt. Vor allem in Nord Kivu eskalieren seither immer wieder kriegerische Auseinandersetzungen, an denen die beiden Nachbarstaaten Ruanda und Uganda aus wirtschaftlichen und sicherheitspolitischen Interessen beteiligt waren. Massive Flüchtlingsbewegungen waren die Folge.

Die Friedensmission der Vereinten Nationen MONUSCO und die „Congo Research Group" gehen davon aus, dass sich heute im Ostkongo mindestens 70 unterschiedlich motivierte, bewaffnete Gruppen in häufig wechselnden Allianzen bekämpfen und sich mehr oder weniger stabile Territorien geschaffen haben. All diese Gruppen erpressen an Straßensperren Wegezölle, und kontrollieren den Handel (mit u.a. mineralischen Rohstoffen, Holzkohle, Wertholz, Wildfleisch, Palmöl und Cannabis). Die Regierung in Kinshasa schaut diesem Treiben zu, scheint es sogar aus Eigeninteresse zu begünstigen.

M2: Coltan-Bergbau

Rohstoffe und Krieg

Erlöse aus dem Rohstoffhandel haben den „Zweiten Kongokrieg" angeheizt und durch den internationalen Handel mit wertvollen Mineralien ist eine regelrechte Kriegsökonomie entstanden, die den Kauf von Waffen und die Unterhaltung der Milizen ermöglicht. Eine besondere Bedeutung kam dabei dem in der Elektronikindustrie benötigten und in Ost-Kongo abgebauten Erz Columbit-Tantalit dem sogenannten Coltan zu, das seither als „Konfliktmineral" bezeichnet wird. Seit dem Jahr 2000 kontrollieren Rebellengruppen seinen Abbau und den Export über Ruanda.

Die Konflikte in der DR Kongo wurden in der internationalen Presse immer wieder als Beleg dafür angeführt, dass insbesondere Rohstoffabbau und -handel bürgerkriegsartige und auch zwischenstaatliche Auseinandersetzungen verursachen und finanzieren. Diese, aus politikwissenschaftlicher Sicht sogenannten

Coltan
Roherz, aus dem vorrangig das Metall Tantal gewonnen und das für die Herstellung von Mobiltelefonen benötigt wird

Literaturhinweis:
Martin Doevenspeck: „Konfliktmineralien": Rohstoffhandel und bewaffnete Konflikte im Ostkongo. Geographische Rundschau 2/2012

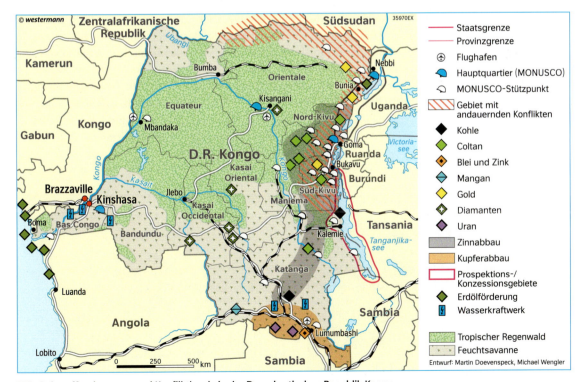

M3: Rohstoffvorkommen und Konfliktherde in der Demokratischen Republik Kongo

4.2 Afrika: ressourcenreich – perspektivenarm?

"neuen Kriege", werden daher auch als Ressourcenkriege oder "Gier-Rebellionen" bezeichnet. Nicht selten sollen diese, in der Regel extrem gewalttätig verlaufenden Konflikte, zusätzlich von ausländischen Interessengruppen (auch international agierenden Unternehmen) eigennützig angeheizt werden.

Die bekannten sogenannten Ressourcenkriege, die beispielsweise im Kongo durch Coltan und Diamanten, im Südsudan durch Erdöl oder in Ghana durch Gold ausgelöst worden sein sollen, haben jeweils auch ganz lokal- und regionsspezifische Ursachen und meist bürgerkriegsähnliche Verläufe. So wurden in Ost-Kongo bewaffnete Konflikte durch das Versagen der Zentralregierung in Kinshasa und deren vielfältigen Eigeninteressen und dadurch möglich, dass sie an den östlichen Regionen ihres Territoriums kaum interessiert war. Auch dürfen dabei die wirtschaftlichen und politischen Interessen der Nachbarstaaten Uganda, Ruanda und Burundi nicht unbeachtet bleiben.

Eine ganz entscheidende Bedeutung jedoch kommt den ständig schwelenden und leicht entflammbaren lokalen Konflikten zu. Sie erwachsen aus Ansprüchen auf Land und politischen Einfluss, auf die Kontrolle der einzelnen Minen und der Abgaben auf die geförderten Mineralien. Diese Situation wird verständlich durch die spezielle Art und Weise der Organisation des Bergbaus und des Zugangs zu den geschürften Mineralien.

Kriege zerstören die Infrastruktur, vernichten die natürlichen Lebensgrundlagen und verhindern ganz generell schon jegliche soziale und ökonomische Entwicklung. In vielen kriegerischen Konflikten in Afrika werden zudem Kinder und Jugendliche, Mädchen wie Jungen, als Kindersoldaten missbraucht und die Zivilbevölkerung – vor allem Frauen – brutaler Gewalt ausgesetzt M1, S. 58).

Kindersoldaten sind keine afrikanische Erfindung und keine der Neuzeit. Im Kongo wurden Ende des 19. Jahrhunderts Kinder sogar von belgischen Missionaren im Kriegshandwerk ausgebildet und gegen die eigene Bevölkerung eingesetzt. Nach der UN-Kinderrechtskonvention (1989) gelten alle Teilnehmer an Kriegshandlungen unter 15 Jahren, nach dem Zusatzprotokoll von 2002 unter 18 Jahren als „Kindersoldaten". Ihr Einsatz ist völkerrechtlich gebannt, doch neuere Statistiken der UN belegen, dass Kinder außer im Kongo z.B. auch in Somalia, Mali, Nigeria, Südsudan sowie auch in Kolumbien, Irak, Pakistan oder Afghanistan als Soldaten missbraucht werden.

M1: Kindersoldaten

Abbau der Mineralien in Ost-Kongo

Die Gewinnung von Mineralien erfolgt hauptsächlich informell und im Kleinbergbau und ist in dieser Form Folge des kontinuierlichen Niedergangs der Bergbauindustrie seit den 1980er-Jahren. Dieser Niedergang wiederum ist darauf zurückzuführen, dass unter der Mobuto-Herrschaft keine Investitionen in die noch aus der Kolonialzeit stammende Bergbauinfrastruktur getätigt wurden. So kam es, dass hunderttausend Arbeits- und Einkommenslose der Region als Klein- und Kleinstmineure aktiv wurden. Diese Bergleute, heute die Träger der Wirtschaft in den Kivu-Provinzen, verkaufen ihre Produktion an Mittelsmänner,

M2: Zentrum von Goma

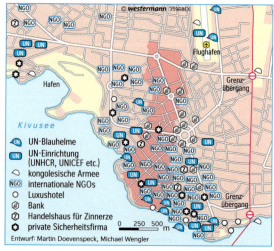

M3: Goma

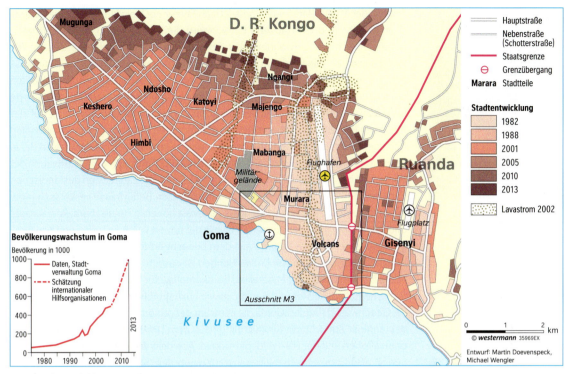

M4: Stadtentwicklung von Goma

die den Transport zu den Exporteuren in den Städten Goma und Bukavu organisieren. Von dort erfolgt die weitere Vermarktung über Ruanda, Uganda und die ostafrikanischen Häfen in Richtung Europa und Asien.

Die Klein- und Kleinstmineure werden zwar von bewaffneten Banden kontrolliert und zu Abgaben gezwungen. Dafür erfahren sie jedoch Schutz und eine gewisse Sicherheit. Dabei sind verschiedene lokale, private (bandengleiche) Schutzsysteme ausgebildet, die zumindest ein relativ friedliches Miteinander sichern. In der gesamten Kivu-Region, die dank ihrer gefragten Mineralvorkommen global eingebunden ist, gibt es nämlich keine staatliche Kontrolle und garantierte Sicherheit. Auch fehlen Entwicklungsmaßnahmen, die die gesamte Region erfassen und der Bewohnerschaft generell zu Gute kämen.

Goma: ein globalisierter Ort?

Durch den internationalen Mineralienhandel und die privaten Sicherheitsdienste entstanden am Ostrand der DR Kongo ökonomisch produktive und quasi gesicherte Inseln in einem sonst geradezu chaotischen Umfeld. So ist Goma, die Provinzhauptstadt von Nord-Kivu, nicht nur von all den Zerstörungen rundum verschont geblieben, sondern es sind in der Stadt sogar produktive Auswirkungen zu beobachten. Als Verwaltungs- und Garnisonsstandort an der kolonialen Grenze zwischen Belgisch-Kongo und Deutsch-Ostafrika Anfang des 20. Jahrhunderts gegründet, entwickelte sich Goma in der Folgezeit nur langsam. Bis Mitte der 1950er-Jahre fungierte es in erster Linie als Erholungs- und Versorgungsort für belgische Siedler, die als Kaffee- und Teepflanzer oder Minenbetreiber im ländlichen Umland lebten. Nach der Unabhängigkeit wurden die Verwaltungsfunktionen weiter ausgebaut und aus dem einfachen Flugfeld wurde ein richtiger Flughafen. Von hier aus wurden die westlichen Landesteile und vor allem die Hauptstadt Kinshasa mit landwirtschaftlichen Erzeugnissen versorgt.

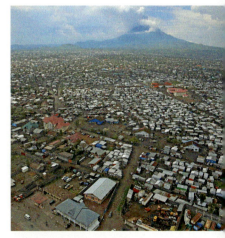

M5: Blick über Goma nach Norden, im Hintergrund der aktive Vulkan Nyiragong

4.2 Afrika: ressourcenreich – perspektivenarm?

M1: Straße im Geschäftszentrum von Goma nach der Regenzeit

Anfang der 1990er-Jahre war Goma jedoch immer noch ein kleines, ruhiges Städtchen mit etwa hunderttausend Einwohnern. Seit dem Beginn der bewaffneten Konflikte wuchs die Einwohnerzahl auf heute über eine Million (M4, S. 97). Die Zuwanderer waren keineswegs nur Flüchtlinge. Der überwiegende Teil kam als Arbeitsmigranten, da die Kriegshandlungen im Umland alle Beschäftigungsmöglichkeiten unterbanden, in der Stadt hingegen ein ökonomischer Boom stattfand. Er basierte erstens auf dem handwerklichen Bergbau in der Umgebung, zweitens auf der massiven Präsenz von Organisationen der Vereinten Nationen und internationalen Hilfsagenturen sowie drittens auf dem lukrativen Grenzhandel und dem Export der in Goma angereicherten Mineralien (Coltan, Kassiterit/Zinnstein). Zur Ankurbelung der Wirtschaft der Stadt trugen direkt und indirekt auch die zahlreichen ausländischen Experten bei. Ihre vielfältigen und anspruchsvollen Bedürfnisse veranlassten die lokalen Profiteure des Mineralhandels zu Investitionen in Hotels, Bars, Restaurants und Wohnraum. Dadurch wiederum wurde der Import von Baustoffen und Konsumgütern des gehobenen Bedarfs aus dem benachbarten Ruanda angeregt. Lokaler Konzentrationspunkt dieser Entwicklungen ist das alte, koloniale Zentrum, wo sich heute Handelshäuser für Mineralien, Bürokomplexe für Hilfsorganisationen, private Sicherheitsdienstleister und Banken sowie Luxushotels konzentrieren (M2, S. 96).

Gegenwärtig fungiert Goma als Zentrum der regionalen Kriegsökonomie. Es ist beständiger Zufluchtsort für Flüchtlinge aus dem Umland, Standort vieler Hilfsorganisationen und der UN-Friedenstruppen. Aus dem verschlafenen Nest am Kivu-See ist eine fragmentierte Millionenstadt geworden. Sie zerfällt in die am Seeufer gelegenen Viertel mit den Luxusvillen der Kriegsgewinner und lokalen Eliten, die Wohngebiete der internationalen Experten, das Büro- und Geschäftszentrum in der kolonialen Innenstadt sowie die ausgedehnten Quartiere aus einfachsten, ärmlichsten Behausungen der Flüchtlinge und Arbeiter in und um die Stadt.

Ausblick – internationales Peacebuilding

Die globalisierte Entwicklung Gomas darf nicht vergessen machen, dass im Umland, in oft nur weniger als einer Autostunde Entfernung, Menschen weiterhin vertrieben werden und sterben. Dort friedlichere Lebensbedingungen zu schaffen, wurde mit dem Konzept des „Peacebuildings" verfolgt, dass durch politische und ökonomische Liberalisierung zum Frieden und Aufbau demokratische Strukturen führen sollte. Dabei wird von der These ausgegangen, dass marktwirtschaftliche Demokratien untereinander selten Krieg führten und auch weniger zu innerstaatlichen Unruhen neigten. Diese Strategie war jedoch nicht erfolgreich, da sie auf formale Elemente wie Wahlen setzte, bei der Reparatur des ‚gescheiterten Staates' schematischen, lokal nicht angepassten Konzepten von oben folgte und sich bei allen Maßnahmen nur auf die politischen Eliten konzentrierte. Die lokalen, aus dem Volk erwachsenden Dynamiken und die Berücksichtigung der Perspektiven und Bedürfnisse der betroffenen Bevölkerung fanden dabei keine Beachtung. Die Weigerung des Präsidenten Kabila, die für 2016 angesetzten dritten Wahlen zu organisieren, die Verfolgung und Vertreibung seiner politischen Gegner und die gewaltsame Niederschlagung der Proteste gegen sein Verbleiben an der Macht, haben das Land weiter destabilisiert.

M2: Flüchtlingslager in der Nähe von Goma

1. Beschreiben Sie die natürliche Ausstattung der DR Kongo (M3, S. 95, Atlas).
2. Erläutern Sie die Folgen der kolonialen Vergangenheit des Kongo für die heutige Situation.
3. Beurteilen Sie den Begriff „Ressourcenkrieg" am Beispiel der Konflikte in den Kivu-Provinzen.
4. Überprüfen Sie, ob es sich bei Goma um einen „globalisierten Ort" handelt.

4.2.3 Niger: Unterentwicklung im Sahel

Länderportrait
Autor: **Fred Scholz**

Niger nimmt seit Jahrzehnten fast unverändert immer nur die letzten Positionen in der Rangliste des Pro-Kopf-Einkommens oder des Human Development Index (HDI) ein. An diesem Binnenland lassen sich besonders deutlich typische Ursachen fortwährender Unterentwicklung benennen: ärmliche natürliche Ausstattung, interne politische Konflikte und externe Einflussnahme.

1. Die natürliche Ausstattung des Sahel-Sahara-Landes Niger ist karg: geringste Niederschläge, wiederkehrende Dürren, hohe Temperaturen, degradierte und unfruchtbare Böden, ausgedehnte Sand- und Geröllwüsten, dürftige und zerstörte Vegetation. Die ackerbaulichen Nutzungsmöglichkeiten sind extrem begrenzt. Mobile Tierhaltung (Nomadismus) und unsicherer, ertragsarmer Regenfeldbau auf einfachstem technischem Niveau herrschen vor. Hirse, Reis, Mais, Bohne, Baumwolle und Erdnuss sind die wichtigsten Anbaugewächse (M 4).

2. Eine industrielle (Verbrauchs-)Güterproduktion ist nicht entwickelt. Hauptexportgut ist Uranerz. Daneben führt das Land auch Erdöl, Gold, Lebendvieh und manche anderen Agrarprodukte (Palmöl, Bohnen, Zwiebeln) sowie früher auch Baumwolle und Erdnüsse aus. Als mit Abstand wichtigster Handelspartner fungiert seit der Unabhängigkeit (1960) unverändert das ehemalige Mutterland Frankreich. Der Staatshaushalt besteht nur zum kleineren Teil aus selbst erwirtschafteten Einnahmen (Zöllen, Uranexport). Der größere stammt aus Zuschüssen von Geberländern (Budgethilfen) und wurde 2015 durch die EU als Dank für das erlassene Gesetz gegen Menschenschmuggel und die Errichtung von Aufnahmezentren für Flüchtlinge erhöht. Die Außenhandelsbilanz ist beständig negativ (M 2). Die Auslandsverschuldung erreicht fast das BIP.

3. Für den Import und Export ist das Binnenland auf Häfen und Straßen seiner Nachbarn, insbesondere Benin, angewiesen. Das Netz durchgehend asphaltierter Straßen erfasst nicht einmal alle Provinzhauptstädte. Öffentliche Transportmittel fehlen.

4. Die Trinkwasserreserven sind unzureichend und unhygienisch. Die Versorgung mit Elektrizität, medizinischen und schulischen Einrichtungen ist lokal eng begrenzt, unsicher und überfordert. Von den wiederkehrenden Hungerkatastrophen (ausgelöst durch Trockenheit und Heuschreckenplagen) sind nicht selten ein Drittel der Bevölkerung betroffen und stets mehrere Hunderttausend Kinder.

Einwohner	19,7 Mio.
Fläche	1 267 000 km²
Lebenserwartung	62 Jahre
Anteil unter 15-Jähriger	50 %
Fertilitätsrate	7,6
Verstädterungsquote	22 %
Kindersterblichkeit	6,9 %
Anteil Bevölkg. mit Zugang zu sicherem Trinkwasser	58 %
Analphabetenquote	81 %
BNE/Ew. (nach KKP)	950 US-$
Ø-BIP-Wachstum (2006–2015)	6,2 %
Anteil Landwirtschaft BIP	36,4 %
Export-Import-Relation	1 : 2,33
Jahresstromverbrauch / Ew.	52 kWh
Absolut Arme (1,90 US-$ / Kopf und Tag)	45,7 %
HDI-Wert (Rang)	0,353 (187.)
ODA (Anteil am BNE)	12,2 %
Internetpenetrationsrate	2,2 %

Quelle: Population Reference Bureau, World Bank, UNDP

M 3: Basisdaten Niger 2015

M 4: Ressourcenausstattung und wirtschaftliche Nutzung in Niger

4.2 Afrika: ressourcenreich – perspektivenarm?

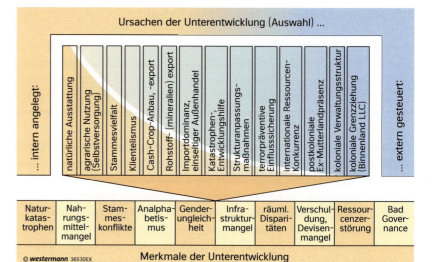

M1: Modellhafte Zusammenstellung der Ursachen von Unterentwicklung am Beispiel Niger

5. Auch kann von Demokratie und menschenwürdiger Gleichheit kaum gesprochen werden. Etwa die Hälfte der Bevölkerung – Mädchen und Frauen – werden als Menschen zweiter Klasse behandelt: Sie tragen zwar die Hauptlast der Arbeit, doch haben sie keinen Zugang zu den Ressourcen Boden, Kredite, Bildung und Recht. Derart betroffen sind auch die Tuareg (ca. 10 % der Bevölkerung), denen soziale Autonomie und angemessene Teilhabe an den Erlösen der in ihren Streifgebieten abgebauten Uranerze von der politischen Elite verweigert wird.

Interne und externe Ursachen

Die Gründe für diese Situation sind im Zusammenwirken unterschiedlicher hausgemachter (endogener) und fremdbestimmter (exogener) Faktoren zu suchen:

1. An erster Stelle stehen zweifelsfrei die natürlichen Rahmenbedingungen. Seit Ende der 1960er-Jahre nehmen die Niederschläge ab. Bedeckungsgrad und Artenvielfalt der Vegetation sowie die Weideareale schwinden. Gleichzeitig steigt die Bevölkerung (2010 = 14,3 Mio.; 2016 = 19,8 Mio.) an, was naturgemäß den Bedarf an und den Druck auf die Nutzflächen erhöht.

2. Die natürlichen Grundlagen für Landwirtschaft und Nahrungsmittelproduktion sind extrem begrenzt. So entfallen zum Beispiel von der 1,267 Mio. km² großen Fläche Nigers gerade einmal fünf Prozent auf die semiaride Buschsavanne der Sudan-Zone (M4, S. 99). Hier ist in günstigen Jahren Regenfeldbau möglich.

M2: Anbau auf lateritisierten Böden erfordert den Einsatz von Hacken (Hackbau)

M3: Gebrauchtwaren aus Deutschland, über den Benin-Hafen Cotonou eingeführt

Nur 0,05 Prozent jedoch sind Bewässerungsland und erlauben Dauerackerbau. Dort herrschen Plantagen für Ölpalmen vor, wovon die lokale Bevölkerung nur wenig Nutzen ziehen kann. In der Nahrungsmittelversorgung, einst durch die Knollengewächse Yams (M2, S. 70) und Taro sowie durch Hirse gesichert, werden importierter Weizen und Mais immer wichtiger.

Ein Großteil des Getreides geht auf internationale Hungerhilfe zurück. Doch von dieser Hilfe profitieren in erster Linie die politischen Eliten, die mit ihrer Vorliebe für das französische Stangenweißbrot (Baguette) ein problematisches Vorbild geben. Über sie gelangen auch die Hilfslieferungen von Getreide (Weizen, Mais) gewinnbringend illegal in den Handel. Da die lokalen Bauern preislich und qualitativ nicht mit dem Exportgetreide konkurrieren können, wird der Markt für lokale Nahrungsmittel und deren Anbau untergraben.

Keineswegs nur positiv wirkt sich die Entwicklungshilfe auch auf andere Bereiche der Landwirtschaft aus. So hatte zum Beispiel die EU nach der Sahel-Katastrophe Anfang der 1970er-Jahre geholfen, Tierhaltung und Basisversorgung der Bevölkerung mit tierischen Nahrungsmitteln zu verbessern. Zahlenmäßige Zunahme der Tiere und wachsender Fleischkonsum waren die Folge. Als Anfang der 1990er-Jahre die Weltbank Niger zur Annahme des Strukturanpassungsprogramms zwang, kam es zur Öffnung des Marktes. Die EU nutzte diese Chance zum Abbau ihres Fleischüberschusses. Mit subventionierten (preisgünstigen) Exporten bedrängte sie die heimischen Produzenten. Die zuvor mit EU-Mitteln entwickelte lokale Tierproduktion und -vermarktung brachen zusammen.

3. Extern abhängig ist Niger auch im Außenhandel, denn die jetzt global vermehrt nachgefragten Exportprodukte Nigers, Uranerz, Molybdän und Palmöl, können immer wieder schwankenden Weltmarktpreisen unterliegen. Dadurch sind die Deviseneinnahmen nicht verlässlich. Niger leidet aber auch deshalb an ständiger Zahlungsunfähigkeit, weil die auf dem Weltmarkt begehrten Rohstoffe Molybdän und Uran von ausländischen Firmen abgebaut werden. Niger erhält nur Royalities (Ertragsanteile), die wiederum in der Cliquenwirtschaft verschwinden.

4. Selbst bei Waren des täglichen Bedarfs ist Niger außenabhängig. Importiert werden vor allem Gebrauchtwaren aus Europa: Kraftfahrzeuge, Reifen, Elektrogeräte, Matratzen, Kleidung und Schuhwerk (M3). Dadurch werden die lokalen Produzenten, soweit überhaupt Voraussetzungen für diese gegeben waren, entbehrlich.

5. Aber auch hausgemachte Probleme bilden Hemmnisse für Entwicklung. Dazu zählt in besonderem Maße Bad Governance (vgl. Kap. 3.2.5). Sie äußert

M4: Tuareg-Nomaden im Norden Nigers

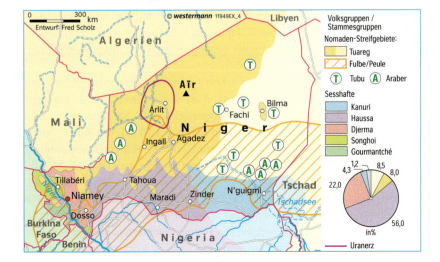

M5: Verbreitung der Stammes- und Volksgruppen in Niger

4.2 Afrika: ressourcenreich – perspektivenarm?

M1: Territoriale Aufteilung Westafrikas 1914 und 1965

Terrororganisationen
Die Terrororganisation AQIM (Al-Qaida-Islamic-Maghreb) steht al-Qaida nahe und agiert vom Maghreb aus in die südlich angrenzenden Staaten. Boko Haram (= „Bücher sind Sünde" oder „Westliche Bildung ist Schande") ist im Norden Nigerias aktiv. Inzwischen ist sie in den Nachbarländern tätig, was beispielsweise in Niger zur Schließung hunderter Schulen geführt hat. Al-Shabaab (= Jugend) ist eine radikale islamistische Miliz, die in Somalia einen islamischen Staat zu etablieren versucht.

sich in wiederkehrenden Militärputschen (1974–1989), in gewaltsamen Unruhen (1990) sowie in unzähligen Konflikten um das Mehrparteiensystem. Nicht weniger bedeutsam waren sozialistische Wirtschaftsführung, Korruption und Pfründe. Dabei geht es beispielsweise um die Teilhabe an den Erlösen aus dem Uranabbau. Seit Anfang der 1990er-Jahre wehren sich die Tuareg gegen Unterdrückung und Benachteiligung. Inzwischen kämpfen sie, zeitweise zusammen mit der Terrororganisation AQIM, sogar für einen eigenen, transnigerischen Staat (Azawad) im Zentrum der Sahara. Überhaupt erwachsen aus dem Nebeneinander mehrerer unterschiedlicher Volks- oder Stammesgruppen, die durch willkürliche kolonialherrliche Grenzziehung 1960 aufgesplittert wurden und sich nun in verschiedenen Staatsgebieten europäischen Verständnisses wiederfinden, ständig lokale wie nationale Spannungen (M1). Vor allem im klimatisch günstigeren Süden konkurrieren die Stämme um die natürlichen Existenzgrundlagen, Land und Wasser. Im Umkreis der Hauptstadt Niamey existieren sieben ethnisch verschiedene Gruppen, bei denen der Streit um politische Macht noch hinzukommt (M4, S.101).

6. Seit der Unabhängigkeit von Frankreich zeichnet sich die politische Entwicklung nicht durch Eigenständigkeit und politische Kontinuität aus. Der französische Einfluss dauert an. Die politische Klasse Nigers ist eng mit Paris verbunden. Die verschiedenen politischen (Unabhängigkeits-)Bewegungen und Parteien haben dort ihren Ursprung. Selbst Wahlen und Putsche wurden in Paris vorbereitet. Das gilt zum Beispiel auch für die Parlamentswahlen 1993, die ersten demokratischen Wahlen seit 20 Jahren. Sogar die seither schrittweise vollzogene Einführung demokratischer, parlamentarischer Spielregeln geschieht mit französischer Hilfe und hat, wie die positiv verlaufenen Wahlen 2016 zeigen, zu einer beachtlichen Stabilität geführt. Grundlage dafür bildet das French Civil Law. Amts- und Universitätssprache sind Französisch und gute Beziehungen zu Paris entscheiden noch immer über die Vergabe von Ämtern.

Der postkoloniale Einfluss Frankreichs deckt sich mit den Eigeninteressen der politischen Elite des Landes, denn sie vermag ohne direkten oder indirekten französischen Beistand nicht zu überleben. Doch seit September 2001 ist Frankreich ein Konkurrent erwachsen. Die USA setzten mit ihrem AFRICOM-Kommando und ihrer „Pan-Sahel Initiative" insbesondere auf Kooperation mit den Sahel-Staaten bei der Terrorbekämpfung (z. B. agiert die IS-nahe Terrortruppe Boko Haram im Umland der im Südosten gelegenen Bezirkshauptstadt Diffa, 56000 Einwohner) am Südrand der islamischen Welt. Dabei sind die USA und auch Frankreich nicht einzig militärisch direkt präsent. Sie bilden und rüsten auch Antiterroreinheiten aus und stecken erhebliche Geldmittel in die ihren Zielen dienende Landesentwicklung (Ausbau strategischer Objekte und Infrastruktur, Förderung ausgewählter Partner etc.). Dabei spielen der Zugang zu den Rohstofflagern (z. B. Uran, Molybdän) und deren Sicherung eine entscheidende Rolle.

7. Der Binnenstaat Niger nahm schon immer im Sahara-Transit eine bedeutende Stellung ein. Durch die Massen an Migranten ist ihm im globalen Politikpoker eine problematische Rolle zugewachsen. So hat Niger ein Gesetz gegen Menschenschmuggel erlassen und sich bereit erklärt, von der EU finanzierte Lager an seiner Nordgrenze zu errichten, um die Migranten abzufangen. Eine besondere Rolle spielt dabei vor allem die Wüstenstadt Agadez (110500 Einwohner) als Zentrum in diesem Transsahara-Handel (M2). Die Mehrzahl der Bewohner (mehrheitlich Tuareg) lebt heute direkt oder indirekt davon und ist nicht bereit, die Reglementierungen und Kontrollen der Regierung im fernen Niamey, die durch finanzielle Versprechungen von EU und Deutschland gefügig gemacht wurde, hinzunehmen. Auch äußert sich Unmut, weil sich durch die neue externe

M2: LKW mit Flüchtlingen in Agadez, Nord-Niger   **M3**: Französische Anti-Terror-Truppen in Madama, Niger

Hilfe keine Perspektiven für die junge Generation auftun und deshalb auch der Neigung zur Migration nicht entgegengewirkt wird.

Die heutige Situation Nigers resultiert somit aus dem Zusammenwirken sowohl verschiedener interner Ursachen (natürliche Ausstattung, religiöse/traditionelle, gesellschaftliche/tribale und politische Strukturen etc.) als auch externer Zwänge (koloniale und postkoloniale Einflussnahme, permanente politische und wirtschaftliche Außenabhängigkeit etc.). Diese Ursachen sind in ähnlicher Form und bei vergleichbarem Zusammenwirken wohl bei der Mehrzahl der Länder des Südens und insbesondere Afrikas zu beobachten und nachzuweisen.

1 Beschreiben Sie die für Niger modellhaft in M1, S. 104 aufgeführten Ursachen und Merkmale für Unterentwicklung im Einzelnen.
2 Vergleichen Sie die internen und externen Faktoren, die zur Unterentwicklung in Niger beitragen.
3 Beurteilen Sie die Chancen des Niger, seine fortwährende Unterentwicklung zu überwinden.

4.2.4 Afrika – Entwicklungssituation aus Expertensicht

Seit Jahrzehnten streiten Afro-Optimisten mit Afro-Pessimisten ... hier wie dort ... über Afrikas Entwicklung. Die Optimisten erklären das 21. Jahrhundert zum „afrikanischen Jahrhundert" und sprechen von „Wirtschaftsmacht Afrika". Die Pessimisten sehen in Afrika den Verlierer der Globalisierung und für die Mehrzahl der weiterhin stark wachsenden afrikanischen Bevölkerung eine Zukunft in materieller Not und Bürgerkriegen.

Autor: **Theo Rauch,**
Zentrum für Entwicklungsländerforschung, Freie Universität Berlin
theorauch@gmx.de

Beide Seiten können empirische Fakten präsentieren. Die Optimisten verweisen auf Wachstumsraten der Wirtschaft im vergangenen Jahrzehnt, die mit etwa sechs bis sieben Prozent doppelt so hoch sind wie jene in Europa. Sie berichten über die zunehmende Zahl der Länder, die friedliche demokratische Machtwechsel vollzogen haben. Auch der Rückgang des Anteils der absolut Armen und der Hungernden an der Gesamtbevölkerung wird in ihren Erfolgsbilanzen hervorgehoben.

Dem halten die Pessimisten entgegen, dass das hohe Wirtschaftswachstum nichts weiter widerspiegelt als die gestiegenen Rohstoffeinnahmen während einer Phase hoher Weltmarktpreise für Rohstoffe. Sie verweisen auf die extrem ungleiche Verteilung des Einkommens aus diesem Wachstum, darauf, dass die demokratischen Regierungswechsel noch zu keiner besseren Politik und keinem

4.2 Afrika: ressourcenreich – perspektivenarm?

Rückgang der Korruption geführt hätten und dass die absolute Anzahl der extrem Armen und Hungernden trotz sinkender Anteile weiter gestiegen ist.

Die Fakten geben beiden Seiten recht. Jeder sucht sich den Teil der Realität heraus, der die eigenen Hoffnungen beziehungsweise die eigene Skepsis bestärkt. Zu diesen Fakten gehört:

- Afrika ist – anders als einige ostasiatische Länder – nicht aus der kolonialen Struktur des Rohstofflieferanten und Fertigwaren-Importeurs herausgewachsen. Sind die Rohstoffpreise hoch, geht es den Menschen etwas besser; sinken diese, brechen Krisen aus.
- Die afrikanischen Kleinbauern, die immer noch über 60 Prozent der Bevölkerung ausmachen, können die seit der Unabhängigkeit 1960 um das Vierfache gewachsene Bevölkerung immer noch leidlich ernähren. Dies ist zumindest dort der Fall, wo kein Bürgerkrieg herrscht, keine große Dürre ausbrach und die Hauptstädte nicht von subventionierten europäischen oder amerikanischen Nahrungsmitteln überschwemmt werden.
- Ein großer Teil der kleinbäuerlichen Familien muss aber immer noch mit einem kärglichen Auskommen aus der mit einfachen Techniken betriebenen Landwirtschaft überleben, weil es kaum (industrielle) Jobs außerhalb des Agrarsektors gibt.
- Die Menschen können zwar inzwischen in den meisten Ländern frei und ohne Angst vor Verfolgung ihren Ärger über schlechte Regierungsführung äußern; doch wenn sie die Oppositionspartei wählen, ändert dies wenig am Machtmissbrauch durch die Eliten.
- Insgesamt ergibt sich bei Beobachtern, die die Entwicklung des Kontinents seit Jahrzehnten verfolgen, der Gesamteindruck „no change", wenig Veränderung, weder zum Guten noch zum Schlechten. So äußern sich oft auch afrikanische Kollegen, wenn man sie nach Jahren fragt, was sich geändert habe: Ja, die Autos in den Städten und die Hochhäuser seien mehr geworden, die Regale in den Läden voller, die meisten hätten nun ein Mobiltelefon, aber für den Großteil der Menschen bestehe das Leben immer noch aus einem Existenzkampf auf niedrigstem Niveau.
- Was aber hat die Entwicklungszusammenarbeit dazu beigetragen? Sie hat mit nicht wenigen erfolgreichen Projekten vor Ort so manche Verbesserungen, insbesondere im Bildungs- und Gesundheitsbereich, bewirkt. Sie hat auch dazu beigetragen, dass nun die vierfache Bevölkerungszahl einigermaßen ernährt werden kann und die Lebenserwartung stieg. Sie hat damit insgesamt wohl die Situation weitgehend stabil gehalten und dazu verholfen, dass die befürchteten katastrophalen Verschlechterungen ausblieben – zumindest dort, wo es funktionsfähige Staatswesen gibt. Was die Entwicklungspolitik aber nicht erreicht hat, war, Afrikas Wirtschaft für den globalen Wettbewerb konkurrenzfähig zu machen und dadurch Jobs, das heißt gesicherte Existenzmöglichkeiten zu schaffen. Dazu hätte es neben der Entwicklungspolitik auch einer faireren Handelspolitik seitens der Industrieländer bedurft, die an Afrika nicht nur als Rohstoffquelle und Absatzmarkt interessiert sind, sondern auch an einer politischen Führung in Afrika, die sich nicht mit den – in schwankendem Umfang – sprudelnden Rohstoffeinnahmen zufriedengibt und bereichert.

Lateinamerika: eigenständig – widersprüchlich? 4.3

Die spanischen und portugiesischen Kolonien Mittel- und Südamerikas wurden zwar Anfang des 19. Jahrhunderts unabhängig, doch seither sind sie vor allem Tummelplatz US-amerikanischer Interessen. Seit Jahren zeichnet sich Lateinamerika bei aller politischen Instabilität doch durch eine bemerkenswerte, von Land zu Land aber auch recht unterschiedliche wirtschaftliche Dynamik aus.

Sowohl die Suche des Seeweges nach Indien in westlicher Richtung Ende des 15. Jahrhunderts, die zur Entdeckung Amerikas führte, als auch die Zerschlagung der indianischen Reiche infolge einer brutalen Eroberung des heutigen Lateinamerikas geschahen in erster Linie aus Abenteuerlust und ökonomischen Gründen. Zuerst angelockt von Gerüchten über unermessliche Gold- und Silberschätze wurden die Spanier und Portugiesen wenig später hauptsächlich von der Aussicht auf riesigen Landbesitz und agrarische Ausbeutung angetrieben. Damit sind schon die drei tragenden und bis heute bedeutsamen Wirtschaftsbereiche Lateinamerikas genannt:

1. **„Mehrwert aus dem Nichts"**: Rohstoffabbau, früher Gold und Silber, heute Kupfer, Eisen und Erdöl.
2. **Plantagen-Ökonomie**: früher Zuckerrohr, Sisal und Baumwolle, heute auch Kaffee, Bananen, Ananas, Soja, Schlafmohn und Koka.
3. **Hacienda-Wirtschaft**: Neben pflanzlichen Erzeugnissen spielten schon immer Viehzucht und Fleischproduktion eine große Rolle. Anfangs als Extrakt, gelangte nach Erfindung der Kühlmaschine (1876 durch Carl v. Linde) das Fleisch in gefrorenem Zustand auf die Märkte des Nordens.

M1: Zuckerrohrplantage auf Antigua (1823)

Über diese Wirtschaftsbereiche war Lateinamerika früher in den transatlantischen Dreieckshandel (vgl. Kap. 2.1) eingebunden und nimmt heute vor allem wegen seiner Marktgröße, der Masse billiger Arbeitskräfte und eben wegen der Rohstoffe in wachsendem Maße am globalen Handel teil. Zu eigenständiger industrieller Entwicklung kam es in der Vergangenheit meistens, wenn sich die Bindungen zu den Mutter- oder später zu den dominierenden Industrieländern lockerten. Das war immer dann der Fall, wenn diese in Kriege oder wirtschaftliche/politische Krisen gerieten. So vollzog sich die moderne industrielle Entwicklung in Argentinien, Brasilien, Chile und Mexiko nachweislich während des Ersten und Zweiten Weltkrieges und der dazwischenliegenden Wirtschaftskrise. In jüngster Zeit erfolgten soziale, politische und ökonomische Neuerungen immer dann, wenn es einer Regierung gelang, sich den externen – insbesondere den US-amerikanischen – Bevormundungen zu entziehen. Beispiele dafür sind Kuba unter Fidel Castro (1959), Peru in den 1960er-Jahren, Chile unter Salvador Allende (1970–1973), Brasilien unter Luiz Inácio (Lula) da Silva (2003–2011), Venezuela unter Hugo Chávez (1999–2013) oder Bolivien unter Evo Morales (seit 2006).

Die lateinamerikanische Entwicklung seit Anfang des 19. Jahrhunderts ist ohne die im Folgenden erläuterte Strukturverkehrung nicht nachvollziehbar: In Europa fungierte nämlich nach der Entmachtung des grundbesitzenden Feudaladels das urbane Bürgertum als Träger der Ideale der Französischen Revolution, der Industrialisierung und der Modernisierung. In Lateinamerika hingegen fiel diese Rolle der Clique der ehemaligen iberischen Adligen zu. So benutzten sie die neuen Besitzvorstellungen der europäischen bürgerlichen Gesellschaft des 19. Jahrhunderts, um einen Landraubfeldzug kontinentalen Ausmaßes durchzuführen. Auf diese Weise entstand das Großgrundbesitzertum, das Latifundium Lateinamerikas. Dabei wurde eine Grundforderung der liberalen Bourgeoisie Europas, nämlich die Beendigung des feudalen Privilegs der freien Verfügbarkeit über Boden, völlig missachtet.

M2: Zentrum und Peripherie in Lateinamerika

4.3 Lateinamerika: eigenständig – widersprüchlich?

Mit dem Latifundium, das die Beendigung der spanischen und portugiesischen Kolonialherrschaft seit Anfang des 19. Jahrhunderts überdauerte, war ein Hemmnis für zukünftige gesellschaftliche Umbrüche oder einen ökonomischen Neuanfang entstanden. So wurden die bisherigen sozioökonomischen Strukturen wie Großgrund- (Latifundium), Kleinstbesitz (Minifundium), arme landwirtschaftliche Familienbetriebe, besitzlose Pächter und Landarbeiter sowie indianische Agrargemeinschaften fortgeschrieben. Auch an der kolonialen Raumstruktur mit Küstenstädten als Brückenköpfen und Extraktionszentren sowie dem Hinterland als ausgebeutete Peripherie wurde nichts geändert (M 2, S. 105). Selbst die Herodisierung der lateinamerikanischen Oberschicht blieb erhalten: Sie hielt sich zwar physisch in Lateinamerika auf, kulturell und geistig jedoch lebte sie in Europa. Dieses Verhalten offenbarte sich in rasch expandierenden Städten, deren Ökonomien und Leben von der Oberschicht geprägt und vom Waren- und Ideenimport aus Übersee bestimmt wurden (*desarrollo hacia afuera* – Entwicklung von außen).

Das änderte sich während des Ersten Weltkrieges, als der kulturelle Austausch mit Europa plötzlich eingeschränkt war und der Kapitaltransfer unterbleiben musste. Jetzt wurde insbesondere zur Deckung des städtischen Bedarfs in die eigene Wirtschaft investiert und damit begonnen, eine importsubstituierende Industrie vor Ort aufzubauen (*desarrollo hacia adentro* – Entwicklung von innen). Die Chancen, die der dadurch einsetzende wirtschaftliche Aufstieg eröffnete, wurden – quasi in Kollaboration mit den einheimischen Eliten – hinfort von ausländischen Unternehmen genutzt. Die externe Beherrschung und Kontrolle der lateinamerikanischen Wirtschaft und die Beeinflussung der internen Politik dauerten in wiederkehrenden Wellen bis in die Gegenwart (kurze Unterbrechung während des Zweiten Weltkriegs) fort und nahmen quantitativ zu.

Herodisierung
ein von dem britischen Geschichtsphilosophen A.J. Toynbee (1889–1975) geprägter Begriff. Er geht auf das „Doppelleben" zurück, das der jüdische König Herodes d. Große (34 – 4 v.Chr.) führte. Physisch hielt er sich in Palästina, kulturell in Rom auf.

Importsubstitution
Ersatz von Importgütern durch im Inland hergestellte Produkte

M 1: Quellentext zur Rolle der USA in Lateinamerika
Lemoine, M.: Herrliche kleine Kriege. Lateinamerika: eine kurze Geschichte der US-Interventionen. Le Monde diplomatique 5/2003
Maurice Lemoine ist französischer Journalist.

Die Vereinigten Staaten haben in Lateinamerika nie offizielle Kolonien gehabt – de facto jedoch gab es durchaus Territorien, die von Washington ebenso abhängig waren wie Kolonialgebiete. Vom Beginn des 19. Jahrhunderts an bis in die 1930er-Jahre hinein haben die US-Regierungen zudem immer wieder – unter Berufung auf die Monroe-Doktrin von 1823 – bewaffnete Interventionen unternommen. Die führten in der Regel zur Installation von einheimischen Diktatoren, die letztlich als verlängerter Arm Washingtons funktionierten – im Interesse des US-Kapitals und zum Unglück der Völker Lateinamerikas.

Monroe-Doktrin
Erklärung des fünften US-Präsidenten James Monroe (1817–1825), die 1823 die langfristige Außenpolitik der USA definierte. Darin wird den europäischen Mächten der Erwerb von Kolonien und die Einmischung in die inneren Angelegenheiten beider Amerika untersagt.

Fassbar Gestalt nahm diese Entwicklung schon mit der Monroe-Doktrin an. Hinfort beherrschten die USA nicht nur die lateinamerikanische Wirtschaft, sondern auch die gesellschaftliche Entfaltung. Kultur und Lebensweise der Oberschicht unterlagen durch Übernahme beispielsweise von Fast Food, Jazz, Jeans, Universitätsausbildung und Militäraufbau US-amerikanischer (und auch europäischer) Fremdbestimmung. Ganz massiv fand diese Fremdbestimmung Ausdruck in den ersten militärischen Interventionen der USA: 1824 in Puerto Rico, 1831 in Argentinien, 1847 in Mexiko und 1857 in Nicaragua. Im Jahr 1898 unterstützten die USA die Unabhängigkeitsbestrebungen Kubas. Doch der jetzt freie Inselstaat musste diese Freiheit und die Garantien für die Unversehrtheit seiner Unabhängigkeit unter dem Druck des US-Militärs damit bezahlen, dass er den USA Militärstützpunkte einräumte. Das heute berüchtigte Folterlager Guantánamo geht auf diesen Vertrag aus dem Jahr 1901 zurück. In der zweiten Hälfte des 20. Jahrhunderts folgten Interventionen unter anderem in Guatemala (wiederholt nach 1960), Chile (1973), Nicaragua (1980–1990 wiederholt), Grenada (1983) und Panama (1989). In jüngerer Vergangenheit diente die Organisation Amerikanischer Staaten (OAS) den USA zur Rechtfertigung direkter oder indirekter externer Einmischung und Abwehr revolutionärer Umtriebe.

Als ein überzeugendes Beispiel für die Durchsetzung US-amerikanischer Interessen mittels der OAS gilt Chile: Im Jahre 1969 war der Sozialist Salvador Allende völlig legal zum Präsidenten gewählt worden. Der von ihm eingeschlagene Weg zum chilenischen Sozialismus führte zur Nationalisierung des Kupferabbaus, zu Agrarreformen und zur Verstaatlichung der Banken, bestimmter Industriezweige und des Außenhandels. Auch in der Außenpolitik orientierte er sich um. Diese Neuerungen berührten nicht nur die Interessen der lokalen Oberschicht, sondern auch die der US-amerikanischen Wirtschaft, deren Rüstungsunternehmen fortlaufend Kupfer benötigten. Allende wurde 1973 durch das Militär unter Führung von General Augusto Pinochet getötet und der von ihm eingeleitete sozialistische Entwicklungsweg mit brutaler Gewalt und US-amerikanischer Duldung beendet. Pinochet errichtete eine Schreckensherrschaft, der unzählige Oppositionelle zum Opfer fielen. Sie fand – wohl durch die allgemeine politische Liberalisierung und Linksorientierung in Lateinamerika und die nicht abreißende internationale Kritik – 2000 durch Wahlen ein Ende.

Derartige Ereignisse wurden ebenso wie die politischen Bevormundungen, die extern orientierte und gestützte, konservative Oberschicht sowie die extrem ungleiche Verteilung von Grundbesitz – alles exogene und endogene Hindernisse („Constraints") für eine gesamtgesellschaftliche Entwicklung Lateinamerikas – wiederholt zum Ziel von Kritik, Widerstand und gewaltsamer Auflehnung. Daran beteiligten sich – und dieses Faktum ist eine Besonderheit Lateinamerikas – sowohl die ungebildeten Landarbeiter, Pächter und verarmten Massen der Städte als auch die Intellektuellen, Gewerkschaften, Parteien und die meist linksorientierte Mittelschicht. Diese Unruhen zogen Regierungsumstürze, Militärdiktaturen, Verfolgungen, Folter und Vertreibung, aber auch Wahlen, Reformen und immer wieder neue Entwicklungsansätze nach sich. Dank eines relativ hohen Bildungsstandes und weiter Verbreitung von Tageszeitungen und Rundfunk entstand bei den Menschen in Lateinamerika ein bemerkenswert kritisches Bewusstsein. Diese politische Emanzipation geht einher mit einem sensiblen Empfinden für Machtmissbrauch und einem offenen Verständnis für wirklich volksnahe Demokratie, kann aber die immer wieder aufkommende Vetternwirtschaft und Korruption, wie jüngst in Brasilien, Argentinien, Venezuela oder Kolumbien, eben doch nicht verhindern. Und durch die damit verbundene Instabilität der Regierungen bleiben eingeleitete Reformprogramme, beispielsweise zur Veränderung der bestehenden Besitzstrukturen oder zur Bekämpfung der Massenarmut, meist unvollendet.

Auch die von der Mehrzahl der lateinamerikanischen Politiker heute als dringend erachtete Zusammenführung ihrer Staaten in einer Wirtschaftsgemeinschaft in Angriff zu nehmen, ist nicht von ungeschmälertem Erfolg begleitet. Seit 1991 existiert zwar die Organisation zur regionalen Integration und Schaffung eines gemeinsamen Binnenmarktes Mercosur. Doch fiel es den Verantwortlichen bisher schwer, für ganz Süd- oder Lateinamerika den internen sozialen und ökonomischen Herausforderungen und den externen Zwängen der Globalisierung zu begegnen. Inzwischen geht es auch darum, der von den USA favorisierten gesamtamerikanischen Freihandelszone FTAA ein tragendes Alternativmodell entgegenzustellen. Um das zu erreichen, wurde eine Wiederbelebung des Mercosur von den bisherigen Mitgliedern verfolgt und durch die Assoziierung von

OAS
Internationale Organisation mit 35 Mitgliedstaaten aus Süd-, Mittel- und Nordamerika, Sitz Washington D.C. Die OAS wurde 1948 auf Betreiben der USA mit folgenden Zielen gegründet: gemeinsame Abwehr von äußeren Bedrohungen; friedliche interne Konfliktregelung; Förderung wirtschaftlicher und kultureller Zusammenarbeit.
www.oas.org

M 2: Mercosur-Treffen 2005

Mercosur
Mercado Común del Sur („Gemeinsamer Markt des Südens"), südamerikanischer Binnenmarkt der Länder Argentinien, Brasilien, Paraguay und Uruguay, seit 2006 Venezuela
www.mercosur.int

FTAA
Free Trade Area of the Americas, seit den 1990er-Jahren geplante „Amerikanische Freihandelszone" aller Staaten beider Amerika ohne Kuba
www.ftaa-alca.org

4.3 Lateinamerika: eigenständig – widersprüchlich?

Unasur
Unión de Naciones Suramericanas („Union Südamerikanischer Nationen")
www.comunidadandina.org

Bolivien, Ecuador, Kolumbien und Peru (Andenpakt) sowie von Chile zu stärken versucht. Doch erst 2008, mit der Gründung von Unasur nach dem Vorbild der Europäischen Union, ist eine Organisation entstanden, der jetzt alle südamerikanischen Länder angehören. Ihre Ziele sind keineswegs neu, aber wie bisher recht anspruchsvoll. Sie bestehen in der Bekämpfung von Armut, Hunger, Ungleichheit und sozialer Ausgrenzung sowie im Bemühen, Sicherheit für alle zu schaffen. Diese Ziele sind von den jeweiligen politischen Verhältnissen weitgehend unabhängig. Sie folgen Einsichten, die wohl als parteienübergreifend anzusehen sind. Denn von den 25 Staaten Lateinamerikas waren 2017 die Mehrzahl (15) im weitesten Sinne konservative/rechts und die restlichen zehn (2011 noch 14) sozialistisch/sozialdemokratisch orientiert (M 2).

Doch es gibt auch Vorstellungen, die als Folge der übermächtigen Globalisierung und der Dominanz der USA eine Zusammenführung wirklich aller lateinamerikanischen Länder (also auch inklusive Kuba) vor allem auf wirtschaftlichem Gebiet anstreben. Dazu führte 2004 der damalige venezolanische Präsident Hugo Chávez, durch die Erdölreserven seines Landes zu Ansehen gelangt, in ALBA insgesamt elf und zwar nur kleinere Staaten des Kontinents zusammen. Die bedeutenderen hingegen blieben dieser Allianz fern, wenn sie auch die Vorstellungen von ALBA, nämlich Ablehnung des von den USA propagierten „neoliberalen Freihandels" und eine integrierende Entfaltung der eigenen, lateinamerikanischen Wirtschaft befürworteten. Das traf vor allem für Brasilien zu, das in den letzten Jahren den Zusammenschluss UNASUR favorisiert. Mit dem Ableben ihres Gründers im Jahr 2013 und den anschließenden Unruhen in Venezuela hat ALBA inzwischen ihre Bedeutung verloren.

ALBA
Alianza Bolivariana para los Pueblos de Nuestra América („Bolivarianische Allianz für die Völker unseres Amerika"), nach dem südamerikanischen Unabhängigkeitskämpfer Simón Bolívar
www.alianzabolivariana.org

Wie notwendig die Bemühungen sind, der globalen Übermacht entgegen zu wirken, sei beispielhaft am Fall Bolivien gezeigt. Bolivien gilt mit seinen 11,0 Mio.

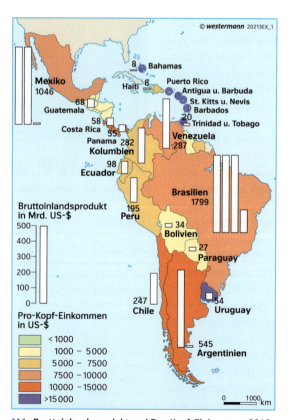

M 1: Bruttoinlandsprodukt und Pro-Kopf-Einkommen 2016

M 2: Regierungsformen und Bündnisse

Einwohnern (2016) als das ärmste Land Lateinamerikas. Insgesamt wird von einer Armutsquote von etwa 33 Prozent und für die Landbevölkerung allein von über 54 Prozent ausgegangen. Anfang der 1990er-Jahre begann die Regierung unter Führung des konservativen Präsidenten Losada, die Strukturanpassungsmaßnahmen des IMF umzusetzen. Sie privatisierte mit Zustimmung der profitierenden Oberschicht wichtige Staatsbetriebe und verkaufte auch lukrative Unternehmen an US-amerikanische und europäische Interessenten: Eisenbahn, Bergwerke, Erdöl-/Erdgasförderung, Elektrizität, Telefon, Fluggesellschaft und selbst die lebenswichtige Wasserversorgung. Letztere erwarb die Gesellschaft Aguas de Tunari, ein Tochterunternehmen des US-amerikanischen Bechtel-Konzerns. Innerhalb kürzester Zeit verdreifachte das Unternehmen den Wasserpreis und löste den Guerra del Agua, den Wasserkrieg, aus. Schauplatz war die Stadt Cochabamba, wo es Anfang 2000 zu ersten heftigen Protesten, dann zum Generalstreik und schließlich zu Zusammenstößen der Demonstranten mit der Polizei kam. Die Gewalt eskalierte und die Regierung verhängte das Kriegsrecht über die Stadt. Doch war sie – nicht zuletzt wegen der internationalen Proteste – gezwungen, die Privatisierung zurückzunehmen.

Ähnliche Vorgänge ereigneten sich auch in Argentinien, Chile, Kolumbien und Uruguay. Unruhen wurden auch durch andere Vorkommnisse ausgelöst. So waren es in Brasilien beispielsweise die negativen finanziellen Folgen/Auswirkungen der Fußball-Weltmeisterschaft (2014) und der Olympischen Spiele und ganz aktuell sind es die massiven Korruptionsvorwürfe gegenüber der letzten Präsidentin (Dilma Rousseff) und den amtierenden Präsidenten Michel Temer. In Argentinien löste 2016 die drastische Inflation heftige Unruhen aus. In Kolumbien war dafür der inzwischen erfolgreiche Versuch eines Friedensschlusses zwischen Regierung und der Guerillabewegung FARC verantwortlich. Und in Venezuela führten eine selbstverschuldete Wirtschaftskrise und die Kampagne des Präsidenten, Nicolás Maduro, zum Abbau der Demokratie zu bürgerkriegsartigen Auseinandersetzungen .

M3: Proteste gegen die Regierung Dilma Rouseff im März 2016 in Sao Paulo, Brasilien

Die Idee, gemeinsam die nicht aufzuhaltende Liberalisierung von Handel und Kapitalverkehr für die eigenen Märkte zu kontrollieren und zu nutzen sowie sich damit der Übermacht der ausländischen Konzerne zu erwehren, ist aber nicht nur aus Sicht der verarmten Massen Lateinamerikas notwendig. Es handelt sich um eine generelle Herausforderung für alle Staaten Lateinamerikas. Denn letztlich geht es wie schon bisher doch jetzt verstärkt darum, die externe Abhängigkeit nachhaltig abzuschütteln und die interne Ungleichheit im gesamtgesellschaftlichen Sinne endlich wirkungsvoll zu beenden. Denn nur auf diese Weise sind die sozialen, ökonomischen und infrastrukturellen Probleme zu reduzieren oder zu überwinden: Armut, anhaltende Landflucht, unproduktiver Großgrundbesitz, hohe Verstädterung, berüchtigte Slums und Hüttenviertel, Land-, Obdach-, Arbeits-, Beschäftigungslosigkeit, Kriminalität, Kinderbanden, Bandenkriege, Rauschgift, Migration und extreme räumliche und soziale Fragmentierung.

Die geschilderte Außenabhängigkeit, die durch die Globalisierung noch verstärkte externe Einflussnahme und die strukturellen internen Defizite sind in unterschiedlicher Ausprägung in allen Ländern Lateinamerikas anzutreffen. Für Mexiko, Costa Rica und Brasilien seien sie beispielhaft vorgeführt.

1 Charakterisieren Sie die Besonderheiten der Entwicklungsregion Lateinamerika.
2 Vergleichen Sie die wirtschaftliche Entwicklung der lateinamerikanischen Staaten (M1).
3 Erläutern Sie den Nutzen wirtschaftlicher und politischer Kooperation in Lateinamerika.
4 Erörtern Sie die Rolle der USA in Lateinamerika.

4.3 Lateinamerika: eigenständig – widersprüchlich?

Autorin: **Nadine Reis**,
Rheinische Friedrich-Wilhelms-Universität Bonn
nreis@uni-bonn.de

4.3.1 Mexiko: Industrialisierung ohne Wirkung?

Mexiko durchlief nach dem Zweiten Weltkrieg dank seiner Erdölvorkommen einen bemerkenswerten Prozess der Industrialisierung. Während zunächst auf die Strategie der importsubstituierenden Entwicklung gesetzt wurde, begann bald mit fremder Hilfe die Produktion für den nordamerikanischen Markt. Doch Überschuldung, globale Verflechtungen und ausgebliebene soziale Reformen verhindern bis heute eine nachhaltige Entwicklung.

Die Industrialisierung Mexikos war zunächst gekennzeichnet durch die Ansiedlung von Industriebetrieben, in denen vornehmlich für den durch hohe Zölle geschützten heimischen Markt produziert wurde (Importsubstitution). Bereits 1965 kam die mexikanische Regierung der Suche nordamerikanischer Unternehmen nach billigen Produktionsstätten entgegen. Mit dem „Maquila-Programm" erlaubte sie US-Firmen entlang der Nordgrenze zu den USA steuerfrei zu produzieren, zollfrei Rohstoffe und Vorprodukte zu importieren und Fertigerzeugnisse zollgünstig zu exportieren. Unter Ausnutzung der billigen Arbeitskraft und laxer Umweltschutzauflagen siedelten sich die als „Maquiladoras" bezeichneten Betriebe im Norden Mexikos an. Dort werden aus angelieferten, vorbearbeiteten Einzel- und Halbfertigteilen Endprodukte hergestellt, die vornehmlich in die USA exportiert werden. Dabei handelt es sich vor allem um Bekleidung, Computerteile, Autozubehör und elektrische Geräte.

Im Jahr 1982 kam es in Mexiko, wie in der Folgezeit auch in den anderen Ländern Lateinamerikas, zur Schuldenkrise. Auslöser hierfür waren plötzlich gestiegene Zinsen auf die in US-$ ausgewiesenen externen Kredite. Diese konnte das Land aufgrund seiner stagnierenden Wirtschaft, des Exports von Profiten ins Ausland und sinkender Einnahmen aus dem Erdölexport nicht mehr zahlen. Daraufhin war Mexiko gezwungen, das Strukturanpassungsprogramm des IMF zu akzeptieren. Damit verbunden waren die Privatisierung von Staatsunternehmen und später von Banken sowie die Öffnung der Wirtschaft für ausländisches Kapital und der Abbau von Einfuhrzöllen. Ein weiteres Element der von den internationalen Gläubigern durchgesetzten „Um-

Einwohner	123,2 Mio.
Fläche	1 964 375 km²
Lebenserwartung	77 Jahre
Anteil unter 15-Jähriger	32 %
Fertilitätsrate	2,2
Verstädterungsquote	79 %
Säuglingssterblichkeit	1,3 %
Anteil Bevölkg. mit Zugang zu sicherem Trinkwasser	96 %
Analphabetenquote	6 %
BNE/Ew. (nach KKP)	16 860 US-$
Ø-BIP-Wachstum (2006–2015)	2,0 %
Anteil Landwirtschaft BIP	2,4 %
Export-Import-Relation	1,03 : 1
Jahresstromverbrauch / Ew.	12 071 kWh
Absolut Arme (1,90 US-$ / Kopf und Tag)	3,0 %
HDI-Wert (Rang)	0,762 (77.)
ODA (Anteil am BNE)	0,0 %
Internetpenetrationsrate	57 %

Quelle: Population Reference Bureau, World Bank, UNDP

M 1: Basisdaten Mexiko 2015

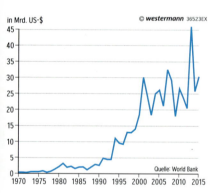

M 2: Ausländische Direktinvestitionen in Mexiko 1970 – 2016

M 3: Automobilindustrie in Mexiko

schuldungsmaßnahmen" war das Verbot der Staatsfinanzierung über die Zentralbank. Stattdessen wurde die Finanzierung über Staatsanleihen (sog. „Bonds") eingeführt, die auf den internationalen Finanzmärkten an Privatanleger verkauft werden.

Mit der durch den IMF erzwungenen ökonomischen Öffnung und der Umsetzung der exportorientierten Entwicklungsstrategie breiteten sich Industrieparks in weiteren Teilen Nord- und Zentralmexikos aus. Insbesondere dorthin flossen seit Inkrafttreten des Nordamerikanischen Freihandelsabkommens (NAFTA) im Jahr 1994 enorme Mengen an ausländischen Direktinvestitionen (FDI, M2). Außer in die klassischen Maquiladora-Fertigungsindustrien wurde zwischen 1999 und 2016 ein großer Teil der FDI in die Auto- und die chemische Industrie investiert (M3). Ein weiterer bedeutender Anteil gelangte zudem in den Sektor Nahrungsmittel und Getränke. Es mag überraschen, aber im Zuge dessen wurden die Mexikaner zu den größten Konsumenten von Süßgetränken weltweit.

> *San Luis Potosí [...] Die in Vergessenheit geratene alte Kolonialstadt im Herzen Mexikos ist ein Paradebeispiel dafür, was Freihandel und Globalisierung [...] bewirken können. Dank seiner verkehrsgünstigen Lage auf dem Weg zur amerikanischen Grenze [...] verwandelte sich die Stadt innerhalb eines Jahrzehnts in eine hochindustrialisierte Plattform der Autoproduktion: [...] Ein Dutzend eingezäunte Industrieparks mit jeweils Dutzenden von [...] Fabrik- und Lagerhallen. [...] Hier sind sie alle vertreten, die Großen der Automobilbranche und ihre Zulieferer. General Motors, [...] Ford, Daimler Benz. 2015 entschied sich BMW für den Bau eines neuen Werkes mit einem Investitionsvolumen von einer Milliarde Dollar [...]. Nicht nur für San Luis Potosí, für ganz Mexiko ist die Automobilindustrie zur Erfolgsgeschichte geworden. Heute ist Mexiko der siebtgrößte Autoproduzent der Welt. Letztes Jahr liefen 3,5 Millionen Fahrzeuge vom Band, drei Viertel davon wurden exportiert [...] 2020 sollen 5 Millionen hergestellt werden.*

M4: Quellentext zur Automobilproduktion in Mexiko
Bauer, R.: Das große Zittern. Seit der Wahl Donald Trumps zum US-Präsidenten geht in Mexiko die Angst um. Cicero 3/2017, S. 86.
Richard Bauer ist Korrespondent der Neuen Züricher Zeitung in Lateinamerika.

Die im Zuge dieser Entwicklung entstandenen neuen Industrieparks wurden seit den 1990er-Jahren insbesondere an den Rändern der mittelgroßen Städte des Landes angesiedelt. Sie wuchsen daraufhin rasant an, wie zum Beispiel Puebla, Toluca und San Luís Potosí (M3, M4). Folge der gestiegenen Direktinvestitionen und staatlicher Unterstützung für die exportorientierte Industrie war auch der massive Zuwachs der Exporte an verarbeiteten Produkten (M6). Da dafür wiederum vermehrt Fertigungsanlagen, Maschinen, Bauteile und Stoffe impor-

M5: Automobilwerk von Hyundai in Tijuana

M6: Export von Industriegütern aus Mexiko 1993–2015

4.3 Lateinamerika: eigenständig – widersprüchlich?

Die meisten der Einzelhandelsketten kooperieren mit Banken, besitzen selbst Banklizenzen oder stellen ihre eigenen Kreditkarten aus, um die weniger betuchte Bevölkerung zum Kauf „auf Pump" anzuregen.

Land	in Mrd. US-$	In US-$/ Ew.
China	80,3	59,1
USA	71,5	226,0
Mexico	20,9	170,4
Brasilien	9,1	45,0
Costa Rica	1,4	290,5

Quelle: FAO

M 1: Nahrungsmittelimporte 2013

M 2: Quellentext zur Situation der Landarbeiter auf mexikanischen Großfarmen
Marosi, R.: Hardship on Mexico's farms, a bounty for U.S. tables. LA Times 7.12.2014
Übersetzung: Reis, N.

tiert werden mussten, stiegen jedoch gleichzeitig auch die Importe. Da diese importierten Inputs vom Wert her gesehen allgemein 80 Prozent und bei der Maquiladora-Industrie sogar 97 Prozent der Exporte entsprechen, generiert die exportorientierte Industrie kaum weitergehende Entwicklungsimpulse.

Ein weiterer Sektor mit enormem Wachstum ist der von US-amerikanischen Unternehmen dominierte Einzelhandel. In diesem Zusammenhang schossen in den letzten Jahren neben den Industrieparks massenhaft großflächige Einkaufszentren („Malls") und Hypermärkte aus dem Boden. Allein zwischen 2005 und 2015 verdoppelten sich Anzahl und Fläche der Einkaufszentren in Mexiko.

Auch der exportorientierte Agrarsektor verzeichnete ein enormes Wachstum. Zwischen 1993 und 2015 stieg der Wert der Agrarexporte von vier auf fast 27 Mrd. US-$ an. Mexiko ist heute einer der größten Produzenten und Exporteure verschiedener Agrarerzeugnisse, wie beispielsweise Tomaten, Avocado, Biokaffee, Hühnchen- und Rindfleisch. Doch während – ähnlich wie im produzierenden Gewerbe – der Agrarsektor Exporterfolge verzeichnet, stiegen gleichzeitig die Agrarimporte, vornehmlich Nahrungsmittel, an und tragen entscheidend zur negativen Handelsbilanz Mexikos bei. Es ist unglaublich: Mexiko ist heute einer der größten Nahrungsmittelimporteure der Welt (M 1).

Das Angebot an billigen Arbeitskräften für das produzierende Gewerbe und die Agrarindustrie speist sich aus der verarmten Landbevölkerung, die mit der durch den IMF erzwungenen ökonomischen Öffnung Mexikos zunehmend ihre Lebensgrundlage verlor. Bis in die 1990er-Jahre konnten die kleinbäuerlichen Familien ihre Produkte, insbesondere das Grundnahrungsmittel Mais, durch staatlich garantierte Preise auf dem Markt absetzen. Mit den dann wirksam werdenden Reformen verschob sich die staatliche Unterstützung im Agrarsektor weg von Preisgarantien und Beihilfen für Kleinbetriebe hin zu Subventionen für industrielle Großbetriebe und dem von transnationalen Konzernen dominierten Handel („Agrobusiness"). Die ehemaligen „Campesinos" (ländliche kleinbäuerliche Bevölkerung) migrierten infolgedessen millionenfach in die USA, ins Umland der Städte Mexikos oder saisonal in die großen Agrarproduktionszonen in Nordmexiko. Rund zwei Mio. Arbeitskräfte, unter ihnen viele Kinder, verdingen sich dort unter oft sklavenähnlichen Bedingungen in der Gemüseproduktion für Supermarktketten.

Viele Arbeitskräfte in der Agrarproduktion sitzen monatelang in von Ratten befallenen Lagern fest, oft ohne Betten und manchmal ohne funktionierende Toiletten und eine verlässliche Wasserversorgung. Einige Bosse halten illegal Löhne zurück, um die Arbeiter daran zu hindern, während der Haupterntesaison die Lager zu verlassen. Die Arbeiter versinken oft immer tiefer in Schulden, da sie für lebensnotwendige Güter in den Läden der Lager überhöhte Preise bezahlen müssen. Manche fangen an, Lebensmittel zu plündern, wenn sie keinen Kredit mehr bekommen. Es ist weitverbreitet, dass die Arbeiter am Ende der Erntesaison ohne einen Cent die Rückreise nach Hause antreten.

Mexiko ist vielfältig in globale Zusammenhänge eingebunden. Die Auswirkungen seien in zwei Tatsachen zusammengefasst:

1. Die durch den IMF erzwungenen Reformen führten zwar zu einem beachtenswerten Wachstum des Exportsektors. Doch zur Beseitigung von Armut und zu einer breitenwirksamen Verbesserung der Lebensbedingungen für die Mehrzahl der Menschen ist es nicht gekommen. So konnte beispielsweise nur ein geringer Teil der

M 3: Transport von Landarbeitern zur Weinlese

M 4: Straßenverkäuferinnen in Bahias de Huatulco, Oaxaca

Bevölkerung überhaupt von den neuen Arbeitsplätzen in der Industrie profitieren. Insgesamt 60 Prozent der Mexikaner sind heute im informellen Sektor tätig. Sie verkaufen selbstgemachtes Essen oder chinesische Billigwaren am Straßenrand, arbeiten als Hausmädchen, Schuhputzer oder Autowäscher. Das Gros der in den Industrieparks tätigen Arbeiterinnen und Arbeiter verdient lediglich den Mindestlohn, der 2016 bei circa 3,30 Euro pro Arbeitstag lag. Dieser ist der niedrigste Lateinamerikas und rangiert sogar unter der offiziellen Armutsgrenze Mexikos. Die Hälfte der mexikanischen Bevölkerung lebt heute unter dieser Armutsgrenze; ein Fünftel – circa 25 Mio. Menschen – vegetiert sogar in Ernährungsarmut. Ein steigender Anteil der Bevölkerung ist überschuldet, da viele, insbesondere in familiären Notsituationen wie Krankheit oder Tod eines Angehörigen, Kredite aufnehmen müssen. In Folge dieser weitverbreiteten Armut florieren auch der Anbau sowie der Handel mit Drogen in die USA. Er gilt heute als Haupteinkommensquelle für große Teile der Landbevölkerung in Teilen Nord- und Zentralmexikos.

2. Auf staatlicher Ebene befindet sich das Land fast fortwährend im Krisenmodus. Die Schulden stehen derzeit auf historisch hohem Niveau (M 5). Zum wiederholten Mal verordnete die Regierung der Bevölkerung Sparsamkeit (Austerität), das heißt den Abbau von staatlichen Arbeitsplätzen und sozialen Leistungen. Für die Tilgung von Schulden wird mehr Geld ausgegeben als für Bildung, Soziales und Gesundheit zusammen. Eine wesentliche Ursache dafür ist die Abhängigkeit Mexikos von den globalen Finanzmärkten, die das Land immer tiefer in die Verschuldung treibt. Um die laufenden Ausgaben und anfallenden Zinsen zahlen zu können sowie den Kurs der Währung stabil zu halten, ist Mexiko auf weitere Kredite kommerzieller Banken in Form von kurzfristigen Staatsanleihen angewiesen. Bei Kapitalanlegern sind diese Staatsanleihen beliebt, da sie hohe Zinserträge versprechen. Die auf diese Weise stattfindenden Kapitalzuflüsse („hot money") verursachen jedoch langfristig enorme ökonomische Probleme:

Zum einen kommt es durch die Nachfrage nach der lokalen Währung zu deren Aufwertung, was zu negativen Terms of Trade für mexikanische Produkte führt: Exporte aus Mexiko werden so relativ gesehen verteuert, Importe verbilligt. Durch diesen Mechanismus kam es bereits seit den 1990er-Jahren zur Überflutung des Marktes mit Importen und in Folge zur weitgehenden Zerstörung der lokalen Wirtschaft. Eine zunehmende Abhängigkeit von Importen führt jedoch auf volkswirtschaftlicher Ebene auch zu steigender Abhängigkeit von Exporten, um die notwendigen Devisen zu erwirtschaften und die Zahlungsbilanz ausgleichen zu können.

Zum anderen führen die hohen Zinsen im Land zu einer weiteren Konsolidierung der Vormachtstellung transnationaler Konzerne, denn diese haben, im Gegensatz zu lokalen Unternehmen, Zugang zu billigeren Krediten im Ausland. So verdrängen

Die offizielle Armutsgrenze wird über einen Basis-Einkaufskorb mit Lebensmitteln und Produkten des täglichen Grundbedarfs ermittelt.

Austerität
strenge Sparpolitik eines Staates

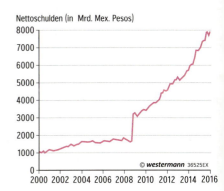
M 5: Entwicklng der Nettoverschuldung Mexikos

4.3 Lateinamerika: eigenständig – widersprüchlich?

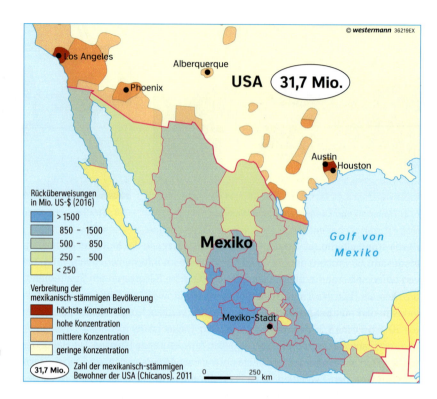

M1: Rücküberweisungen nach Mexiko und Verbreitung der mexikanisch-stämmigen Bevölkerung in den USA

sie weiter lokale Konkurrenz vom Markt. Durch den zunehmenden Export der Profite und Unternehmensdividenden sowie durch die ebenfalls steigenden Zahlungen von Zinsen für Staatsanleihen im ausländischen Besitz kommt es gesamtwirtschaftlich zu einem wachsenden Abfluss von im Land erwirtschafteten Werten ins Ausland. Zusammen mit den negativen Terms of Trade für lokale Produkte gegenüber billigeren Importwaren entsteht dadurch ein ständig steigendes Leistungsbilanzdefizit. Dieses Defizit wiederum wird durch neue Schulden, den Abbau von staatlichen Ausgaben und eine weitere Erhöhung der Exporte auszugleichen versucht. Die Bemühungen, dem Defizit auch durch weitere Privatisierungen, zum Beispiel des Öl- und Gassektors, und die weitere Ansiedlung exportorientierter Industrie entgegenzuwirken, gleichen einem Fass ohne Boden. Denn die reale Wirtschaft hinterlässt nicht genügend Einkommen für Staat und Bevölkerung Mexikos, um auf Dauer die Kredite und die hohen Zinsen zurückzahlen zu können. Die einzige echte Einnahmequelle für die mexikanische Volkswirtschaft sind die Rücküberweisungen von Migranten aus den USA, die 2016 rund 25 Mrd. US-$ betrugen (M1). Würde diese Einnahmequelle aufgrund von Anti-Immigrationsmaßnahmen und verstärkter Deportation von Migranten ohne Aufenthaltsgenehmigung aus dem nördlichen Nachbarland versiegen, so würde dies mit hoher Wahrscheinlichkeit zum Ausbruch einer neuen Finanzkrise und zur weiteren Verarmung in Mexiko beitragen.

All diese sozialen und finanziellen/wirtschaftlichen Probleme und Konsequenzen der globalen Verflechtungen Mexikos werden jetzt noch zusätzlich verstärkt und überlagert durch die von dem neuen US-Präsidenten 2017 angekündigten Maßnahmen gegen die in Mexiko produzierenden amerikanischen Unternehmen, insbesondere die Automobilkonzerne. Die möglichen Folgen sind noch nicht absehbar.

1 Begründen Sie, inwieweit es sich bei den Maquiladoras um „globalisierte Orte" handelt.
2 Erörtern Sie Vor- und Nachteile der NAFTA-Mitgliedschaft Mexikos.

4.3.2 Costa Rica: klein, aber fein

Das mittelamerikanische Land nimmt unter den Ländern des Südens eine Sonderrolle ein. Costa Rica hat über Jahrzehnte inneren Frieden bewahrt, tritt nach außen nicht aggressiv auf, schützt die kostbare Unterschiedlichkeit der Naturräume und realisiert ein öko-touristisches Konzept. Auch ist man sich der Brisanz sozialer Ungleichheit bewusst und baut daher bedacht das Bildungs-, Sozial- und Gesundheitssystem aus.

Oft äußern sich die Costa Ricaner – „Ticas" und „Ticos" genannt – strahlend und stolz über ihr geliebtes Costa Rica: Es sei ohne Zweifel das schönste Land der Erde, kaum woanders gäbe es eine derart harmonische und atemberaubende Natur, freundliche Menschen, gesicherten Frieden ohne Armee, ein hervorragendes Gesundheitswesen, umsichtiges Bildungssystem, liebevolle Altersversorgung sowie eine bewährte Demokratie, transparente politische Führung, hohe Arbeitsdisziplin und gute Infrastruktur und das alles, fast alles, ohne soziale Spannungen und Kriminalität. Man sei Lateinamerikas bester Freund der USA und Ziel von Flüchtlingen aus benachbarten Krisengebieten. Und schließlich sei Costa Rica bekannt für seinen sorgsamen Umgang mit der Umwelt mit vielen Schutzgebieten und winzigem ökologischen Fußabdruck und zudem Pionier im Ökotourismus. Costa Rica schneidet – aus der Sicht seiner Bewohner – im Vergleich mit dem Rest der Welt als Sieger ab – Nationalstolz pur! Laut einer Gallup-Umfrage von 2016 leben die Menschen ganz besonders glücklich in Costa Rica.

Blendet man das Eigenlob ein wenig aus und betrachtet das Land realistischer, fällt auf: Die Vielfalt mancher Agrarräume litt unter jahrzehntelangem, rücksichtslosem Raubbau. Mengenmäßig das größte Export-Produkt von Costa Rica ist der in die Karibik und den Pazifik gespülte Boden. Die Trockenzeit kann Überlänge erreichen und das Leben erschweren. Starkniederschläge in den Regenmonaten sind verheerend. Umweltdelikte haben überall zu Problemen für die zukünftige Landnutzung geführt. Mehrere Nationalparks sind lediglich „paper parks" und bezüglich ihres Managements eher Notstandsgebiete. Ökotourismus ist vielerorts Etikettenschwindel. Die gelobte Freundlichkeit der Menschen ist meist oberflächlich, zerbrechlich, unverbindlich. Gute Krankenversorgung und höhere Bildung gibt es lediglich in der Hauptstadt San José. Armut bei Alten, Randgruppen, Arbeitslosen ist die Regel und nicht die Ausnahme. Kriminelle Übergriffe erreichten in den letzten Jahren hohe Steigerungsraten. Reparaturen an der Infrastruktur hinken der Notwendigkeit von Instandsetzungen hinterher. Drastische Abhängigkeit bestimmen den Kontakt mit den USA mehr als ebenbürtige Partnerschaft.

Wie alle Länder der Tropen hat Costa Rica mit Entwicklungsproblemen zu kämpfen. Immerhin: Dieses Land von der Größe Niedersachsens hat Chancen, dabei zu gewinnen. Um diese positive Einschätzung zu verstehen, seien die gegenwärtige Situation, die zukünftigen Hindernisse und die landesspezifischen Visionen skizziert:

Die Natur gibt Chancen und Hindernisse für die Entwicklung menschlichen Lebens in Costa Rica vor: Eine Gebirgskette durchzieht das Land von Nicaragua bis Panama. Sie ist weitgehend durch Vulkane aufgebaut und die gesamte Region ist seismisch aktiv. Jedes Kind im Land hat schon einmal die Erfahrung mit Erdbeben gemacht. Von der Cordillera de Tilarán im Norden bis zur Cordillera de Talamanca im Süden sind die Hänge übersteil und tief zerschluchtet. Trotz der mineral- und dadurch nährstoffreichen Böden sind solche Gebirge schwierig, die Küsten hingegen leichter zu besiedeln. Die dauernd regenreiche und schwüle karibische Seite birgt große Risiken (Krankheiten, Überschwemmungen) und bietet

Autor: **Ludwig Ellenberg**, Humboldt-Universität Berlin ludwig.ellenberg@posteo.de

Einwohner	4,9 Mio.
Fläche	51 7100 km²
Lebenserwartung	79 Jahre
Anteil unter 15-Jähriger	23 %
Fertilitätsrate	1,8
Verstädterungsquote	77 %
Säuglingssterblichkeit	0,8 %
Anteil Bevölkg. mit Zugang zu sicherem Trinkwasser	98 %
Analphabetenquote	2 %
BNE/Ew. (nach KKP)	14 910 US-$
Ø-BIP-Wachstum (2006–2015)	4,0 %
Anteil Landwirtschaft BIP	5,5 %
Export-Import-Relation	1 : 1,40
Jahresstromverbrauch / Ew.	1958 kWh
Absolut Arme (1,90 US-$ / Kopf und Tag)	1,6 %
HDI-Wert (Rang)	0,776 (66.)
ODA (Anteil am BNE)	0,2 %
Internetpenetrationsrate	60 %

Quelle: Population Reference Bureau, World Bank, UNDP

M 2: Basisdaten Costa Rica 2015

M 3: Vulkan Arenal

4.3 Lateinamerika: eigenständig – widersprüchlich?

M1: Naturräumliche Gliederung Costa Ricas

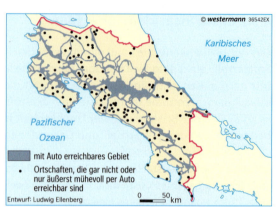

M2: Erreichbarkeit in Costa Rica

M3: Wappen Costa Ricas

M4: Bananenplantage

ungünstigere Lebensbedingungen für den Menschen als die pazifische mit jährlich acht Regen- und vier Trockenmonaten. Die agraren Gunsträume sind winzig.

Die indianische Besiedlung erfolgte dispers, größere Städte wie im Reich der Mayas oder Inkas sind nicht entstanden. Die spanische Landnahme ignorierte die indigene Bevölkerung und drängte sie in Randräume ab. Heute zählen die acht lokalen Ethnien etwa 100000 Einwohner. Die spanische Erschließung begann nicht an der karibischen Küste, die von Christoph Kolumbus bei seiner vierten Reise 1502 erreicht worden war, denn der amphibische Küstensaum war zu abweisend und undurchdringlich. Europäische Kolonisten kamen erst nach 1560 per Schiff von Panama aus auf der pazifischen Seite ins Land. Von geeigneten Landeplätzen aus tasteten sie sich ins Valle Central vor, wo sie sich niederließen und dort ohne Außenkontakte überdauerten. Denn sie lebten abgeschieden als Selbstversorger in einem „Binnenland" zwischen zwei Meeren. Atlantik und Pazifik hatten für sie keine Bedeutung.

Naturgeographisch lässt sich Costa Rica bei starker Vereinfachung in vier kontrastierende Räume gliedern (M1):

- Valle Central (3000 km² umfassender Kern, intensive Besiedlung, gute Bedingungen für die Landnutzung),
- Gebirge (schwer zu erschließen, über lange Zeit kaum berührt),
- pazifische Küstenregion (in einigen verstreut liegenden Tieflandkammern leicht zu besiedeln und zu bewirtschaften, weit entfernt vom Valle Central),
- karibische Küstenregion (schwer zu erschließen, weitflächig erst Ende des 19. und Anfang des 20. Jahrhunderts durch die United Fruit Company als „Bananenland" genutzt).

Nach der 1821 erfolgten Ablösung Zentralamerikas von Spanien setzte die Aufsiedlung des Valle Centrals ein, und es wurden die Kaffee-Plantagen ausgeweitet. Ab 1860 tasteten sich dann Siedler in die gebirgigen Teile des Landes vor. Eine zwar von Rückschlägen gezeichnete, doch bewundernswert zähe, originelle und umsichtige Agrarkolonisation setzte in den Hügeln und dem Gebirge ein und drängte die Bergwälder zurück. Auch die pazifischen und karibischen Tiefländer wurden ebenso agrarisch erschlossen wie der Norden des Landes bis an die Grenze zum Nachbarn Nicaragua. Die peripher gelegenen Landesteile sind jedoch dünn besiedelt, krisenanfällig und auf sich gestellt. Im Bewusstsein des Ticas gelten sie als Ergänzungsraum mit stringenter Abhängigkeit vom Zentrum. In Costa Rica, wo überall Starkregen über 100 mm pro Tag vorkommen und die höchste gemessene Menge innerhalb von 24 Stunden mit 650 mm dem mittleren Jahresniederschlag von Berlin gleicht, ist der Bau von Straßen schwierig und ihre Erhaltung fast unmöglich. Trotz kurzer Distanzen bergen Fahrten in entlegene

M5: Waldvernichtung im Bergland

M6: Beginn von Agrarkolonisation (Bau einer Schule)

Gebiete oft unliebsame Überraschungen und daher sind die Ränder des Landes auch nur schwer zu erreichen. Diese Regionen sinnvoll in die Entwicklung einzubinden ist daher aufwendig und kaum durchzuhalten.

Im Valle Central leben auf fünf Prozent der Landesfläche 50 Prozent der Bevölkerung. Nur wenige Staaten der Erde sind derart asymmetrisch besiedelt. Die Bevölkerungsdichte der gesamten Landesfläche von Costa Rica beträgt 95 Ew./km², aber im zentralen Verdichtungsraum ist sie zehnmal größer. Die Städte San José, Cartago, Heredia, Alajuela und Escazú sind zu einer Agglomeration zusammengewachsen. Damit wuchsen auch die Probleme: Verkehrschaos, Enge, Lärm, emissionsbelastete Luft, unzureichende Entsorgung des Mülls und des Abwassers, hohe Grundstückspreise. Harte Kontraste bestehen zwischen den bürgerlichen, wirtschaftlich abgesicherten, international/global vernetzten, kapitalintensiven Stadtteilen auf den flachen Hängen des Valle Central und den auf die Steilhänge der scharf eingeschnittenen Täler abgedrängten Vierteln der marginalisierten Bewohner des Hochlands. Letztere sind oft von jeder Sozialfürsorge ausgeschlossen. San José verdeutlicht in erschütternder Weise die fragmentierende Entwicklung im urbanen Costa Rica. Sie äußert sich einerseits in armseligen Unterkünften, der Benachteiligung ihrer Bewohner, in Kriminalität, Ausgrenzung und Chancenarmut. Andererseits konzentrieren sich nur hier die ausländischen Firmen und Organisationen, haben sich Institutionen höherer Bildung etabliert, gibt es exquisite medizinische Betreuung, wird ein großer Teil des Exports und des Imports abgewickelt, treffen fast alle ausländischen Touristen ein. Costa Rica wird somit durch zwei kaum zu überwindende Entwicklungshindernisse bestimmt: erstens den Gegensatz zwischen Kernraum und den Peripherien; zweitens die scharfe soziale Fragmentierung innerhalb der Agglomeration im Valle Central.

Während der kolonialen Erschließung vom 16. bis zum 18. Jahrhundert und dem Beginn Costa Ricas als Kaffee-Exporteur im 19. Jahrhundert erschien die Natur übermächtig und die Agrarkolonisation ein edler Kampf. In der Gegenwart hat sich dieses Szenarium geradezu umgekehrt. Einsatz von Pestiziden in den Plantagen, drastische Wald- und Bodenzerstörung (M7), Nutzung der Flüsse als Müllkippen, Übernutzung von Weideland und daraus folgender Kompaktierung der Böden türmen Umweltprobleme auf und scheinen die Natur besiegt zu haben. Überlagert und verstärkt werden diese Probleme durch ein drastisches Bevölkerungswachstum. So wurden 1951 gerade einmal 1,0 Mio. Einwohner gezählt. 1974 waren es 2 Mio., 1989 3 Mio., 2001 4 Mio. und 2015 4,9 Mio.

Der Umgang mit den zahlreichen natürlichen Risiken/Problemen erfolgt in Costa Rica recht pragmatisch, mehr erduldend als steuernd. Die „Comisión Na-

M7: Entwaldung Costa Ricas

4.3 Lateinamerika: eigenständig – widersprüchlich?

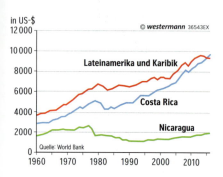

M1: Bruttoinlandsprodukt pro Ew. von Costa Rica, Nicaragua und Lateinamerika 1960 – 2016

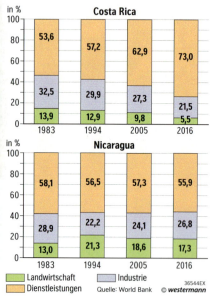

M2: Anteil der Wirtschaftssektoren am Bruttoinlandsprodukt Costa Ricas und Nicaraguas 1983 – 2016

cional de Emergencia" ist finanziell unzureichend ausgestattet und administrativ zu schwach, um fürsorglich zu helfen, wenn Gebäude durch Erdbeben kollabieren, Murgänge steile Hänge verwüsten, Ernten durch Überschwemmungen verloren gehen und Menschen durch überbordende Flüsse obdachlos werden. Häufig bedrohen auch Erdbeben, nicht selten auch Vulkanausbrüche mit Lavaströmen und Ascheregen sowie Witterungsextreme das Land in allen seinen Teilen. Dass dabei die ärmeren Bevölkerungsteile stärker betroffen sind als die reicheren, entspricht wohl der Situation in allen Ländern des Südens.

Costa Rica war über Jahrhunderte ein Agrarland. Landwirtschaft machte 1965 noch ein Viertel des Bruttoinlandsproduktes aus. Heute sind es nur noch fünf Prozent. Industrie und Dienstleistungen sind zu den führenden Wirtschaftssektoren aufgestiegen und haben zu einer Erhöhung des Lebensstandards geführt (M2). Seit einigen Jahren ist Costa Rica konkurrenzfähiger Akteur in der Informationstechnologie und verzeichnet wachsende Erfolge im Gesundheitstourismus (M3): In Kliniken und Praxen werden Besuche aus den USA zu Operationen, Reha-Aufenthalten und Zahnbehandlungen immer wichtiger. Sie sind weitaus billiger als in Nordamerika und inzwischen renommiert und qualitativ hochstehend. Durch den mit der Modernisierung einhergehenden Anstieg des Wohlstands hat sich auch die internationale Entwicklungszusammenarbeit verändert. Während beispielsweise früher Waldbewirtschaftung, ländliche Regionalentwicklung und Verkehrsinfrastruktur im Vordergrund der deutschen Entwicklungszusammenarbeit mit Costa Rica standen, verkleinerte sich nun die Kooperation und ist fast nur noch auf multinationale Vorhaben zur Anpassung an Veränderungen im Klimageschehen gerichtet.

„Somos muy humilde" ist das häufig geäußerte Selbstverständnis der Ticos: „Wir sind sehr bescheiden". Das soll eigentlich heißen: „Wir fügen uns den gegebenen Verhältnissen, man darf uns loben, wir sind zufrieden, das tägliche Leben richten wir uns gut ein, Gier nach mehr ist nicht unsere Ambition". Die zu zwei Drittel europastämmige Bevölkerung sieht sich gefeit vor Bürgerkrieg, sozialpolitischen Kämpfen, illusionistischen Höhenflügen und materieller Habgier. Nach immer wieder aufschießenden politischen Konfrontationen in der Kolonialzeit und Unruhen bis ins 20. Jahrhundert hinein hat Costa Rica heute ein fast paradiesisches Niveau erreicht. Im Jahre 1949 war es dem Staat gelungen, die Armee abzuschaffen. Seither konnte Frieden bewahrt, weitgehende persönliche Sicherheit garantiert werden. Costa Rica ist ein Hort für politisch Verfolgte aus anderen Staaten und trägt immer wieder erfolgreich zur Versöhnung kontrahierender Gruppen in Zentralamerika bei. Das ist eine singuläre Ausnahme und in dieser Region nur möglich, weil es von dem großen Freund in Nordamerika beschützt wird! Dafür haben die USA in Costa Rica einen verlässlichen Verbündeten in Lateinamerika.

M3: Vulkanische Thermen Tabacón am Fuss des Arenal

M4: Ökotourismus in Costa Rica: Canopy im Regenwald

Costa Rica zeichnet sich aber auch durch eine bemerkenswerte soziale Infrastruktur aus. So hat es sein Gesundheitswesen umsichtig gestaltet und erreicht eine bescheidene Basisversorgung aller Bewohner. Schulbesuch von Kindern ist selbstverständlich, Grundbildung garantiert. Selbst in den Peripherien gibt es Schulen, häufig aber nur mit einem Lehrer für alle Klassen. Höhere Bildung ist einzig im Valle Central an zwei großen staatlichen und vielen kleinen privaten Universitäten möglich. In der Regel besteht jedoch der Wunsch, die Ausbildung in Nord-Amerika oder Europa aufzunehmen oder fortzusetzen. Die Gesellschaft erscheint im Vergleich zu anderen lateinamerikanischen Ländern als homogener. Doch auch hier klaffen, wie in der Stadtagglomeration im Valle Central deutlich ausgeprägt, unüberblickbarer Reichtum und krasse Armut weit auseinander. Ausgegrenzt sind vor allem indigene Gruppen (meist in „reservas indígenes" abgeschoben), alleinerziehende Mütter mit ihren Kindern und Gastarbeiter aus Nicaragua (offiziell etwa 600 000, Dunkelziffer doppelt so hoch).

Costa Rica ist eine Präsidialrepublik, in der alle vier Jahre Wahlen als friedliches Fest abgehalten werden und jeder Regierungswechsel zwar mit tiefgreifenden personellen Umbrüchen in den Ministerien und anderen staatlichen Institutionen geschieht, jedoch immer in geordneter Weise vor sich geht. Allerdings drücken die Reichen des Landes, die USA und der IMF jeder Regierung ihren Stempel auf.

Im Laufe des 20. Jahrhunderts wurde die Umweltbelastung zu einem gravierenden Problem. Es brauchte einige Zeit, bis dieses Problem wahrgenommen wurde und ein Umsteuern nicht nur verbal, sondern auch tatkräftig angestrebt wurde. So kam zwar schon 1965 eine von Schweden, den USA und Deutschland unterstützte Naturschutzbewegung auf. Doch erst in den letzten drei Jahrzehnten gewann sie Profil und Gewicht: Das Waldareal nimmt seither wieder an Fläche zu, mehr als ein Viertel des Landes wurde zu „parque nacional" erklärt oder in anderer Schutzkategorie erfasst (M5). Außerdem gibt es Prämien für nachhaltige Bewirtschaftung privater Forsten. Aufforstungskampagnen haben dank finanzieller Unterstützung Erfolg und Umweltschutz ist Dauerthema in allen Medien und Schulen. Ergänzend sei erwähnt, dass Costa Rica im Jahr 2015 sogar eine hundertprozentige Versorgung mit Erneuerbaren Energien erreicht hat und 2021 als erstes Land der Erde eine ausgeglichene CO_2-Bilanz aufweisen wird.

Naturschutz benötigt nicht nur Wissen, Management und Entschlossenheit, sondern auch finanzielle Mittel. Dazu konzentrierte sich Costa Rica auf „Ökotourismus" und gilt heute darin als Pionier Lateinamerikas. Dabei handelt es sich um einen Tourismus, der auf Pflanzen, Tiere und naturnahe Landschaften ausgerichtet ist, Naturschutz-Administration stärkt und ausweitet. Dadurch verschafft er den in den Zielregionen lebenden Menschen neue Einkünfte, was zu einer Verminderung der Abwanderung aus den Peripherien beiträgt (13% der Erwerbspersonen des Landes arbeiten im Tourismus, sein Beitrag zum BIP beträgt 8%). Im Jahr 2015 kamen 2,7 Mio. Touristen aus dem Ausland. Diese touristischen Erfolge geraten in jüngerer Zeit ins Wanken. Dafür sind nicht einzig Preissteigerungen und die Vernachlässigung der Infrastruktur verantwortlich, sondern auch die wachsende Konkurrenz, die in den Nachbarländern entstanden ist.

M5: Tortuguero-Nationalpark im Nordosten Costa Ricas

---

1 Die Kolonialisierung und Erschließung Costa Ricas erfolgte „von hinten". Erklären Sie diese Aussage mithilfe des Staatswappens (M3, S.116).
2 Erläutern Sie die durch die Naturbedingungen verursachten Probleme der Landeserschließung.
3 Vergleichen Sie die wirtschaftliche Entwicklung Costa Ricas und seines Nachbarn Nicaragua (M1, M2).
4 Erörtern Sie den Umgang mit Natur und Umwelt in Costa Rica.

4.3 Lateinamerika: eigenständig – widersprüchlich?

Autorin: **Martina Neuburger,**
Universität Hamburg
neuburger@geowiss.uni-hamburg.de

4.3.3 Brasilien: ungleiche Machtverhältnisse

Brasilien gehört – zusammen mit den anderen sogenannten BRICS-Staaten – derzeit zweifellos zu den aufstrebenden und von der Globalisierung profitierenden Wirtschaftsnationen.

Zum wirtschaftlichen Aufstieg trugen die seit Anfang der 1990er-Jahre eingeleiteten konservativen Liberalisierungs- und Strukturanpassungspolitiken bei. Er erlaubte Brasilien, wieder in der Weltwirtschaft „mitzuspielen". Die Politiken der nachfolgenden links-populistischen Regierungen folgten in den 2000er-Jahren im Wesentlichen dem damit eingeschlagenen neoliberalen Entwicklungsmodell. Sie trieben die Rohstoff- und Ressourcenausbeutung noch weiter voran und ergänzten sie mit Sozial- und Infrastrukturprogrammen. Ziel dieses sogenannten Neoextraktivismus war, die so erwirtschafteten Gewinne in die benachteiligten Bevölkerungsschichten umzuverteilen und eine Verbreiterung des Wohlstandes herbeiführen. Die damit verbundene Etablierung einer breiten Mittelschicht und die deutliche Senkung der Armut machten den brasilianischen Binnenmarkt für ausländisches Kapital attraktiv, sodass der brasilianische Weg rundum als Erfolgsmodell gewertet wurde.

Was bedeutet jedoch diese das Credo der Globalisierung umsetzende Wirtschafts- und Sozialpolitik? Im Laufe der letzten zwanzig Jahre baute sie die Kräfte des freien Marktes aus, senkte massiv die Zölle, unterstützte die exportorientierten Sektoren, privatisierte große Staatsbetriebe und band bei der Durchführung verschiedenster Infrastrukturprojekte private Investoren in Form von Public Private Partnerships ein. Da durch die Liberalisierungspolitik im Agrarsektor und im ländlichen Raum besonders große Umwälzungen eingeleitet wurden, sei darauf ausführlicher eingegangen:

Die staatliche Preisbindung für Grundnahrungsmittel wurde Mitte der 1990er-Jahre aufgehoben, sodass die Produktion von Reis, Mais und Bohnen – bislang zu rund 70 Prozent von kleinbäuerlichen Betrieben getragen – auch für große landwirtschaftliche Betriebe attraktiv wurde. Gleichzeitig drangen internationale Lebensmittel- und Einzelhandelskonzerne (Nestlé, Parmalat, Metro, Walmart etc.) auf den brasilianischen Markt und übernahmen Stück für Stück die einzelnen Segmente der Wertschöpfungsketten in Produktion und Vermarktung. Dadurch wurden vor allem die kleinbäuerlichen Betriebe verdrängt. Für diese tat sich jedoch mit dem regierungsseitigen „Programa Nacional de Alimentação Escolar" (Nationales Programm zur Schulspeisung) eine neue Perspektive auf. Öffentliche Schulen und Einrichtungen

Einwohner	205,8 Mio.
Fläche	8 514 877 km²
Lebenserwartung	74 Jahre
Anteil unter 15-Jähriger	23 %
Fertilitätsrate	1,8
Verstädterungsquote	86 %
Säuglingssterblichkeit	1,8 %
Anteil Bevölkg. mit Zugang zu sicherem Trinkwasser	98 %
Analphabetenquote	7 %
BNE/Ew. (nach KKP)	15 140 US-$
Ø-BIP-Wachstum (2006–2015)	2,6 %
Anteil Landwirtschaft BIP	5,2 %
Export-Import-Relation	1 : 1,09
Jahresstromverbrauch / Ew.	2578 kWh
Absolut Arme (1,90 US-$ / Kopf und Tag)	3,7 %
HDI-Wert (Rang)	0,754 (79.)
ODA (Anteil am BNE)	0,1 %
Internetpenetrationsrate	59 %

Quelle: Population Reference Bureau, World Bank, UNDP

M1: Basisdaten Brasilien 2015

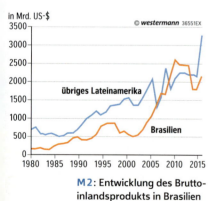

M2: Entwicklung des Bruttoinlandsprodukts in Brasilien und im übrigen Lateinamerika

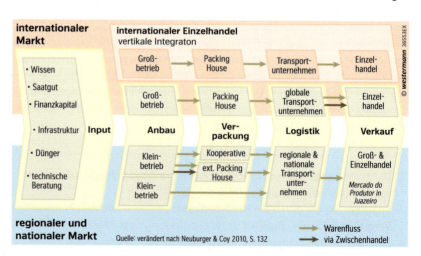

M3: Wertschöpfungskette des Bewässerungsanbaus im Tal des Rio São Francisco

wurden 2009 verpflichtet, die kleinbäuerliche Produktion der jeweiligen Region für die tägliche Schulspeisung, für Kantinen und sonstige Verpflegung abzunehmen.

Die Förderung markt- und exportorientierter Sektoren ermöglichte in der Landwirtschaft eine besonders dynamische Entwicklung. Unter den Agrarprodukten ist es vor allem die Sojabohne, die seit den 1980er-Jahren sowohl hinsichtlich des Exports als auch der flächenhaften Ausdehnung zunahm (M5). Eine ähnlich expansive Entwicklung vollzog sich beim Zuckerrohr, das vor allem seit den 1990er-Jahren als Agrotreibstoff nicht nur für die nationale Wirtschaft, sondern auch international im Zuge der Klimaschutzdiskussionen als Erneuerbare Energiequelle an Aufmerksamkeit gewann. Weniger flächenhaft, jedoch nicht weniger strukturrelevant ist auch die zunehmende Exportorientierung der Bewässerungskulturen am Rio São Francisco im Nordosten Brasiliens. Dort investieren teilweise internationale Einzelhandelskonzerne wie Carrefour in die Produktion von Mango, Papaya, Weintrauben und anderen Früchten, um die erforderliche Qualität und die hygienischen Standards der Konsumländer im Norden zu gewährleisten (M3). Während im Soja- und Zuckerrohr-Sektor kleinbäuerliche Betriebe kaum Möglichkeiten haben, von der Dynamik der Märkte zu profitieren, werden sie in den Sonderkulturen des Nordostens durch Lieferkontrakte oder als Lieferanten für saisonale Arbeitskräfte zwar mit vergleichsweise sicheren und gut bezahlten Verträgen in die Wertschöpfungsketten integriert. Doch bleiben sie in ihrer Einkommenssicherung von den Exporterfolgen der großen Produzenten abhängig.

Die Kontrolle der exportorientierten Wertschöpfungsketten in der Landwirtschaft liegt in den meisten Fällen in den Händen transnationaler Unternehmen wie Monsanto, Nestlé, Carrefour, Metro etc. Ihr Interesse konzentriert sich vor allem auf die Verarbeitung und Vermarktung der Produkte und damit auf die Bereiche, die die höchsten Gewinnspannen versprechen. Die Produktionsrisiken – mit Ausnahme von Produkten mit hohen Qualitätsstandards – wälzen sie in der Regel auf die landwirtschaftlichen Betriebe, unabhängig von ihrer Größe, ab. Seit den 2000er-Jahren mischen sich im landwirtschaftlichen Bereich unter die Riege der ausländischen Konzerne zunehmend auch die brasilianischen Unternehmen, die über die Expansion auf dem brasilianischen Binnenmarkt und den lateinamerikanischen Märkten den Sprung ins internationale Geschäft geschafft haben. Auch in anderen Branchen – zunehmend in Hightech-Bereichen wie Flugzeugbau, Informatik und Automobilindustrie – gewinnen brasilianische Unternehmen weltweit an Bedeutung. Nicht zuletzt diese Verlagerung vom reinen Rohstofflieferanten hin zum Exporteur von komplexen Konsum- und Industriegütern verschafft Brasilien den Ruf eines Schwellen- und Ankerlandes.

Zuckerbarone und Quilombolas

Exemplarisch für die Prozesse in ländlichen Räumen sei die Entwicklung des Zuckerrohranbaus detaillierter betrachtet. Er hat sich in Brasilien bereits in der Kolonialzeit etabliert, als die portugiesische Krone in Ermangelung von Goldfunden die eroberten Ländereien in Südamerika durch landwirtschaftliche Nutzung in Wert setzen wollte. Sie vergab im 16. und 17. Jahrhundert große Landflächen im Küstenstreifen Nordostbrasiliens, sogenannte Sesmarias, an auswanderungswillige portugiesische Adlige und Militärs mit dem Auftrag, die Kolonie zu besiedeln und zu erschließen. Um große Plantagen aufbauen zu können, ignorierte die Kolonialmacht die ursprünglich relativ dichte Besiedlung dieser Gebiete durch indigene Gruppen vollkommen und drängte sie ins Hinterland ab. Für die Bewältigung der Arbeit im Zuckerrohranbau und in Zuckermühlen importierten die Zuckerbarone Menschen aus Afrika und versklavten sie.

M4: Anbau von Weintrauben am Rio São Francisco

M5: Anbaufläche von Soja und Zuckerrohr in Brasilien

M6: Maschinelle Ernte von Zuckerrohr

4.3 Lateinamerika: eigenständig – widersprüchlich?

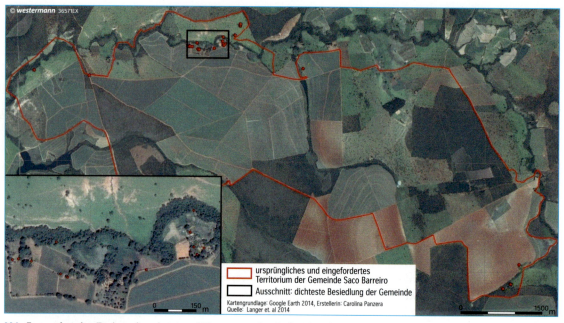

M1: Expansion des Zuckerrohranbaus und Einengung des Quilombos Saco Barreiro

M2: Ortsschild von Saco Barreiro und abgeerntetes Zuckerrohrfeld

Quilombolas
Bewohner der Siedlungen (Quilombos) geflohener schwarzer Sklaven in der Zeit portugiesischer Herrschaft in Brasilien. Ihre Landrechte wurden 1988 in der brasilianischen Verfassung festgelegt.

Allmende
in der Regel landwirtschaftlich nutzbare Gemeinschaftsflächen, die neben den Besitzparzellen innerhalb einer Gemarkung liegen.

Auch nach Ende der Kolonialzeit verlor der Zuckerrohranbau nicht an Bedeutung. Im Gegenteil: Die Zuckerbarone behielten politisch auch jetzt die Zügel in der Hand und mittels der um 1900 aus Europa importierten dampfbetriebenen Zuckermühlen wurde die Produktion noch rentabler. Die nach der Abschaffung der Sklaverei 1888 frei gewordene und durch die Mechanisierung freigesetzte Landbevölkerung wurde über Pachtverträge in eine neue Abhängigkeit geführt. Mit der Einführung neuer Arbeitsschutzgesetze in den 1930er-Jahren, die ihre Wirkung verfehlten, weil sie von den Großgrundbesitzern ins Gegenteil verkehrt wurden, verloren die Arbeitskräfte endgültig den Zugang zu stabilen Arbeitsverhältnissen: Ihre Pachtverträge wurden aufgelöst und die vormaligen Pächter nur noch saisonal als Tagelöhner angestellt.

Nach einigen Jahrzehnten wirtschaftlicher Krise in der ersten Hälfte des 20. Jahrhunderts wurde der Zuckerrohranbau in den 1970er-Jahren staatlich massiv gefördert. Dies geschah wegen der Verteuerung der Erdölimporte während der Ölkrise, um aus Zuckerrohr hergestelltes Bioethanol als alternative Energiequelle zu etablieren. Die Zuckerbarone konnten damit ihre wirtschaftliche Stellung wieder festigen und mit staatlichen Fördergeldern die Zucker- und Ethanol-Produktion modernisieren. Nach einer nochmaligen Krise Mitte der 1980er-Jahre erfreut sich der Zuckerrohranbau seit den 2000er-Jahren wieder staatlicher Förderung, diesmal unter den Stichworten „Klimaschutz" und „Erneuerbare Energien". Damit war eine erneute Vergrößerung der Anbaufläche und die Verdrängung der kleinbäuerlichen Familien verbunden. Die Zahl der freigesetzten Landlosen nahm zu.

Aus diesem historischen Rückblick wird erkennbar, dass der großbetriebliche Zuckerrohranbau beständig politische und wirtschaftliche Unterstützung genoss. Die Arbeitskräfte hingegen – ehemals versklavt, dann landlose Pächter und Tagelöhner – wurden diskriminiert und mussten, wie das folgende Beispiel zeigt, beständig für ihre Rechte kämpfen: Der Quilombo Saco Barreiro im Munizip Pompéu (Minas Gerais) war ursprünglich das Siedlungsgebiet der Quilombo-Bevölkerung. Hier verfügte sie über kleine individuelle Parzellen für den Nahrungsmittelanbau und große Allmendeflächen zur extraktionswirtschaftlichen Nutzung. Diese Allmende wurde im Laufe der letzten Jahrzehnte in den Zuckerrohranbau der nahen, 1981 gegründeten Zuckerfabrik

Agropéu integriert (M1). Obwohl die Quilombolas regelmäßig protestierten und im Jahr 2014 (auf der Basis eines 1988 erlassenen Gesetzes) die staatliche Anerkennung als Quilombo erhielten, werden sie weiterhin bedrängt, ihr Land zu verlassen.

Dieser Prozess von Ausgrenzung und Missachtung zugesprochener Rechte wird durch die global-wirtschaftliche Aufwertung des Zuckeranbaus angefacht und veranschaulicht die Widersprüchlichkeiten zwischen nationalen Gesetzgebungen einerseits, die die Landrechte von Quilombolas schützen und die Agrarreform ermöglichen sollen, und anderseits bedeutungslos werden durch die regionalen und lokalen Umsetzungs- und Aushandlungsstrategien. Sie spiegeln die sich seit der Kolonialzeit erhaltenen, postkolonialen Machtverhältnisse wider.

Weltpolitische Erfolge und interne Probleme

Der Bedeutungszuwachs Brasiliens in der Weltwirtschaft in den letzten zwanzig Jahren geht einher mit dem Anspruch der Regierenden, auf der Bühne der Weltpolitik und Weltgesellschaft eine tragende Rolle zu spielen. Neben der Forderung nach einem ständigen Sitz im Weltsicherheitsrat und einer starken Positionierung in der G20-Gruppe mischen die brasilianischen Politiker spätestens seit den 1990er-Jahren in der Weltumweltpolitik mit. International sichtbarer Startschuss dafür war die UN-Konferenz 1992 in Rio de Janeiro (M3, S. 173).

Brasiliens Bemühungen um Anerkennung in der Weltgesellschaft haben sich in den letzten Jahren auch in der erfolgreichen Bewerbung um die Austragung großer Sportevents niedergeschlagen. Neben der Fußballweltmeisterschaft 2014 fanden die Olympischen Sommerspiele 2016 in Rio de Janeiro statt. Im neoliberalen, unternehmerischen Sinne wurden dadurch die Schaffung architektonisch wertvoller, „sauberer" Stadtzentren und die Revitalisierung von stillgelegten Hafenanlagen ermöglicht (M3). Auch kam es zur Erhöhung der öffentlichen Sicherheit und zur verstärkten Bekämpfung der Kriminalität, zur Etablierung ästhetisch ansprechender und ökologisch attraktiver Stadtquartiere, zur Einrichtung einer „funktionierenden" Verkehrsinfrastruktur zwischen Sportstätten und Oberschichtvierteln. Dies geschah nicht selten vorbei an demokratischen Entscheidungsgremien. Denn in dem Maße, indem die Städte für internationale Unternehmen und Tourismus attraktiv gemacht wurden, musste vor allem die Bevölkerung der Favelas, marginalisierte Gruppen wie Obdach- und Wohnungslose sowie informelle Händler und Dienstleister leiden. Sie waren jetzt der Polizeiwillkür, der Vertreibung aus den Stadtzentren und der Verdrängung aus zentrumsnahem billigem Wohnraum ausgesetzt.

M3: Museum of Tomorrow im revitalisierten alten Hafen von Rio de Janeiro

Favela
Marginalsiedlungen insbesondere in den Randlagen brasilianischer Großstädte

1 Vergleichen Sie die Wertschöpfungsketten regionaler und internationaler Akteure in Produktion und Handel von Lebensmitteln aus den Bewässerungskulturen am Rio São Francisco (M3, S. 120).
2 Erklären Sie die Situation des Quilombos Saco Barreiro anhand des Satellitenbildes (M1).
3 Begründen Sie die räumliche und soziale Fragmentierung in Brasilien.

4.3.4 Lateinamerika – Entwicklungssituation aus Expertensicht

Lateinamerika ist ein Subkontinent der Ungleichheiten: Vor mehr als 500 Jahren „entdeckte" Christoph Kolumbus die Amerikas – ein Ereignis mit weitreichenden Folgen auf allen Seiten des Atlantiks: Für Europa, weil hier ganze Nationen ihren Reichtum auf der Ausbeutung Lateinamerikas aufbauten, für Afrika, woher Millionen von Menschen in die Sklaverei auf die Plantagen in den Amerikas verschleppt wurden, und natürlich für Lateinamerika selbst, weil mit der „Entdeckung" eine

Autor: **Martin Coy**,
Universität Innsbruck
martin.coy@uibk.ac.at

4.3 Lateinamerika: eigenständig – widersprüchlich?

mehrere Hundert Jahre andauernde Phase kolonialer Überprägung begann. Das Resultat: Die Herausbildung von vielfältigen Ungleichheiten, die bis heute spürbar sind: Ungleichheiten zwischen den Ethnien, den Indigenen, der europäisch-stämmigen und der afrikanisch-stämmigen Bevölkerung, Ungleichheiten zwischen Arm und Reich, denn hier ist Lateinamerika nach wie vor „führend", Ungleichheiten zwischen wirtschaftlich prosperierenden Kernräumen einerseits, stagnierenden oder ausgebluteten Peripherien andererseits, Ungleichheiten zwischen Großgrundbesitzern und Landlosen und zwischen den Bewohnern der Privilegierten-Ghettos und den Millionen in den Marginalvierteln der Städte. In all diesen Ungleichheiten schwingen das Erbe kolonialer Überprägung, langjähriges Politikversagen und die Zementierung ungleicher Machtverhältnisse mit.

Lateinamerika heute: Gewinner oder Verlierer der Globalisierung?

Eine Antwort auf diese Frage ist nicht einfach. Zu viele Widersprüchlichkeiten fallen ins Auge. Ganze Regionen sind inzwischen als „globalisierte Regionen" fest in die globalen Wertschöpfungsketten und Produktionsnetzwerke eingebunden. Bestes Beispiel sind die Gebiete des Agrobusiness, insbesondere des weltmarktorientierten Sojaanbaus, der weite Gebiete Südamerikas im Griff hat. Zusätzlich hat Lateinamerika vom globalen Rohstoffboom der letzten Jahre – zumindest auf den ersten Blick – nicht zuletzt durch Exporte nach China profitiert. Manche Akteure gehören zu den eindeutigen Gewinnern: Das brasilianische Bergbauunternehmen Vale, inzwischen ein Global Player im Rohstoffgeschäft, die ebenfalls brasilianischen Fleischkonzerne JBS und BRF, die heute zu den größten ihrer Art weltweit gehören. Aber ist die „Re-Primarisierung" Lateinamerikas, also die neuerliche Bedeutungszunahme des Rohstoffsektors, nicht vor allem eine Gefahr, wieder unter die Räder des „Ressourcenfluchs" zu geraten? Verlierer hat die Einbindung in die Globalisierung in Lateinamerika viele hervorgebracht: Kleinbauern, die von ihrem Land vertrieben werden, Indigene, denen der Bergbau oder die Erdölgewinnung sprichwörtlich den Boden unter den Füßen entzieht, städtische Armutsgruppen, die durch globale Megaevents (Fußballweltmeisterschaft, Olympische Spiele) und damit verbundene Großprojekte der „Stadterneuerung" aus ihren Lebenszusammenhängen gerissen werden, und schließlich die Umwelt, die die „Kosten" des neuen Ressourcenbooms zu tragen hat.

Kann man von Lateinamerika lernen?

Auch hier dominiert das Widersprüchliche. Einerseits ist Lateinamerika eine Art „Reallabor" der Inkorporation in die Globalisierung mit all ihren, die Ungleichheit verstärkenden Folgen. Andererseits ist Lateinamerika auch das „Reallabor" des Widerstandes gegen den Neoliberalismus: Landlosenbewegung, zivilgesellschaftliche Proteste gegen Großprojekte (z.B. Staudämme) und gegen Regenwaldzerstörung, Proteste in den Städten gegen Umsiedlung und Wohnraumdefizit. Vor allem ist Lateinamerika ein „Reallabor" möglicher Alternativen: Mehr Partizipation in der Stadtpolitik (Bürgerbeteiligungshaushalt), intelligente Formen der Armutsbekämpfung (das brasilianische Bolsa Familia-Programm), innovative Formen des Regenwaldschutzes und der nachhaltigen Nutzung (Agroforstwirtschaft-Projekte), und vor allem Entwürfe für ein „gutes Leben", die auf einem ganz anderen Mensch-Umwelt-Verständnis basieren (*buen vivir*). All dies war in den letzten Jahren nur möglich durch einen bemerkenswerten politischen Neuaufbruch. Vieles wird inzwischen wieder in Frage gestellt. Umso wichtiger ist es, aus den Erfahrungen zu lernen, innovative Praktiken nicht aufzugeben, sondern weiterzuentwickeln, um so die Chancen für eine sozialökologische Transformation, die Ungleichheiten abbaut, mit Ressourcen anders umgeht und langfristige Perspektiven schafft, zu bewahren.

Asien: aufsteigend – ausbeutend?

4.4

Während noch vor wenigen Jahrzehnten ganz Asien mit unbeschreiblicher Armut assoziiert wurde, stehen heute zahlreiche Länder für extremes Wirtschaftswachstum und verheißungsvolle Zukunftsperspektiven. Doch dabei gibt es große Unterschiede.

Asien ist der vielfältigste der drei Entwicklungskontinente: Einige Länder waren nie fremdbeherrscht (z. B. China, Iran, Saudi-Arabien), die Mehrzahl jedoch Kolonien beziehungsweise ganz oder teilweise externem Einfluss ausgesetzt (z. B. Afghanistan, Thailand, arabische Golfstaaten; M 3, S. 126). Der Prozess der Unabhängigwerdung vollzog sich ebenso oft friedlich (z. B. Kuwait, Hongkong) wie kriegerisch (z. B. Vietnam, Indonesien). Die relative Rohstoffarmut ließ die fremde Begehrlichkeit erst erwachen, als Ende der 1960er-Jahre der unermessliche Erdölreichtum der Region des Arabischen Golfes für die Weltwirtschaft erschlossen wurde (z. B. Saudi-Arabien, Irak, Iran; M 1). Seit dem Ende des Ostblocks sind von dieser Begehrlichkeit die erdölreichen Regionen Zentralasiens sowie die Mongolei wegen ihrer umfangreichen mineralischen Rohstoffe erfasst worden.

Als verlängerte Werkbank des Nordens begann man, Asien zu entdecken, als die steigenden Produktionskosten in den Industriestaaten zur Suche nach günstigeren Standorten zwangen (z. B. Taiwan, Südkorea, Singapur; M 2) und die Globalisierung Handel und Kapital beweglicher gemacht hat (z. B. China, Bangladesch). In diesem Zusammenhang erlangten in einigen Ländern auch IT-Dienstleistungen globale wirtschaftliche Bedeutung (z. B. Indien, Dubai).

Doch die von außen herangetragenen Möglichkeiten nutzten die Länder unterschiedlich intensiv und schnell. Verantwortlich dafür sind zum einen die großen Unterschiede in der Naturausstattung (Wüsten bis tropische Regenwälder; Landmasse gegen Inselwelt) sowie die räumlichen Gegensätze („globalisierte Orte und Regionen" versus „neue Peripherie", vgl. Kap. 2.3). Zum anderen sei dafür auch auf die verschiedenen Religionen (z. B. Islam, Hinduismus, Buddhismus, Taoismus, Schamanismus, Konfuzianismus, Christentum, Animismus) und die tradierten sozialen Fronten (z. B. Landlords versus Kleinbauern, Pächter, Landlose, Gelegenheitsarbeiter) verwiesen. Aktuell hinzugetreten sind die durch den Norden, allen voran durch die USA, ausgelösten Kriege, sozialen und religiösen Unruhen und die daraus erwachsenen Terroraktivitäten und Flüchtlingsmassen (z. B. Afghanistan, Irak, Libyen).

Diese Vielfalt an externen politischen und ökonomischen Interessen sowie an internen sozialen Gegensätzen und überlieferten Eigentümlichkeiten haben die Entwicklung der einzelnen Länder in den vergangenen Jahrzehnten bestimmt und zu ganz unterschiedlichen Ergebnissen geführt. Dennoch lassen sich bei

M 1: Schafhirte vor einer Ölförderanlage in Bahrain

M 2: Sportschuhproduktion für Adidas in China

4.4 Asien: aufsteigend – ausbeutend?

benachbarten Ländern entwicklungsstrukturelle Parallelen nachweisen, die es zur Orientierung nahelegen, sechs Entwicklungsregionen (= ER) zu definieren und in ihren wesentlichen Zügen zu skizzieren (M 4):

Anatolien und Zypern

Die anatolische Halbinsel und die geteilte Insel Zypern (ER I) profitierten stets von ihrer Europanähe. Zypern war als britische Kronkolonie und ist seit der Unabhängigkeit (1960) durch seine Commonwealth-Zugehörigkeit sowie über seine Beziehungen zu Griechenland mit Europa verbunden. Seine Teilung zwischen Griechen und Türken – Ausrufung der Türkischen Republik Nordzypern 1983 – führte wiederholt zu Spannungen und überschattet die wirtschaftliche Entwicklung. Die zahlreichen Versuche, durch Verhandlungen eine Wiedervereinigung zu erreichen, sind bislang erfolglos geblieben.

Nach dem Ersten Weltkrieg und dem Ende des Osmanischen Reichs öffnete sich die Türkei unter dem „Erneuerer" Präsident Kemal Atatürk in den 1920er- und 1930er-Jahren kulturell, rechtsstaatlich und wirtschaftlich nach Europa. Diese Öffnung nach Westen wurde nach dem Zweiten Weltkrieg politisch durch die Aufnahme der Türkei in die NATO verfestigt. Dazu trugen seit den 1960er-Jahren die Abwanderung von türkischen Arbeitern nach Westeuropa, die von ihnen getätigten Rücküberweisungen, die Entstehung wechselseitiger Wirtschaftsbeziehungen und Produktionsauslagerungen in die kostengünstigere Türkei bei. Der Ausbau der türkischen Mittelmeer- und Schwarzmeerküste für den westeuropäischen Tourismus setzte in den 1980er-Jahren diesen Trend fort. Doch der sich momentan vollziehende Rückbau der mühsam erlangten demokratischen Ordnung in der Türkei könnte all die im vergangenen Jahrzehnt erreichten erfreulichen ökonomischen, infrastrukturellen, politischen und gesellschaftlichen Erfolge nachhaltig in Frage stellen.

M 1: Verbindung zwischen Asien und Europa: die neue Bosporus-Brücke in Istanbul

Vorderasien

Die Region rings um den Arabischen Golf (ER II) gehörte noch Ende der 1960er-Jahre zu den rückständigsten und ärmsten Gebieten der Erde. Als die reichen Erdöllagerstätten entdeckt und bald auch erschlossen wurden und dann der kommerzielle Export einsetzte, verfügten die Länder binnen weniger Jahre über riesige Kapitalmengen. Die Regierungen – Monarchien, Volks- oder Islamische Republiken – nutzten sie mehrheitlich zum Ausbau ihrer Länder und zur Verbesserung der Lebensbedingungen ihrer Bevölkerung. Unter Einsatz von zeitweise bis zu sechs Mio. Arbeitsmigranten aus Süd-, Südostasien, Nord- und Ostafrika

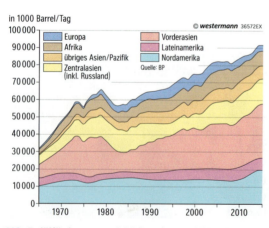

M 2: Erdölförderung nach Weltregionen 1965 – 2016

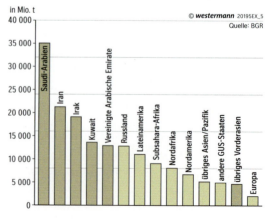

M 3: Welt-Erdölreserven (konventionell) 2015

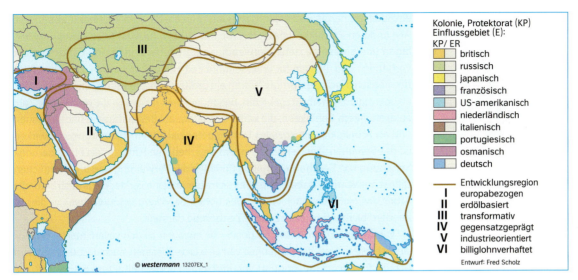

M 4: Kolonialgebiete und heutige Entwicklungsregionen

sowie von Experten aus dem Norden fanden eine infrastrukturelle und bauliche Entwicklung statt, die wiederholt als „Sprung vom Mittelalter in die Moderne" bezeichnet wurde (z.B. Dubai, sieh S. 40).

Mit dem Ziel, die einseitige ökonomische Abhängigkeit vom Erdöl zu überwinden, wurden vielfältige wirtschaftliche Aktivitäten ergriffen: Anlage von Werften, Aluminium-, Eisen- und Kupferschmelzen, von Raffinerien und petrochemischen Werken, von Textil-, Getränke- und Nahrungsmittelfabriken. Auch erwiesen sich der Tourismus und der investitionsträchtige Immobilienhandel als erfolgreiche Branchen. Dafür wurden nicht nur spektakuläre Luxusbauten errichtet, sondern gewinnverheißende paradiesische Traum-Wohnanlagen regelrecht aus dem Meer gehoben (M 3, S. 41). Seit Mitte der 1990er-Jahre gewannen in den kleinen Scheichtümern auch die Informationstechnologie und IT-Dienstleistungen an Bedeutung. In diesem Sinne plant insbesondere Dubai für seine Zukunft und macht damit tatsächlich global auf sich aufmerksam.

All das erscheint eindrucksvoll und insbesondere die Einheimischen profitieren davon. Doch dabei darf Folgendes nicht übersehen werden: Die Länder verfügen

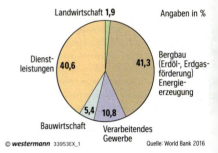

M 5: Saudi-Arabien: Anteil am BIP 2014

	Absolut[1] (in Mio.t)	Anteil an Weltreserven[1]
Saudi-Arabien	36 618	21,3 %
Iran	21 551	12,6 %
Irak	19 388	11,3 %
Kuwait	13 810	8,1 %
VAE	13 306	7,8 %
Katar	3 435	2,0 %
übriges Vorderasien	1 473	0,9 %
Vorderasien gesamt	109 581	63,9 %
Russische Föderation	13 384	7,8 %
Kasachstan	4 082	2,4 %
übrige GUS-Staaten	1 208	0,7 %
GUS gesamt	18 674	10,9 %

Quelle: BGR [1] nur konventionell (ohne Ölsand, Schweröl und Schieferöl)

M 6: Erdölreserven in Vorder- und Zentralasien 2015

	Absolut[1] (in Mio.t)	Anteil an Weltreserven[1]
Iran	33 500	17,8
Katar	24 299	12,9
Saudi-Arabien	8 325	4,4
VAE	6 087	3,2
Irak	3 158	1,7
übriges Vorderasien	3 356	1,8
Vorderasien gesamt	78 725	41,9
Russische Föderation	47 724	25,4
Turkmenistan	9 904	5,3
Kasachstan	1 918	1,0
Übrige GUS-Staaten	3 723	2,0
GUS gesamt	63 269	33,6

Quelle: BGR [1] nur konventionell (ohne Schiefergas und Kohleflözgas)

M 7: Erdgasreserven in Vorder- und Zentralasien 2015

4.4 Asien: aufsteigend – ausbeutend?

M1: Demonstranten in Kairo im Januar 2011

Arabischer Frühling
Serie von Protesten, Aufständen und Revolutionen in der arabischen Welt, beginnend Ende 2010 (in Tunesien). Sie sind als Reaktion der Bevölkerung auf die Unzufriedenheit mit den autoritären, konservativen Regimen der gesamten Region entstanden und haben in fast allen Ländern (selbst in Saudi-Arabien, Oman) zu gesellschaftlichen Unruhen und sogar Kriegen geführt.

einzig über Energie und Kapital; zwei Ressourcen, die vom Weltmarkt abhängen. Alle anderen Produktionsfaktoren wie Know-how, Arbeitskräfte, Fertigungsanlagen und selbst die dafür notwendigen Rohstoffe sind in den Ländern nicht vorhanden und müssen für unabsehbare Zeit eingeführt werden. Daneben fehlt für möglicherweise gefertigte Waren ein größerer lokaler Markt, und es mangelt an überregionalen Absatzgebieten. Besonders prekär ist auch die wachsende Zahl an akademisch Gebildeten, die kaum eine adäquate Beschäftigung finden können und als Arbeitslose ein soziales Unruhepotenzial bilden. Ihm entgegenzuwirken ist das Bemühen aller Herrscher, indem sie erhebliche Mittel für die Finanzierung/Schaffung von Beschäftigungspositionen in der Verwaltung und im öffentlichen Dienst aufwenden. Dabei handelt es sich aber um eine versteckte und strukturelle Arbeitslosigkeit, die auch wegen des hohen Bevölkerungszuwachses in diesen Ländern bleibend eine „tickende" Zeitbombe darstellt.

Westasiens Entwicklung, so positiv sie auch mit all den vielen internen Unzulänglichkeiten in der Vergangenheit verlief, wurde aber stets auch und wird seit dem Arabischen Frühling vermehrt von Problemen überschattet und erschüttert, die von globaler Dimension sind. Dazu gehört an erster Stelle der seit 1948 schwelende Israel-Palästina-Konflikt, der quasi unlösbar scheint. In jüngster Zeit sind dazu die von den USA initiierten oder mitbetriebenen Kriege im Irak und in Syrien sowie der von Saudi-Arabien im Jemen verursachte Krieg und die terroristischen, mörderischen Aktivitäten des Islamischen Staates (IS) getreten. All diese Schrecknisse haben Vertreibung, Flucht, Mord, Zerstörung und gesellschaftliches Chaos ausgelöst; Verhältnisse, wie sie seit dem Zweiten Weltkrieg die Welt nicht mehr erlebt hatte. Wenn davon auch einige Länder der Region bisher verschont geblieben sind, so ist generell für die nahe Zukunft nicht von einer Beruhigung und einer Hoffnung verheißenden Entwicklung auszugehen.

Zentralasien

Die zentralasiatischen Staaten (ER III), die ebenfalls über beträchtliche Energie- (M6, M7, S. 127) und Rohstoffreserven (z. B. Mongolei: Kohle, Gold, Uran, Wolfram) verfügen, vollzogen nach dem Zusammenbruch der Sowjetunion formal die Transformation von der kommunistischen Plan- zur kapitalistischen Marktwirtschaft: Auflösung der Kolchosen und Sowchosen, Privatisierung von Boden, Viehzucht und Fabriken, Demokratisierung und Liberalisierung von Waren- und Kapitalverkehr. Doch faktisch herrschen hinter den (quasi-)demokratischen Fassaden noch überall Strukturen der alten Verwaltungs- und Kaderwirtschaft vor oder haben sich quasi-autoritäre Präsidialregime etabliert (Kasachstan, Turkmenistan). Mit der Ressourcenausbeu-

M2: Zentrum der kasachischen Hauptstadt Astana

M3: Nomadische Familie im Südosten Kasachstans

M4: Teepflückerinnen in Sri Lanka

M5: Transportarbeiter in Dhaka, Bangladesch

te floss den Ländern zwar plötzlicher Reichtum zu. Doch innerhalb der einzelnen Staaten entstanden extreme soziale Gegensätze und bislang nicht gekanntes Elend (z. B. Mongolei, Kasachstan, Turkmenistan). Selbstbereicherung der vom Westen hofierten Eliten, Prachtentfaltung und Luxuskonsum in den Hauptstädten sowie Kapitaltransfer in den Westen sind allerorts feststellbar. Für den Ausbau der notwendigsten Infrastruktur (z. B. Straßen, Elektrizität) und einer bedarfsdeckenden Industrie und Landwirtschaft fehlen bislang Einsicht und Interesse.

Südasien

Die Länder Südasiens (ER IV), seit 1947 unabhängig, gehören einschließlich Afghanistan nach den HDI-Werten und dem Pro-Kopf-Einkommen allesamt zu den ärmeren und rückständigeren Staaten der Erde. Doch bezüglich der heute möglichen globalen Teilhabe bestehen zwischen den Ländern beträchtliche strukturelle Unterschiede:

Sri Lanka und Nepal, trotz wiederholter leninistisch-maoistischer Unruhen, haben sich als international nachgefragte Tourismusziele profiliert. Beide Länder dienen sich auch als Standorte für Billiglohnproduktion an. Nicht weniger engagiert sucht Bangladesch als Anbieter massenhaft billiger, vor allem weiblicher Arbeitskräfte für die Bekleidungs- und Textilbranche seine Chance. Es hat sich auch durch das effektive Wirken seiner zahlreichen NGOs sowie durch ländliches Sparen und Mikrokredite (Grameen Bank) als Entwicklungsstrategie international einen Namen gemacht.

Pakistan vermag sich aus seinen internen Konflikten seit 1947 nicht zu befreien. Sie bestehen zwischen den verschiedenen Volksgruppen und Religionsgemeinschaften (Schiiten, Sunniten, Ismailiten, Sufisten), zwischen Bürokratie, Großgrundbesitz und Industrie, zwischen Militärs und demokratischen Kräften. Überschattet und immer wieder angeheizt werden diese internen Spannungen durch das ungelöste Kaschmir-Problem, die Unruhen im Nachbarland Afghanistan und die militärische und politische Konkurrenz mit Indien. Wirtschaftlich hat Pakistan die Chance, die es als Billiglohnland beispielsweise zur Herstellung von Teppichen, Baumwollerzeugnissen oder Lederbekleidung einmal innehatte, nicht bewahren können.

Afghanistan, physiogeographisch dem iranischen Hochland zugehörig, historisch und strukturell mit Pakistan verwandt und in diesem Buch Südasien zugeordnet, fällt in vielerlei Hinsicht eine Sonderrolle zu. Schon immer ein armes Binnenland, leidet es seit Anfang der 1970er-Jahre und ganz aktuell unter kriegerischen Unruhen, ständiger terroristischer, islamistischer Gewalt (Taliban) und politischer Instabilität. Dabei dürfen die Einmischungen der Sowjetunion und der USA nicht übersehen werden, wodurch das heute in Afghanistan und Pakistan herrschende Chaos ausgelöst und fortdauernd am Leben erhalten wurde.

M6: Resort-Insel auf den Malediven

4.4 Asien: aufsteigend – ausbeutend?

M1: Unternehmen für IT-Dienstleistungen in Indien

Indien hingegen, eine bemerkenswert stabile Demokratie, gilt heute, zusammen mit China, beide den BRICS–Staaten zugerechnet, als die Wirtschaftsmacht der Zukunft. Dafür sprechen die Erfolge als global agierender IT-Dienstleister, expandierender Produzent von Computern, Chips und Datenträgern aller Art sowie als Stahl- und inzwischen sogar als Automobilproduzent. Außerdem gilt Indien als Anbieter von Billiglohnarbeitskräften, Lieferant von preisgünstigen Massenwaren und Reiseziel mit schier unbegrenzter touristischer Vielfalt. Auch bezeichnet sich Indien nicht mehr als Entwicklungsland und betont selbstbewusst seine seit Jahren positiven Wachstumszahlen und seine zunehmende internationale politische Bedeutung. Das findet auch Niederschlag in seinen wirtschaftlichen und Investitionsaktivitäten, beispielsweise in Afrika, und seinen Beteiligungen an Industrieunternehmen des Nordens. Doch all diese positive Selbsteinschätzung darf nicht darüber hinwegtäuschen, dass die Gegensätze zwischen einigen aufstrebenden Städten („globalisierte Orte"; vgl. Kap. 2.3) und den infrastrukturell sozial wie technisch extrem unzureichend erschlossenen ländlichen/agraren Weiten dieses subkontinentgroßen Landes elementar bestehen. Nicht anders sieht es auch innerhalb der großen Städte aus, wo sich neben Paradiesen (Villenvierteln, Gated Communities) bruchhaft ärmlichste Höllen (Elends-, Hüttenviertel, Slums) ausdehnen. Sie sind nicht nur Ausdruck materieller Unterschiede, sondern auch der kastenmäßigen Differenzierung der indischen Gesellschaft. Und unübersehbar ist auch das Heer der Bettler, der armseligen Schausteller, der von Krankheit Gezeichneten, der herumlungernden, entwurzelten Kinder, die alle als Obdachlose, als *pavement dwellers*, ein dürftiges, ein menschenunwürdiges Dasein fristen.

Bei all dem unbestreitbar Positiven zeichnen sich alle Länder der ER IV durch extreme soziale Ungleichheit, hohes Bevölkerungswachstum, politische Instabilität (Ausnahme Indien) und räumliche Gegensätze aus: wenige „globalisierte Orte und Regionen" heben sich von einer weiten, ausgegrenzten „neuen Peripherie" ab.

Südost- und Ostasien

In Südost- und Ostasien (ER V) haben Hongkong, Singapur, Südkorea und Taiwan schon in den 1970er-Jahren mit viel Erfolg den industriellen Aufbau eingeleitet und inzwischen im internationalen Vergleich beachtliche Erfolge erzielt. Malaysia und Thailand sowie inzwischen auch Vietnam, Laos und Kambodscha sind heute im Begriff, zumindest als verlängerte Werkbänke des Nordens am globalen Handel zu partizipieren. Diese Rolle nahm in den 1980er-Jahren auch Südkorea ein, das

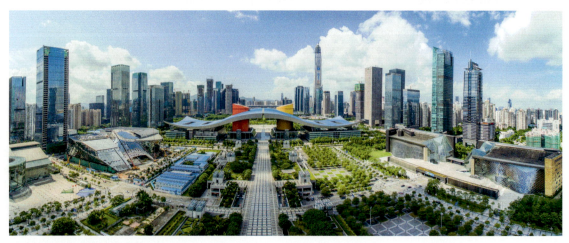

M2: Shenzhen, China

heute als moderner Industriestaat anzusehen ist, der mit einer Armutsquote von nur zwei Prozent und einem Pro-Kopf-Einkommen von 27 440 US-$ (2015) zu den wohlhabenderen Staaten der Erde zählt.

Die kleinen ASEAN-Staaten, insbesondere Kambodscha, Vietnam und Laos, werden zwar noch immer im Vergleich mit den Nachbarn als rückständig angesehen. Doch verfügen auch sie über zahlreiche Anreize (z.B. touristische Highlights, willige Arbeitskräfte), um am globalisierten Wirtschaftsgeschehen in Zukunft teilzuhaben.

China nimmt im Kreise der ostasiatischen Staaten seit Anfang der 1990er-Jahre eine besondere Rolle ein und ist im Begriff, zu einer industriell führenden Weltmacht aufzusteigen. Verantwortlich dafür ist eine boomende industrielle Entwicklung, die sich anfangs auf die für ausländische Investitionen geöffneten küstennahen Landesteile (Blue China) konzentrierte, inzwischen sich auch auf zahlreiche Städte im Hinterland (z.B. Chengdu, Shaanxi) ausgedehnt hat. Auch ist China seit Mitte der 1990er-Jahre international als Aufbauhelfer aktiv geworden. Durch Vergabe von großzügigen Krediten zur Infrastrukturverbesserung zum Beispiel in Afrika und unter Einsatz chinesischer Arbeitskräfte bei der Durchführung der Projekte ist es zu einem beliebten Partner avanciert, der als Gegenleistung nicht weniger fordert als den Zugang zu den Märkten und Rohstoffen der Partnerländer. So verheißungsvoll all das auch klingen mag, so darf doch nicht übersehen werden, dass die große Masse der Bevölkerung daran bislang einzig auf unterster Einkommensebene partizipiert und sich binnen weniger Jahre eine extrem reiche und luxuriöse Elite herausgebildet hat.

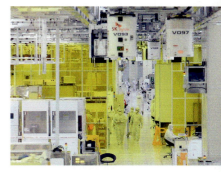

M3: „Chip"-Fabrik in Incheon, Südkorea

ASEAN
Association of Southeast Asian Nations, Verband Südostasiatischer Nationen, 10 Mitgliedsländer, seit 1967, Sitz Jakarta
www.asean.org

Pazifische Inselwelt

Die Regierungen der pazifischen Inselwelt (ER VI) stehen nicht nur wegen der territorialen Zerstückelung vor logistischen und infrastrukturellen Problemen bei der Entwicklung ihrer Länder. Hinzu treten ethnische und religiöse Gegensätze (z.B. zwischen Christen, Muslimen und Buddhisten), eine unterschiedliche koloniale Erblast, innenpolitische Spannungen und wiederkehrende Naturbedrohungen (Tsunami, Erdbeben, Vulkanausbrüche, Wirbelstürme). Auch sind einige der kleinen Inselstaaten von den Folgen der globalen Erderwärmung (Meeresspiegelanstieg) betroffen oder wegen ihres Mangels an natürlichen Ressourcen oder geeigneten Arbeitskräften weltwirtschaftlich uninteressant, geradezu „überflüssig". Eigentlich nehmen innerhalb der ER VI einzig Indonesien und die Philippinen als „Schneidereien" und „Schuhmachereien" transnationaler Konzerne am globalisierten Marktgeschehen teil. Doch für die Lebensbedingungen der Bevölkerungsmehrheit auch dieser Länder erwachsen daraus kaum Verbesserungen.

Die Ausführungen zum Entwicklungskontinent Asien weisen auf bemerkenswerte Unterschiede in der wirtschaftlichen und gesellschaftlichen Entwicklung und die Tatsache hin, dass industrieller, ökonomischer Erfolg auf der Makroebene nicht gleichbedeutend ist mit dauerhafter Verbesserung der Lebensbedingungen für alle (Mikroebene); insbesondere nicht in Zeiten der Globalisierung. Dafür stehen im Folgenden beispielhaft und in recht unterschiedlicher Weise Oman, Afghanistan, Pakistan, die Mongolei und Laos.

M4: Pro-Kopf-Einkommen der asiatischen Entwicklungsregionen 1970 – 2016

---

1 Analysieren Sie die Bedeutung Vorder- und Zentralasiens für den globalen Erdölmarkt.
2 Vergleichen Sie die Regionen Asiens hinsichtlich des erreichten Entwicklungsstandes und der Entwicklungsperspektiven (M3).

4.4 Asien: aufsteigend – ausbeutend?

Autor: Fred Scholz
fh.scholz@gmx.net

4.4.1 Oman: auf dem Weg in die Moderne?

Dem Sultanat Oman boten sich trotz nur bescheidener Erdölexporte erfreuliche Entwicklungsmöglichkeiten. Anders als bei seinen Nachbarn wurden diese Einkünfte auch dafür genutzt, das Land nicht nur infrastrukturell zu entwickeln, sondern auch behutsam demokratische Strukturen zu etablieren.

Als 1970 die Bevormundung sowie die finanzielle wie politische Abhängigkeit von Großbritannien endeten, war das Sultanat Oman ebenso arm und rückständig wie die Nachbarstaaten und die Mehrzahl der Länder des Südens bei ihrer Unabhängigwerdung. Die ungefähr 1,2 Mio. Einwohner waren Nomaden (Beduinen; M2), Fischer/Seefahrer und Oasenbauern. Es gab nur zwei Krankenhäuser und drei Schulen und die Bewohner waren mehrheitlich Analphabeten.

Doch Dank der nach 1969 kommerziell erschlossenen Erdölvorkommen verfügte der 1970 durch eine unblutige Palastrevolte ins Amt gelangte junge Sultan Qaboos über Finanzmittel, die er im Landesausbau einsetzte. Obwohl diese Mittel nicht so üppig wie in den Nachbarstaaten flossen (M5) und wohl auch infolge der territorialen Ausdehnung Omans vollzog sich hier nicht eine ebenso grandios überhöhte Bauentfaltung wie in den stadtstaatengleichen Nachbarländern der Golfregion (z.B Katar, Kuwait, VAE/Dubai). Stattdessen setzte der Sultan auf den infrastrukturellen Ausbau seines Landes. Dabei wurde umsichtig vorgegangen, sodass Oman heute landesweit über Schulen, Universitäten, Krankenhäuser, Elektrizität, Trinkwasserversorgung, Fernsehen, globale Telekommunikation sowie Container- und Flughäfen verfügt. Die traditionellen, teilweise kunstvoll gestalteten Lehmbauten und verwinkelten Dörfer sind modernen Behausungen und Siedlungen gewichen (M6, M7). Um die ehemals kleine Hafenstadt Maskat (1970 ca. 4000 Einwohner, engl. Muscat) dehnt sich inzwischen ein großzügig angelegtes Hauptstadtgebiet mit annähernd einer Mio. Einwohner; überragendes Zentrum des Landes und global vernetzt (M4).

Parallel zum Landesausbau vollzog sich eine beachtenswerte soziale und kulturelle Entwicklung. Schulbildung ist obligatorisch, musikalische Ausbildung wird gefördert, Krankenversorgung ist kostenfrei, universitäre Weiterbildung üblich und Sportclubs (Fußball) sind überall vorhanden. Seit 1985 gibt es ein philharmonisches Orchester, 2011 wurde das erste Opernhaus der Golfregion (Royal Operahouse Muscat, M3) eröffnet, und es werden – dem Wunsch des Sultans folgend – auch klassische europäische Konzerte geboten. Mit Anspruch auf Hauseigentum für jede Familie sowie Sicherheit im öffentlichen Raum bei gesellschaftlichem Frieden stellt Oman augenblicklich einen bemerkenswert positiven Sonderfall in Vorderasien dar.

Einwohner	3,4 Mio.
Fläche	309 500 km²
Lebenserwartung	77 Jahre
Anteil unter 15-Jähriger	21 %
Fertilitätsrate	2,9
Verstädterungsquote	75 %
Kindersterblichkeit	0,8 %
Anteil Bevölkg. mit Zugang zu sicherem Trinkwasser	93 %
Analphabetenquote	6 %
BNE/Ew. (nach KKP)	38 650 US-$
Ø-BIP-Wachstum (2006–2015)	5,4 %
Anteil Landwirtschaft BIP	1,6 %
Export-Import-Relation	1,20 : 1
Jahresstromverbrauch / Ew.	6128 kWh
Absolut Arme (1,90 US-$ / Kopf und Tag)	-
HDI-Wert (Rang)	0,796 (52.)
ODA (Anteil am BNE)	-
Internetpenetrationsrate	74 %

Quelle: Population Reference Bureau, World Bank, UNDP

M1: Basisdaten Oman 2015

M2: Typischer beduinischer Siedlungsplatz 1970

M3: Royal Operahouse in Maskat, 2015

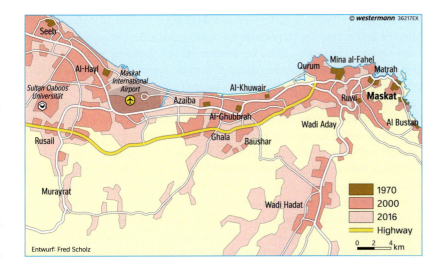

M 4: Maskat: Stand der räumlichen Entwicklung

Materielle Grundlage dieser erfreulichen Situation bilden bisher Erdöl und Erdgas, auf denen weitgehend auch Omans Wirtschaft fußt. Zum Aufbau einer industriellen Produktion und zur Schaffung von Arbeitsplätzen für die sich rasch vermehrende Bevölkerung wird inzwischen um ausländisches Kapital geworben und dafür werden Sicherheit und Dividende garantiert sowie Landerwerb ermöglicht. Tourismus erlangte in den vergangenen Jahren zunehmend an Bedeutung und fungiert neben der Verwaltung als wichtigster Arbeitgeber. Doch diese Dienstleistung wird wie zahlreiche andere „niedere" Tätigkeiten („job for the hindiman") bislang noch überwiegend von ausländischen Arbeitskräften (ca. 650 000 in ganz Oman) wahrgenommen. Dadurch schreitet die Omanisierung der Arbeitswelt – erklärtes Ziel der Regierung – nur langsam voran und bleibt die Quote der arbeitslosen jungen Omanis (vor allem der Akademiker) hoch (ca. 17%).

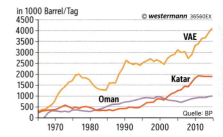

M 5: Erdölförderung im Oman, den VAE und Katar

Der Landesausbau Omans seit 1970 ist zweifellos eindrucksvoll, aber auch nicht ganz widerspruchsfrei verlaufen. Doch zeichnet sich das Sultanat durch überaus bemerkenswerte Erfolge bei der Transformation seiner traditionell tribal organisierten in eine national orientierte Gesellschaft aus. Dabei wird schrittweise und behutsam versucht, die anfangs formal ungebildeten Omanis an die Entscheidungsprozesse des Staates heranzuführen und sie bald auch aktiv daran zu beteiligen. Dieser wohl berechtigt als Demokratisierung zu bezeichnende Prozess kann als einmalig in der Region und als beispielgebend für viele Länder des Südens gewertet werden. Daher sei er im Folgenden vorgestellt:

M 6: Sohar: Siedlung und Strand, 1970

M 7: Sohar: Siedlung und Corniche (Küstentraße), 1996

4.4 Asien: aufsteigend – ausbeutend?

Nation Building
Prozess, um aus locker verbundenen oder gar zerstrittenen Gruppen/Stämmen eine Gesellschaft mit nationaler Identität zu formen und damit auch State Building (Aufbau staatlicher Institutionen) zu betreiben

M1: Wahl des Majlis a'Shura, 2007

Ibadismus
Sonderform des Islam und außer in Oman nur noch in Nordafrika (Mozabiten/Ghardaia) verbreitet. Sie zeichnet sich durch fast asketische Lebensweise und gelebte Toleranz aus. In Oman wird sie nicht nur gegenüber anderen muslimischen Gemeinschaften (Ismaeliten, Wahabiten) geübt, sondern auch gegenüber allen anderen Religionen. Daher gibt es dort auch christliche Kirchen sowie hinduistische und buddhistische Tempel. Missionierung jedoch ist untersagt.

M2: Wie erfolgt in einem Land, das keine Parteien kennt, die Auswahl der Kandidaten?
(Quelle: Auskunft des Ministry of Interior, Jan. 2017)

Von Anbeginn verfolgte der junge Herrscher das Ziel, die traditionell in über hundert Stämme und in zwei konkurrierende Faktionen geteilte Bevölkerung für die Idee *eines* Oman zu gewinnen. Da es bei diesem „Nation Building" nicht nur darum ging, die zwischen den Stämmen, sondern auch die gegenüber dem neuen Sultan bestehenden Vorbehalte zu überwinden, wurden nach 1974 mehrere kluge Maßnahmen ergriffen: So versuchte die noch junge Regierung (auch dank erfahrener britischer Berater) gezielt, die als „würdig" bekannten Stammesangehörigen aus allen Landesteilen für die jetzt neu eingerichtete Verwaltung zu gewinnen. Auch erhielten die Söhne der führenden Stammesfamilien die Möglichkeit zur Ausbildung bei Militär, Polizei und Verwaltung sowie bald auch Stipendien für ausländische Universitäten. Die Posten der Walis, oberste Verwalter der Bezirke (Wilayat), wurden nicht mehr mit *locals* besetzt, sondern mit Ortsfremden, um die Landeskenntnisse bei den Funktionsträgern rasch zu verbreitern. Dadurch wurde versucht, auch die überkommenen Vorbehalte zwischen den Stämmen und Regionen abzubauen und ein omanisches Zusammengehörigkeitsbewusstsein zu initiieren. Mit gleichem Ziel wurde auch bei Polizei und Militär verfahren, indem nie Angehörige aus einem Stamm oder einer Region in einer Gruppe zusammengefasst wurden.

Nach diesen vorbereitenden Maßnahmen erfolgte der wirklich entscheidende Schritt auf dem Weg zur Überwindung der tribal strukturierten Gesellschaft schließlich 1981 mit der Gründung einer Beratenden Versammlung (*Majlis al-Istishari lil Dawla*), deren Mitglieder damals vom Herrscher ernannt wurden. Dabei handelte es sich um ehrwürdige Persönlichkeiten aus Regierung, Verwaltung und den Stämmen. Weitreichende Funktionen hatte dieses Gremium noch nicht. Im Jahr 1991 trat jedoch an seine Stelle ein neuer Konsultativrat (*Majlis a'Shura*). Der Präsident dieses Gremiums wird zwar per königlichem Erlass bestimmt, doch die Mitglieder, seit 1994 auch Frauen, werden in den Wilayats (= Wahlbezirken) für vier Jahre frei gewählt.

Als 1996 Sultan Qaboos ein auf dem ibaditischen Toleranzverständnis, auf Gewaltenteilung und dem Schutz der Freiheit, der Würde und des Rechts des Individuums basierendes Grundgesetz einführte, wuchsen der Majlis a'Shura weitere Funktionen zu. Dazu gehörten finanzielle und verwaltungstechnische Unabhängigkeit, die Beobachtung/Kontrolle der Durchführung von Regierungsgeschäften sowie die Berechtigung zur Prüfung der von den Ministerien ausgearbeiteten Gesetze. Inzwischen entscheidet sie mit bei der Landesentwicklungsplanung, dem Entwurf des Haushalts- und Fünfjahresplanes und darf sogar Minister zur Rechenschaft für ihre Ausgaben und Entscheidungen vor das Gremium zitieren. Auf diese Weise wurde die omanische Bevölkerung an der Demokratisierung der Entscheidungsprozesse beteiligt. Dieser Prozess ist aber noch nicht abgeschlos-

Jeder/jede Omani, der/die folgende Voraussetzungen erfüllt, kann kandidieren:	Wie kann sich ein/e Kandidat/Kandidatin präsentieren?
• omanische Staatsbürgerschaft, • über 30 Jahre alt, • guter Ruf, keine Vorstrafen; niemals verurteilt wegen Verbrechen gegen die Verletzung der Ehre, es sei denn seine Würde wurde wiederhergestellt, • vertraut mit der omanischen Kultur, • angemessene Beschäftigung. • Es wird nicht erlaubt, gleichzeitig ein Mitglied des Majlis a'Shura und des Majlis a'Dawla zu sein oder einen Posten im öffentlichen Dienst oder einen Sitz in einem anderen öffentlichen Rat zu bekleiden.	• Kandidaten können Menschen in öffentlichen Räumen wie Klubs, lokalen Treffpunkten oder Moscheen treffen, wo sie über ihre Wahlprogramme und Agenden sprechen können, um sie davon zu überzeugen, sie zu wählen, ähnlich wie weltweit in demokratischen Wahlkämpfen. • Sie können auch Mitteilungen über Telefone und WhatsApp schicken. • Sie können vor der Wahl Poster in der Öffentlichkeit anschlagen und ihre Qualifikationen und Ziele in lokalen Zeitungen beschreiben.

sen. Im Jahr 2012 wurde er durch die Etablierung von gewählten Räten (Oman Municipal Councils) auf der Ebene der Wilayats fortgesetzt. Diese wählen jetzt den bisher von der Regierung in Maskat ernannten Wali, entscheiden über die lokalen Entwicklungsvorhaben und haben Budget-Hoheit.

> *Die Verfassung des Staates, die am 6. November 1996 verkündet wurde, besteht aus 81 Artikeln (dt. Grundgesetz 202 Artikel). Sie bilden den gesetzlichen Bezugsrahmen, der die Funktionen der verschiedenen Staatsorgane regelt und ihre Gewalten teilt. Darüber hinaus enthält sie Vorkehrungen, die die Freiheit, die Würde und das Recht des Individuums garantieren. Dieses historische Dokument legt das Regierungssystem, die Leitprinzipien Omans sowie die Einzelheiten der staatlichen Rechte und Pflichten fest. Es enthält die entsprechenden Vorkehrungen, die das Staatsoberhaupt, den Ministerrat und die Justiz betreffen, und enthält Bezüge zu den Fachausschüssen, den Finanzen und dem Omanischen Rat. Die Verfassung ist einfach und kurz gehalten.*

M 3: Quellentext zur Verfassung Omans
Oman 2006-2007, Hrsg. Ministry of Information, Maskat, 2006 (Übers. Fred Scholz)
Der Herrscher hält sich tatsächlich an dieses Grundgesetz, eine Haltung, die nicht in vielen Ländern des Südens gegeben ist. Ein Grundgesetz in dieser Form ist einmalig in der arabischen Welt.

Neben Majlis a'Shura fungiert Majlis a'Dawla (Staatsrat, Senat im US-amerikanischen Sinne), deren Mitglieder per Dekret berufen werden, als Bindeglied zwischen Regierung und Volk. Schließlich sei der Omanische Rat (Majlis Oman) genannt, der sich aus Mitgliedern des Staatsrates und der Beratenden Versammlung zusammensetzt. Er ist zusammen mit dem Ministerrat (dem wie in allen Gremien heute auch Frauen angehören) unter Vorsitz des Sultans (= Regierung) für die allgemeinen politischen Richtlinien des Staates verantwortlich. Daneben gibt es noch den unabhängigen Supreme Jusdical Council (oberste Gerichtsinstanz) und zahlreiche Fachausschüsse für unterschiedliche (Sonder-)Aufgaben wie Verteidigung, Hochschulbildung, Handel, Wissenschaft/Forschung, Wohlfahrtsprojekte.

M 4: Parlament in Maskat, 2015

Für manche ausländischen Beobachter vollzieht sich dieser Demokratisierungsprozess allzu langsam und nicht entschieden genug. Doch ist er überaus bemerkenswert, den internen Verhältnissen behutsam angepasst, und es ist zu wünschen, dass er erfolgreich und nachhaltig fortgesetzt werden kann. Bislang wurden dadurch auch intern die Voraussetzungen geschaffen für eine Außenpolitik, die generell auf Friedenswahrung und Ausgleich angelegt ist. So versucht Oman beständig zwischen Saudi-Arabien und Iran zu vermitteln, bemühte sich erfolgreich um Annäherung im Atomstreit zwischen USA und Iran und nimmt innerhalb des Golf Cooperation Council (GCC) eine ausgleichende Rolle ein. In den Konflikten zwischen Israel und Palästina, in Syrien und im Jemen versucht es zu vermitteln.

Diese politische Entwicklung und Rolle Omans hängen ganz entscheidend von seinen wichtigsten Einkommensquellen und seiner wirtschaftlichen Basis Erdöl und Erdgas ab. Dabei handelt es sich jedoch um Güter, deren Reserven begrenzt sind und auf deren Verlässlichkeit in Folge schwankender Weltmarktpreise Oman kaum Einfluss nehmen kann. Daher ist das Land auch bemüht, seine Wirtschaft zu diversifizieren, was bislang nur begrenzt gelungen ist und in vielerlei Hinsicht rasch an enge Grenzen stößt. Damit zeichnen dieses vergleichsweise wohlhabende Sultanat doch Strukturen aus, die für zahlreiche Länder des Südens gelten.

„Zum ersten Mal seit 1970 kehre ich von Oman zurück mit recht gemischten Gefühlen. Was sich seit meinem ersten Besuch verändert hat, ist zweifelsfrei beeindruckend. Doch jetzt begegnete ich unzufriedenen Händlern, Studierenden, Oasenbauern und einfachen Dorfbewohnern, fielen soziale Unterschiede am Zustand der Behausungen und der Autos auf, hörte ich Kritik an der unübersehbaren Vetternwirtschaft und der Bereicherung der Minister und Senatsmitglieder. Und häufig hörte ich den Satz: ‚Wenn das der Sultan wüsste'. Ganz offensichtlich beginnen die Omanis über ihre Situation, über ihr Land nachzudenken."

Fred Scholz,
Reisetagebuch Feb. 2012

---

1 Charakterisieren Sie die Schwerpunkte der Landesentwicklung in Oman.
2 Stellen Sie die staatlichen Organe und ihre Entwicklung in einem einfachen Schaubild dar.
3 Beurteilen Sie den Demokratisierungsprozess (auch im Vergleich zu anderen Ihnen bekannten Beispielen).

4.4 Asien: aufsteigend – ausbeutend?

Autor: Stefan Schütte,
Freie Universität Berlin
stefan.schuette@fu-berlin.de

4.4.2 Afghanistan: ohne Hoffnung auf Entwicklung?

Das Binnenland Afghanistan, früher ein Pufferstaat zwischen dem zaristischen Russland und Britisch-Indien, ist mit vielerlei Problemlagen konfrontiert. Hier spielen sich seit Jahrzehnten kriegerische Auseinandersetzungen zwischen lokalen, islamistischen Stammeskriegern und östlichen wie westlichen Militärs ab, die Hoffnungen auf positive Entwicklungsprozesse infrage stellen. Die derzeitige Regierung kann nur durch ausländische Budgethilfe existieren und ein großer Teil der Bevölkerung lebt in Armut und Prekarität.

Afghanistan wird von kargen, steilen Gebirgen (Norden) und ausgedehnten Geröll- und Steinwüsten (Süden) eingenommen. Von der Landesfläche sind einzig fünf Prozent ackerbaulich auf gestreut liegenden Oasen nutzbar. Ein Viertel der circa 32 Mio. zählenden Bevölkerung lebt von der mobilen Tierhaltung. Rohbaumwolle, Trockenfrüchte, Knüpfteppiche, Häute und Felle (z. B. Karakul) sowie (Halb-)Edelsteine (z.B. Lapislazuli) bildeten ehemals die wichtigsten Exportprodukte. Dazu kam noch der bescheidene Verkauf des nördlich des Hindukush geförderten Erdgases in die nördlichen Nachbarländer. Industrie spielte nie eine besonders große Rolle und ist auch heute ohne hohe ökonomische Bedeutung. Die technische und soziale Infrastruktur sind unzureichend und erst nach 1960 wurde versucht, sie in nennenswertem Maße durch externe Unterstützung aufzubauen.

Im Jahr 1747 von dem Anführer des Stammes der Durrani gegründet (M 4), geriet Afghanistan in den kolonialistischen Interessenkonflikt zwischen Großbritannien und Russland. Daraus ging Afghanistan als Pufferstaat hervor, dessen Grenzen gegen Ende des 19. Jahrhunderts festgelegt wurden. Sie umschlossen den Lebensraum von 33 ethnisch unterschiedlichen und in Stämme gegliederten Gruppen, deren größte die Paschtunen/Pathanen (44%) bilden (M 2). Ihr Ehrenkodex, das generationenalte Pashtunwali, regelte das inter- und intratribale

Einwohner	33,3 Mio.
Fläche	652 230 km²
Lebenserwartung	60 Jahre
Anteil unter 15-Jähriger	44 %
Fertilitätsrate	5,3
Verstädterungsquote	27 %
Kindersterblichkeit	6,8 %
Anteil Bevölkg. mit Zugang zu sicherem Trinkwasser	93 %
Analphabetenquote	62 %
BNE/Ew. (nach KKP)	1940 US-$
Ø-BIP-Wachstum (2006–2015)	9,5 %
Anteil Landwirtschaft BIP	21,7 %
Export-Import-Relation	k. A.
Jahresstromverbrauch / Ew.	k. A.
Absolut Arme (1,90 US-$ / Kopf und Tag)	k. A.
HDI-Wert (Rang)	0,479 (169.)
ODA (Anteil am BNE)	21,7 %
Internetpenetrationsrate	8 %

Quelle: Population Reference Bureau, World Bank, UNDP

M 1: Basisdaten Afghanistan 2015

Name	Bevölkerungsanteil (in %)
Paschtunen (S)	44
Tadschiken (S, SI)	28
Usbeken (S)	9
Hazara (S)	7
Aimaq (S)	4
Turkmenen (S)	3
Baluchi (S)	1
Araber (S)	< 1
Nuristani (S)	< 1
Pashai (S)	< 1
Sonstige: Tatar, Qizilbash, Kirgisen, Jatki, Gujarati, Lasi, Ormur, Parachi, Moghul, Hindus, Sikhs u.a.	
S = Sunniten SI = Schiiten	

M 2: Afghanistan: Ethnische Gruppen nach Bevölkerungsanteil

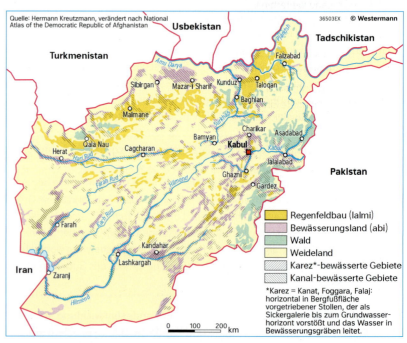

M 3: Agrarwirtschaftliche Landnutzung in Afghanistan

Zusammenleben und hat auch heute noch Einfluss auf das politische Geschehen des Landes (M 3, S. 141).

In der Vergangenheit wurde Afghanistan von der Weltöffentlichkeit kaum wahrgenommen. Diese Situation änderte sich, als der seit 1933 amtierende König Zahir Shah 1973 gestürzt wurde. Es folgten erbitterte Machtkämpfe zwischen linken und konservativen Parteien. Sie lösten den Einmarsch der Sowjetarmee (1979) aus und dieser wiederum Kämpfe gegen die sowjetischen Okkupatoren. Daran beteiligten sich ethnisch verschiedene und von Warlords (Kriegsherren) geführte Interessengruppen, zu denen bald die anfänglich von den USA geförderten islamistischen Taliban gehörten. Ihnen gelang es, im Jahr 1996 die Herrschaft in Afghanistan zu erobern. Die Zusammenarbeit der Taliban mit dem Terrornetzwerk Al Qaida veranlasste die USA nach dem Terroranschlag in New York (11.9.2001) gegen die Taliban unter Einsatz alliierter NATO-Kontingente vorzugehen (Beginn: 7.10.2001), um deren Herrschaft ein Ende zu setzen. Dadurch sollten aus westlicher Sicht die Voraussetzungen für einen afghanischen Neubeginn geschaffen werden.

Doch die erhofften Erfolge blieben aus, und es setzte sich die Erkenntnis durch, dass militärisch das Land kaum befriedet werden kann, wenn nicht gleichzeitig und vorrangig auch eine soziale, ökonomische und politische Entwicklung stattfindet. Das auf dieser Einsicht basierende Entwicklungsversprechen des Westens gilt seit 2001. Nach so vielen Jahren sollte die Frage berechtigt sein, ob die Lebensbedingungen tatsächlich verbessert wurden und es zu einem nachhaltige Friedens- und Entwicklungsprozess gekommen ist.

Am Anfang dieses Prozesses standen die Afghanistan-Konferenz am Bonner Petersberg (5.12.2001), die Inthronisierung des den USA nahestehenden Hamid Karzai als Präsident und die Installierung einer Übergangsregierung nach westlichem Vorbild. Sie wurde formal durch die Präsidentschaftswahlen im Jahre 2004 bestätigt. Obgleich durch zahlreiche Geber- und Nichtregierungsorganisationen gefördert und durch die Truppen der ‚International Security Assistance Force' (ISAF) geschützt, herrschten im Land weiterhin ungeordnete Verhältnisse. So gewannen die Taliban zunehmend an Zuspruch und mehrere ehemalige Kriegsfürsten gelangten in hohe Regierungspositionen, förderten ihre Klientel und bereicherten sich selbst. Der dadurch entstehende Frust bei der Bevölkerung stärkte die aufständischen Gruppen (Taliban, IS), erhöhte ihren Zulauf und stärkte ihre Kontrolle über weite Landesteile. Dieser Prozess konnte auch nicht durch den 2014 gewählten Präsidenten Ashraf Ghani und die „Nationale Einheitsregierung" beendet werden.

M 4: Ausdehnung des Königreichs Afghanistan

IS in Afghanistan
Der IS in Afghanistan wird aus Irak und Syrien unterstützt. Er besteht aus abtrünnigen Taliban, mit denen der IS um die Gunst der Bevölkerung und auch um die spektakulärsten Anschläge rivalisiert. Als dominante Kampftruppe ist er bisher lediglich in der schwer zugänglichen Gebirgsprovinz im Süden des Landes präsent.

M 5: Quellentext zu den Taliban in Afghanistan
Hottinger, A.: Afghanistan – vergessener Krieg, zerrissenes Land. Journal 21. ch, 11.2.2017
Arnold Hottinger ist Schweizer Journalist.

Die Gebiete, welche die Taliban beherrschen, haben im vergangenen Jahr zugenommen. Sie versuchen dort, eigene Regierungsorgane einzusetzen. Ihre Gerichte, die aufgrund des afghanischen Scharia-Verständnisses funktionieren und von den Taliban-Geistlichen geleitet werden, gelten bei der einfachen Bevölkerung als zuverlässiger denn jene der staatlichen Gerichtsbarkeit. Sie urteilen zügig und gemäß dem Brauchtum (Ehrenkodex/Pashtunwali) und der religiösen Doktrin der Paschtunen, und sie gelten als nicht korrupt. Auf der Regierungsseite haben Armut und Arbeitslosigkeit zugenommen. Die Korruption gilt als sehr hoch.

Die deutsche Bundeswehr ist im Rahmen des ISAF-Mandats seit 2001 in Afghanistan präsent und fungiert quasi als „Entwicklungsagentur" im Rahmen der sogenannten

4.4 Asien: aufsteigend – ausbeutend?

M1: Achekzai-Nomaden auf den Frühlings- und Herbstweiden in Irganak, Kunduz

„Provincial Reconstruction Teams" (PRT), die für eine Sicherung des infrastrukturellen Wiederaufbaus des Landes zuständig gemacht wurden. Tatsächlich ist die Bundeswehr aber auch in Kriegshandlungen verwickelt, was das große Vertrauen, das in Afghanistan gegenüber Deutschland lange bestand, erschüttert hat. Diese Vermischung der Ebenen zwischen Militäreinsatz und ziviler Entwicklungszusammenarbeit unter der Zielstellung einer sozialen und politischen Transformation des Landes hat für eine Mehrheit der Afghanen zu einer zunehmenden Entfremdung und Distanzierung gegenüber der westlichen Intervention geführt.

Vor diesem problembehafteten Hintergrund sollen ausgewählte Beispiele aus ländlichen und städtischen Kontexten helfen, aktuelle Entwicklungsprozesse und Problemlagen zu verdeutlichen, ein tieferes Verständnis für bestimmte Alltags- und Lebenssituationen in Afghanistan zu gewinnen und die Bedeutung von lokal initiierten Entwicklungs- und Friedensprozessen herauszustellen.

Mobile Tierhaltung in Nord-Ost Afghanistan

Die mobile Tierhaltung ist eine Kulturweise, die recht flexibel auf politische Veränderungen und natürliche Zwänge zu reagieren vermag. Das beweisen beispielsweise auch die beiden Tierhaltergruppen Achekzai und Baluch aus einem Dorf der Kunduz-Oase, die sich traditionell durch Wanderungen mit ihren Herden über große Distanzen Weiden in den Hochgebirgsregionen von Badakhshan (nordöstlich von Falzabad, M3, S.136) erschlossen. Durch die sich in den vergangenen drei Jahrzehnten ständig verändernden Verhältnisse unterlagen sie vor allem politischer und kriegerischer Gewalt, die sie zuerst zur Anpassung ihrer bisherigen Wanderweise zwangen, dann zur Sesshaftigkeit und endlich zurück zur Wiederaufnahme nomadischer Lebensweise veranlassten:

Die erste Phase währte bis 1978 (April-Revolution) und ist gekennzeichnet von ungehinderter Mobilität und freiem Zugang zu den ihnen durch Landtitel (*qawala*) vom Königshaus im Jahr 1952 verbrieften Weideflächen (Shewa-Weiden). Die Achekzai bezeichnen diese Phase als ‚Zeit der Freiheit', da sie die einmonatige Wanderung mit circa 1000 Tieren ungehindert und problemlos durchführen konnten. Nach etwa drei Monaten auf der Hochweide wurden die gut genährten Tiere zum Verkauf auf die Märkte in Charikar und Kabul getrieben.

Die zweite Phase (1978–1996) bezieht sich auf die Zeit der sowjetischen Besatzung und des Bürgerkrieges. Infolge ständiger Unruhen und allgegenwärtiger Gewalt war die Wanderung nach Badakhshan und die Nutzung der Weiden beeinträchtigt. Das Grasland war vermint und kaum benutzbar, Hirten und Herden Luftangriffen und der Willkür der lokalen Kriegsherren (Warlords) und ihrer marodierenden Banden ausgesetzt. So raubte beispielsweise die Miliz des bekannten usbekischen Anführers Abdul Rashid Dostum im Jahre 1994 einer Familie etwa 900 Schafe. Danach konnte sie ihren ehemaligen Viehbestand nie wiederherstellen. Für die Tierhalter verschlechterte sich die Situation zusätzlich noch dadurch, dass sie nach 1978 ihre Tiere nicht mehr auf den Märkten in Charikar und Kabul anbieten konnten.

Die dritte Phase (1996 – 2001) war dadurch bestimmt, dass die Wanderroute nach Badakhshan ständig umkämpft und nicht mehr passierbar war. Auch diente die Provinz als Rückzugsraum für die tadschikischen Milizen und Kriegsfürsten, die jetzt die Weidegebiete unter ihre Kontrolle brachten und die Regeln zu ihrem Zugang neu auslegten. Die Nomaden waren jetzt zum Verbleib in ihren Dörfern der Kunduz-Oase und damit zur Sesshaftwerdung gezwungen.

In der vierten und bis heute andauernden Phase wurde es den sesshaft gewordenen Nomaden wieder erlaubt, zu ihrer angestammten Kulturweise zurückzukehren (Re-Nomadisierung). Dafür müssen aber die Modalitäten der Herdenwanderung und des Zugangs zu den Weiden in Badakshan jährlich neu ausgehandelt werden. Zum ersten Mal in ihrer Geschichte sind diese Nomaden gezwungen, für die saisonale Wanderung und für die Nutzung ihrer einst vom König zugewiesenen Weiden zu bezahlen. Dabei können sie nicht einmal sicher sein, ob diese willkürliche Regelung andauert und ihre Herden sicher sind.

Ähnlich wie den Achekzai erging es den Baluch. Doch wird am Beispiel dieser beiden Nomadengruppen auch deutlich, dass die mobilen Tierhalter ausgesprochen flexibel auf die unterschiedlichen Zwänge zu reagieren vermögen und dass selbst in einem von Kriegshandlungen und Gewalt gegeißeltem Land wie Afghanistan selbstgesteuert Entwicklungsalternativen in begrenztem Maße möglich und Entwicklungsperspektiven nicht ausgeschlossen sind. Das trifft allerdings nur so lange zu, wie die Wanderung und der Verkauf der Tiere nicht völlig unterbunden werden sowie wirtschaftlicher Erfolg, wenn auch in bescheidenem Maße, gewährleistet ist.

Informeller Sektor in Kabul

Die Hauptstadt Afghanistans erfuhr zwischen 2000 und 2015 einen jährlichen Bevölkerungszuwachs von 11,6 Prozent und zählte 2015 3,68 Mio. Einwohner. Kabul ist damit die am schnellsten wachsende Stadt in der gesamten Region Süd- und Zentralasiens. Dazu parallel verlief eine ausgeprägte sozialräumliche und ethnische Differenzierung, die auf die Zuwanderung der aus Pakistan zurückkehrenden und oftmals verarmten Flüchtlinge und auf die Landflucht zurückzuführen ist. Durch dieses rasante Wachstum verschlechterten sich die Wohnverhältnisse, die Gesundheitsvor- und -fürsorge sowie der Zugang zu Bildung. Auch erhöht sich die Sterblichkeitsrate und verringerten sich die Beschäftigungsmöglichkeiten. Dieser

M2: Informelle Hangbebauung in Kabul

M3: Reale Arbeitsmärkte: Tagelöhner warten auf Anstellung an einer Straßenkreuzung in Kabul.

4.4 Asien: aufsteigend – ausbeutend?

Vorgang wird durch die Tatsache verstetigt, dass die meisten Bewohner ihr Einkommen aus informellen, extrem unsicheren und von hoher Konkurrenz gekennzeichneten Tätigkeiten erzielen (M3), die in der Regel nicht einmal den täglichen Bedarf abzudecken vermögen. Daher sind viele gezwungen, sich (meist dauerhaft) zu verschulden, wodurch sich ihre Chancen zur Verbesserung ihrer Lebensbedingungen noch weiter minimieren.

Diese extrem unsicheren sozialen Verhältnisse gehen einher mit der Tatsache, dass 70 Prozent der Wohngebiete in Kabul aus informellen Siedlungen (meist Lehmhäuser) bestehen, in denen 80 Prozent der Stadtbevölkerung ihr Leben bestreiten (M2, S. 139). Diesen marginalisierten Vierteln fehlt es meist an Zugang zu Trinkwasser, Sanitäreinrichtungen, befestigten Wegen, Zugangsstraßen und Elektrizität. Die Stadtplanungsbehörde steht diesen Prozessen hilflos gegenüber und versucht vergeblich, ihre Politik über einen mit sowjetischer Hilfe 1978 erstellten und heute völlig überholten Masterplan zu steuern. Dabei wird außer Acht gelassen, dass der enorme Bevölkerungsdruck nur durch eben diesen informellen Siedlungsbau überhaupt aufgefangen werden konnte und zudem eine gewaltige kollektive Investition der Armen und Schutzsuchenden in Kabul darstellt. Die Macht des Masterplans spiegelt sich auch im alltäglichen Sprachgebrauch der Bewohner von informellen Siedlungen in Kabul wieder, die bei der Beschreibung ihrer Lebenssituationen immer wieder darauf hinweisen, dass sie genötigt sind ‚außerhalb der Karte' (gheyr-e naksha), das heißt des Masterplans, zu leben.

Bei der Überforderung der Stadtplanungsbehörde ist es kaum verwunderlich, dass sich auch einflussreiche und wohlhabende Kriegsfürsten und Parlamentsmitglieder ganz informell bedienen. So haben sie im Stadtteil Sherpur, Ort einer ehemaligen Armensiedlung, die Bewohner vertrieben und Luxusvillen nach pakistanischem Vorbild sowie verglaste Shopping-Malls mit ausländischen Luxuswaren errichten lassen (M1). Dieses Viertel veranschaulicht im Vergleich zu den Hüttensiedlungen beispielhaft die extremen Gegensätze innerhalb Kabuls.

M1: Stadtteil Sherpur in Kabul

Informelle Eingriffe in die Entwicklung der Stadt werden auch durch die Botschaften, UN-Einrichtungen und Militärgarnisonen vorangetrieben, indem sie beispielsweise aus Sicherheitsgründen dauerhaft Straßensperren errichten. Dadurch fallen zentrale Verkehrsachsen weg und der gesamte Individual- und öffentliche Nahverkehr muss über nur sehr wenige Alternativrouten geleitet werden (M2). Zudem haben die ausländischen Angehörigen unzähliger Organisationen zur Explosion der Mieten vor allem in den etablierten und zentral gelegenen Stadtvierteln geführt. Hausbesitzer konnten von den internationalen Einrichtungen, die Unterkünfte für ihre Mitarbeiter benötigten, astronomische Summen verlangen und somit ihren persönlichen Wohlstand vergrößern. Nicht zuletzt stiegen dadurch die Mieten auch in den randständigen Quartieren an, die zu einer Verdrängung der Bewohner und zu einer weiteren Verschlechterung der ohnehin bereits schwierigen Lebensbedingungen führte.

M2: Täglicher Verkehrsstillstand in Kabul

Verwaltungsaufbau

Ein grundlegendes Problem ist das große Misstrauen der Menschen gegenüber staatlichen Behörden und staatlicher Aktivität, die in aller Regel als Bedrohung angesehen werden. Eine Zielstellung der internationalen Intervention war es, dieses Vertrauen in die Legitimität des Staates herzustellen und staatliche Institutionen effektiver zu gestalten. Dazu gehört auch die subnationale Regierungsführung in den Provinzen, die mit dem anfänglich alleinigen Fokus auf die Bildung einer Zentralregierung allerdings erst sehr spät praktisch angegangen wurde. Ein wichtiges Projekt in dieser Hinsicht war das landesweit umgesetzte ‚National

Solidarity Programme' (NSP), das mit Blick auf gemeindezentrierte Entwicklung eigens gewählte Dorfräte installierte, die mit eigenem Budget ausgestattet Projekte zur Verbesserung der lokalen Lebensbedingungen finanzieren konnten.

Mit Blick auf die Nachhaltigkeit dieser neuen dörflichen Institutionen, die teilweise neben den traditionellen Dorfräten (*shura, jirga*, M3) existieren oder auch weitgehend mit ihnen identisch sein können, erwuchs die Einsicht, dass für Entwicklung in Afghanistan neue Wege beschritten werden müssen und vor allem „unten", auf lokaler Ebene, angesetzt werden muss. Diese Idee wurde bei einem Projekt umzusetzen versucht, in dem es um sicheren Zugang zu Weidearealen gehen sollte. In einem Land, in dem 70 Prozent der Landesfläche auf nutzbare Grasflächen entfallen und (mobile) Tierhaltung das wichtigste ökonomische Standbein für die Mehrheit der ländlichen Haushalte darstellt, bedeutet Weidezugang eine Überlebenschance. Die leitende Idee bestand darin, dass unter Zustimmung aller Anspruchsgruppen und auch der Jirga-Vertreter jeder Einzelne das Recht zur Nutzung eines bestimmten Stückes Weideland übereignet bekam. Es wurde mittels eines formalisierten Grundbriefes (Weideübereinkunft) sowohl auf Dorfebene als auch auf den lokalen und zentralen Behörden registriert (Katasterämter, Landverwaltungsbüros). Damit versuchte man, einen friedlichen Umgang der Nutzer untereinander zu erreichen und die über das NSP ernannten Dorfräte sukzessive als staatliche Instanz zu etablieren, zur Übernahme von Verwaltungsaufgaben zu befähigen sowie als gemeindebasierte Behörde einzurichten.

In einigen Gemeinden mit unterschiedlichen ethnischen Gruppen im Norden Afghanistans wurden in Zusammenarbeit mit lokalen Behörden die Weideübereinkünfte unterzeichnet und dabei in eigens dafür einberufenen Versammlungen auch die Bedürfnisse anderer Nutzergruppen berücksichtigt. Dass in dem unruhigen Afghanistan Menschen zu solchen Aktionen fähig sind, zeigt auch ihr Bedürfnis nach Sicherheit und Frieden. Doch dieses verheißungsvolle Pilot-Projekt wurde leider nicht weiterverfolgt. Ursache dafür soll die Weigerung der Zentralregierung in Kabul gewesen sein, administrative Verantwortung auf die lokale Ebene zu delegieren und dadurch möglicherweise an Einfluss zu verlieren.

M3: Stammesaufbau und Pashtunwali

Ausblick: Frieden und Entwicklung?

Die drei Beispiele haben deutlich werden lassen, dass das 2001 gegebene Versprechen der westlichen Staatengemeinschaft, für Frieden und Entwicklung in Afghanistan zu sorgen, bislang nicht erreicht werden konnte. Auch hat sich die Annahme, dass internationale Bemühungen um Wiederaufbau und Modernisierung quasi automatisch zu ökonomischer Entwicklung und gesellschaftlicher Stabilität führen, nicht bewahrheitet. Ebenso wenig trifft die Vorstellung zu, dass die seit 2001 in großer Zahl durchgeführten Hilfsprojekte ausreichen, um die ‚Herzen und Köpfe' der Afghanen zu gewinnen. Weder die Regierung noch ihre internationalen Helfer fanden die Unterstützung der Bevölkerung. Der Demokratieexport ist ebenso wenig gelungen ist wie das Vorhaben, landesweit ökonomische Entwicklung auszulösen. Profitiert haben höchstens einige machthabende Akteure. Die breite Masse der Bevölkerung lebt nach wie vor in großer Unsicherheit, militanter Bedrohung und unvorstellbarer Armut.

---

1 Fassen Sie zusammen, wie wiederkehrende Kriegshandlungen Entwicklung in Afghanistan verhinderten.
2 Skizzieren Sie die verschiedenen Phasen der Wanderung der Achekzai-Nomaden.
3 Vergleichen Sie die Demokratisierungsbemühungen mit denen in Oman (Kap. 4.4.1).
4 „Das westliche Demokratiemodell lässt sich nicht einfach eins zu eins auf Staaten wie Afghanistan übertragen. Nehmen Sie Stellung zu dieser Aussage."

4.4 Asien: aufsteigend – ausbeutend?

Autor: **Andreas Benz,**
Universität Augsburg
andreas.benz@geo.uni-augsburg.de

4.4.3 Pakistan: das gefährlichste Land der Welt?

Die Medien zeichnen von Pakistan häufig das Bild eines Landes am Abgrund, das von wachsenden sozioökonomischen Ungleichheiten geprägt und von ethnisch und religiös motivierten Gewaltkonflikten zerrissen ist. Pakistan wird als Hort des islamistischen Terrorismus gebrandmarkt, und es wird vor der drohenden Gefahr eines nuklearen Krieges mit dem Nachbarstaat Indien gewarnt. In den ersten Jahrzehnten nach der Unabhängigkeit galt Pakistan noch als das Musterbeispiel für ein stabiles und erfolgreiches Entwicklungsland. Wie konnte es zu diesem Scheitern kommen?

Pakistan, wörtlich ‚das Land der Reinen', ging 1947 zusammen mit seinem Nachbarn und ewigen Kontrahenten Indien aus der Teilung Britisch-Indiens im Zuge der Dekolonialisierung hervor. Nach der erlangten Unabhängigkeit verfolgte das Land zunächst erfolgreich die Strategie der nachholenden Entwicklung (vgl. Kap. 5.2). Mit internationaler Hilfe wurde der Agrarsektor modernisiert, die Bewässerungs-, Verkehrs- und Energieinfrastruktur ausgebaut. Mit Großkraftwerken, Stahlwerken und (Textil-)Fabriken wurde – westlichen Vorbildern folgend – versucht, industrielle Wachstumspole zu schaffen. Pakistan galt bald als Paradebeispiel für gelungene nachholende Entwicklung und Modernisierung nach westlichem Vorbild.

Spätestens Ende der 1970er-Jahre wurde jedoch immer deutlicher, dass diese Modernisierungsstrategie nicht zu der erhofften nachhaltigen Entwicklung führte. Die Wachstumsimpulse, die auf das ganze Land ausstrahlen sollten, blieben aus, und nur sehr wenige neue Arbeitsplätze entstanden. Die breite Masse der Bevölkerung konnte nicht vom Wachstum in den modernen Sektoren profitieren. Im Gegenteil, für viele verschlechterten sich sogar die Lebensbedingungen. So blieben beispielsweise Kleinbauern und Pächter, die sich die hohen Investitionen in moderne Landmaschinen, Düngemittel und Bewässerungsanlagen nicht leisten und daher nicht preisgünstig produzieren konnten, auf ihren Produkten sitzen. Viele von ihnen verloren ihre Existenzgrundlage und machten sich auf in die großen Städte, die in der Folge ein rasantes Wachstum verzeichneten. Karachi, heute die größte Stadt des Landes, wuchs seit der Unabhängigkeit von 400 000 Einwohnern zu einer Mega-City

Einwohner	202,0 Mio.
Fläche	796 095 km²
Lebenserwartung	66 Jahre
Anteil unter 15-Jähriger	36 %
Fertilitätsrate	3,7
Verstädterungsquote	39 %
Kindersterblichkeit	6,7 %
Anteil Bevölkg. mit Zugang zu sicherem Trinkwasser	91 %
Analphabetenquote	44 %
BNE/Ew. (nach KKP)	5320 US-$
Ø-BIP-Wachstum (2006–2015)	3,6 %
Anteil Landwirtschaft BIP	25,1 %
Export-Import-Relation	1 : 1,52
Jahresstromverbrauch / Ew.	472 kWh
Absolut Arme (1,90 US-$ / Kopf und Tag)	6,0 %
HDI-Wert (Rang)	0,546 (147.)
ODA (Anteil am BNE)	2,3 %
Internetpenetrationsrate	18 %

Quelle: Population Reference Bureau, World Bank, UNDP

M1: Basisdaten Pakistan 2015

M2: Pakistan – Grenzen und ethnische Gruppen

	Pakistan	Nepal	Bangladesch	Indien
BIP/Ew. (in US-$)	4906	2462	3629	6193
HDI (Rang von 188)	0,546 (147.)	0,558 (144.)	0,579 (139.)	0,624 (131.)
Lebenserwartung (in Jahren)	66,4	70,0	72,0	68,3
Bevölkerung in extremer multidimensionaler Armut (MPI)	26,5 %	9,3 %	16,6 %	27,8 %
GDI (Rang von 160)	0,742 (157.)	0,925 (108.)	0,927 (104.)	0,819 (148.)
Öffentliche Ausgaben für Bildung (in % des BIP)	2,5 %	4,7 %	2,2 %	3,8 %
Öffentliche Rüstungsausgaben (in % des BIP)	3,4 %	1,4 %	1,3 %	2,3 %

Quelle: IMF, UNDP, SIPRI

M3: Entwicklungsindikatoren der Länder Südasiens 2015

von über 16 Mio. Menschen an (M4). Auf Freiflächen und am Stadtrand entstanden ausgedehnte Hüttenviertel, in denen heute mehr als die Hälfte der Stadtbevölkerung unter menschenunwürdigen Bedingungen leben muss.

Ein Blick auf den gegenwärtigen Stand der Entwicklung Pakistans (M1) unterstreicht eindrucksvoll das Scheitern der Entwicklungshoffnungen der ersten Entwicklungsdekaden. Auch im regionalen Vergleich bildet es das Schlusslicht innerhalb der Gruppe der südasiatischen Staaten (M3). Mehr als jeder vierte Einwohner lebt in extremer Armut. Nirgendwo in Südasien ist die Benachteiligung der Frauen beim Zugang zu Einkommen, Bildung und Gesundheit größer. Korruption, Klientelismus und Vetternwirtschaft sind weit verbreitet und nach Transparency International zählte Pakistan 2015 zu den 50 korruptesten Staaten der Erde.

Das Scheitern des pakistanischen Entwicklungsweges ist nicht nur auf die internen Widersprüche modernisierungstheoretischer Entwicklungsvorstellungen zurückzuführen, sondern vor allem auch auf die spezifischen Charakteristika und typischen Probleme dieses Landes. Pakistans heutige Situation ist somit Ergebnis eines komplexen Zusammenspiels von internen strukturellen Merkmalen und externen Einflussfaktoren. Sie reichen vom historischen Kolonialismus über Imperialismus und Blockkonfrontation im Kalten Krieg bis hin zum Einfluss der neoliberalen Globalisierung und neu entstandenen geostrategischen und sicherheitspolitischen Interessenlagen.

Historische Bürden

Der territoriale Zuschnitt des heutigen Staates Pakistan (M2) ist Ergebnis des britischen Kolonialismus und hat dem jungen Staat bei seiner Unabhängigkeit 1947 eine schwere und folgenreiche Bürde mit auf den Weg gegeben. So zerlegt beispielsweise die westliche Landesgrenze mit Afghanistan, die sogenannte Durand-Linie (1893 von dem britischen Regierungsbeamten Henry Mortimer Durand markiert), das Siedlungsgebiet der Volksgruppe der Paschtunen in einen afghanischen und einen pakistanischen Teil (M2). Ähnlich erging es den Baluchen, deren Lebensraum heute zu Iran, Pakistan und Afghanistan gehört. Dadurch wurden wiederholt Unruhen, separatistische Bewegungen mit wiederkehrenden militanten Auswüchsen vor allem nach der Abtrennung und Verselbstständigung Ostpakistans (1971) ausgelöst. Das gilt vor allem auch für die mit Sonderstatus ausgestatteten nordwestlichen „Stammesgebiete" (Tribal Areas; z.B. Waziristan), deren Bevölkerung vor bewaffneten Auseinandersetzungen mit dem pakistanischen Militär nie zurückschreckte, jetzt als Rückzugsgebiet islamistischer Terroristen gilt und daher vorrangiges Ziel US-amerikanischer Drohnen-Angriffe bildet.

Nicht weniger problematisch war die 1947 entstandene Ost-Grenze zu Indien. Ihr Verlauf zertrennte nicht nur das von den Briten geplante und nach 1850 zu realisieren begonnene Kanalbewässerungsgebiet des Punjab. Sie sperrte auch den Punjab-Flüssen das Wasser aus den Oberläufen ab und verursachte so in der Folgezeit wiederholt Wasserkonflikte. Diese Ostgrenze schied aber vor allem die mehrheitlich muslimischen (Pakistan) von den mehrheitlich hinduistischen Gebieten (Indischen Union = heutiges Indien), was unmittelbar nach der Unabhängigkeit nicht nur zur Vertreibung von geschätzt zwei bis 20 Mio. Angehörigen der jeweiligen Minderheitsreligionsgruppe aus Pakistan beziehungsweise Indien führte, sondern auch zu gewaltsamen Auseinandersetzungen, die eine halbe Mio. Tote nach sich zogen und auch den Grundstein für den bis heute das Pakistan-Indien-Verhältnis belastenden Kaschmir-Konflikt legten (M 5).

Der mehrheitlich muslimische Fürstenstaat Kaschmir wurde nämlich von einem Hindu-Maharaja beherrscht, der sich für den Anschluss an die Indische Union

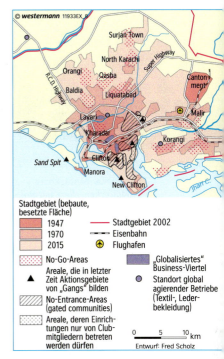

M4: Karachi: Flächenmäßige Ausdehnung und globalisierte Stadtfragmente

M5: Die Kaschmirregion heute

4.4 Asien: aufsteigend – ausbeutend?

M 1: Atomar bestückbare Mittelstreckenrakete bei einer Militärparade in Islamabad, 1999

entschied. Gewaltsamer Widerstand der muslimischen Bevölkerung und der erste Kaschmir-Krieg zwischen Indien und Pakistan waren die Folge. Seither ist die Region entlang einer Waffenstillstandslinie geteilt und ihr völkerrechtlicher Status ist bis heute ungeklärt. Die immer wieder aufflammenden Kriegshandlungen (1947–1949, 1965, 1971) sind insofern eine extreme Bedrohung für ganz Südasien, weil sowohl Indien (seit 1974) als auch Pakistan (seit 1998) über Atomwaffen verfügen.

Die Teilung Britisch-Indiens entließ Pakistan zudem mit einem zweigeteilten Staatsgebiet in die Unabhängigkeit, das aus West-Pakistan – dem heutigen Pakistan – und Ostpakistan – dem heutigen Bangladesch – bestand. Beide Landesteile waren getrennt durch über 1500 km indisches Territorium. Die Unmöglichkeit eines solchen Zwillingsstaates fand nach den Wahlen in Pakistan (1970; im Westteil gewann Zulfikar Ali Bhutto, im Ostteil Mujibur Rahman Khan) und dem dritten Indisch-Pakistanischen Krieg (1971) mit der Abtrennung und Unabhängigkeit Ost-Pakistans als Bangladesch ihr Ende. Die systematische Benachteiligung des östlichen Landesteils und der dort lebenden bengalischen Bevölkerung hatte zu Aufständen und Unabhängigkeitsbestrebungen geführt.

Auch im verbleibenden westlichen Landesteil, dem heutigen Pakistan, gibt es zahlreiche Autonomie- und Unabhängigkeitsbewegungen (M2). Immer wieder wird von politischen Beobachtern der drohende Zerfall des Staates prophezeit. Pakistan ist ein Vielvölkerstaat, der sich aus einer großen Zahl unterschiedlicher ethnischer Gruppen mit eigenen Sprachen, Identitäten und Traditionen zusammensetzt (M2, S.142). Von einer pakistanischen Nation im engeren Sinne kann demnach nicht die Rede sein. Als einzige gemeinsame Klammer für die verschiedenen Volksgruppen in einem Staat, diente bei der Staatsgründung der Bezug auf den Islam. Er ist in Pakistan Staatsreligion. (Neben Israel ist Pakistan der einzige Staat der Erde, der mit explizitem Bezug zu einer Religion gegründet wurde.) Doch diese Klammer erwies sich über die Jahre als sehr labil. Denn immer wieder kommt es zu Unruhen und gewaltsam ausgetragenen Sezessionskonflikten, weil sich einzelne Landesteile von der Zentralregierung in Islamabad vernachlässigt und von dem wirtschaftlich dominierenden Punjab und dessen relativ gut gebildeter Bevölkerung bevormundet fühlen.

In den ersten Jahren nach der Unabhängigkeit versuchte vor allem die Gruppe der Millionen Muhajir („Zuwanderer", Flüchtlinge aus Indien) – darunter viele wohlhabende Unternehmer, Händler und Industrielle – Einfluss im Staat auszuüben.

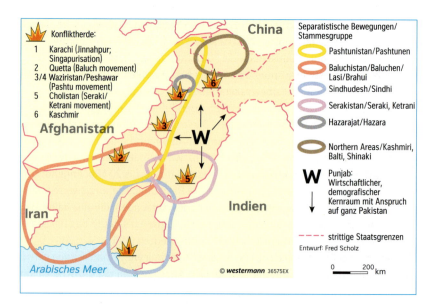

M 2: Das politisch fragile Pakistan

M 3: Landlord und seine Feldarbeiter in Dasht, Quetta/ Belutschistan

Da sie sich wenig Gehör verschaffen konnten, strebten sie sogar nach dem Vorbild Singapurs unter dem Namen Jinnahpur (benannt nach dem Staatsgründer Jinnah) eine Verselbstständigung der Stadt Karachi an. Die von ihnen mitgebrachte Sprache Urdu, die nur von acht Prozent der pakistanischen Bevölkerung als Muttersprache gesprochen wird, wurde zur offiziellen Staatssprache erklärt und muss von jedem Schulkind erlernt werden. Englisch ist die zweite offizielle Staatssprache, ein Relikt aus der britischen Kolonialzeit. Heute konzentriert sich die Macht in Pakistan vor allem in den Händen der ethnischen Gruppe der Punjabis. Sie stellen nicht nur über die Hälfte der Bevölkerung des Landes, sondern verfügen in ihrer Provinz Punjab auch über eines der größten Bewässerungsfeldbaugebiete der Erde und damit über die Kornkammer des Landes. Die Punjabis dominieren in Wirtschaft, Politik und Kultur.

Feudale Verhältnisse auf dem Land

Eine weitere Bruchlinie, die die sozioökonomische Entwicklung des Landes erschwert, verläuft zwischen den Städten und den ländlichen Gebieten. In allen agrarisch geprägten Landesteilen herrschen bis heute quasi-feudale Verhältnisse vor. Die Nutzflächen sowie der Zugang zu Wasser befinden sich in den Händen weniger Großgrundbesitzer („Landlords"), die über ein Heer von Landarbeitern und Pächtern verfügen. Diese leben sozial, materiell und sogar kulturell in Abhängigkeit von den Landlords. In einigen Gegenden hat diese Abhängigkeit geradezu die Form regelrechter Schuldknechtschaft angenommen, die über Generationen andauern kann.

Für die Großgrundbesitzer wiederum stellt dieses Abhängigkeitssystem neben der wirtschaftlichen zugleich eine politische Machtbasis dar; denn sie können sich dank der Stimmen ihrer Abhängigen des Einzuges in die Parlamente und Regierungen auf Provinz- und Landesebene sicher sein. Fast alle bisherigen Präsidenten Pakistans rekrutierten sich aus der Klasse der Großgrundbesitzer. Für die zaghaft zu nennende Entstehung einer Mittelschicht boten sich bei diesen sozialen Verhältnissen nur geringe Chancen.

Die Dominanz einer schmalen Elite in Politik, Wirtschaft, Bürokratie und Militär – Beobachter gehen davon aus, dass sich nur etwa 200 Familien-Clans die Macht teilen – hat weitreichende Folgen für die Landesentwicklung. Diese Elite kontrolliert nämlich alle wichtigen Machtpositionen und verfolgt dabei ganz eigennützige Ziele. Sie zeigt kein politisches Interesse, das Leid der Massen, deren Armut und Perspektivlosigkeit, zu überwinden. Pakistan hätte dazu durchaus die wirtschaftlichen Möglichkeiten. Das zeigen Länder wie Nepal und Bangladesch, denen es bei deutlich geringerer Wirtschaftskraft pro Kopf gelingt, eine höhere soziale Entwicklung zu erreichen (M 4).

Vom Entwicklungs- zum Sicherheitsstaat

In diesem Zusammenhang verweist der renommierte pakistanische Wirtschaftswissenschaftler Kaiser Bengali auf eine Veränderung der Prioritätensetzung bei der Verwendung der staatlichen Mittel seit Ende der 1970er-Jahre. Sie findet Ausdruck im Übergang von einem „Entwicklungsstaat" zu einem „Sicherheitsstaat".

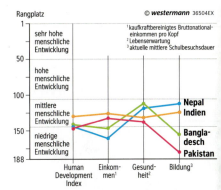

M 4: Diskrepanz zwischen ökonomischer und sozialer Entwicklung in Südasien

Schuldknechtschaft

In Schuldknechtschaft geratene Pakistaner können über ihr Leben und das ihrer Kinder nicht mehr frei verfügen. Die Schuldeigner (Gläubiger) entscheiden sogar darüber, wen und ob die Kinder der Schuldner heiraten, ob sie das Dorf verlassen, die Schule besuchen und welche Arbeit sie ausführen dürfen. Überraschend ist dabei, dass die Schuldsumme häufig nur wenige hundert Rupees (etwa ein paar Euros) beträgt. Doch entweder ist auch dieses wenige Geld nicht vorhanden, um die Schuld zu begleichen, oder der Gläubiger nimmt den Betrag nicht an, weil die Fortsetzung der Knechtschaft profitabler ist. (Der Autor hat in dem GTZ-Projektgebiet Mardan-Swabi kein Dorf angetroffen, in dem sich nicht alle Familien in Schuldknechtschaft befanden.)

4.4 Asien: aufsteigend – ausbeutend?

Während nämlich in den ersten drei Dekaden nach der Unabhängigkeit, als Pakistan noch als Musterfall eines erfolgreichen Entwicklungslandes galt, der Staat den Ausgaben für die Entwicklung des Landes höchste Priorität beimaß, gingen die Entwicklungsausgaben für den sozialen Sektor nach dem Militärputsch durch General Zia ul-Haq (1977) zurück und gleichzeitig stiegen die Militärausgaben enorm an. Nach dem Einmarsch der Sowjetunion 1979 in Afghanistan und den dann folgenden kriegerischen Auseinandersetzungen, gewann Pakistan strategische Bedeutung für die USA. Denn von dort aus betrieben diese alle militärischen, geheimdienstlichen Aktivitäten und organisierten die finanzielle Unterstützung des Widerstandes. Dadurch wurden Verhältnisse und Einstellungen bei der Bevölkerung, insbesondere der Grenzregion, erzeugt, aus denen sich bis heute islamistische Bewegungen und islamistischer Terror speisen. Auch der Übergang Pakistans vom Entwicklungs- zum Sicherheitsstaat wurde dadurch verstetigt.

Das Militär bildet heute in Pakistan einen Staat im Staate und verfügt nicht nur über eigene Siedlungen, Schulen und Krankenhäuser, sondern ist in zahlreichen Wirtschaftssektoren mit eigenen Unternehmen aktiv. Dazu kommt, dass dabei enge familiäre Verflechtungen zwischen Militär, Politik, Industrie, Landwirtschaft und Staatsbürokratie bestehen und die anhaltende Konfrontation mit Indien im Kaschmir-Konflikt sowie die milliardenschweren US-Militärhilfen im Kontext des ‚Kampfes gegen den Terrorismus' zur Konsolidierung der Machtposition des Militärs beitragen. Die pakistanische Politikwissenschaftlerin Ayesha Siddiqa spricht in ihrem berühmt gewordenen Buch „Military Inc." diesen Zusammenhang ganz treffend als zivil-militärischen Komplex an.

M1: Provisorische Schule auf einem Dach in Karachi

Daher ist es auch nicht verwunderlich, dass die Staatsausgaben zugunsten des Militärs und zu Lasten der Entwicklungsinvestitionen im zivilen Bereich ausfallen. Wesentliche Fortschritte im Bereich Bildung (M2), Gesundheit und Armutsbekämpfung sowie der Abbau der enormen sozialen und regionalen Disparitäten bleiben dadurch aus. Verschärfend wirken sich dabei die seit den 1990er-Jahren durch die Globalisierung forcierte wirtschaftliche Öffnung des Landes sowie die Liberalisierung der Wirtschaft und die Privatisierung insbesondere der öffentlichen Dienstleistungen aus. Die Zahl der privaten Schulen und Universitäten wuchs ebenso rasant wie die Zahl der privaten Kliniken und Gesundheitseinrichtungen oder die staatlich-privatwirtschaftlichen Kooperationen (Public-Private Partnerships). Auch kam es zu massiven Investitionen in den Bau von Wohnraum, vor allem für die nun wachsende Mittelschicht. Selbst im sozialen Bereich sind lukrative Geschäftsfelder entstanden: Bildung und Gesundheit wurden zur profitträchtigen Ware gemacht und erweiterten den Arbeitsmarkt. Dadurch konnte sich der Staat regelrecht aus seiner sozialen Verantwortung stehlen.

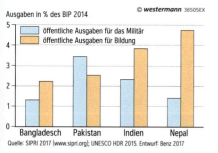

M2: Ausgaben für Bildung und für Militär ausgewählter Länder Südasiens

Für die in der Vergangenheit nur zögerlich aufkommende Mittelschicht bietet diese Entwicklung durchaus Chancen für Beruf, Gesundheitsversorgung, Bildung und Wohnung. Die ärmeren Schichten, die Mehrheit der 189 Mio. Einwohner des Landes, sind jedoch die Verlierer. Sie können sich die neuen Bildungs-, Wohn- und Gesundheitseinrichtungen nicht leisten und bleiben auf das erodierende und sich qualitativ immer weiter verschlechternde staatliche Restsystem und den informellen Sektor angewiesen. Der Prozess der Verschärfung und der Verstetigung der sozialen und ökonomischen Disparitäten in Pakistan hat durch Globalisierung eine neue Dimension angenommen.

---

1 Fassen Sie die externen und internen Ursachen für Unterentwicklung in Pakistan zusammen.
2 Vergleichen Sie den Entwicklungsstand in den südasiatischen Staaten (M3, S. 142).
3 Erläutern Sie die Folgen der Privatisierung im Gesundheits- und Bildungssektor Pakistans.

4.4.4 Mongolei: Ressourcenreichtum als Chance?

Autor: **Jörg Janzen**,
Freie Universität Berlin
j.janzen@fu-berlin.de

Ein Blick in die jüngere Geschichte der Mongolei zeigt, dass das Land seit Anfang des 20. Jahrhunderts einen tiefgreifenden Wandel erfahren und wechselnde externe Abhängigkeiten durchlaufen hat. Auf die sozialistische Planwirtschaft bis 1989 (sozialistische Phase) folgte die Transformation in die Marktwirtschaft (post-sozialistische Phase). Die Mongolei ist reich an mineralischen Rohstoffen und verzeichnet heute eindrucksvolle ökonomische Wachstumszahlen. Dennoch leben viele der gut drei Mio. Mongolen in Armut und ihre Zahl ist in Zunahme begriffen.

Landesentwicklung unter sowjetischem Einfluss

Nach dem Ende der chinesischen Mandschu-Herrschaft 1911 und der Revolution von 1921 folgten mit der Gründung der 2. Sozialistischen Volksrepublik Mongolei trotz Selbstständigkeit im Jahre 1924 sieben Jahrzehnte massiver sowjet-russischer Hegemonie und Zugehörigkeit zum Rat für Gegenseitige Wirtschaftshilfe (RGW = COMECON). Konkrete Hilfe zur Landesentwicklung leisteten insbesondere die UdSSR (SU) und die DDR.

Bereits in vorsozialistischer Zeit war durch russische Forscher der Nachweis für reiche Vorkommen an Bodenschätzen erbracht und vereinzelt mit dem Abbau begonnen worden. In der sozialistischen Ära waren es neben wenigen mongolischen vor allem russische Staatsbetriebe, die sich im Abbau von Gold, Kupfer, Molybdän und Kohle sowie vor allem von Uranerz in Dornod (für die russische Nuklearindustrie) betätigten.

Die Landesentwicklung setzte mit dem kühnen Bemühen ein, das feudale Nomadenland von der dreifachen Größe Frankreichs und einer Bevölkerung von damals unter einer Mio. in einen modernen Agrar-Industrie-Staat umzugestalten und landesweit möglichst gleich gute Lebensbedingungen zu schaffen. Nach Ende des Zweiten Weltkrieges wurde versucht, eine moderne, sowjetischen Leitbildern folgende technische und wirtschaftliche Infrastruktur in Stadt und Land aufzubauen. So wurde auf der Basis einheimischer Grundlagen die Erzeugung von Fertigprodukten für den Binnenmarkt und den Export in den Ostblock vorangetrieben und die Erzeugung von Grundnahrungsmitteln (v.a. Weizen und Kartoffeln) für den Eigenbedarf verfolgt. Doch erst seit den 1970er-Jahren fand wirklich ein Industrieaufbau statt. Er war räumlich außer auf die Hauptstadt Ulan Bator (mgl. Ulaanbaatar) noch auf die neu gegründeten Städte Darkhan und Erdenet im Norden des Landes gerichtet. Außenwirtschaftlich und auch technologisch war die Mongolei ganz einseitig auf die SU und den RGW orientiert. Zum großen, südlichen Nachbarn, der VR China, bestanden keine wirtschaftlichen Beziehungen.

Landesentwicklung unter Einfluss von Marktwirtschaft und Globalisierung

Im Jahre 1990 leiteten die Mongolen in einer friedlichen Revolution den Wandel vom Einparteienstaat und sozialistischer Kommandowirtschaft hin zu einer kapitalistischen Marktwirtschaft mit einem westlich-demokratischen Mehrparteiensystem ein. Die politische Wende führte durch den Wegfall der sowjetischen Wirtschaftshilfe und die vom Staat angewandte Schocktherapie jedoch zum Zusammenbruch eines Großteils der Staatsunternehmen. Die Auflösung der Industriebetriebe, der ackerbaulichen Staatsfarmen und der viehwirtschaftlichen Vereinigungen sowie Massenarbeitslosigkeit und eine rasche Verarmung der Bevölkerung waren die Folge. So konnten beispielsweise die großen Staatsfarmen in Ermangelung von Kapital, Ersatzteilen und anderen agrarischen Inputs

Einwohner	3,0 Mio.
Fläche	1 564 116 km²
Lebenserwartung	70 Jahre
Anteil unter 15-Jähriger	27%
Fertilitätsrate	3,1
Verstädterungsquote	67 %
Kindersterblichkeit	1,5%
Anteil Bevölkg. mit Zugang zu sicherem Trinkwasser	64 %
Analphabetenquote	1,6 %
BNE/Ew. (nach KKP)	11 220 US-$
Ø-BIP-Wachstum (2006–2015)	14,6 %
Anteil Landwirtschaft BIP	25,1 %
Export-Import-Relation	1,05 : 1
Jahresstromverbrauch / Ew.	2027 kWh
Absolut Arme (1,90 US-$ / Kopf und Tag)	0,2 %
HDI-Wert (Rang)	0,735 (92.)
ODA (Anteil am BNE)	2,2 %
Internetpenetrationsrate	21 %

Quelle: Population Reference Bureau, World Bank, UNDP

M 3: Basisdaten Mongolei 2015

4.4 Asien: aufsteigend – ausbeutend?

M1: Mobiler Tierhalter mit seiner Herde (Ziegen, Schafe, Kamele und Pferde) beim Umzug zu einem neuen Lagerplatz.

die riesigen Schläge nicht mehr bestellen. Der größte Teil der Anbauflächen fiel brach und Nahrungsmittel mussten teuer auf dem Weltmarkt gekauft werden.

Eine Lösung der Probleme wurde schon bald nach 1990 in der Privatisierung bisherigen Staatseigentums gesehen und umgesetzt. Dazu wurden Anteilsscheine (Vouchers) ausgegeben. Sie sollten es der Bevölkerung ermöglichen, Land oder auch andere Produktionsmittel (z.B. Maschinen, Tiere) zu erwerben. Nicht selten kam es jedoch vor, dass manche Eigner ihre Vouchers verkauften, weil sie sich vom Bargeld mehr versprachen. Als Folge davon häuften vor allem ehemalige Parteifunktionäre Anteilsscheine an, was beispielsweise zur Konzentration von Land in den Händen Weniger und zu einem bislang in der Mongolei unbekannten Großgrundbesitz führte.

Der chronische Kapitalmangel des Staates rief neue private und öffentliche Finanzakteure auf den Plan. So stellten internationale Finanzorganisationen (v.a. WB, IMF und Asian Development Bank) in großem Umfang Kredite zur Verfügung. Auch wurde der Mongolei in erheblichem Umfang bilaterale Finanz- und Wirtschaftshilfe zuteil. Sie kamen aus den USA, Japan, Deutschland, Korea und China. Daneben wurden zahlreiche Entwicklungsvorhaben initiiert. Die deutsche Seite realisierte beispielsweise seit Mitte der 1990er-Jahre Projekte vor allem zur nachhaltigen Nutzung natürlicher Ressourcen.

Auf eine für die Mongolei bedeutsame Entwicklung sei besonders hingewiesen: Bald nach 1990 wurden die seit Beginn der sozialistischen Wirtschaftsweise kollektiv gehaltenen Viehbestände (*negdel*) aufgelöst und die Tiere (Schafe, Ziegen, Rinder, Yaks, Pferde, Kamele) an die ländliche Bevölkerung verteilt. Das sicherte zwar die Fleischversorgung der Bevölkerung, führte aber zu einem sprunghaften Anstieg der Anzahl von Familien mit wenig Erfahrung in mobiler Tierhaltung. Da die bisher kollektiv gesicherte Nutzung der Weideareale und die dafür erforderliche Organisation der Herdenwanderung durch Auflösung der Negdel nicht mehr gegeben waren, zog die mangelnde Erfahrung dieser Familien bald die Verschlechterung ihrer Lebens- und Produktionsbedingungen und den Verkauf ihrer erst erhaltenen Tiere und sogar die Aufgabe der Tierhaltung nach sich.

Dieser Vorgang verschärfte sich durch Dürren sowie Schnee- und Kältekatastrophen in den Jahren 1999 bis 2003. Weit über zehn Mio. Tiere fanden den Tod. Viele Hirtenfamilien mussten aufgeben, verarmten regelrecht und wanderten mittellos in die Städte, insbesondere in die Hauptstadt, ab. Hier hausen sie in ihrer Mehrzahl auch heute noch in ausgedehnten randlichen Jurten-/Hüttenvierteln ohne technische Infrastruktur und fristen ein unwürdiges Dasein.

Literaturhinweis

Batjav Batbuyan: Verarmung von Nomaden in der Mongolei nach 1990. Geographische Rundschau 10/2003, S. 26–32

Jörg Janzen: Die Mongolei im Zeichen von Marktwirtschaft und Globalisierung. Geographische Rundschau 12/2012, S. 4–10.

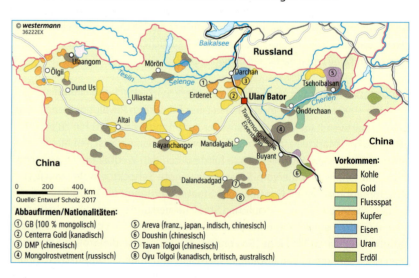

M2: Mongolei: Vorkommen der wichtigsten Mineralien

Bergbau: Goldgräber und Großprojekte

Seit 2000 tat sich für die verarmten Mongolen eine bislang unbekannte Einkommensmöglichkeit auf, der Kleingoldbergbau, der sich zu einer Art Goldrausch aufschaukelte. Der hohe Goldpreis, die inzwischen bekannten Lagerstätten und ein Mangel an Verdienstmöglichkeiten veranlassten Zehntausende, ihr Glück im Goldschürfen zu suchen. Tonnenweise wurde Gold illegal von diesem Heer der Kleinmineure – an der Mongolischen Staatsbank vorbei – ins Ausland, insbesondere nach China, geschmuggelt. Der Kleinbergbau hatte aber auch negative ökologische Auswirkungen. In weiten Teilen der Schürfgebiete wurde der Wald zerstört. Der Boden sowie das Boden- und Grundwasser wurden durch den Einsatz von Quecksilber kontaminiert. Darunter litten vor allem die mobilen Tierhalter, deren Tränken verunreinigt wurden und die dadurch wertvolles Weideland verloren. Mit dieser Umweltzerstörung gingen vor allem in den Schürfgebieten zahlreiche negative soziale Folgen einher. Dazu gehören Kriminalität, Alkoholismus, Prostitution, körperliche Gewalt und Kinderarbeit.

Als sich in den späten 1990er-Jahren die verschiedenen Regierungen des Rohstoffreichtums ihres Landes voll bewusst wurden, betrieben sie den Aufbau eines modernen Bergbausektors. Hohe Rohstoffpreise und eine enorme Nachfrage insbesondere aus der VR China begünstigten diese Entwicklung. Seitens der Regierung wurden investorenfreundliche Rahmenbedingungen geschaffen. So erfolgte bis Anfang der 2010er-Jahre die Vergabe von annähernd 2400 Explorations- und über 1200 Abbaulizenzen an einheimische und ausländische Interessenten. Gefördert wurden vor allem Gold, Kupfer und Kohle, aber auch Zink, Wolfram, Molybdän, Eisen, Flussspat, Uran und Erdöl. Aus Mangel an eigenem Kapital der mongolischen Lizenzeigner wurden daran transnationale Unternehmen, Banken, internationale Organisationen und Privatfirmen aus Kanada, Australien, Großbritannien, den USA, Russland und vor allem aus der VR China beteiligt. Der Korruption wurden dadurch Tür und Tor geöffnet.

Die wohl spektakulärsten Bergbauprojekte werden derzeit in der Süd-Gobi nahe der chinesischen Grenze durchgeführt. Es handelt sich um Oyu Tolgoi und Tavan Tolgoi. Oyu Tolgoi, im Jahr 2001 entdeckt, ist die größte Kupfer- und Goldlagerstätte der Welt. Im benachbarten Tavan Tolgoi liegen in Reichweite chinesischer Schwerindustriegebiete gewaltige Kokskohle- und Steinkohle-Vorkommen, die im Tagebau abgebaut werden können. Der überwiegende Teil der Förderung beider Großminen gelangt über Straßen- und Eisenbahnverbindungen – vergleichbar mit kolonialzeitlichen Stichbahnen in West-Afrika oder Indien – grenzüberschreitend in die Absatzgebiete der Inneren Mongolei/China. Oyu Tolgoi gehört zu 66 Prozent zur

M 3: Kleingoldbergbau als Existenzsicherungsstrategie ist auch in der Mongolei weit verbreitet. Wie hier im Shariin gol-Flusstal (Nordmongolei) werden vielerorts aus den lockeren Sedimenten die meist winzigen Goldpartikel ausgewaschen.

Quecksilber

Im Kleinbergbau ist die Gewinnung von Gold mithilfe von Quecksilber (Amalgamationsverfahren) weltweit verbreitet. Es beruht auf der Eigenschaft von Gold, mit Quecksilber ein flüssiges Amalgam (Gold-Quecksilber-Legierung) zu bilden. Nach dem Abtrennen des Amalgams wird die Legierung auf 360°C erhitzt, wobei das Quecksilber verdampft und das Gold zurückbleibt. Quecksilberdampf ist extrem giftig.

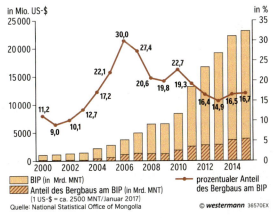

M 4: Entwicklung des BIP der Mongolei 2000 – 2015

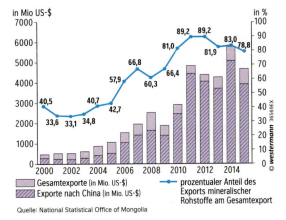

M 5: Entwicklung der Exporte der Mongolei 2000 – 2015

4.4 Asien: aufsteigend – ausbeutend?

kanadischen Ivanhoe Mines (Mehrheitseigner: Rio Tinto Group). Die Gesamtreserven dieser Mine werden auf etwa 25 Mio. t Kupfer und circa 1000 t Gold geschätzt und die Nutzungsdauer ist auf 35 bis 50 Jahre prognostiziert.

Durch die riesigen Bergbauprojekte haben Teile der Provinz Süd-Gobi einen regelrechten Entwicklungsschub erhalten. Arbeitskräfte sind aus allen Teilen der Mongolei und aus dem benachbarten China zugezogen und haben einen enormen Bauboom ausgelöst. Die technische und soziale Infrastruktur wurden ausgebaut, zahlreiche neue Wohnsiedlungen mit Service- und Zuliefererbetrieben für die Minengesellschaften sind entstanden. Da sich die Laufzeit der großen Minenprojekte über mehrere Jahrzehnte erstrecken wird, dürfte es sich in der Süd-Gobi um eine länger währende Entwicklung handeln. Dahinter fällt der übrige ländliche Raum der Mongolei mangels vergleichbarer Möglichkeiten zurück. Ausgeprägte räumliche Fragmentierung zwischen global eingebundenen und finanziell gesteuerten Entwicklungsinseln und verarmter, marginalisierter, flächenhaft ausgedehnter ländlicher Peripherie bestimmen somit den räumlichen Entwicklungsprozess der Mongolei in der Gegenwart.

Ulan Bator: Spiegelbild der wachsenden Kluft zwischen Arm und Reich

Gegensätze, ausgelöst durch den einseitig durch Bergbau gemehrten Reichtum, bestimmen auch die räumlich-soziale Struktur der Hauptstadt. Teure Apartment-Hochhäuser, Luxus-Villen, Gated Communities, Shopping-Malls, Luxushotels und Designer-Boutiquen bestimmen einige zentrale Teile der Stadt. Hier befinden sich auch Hotellerie, Gastronomie und Vergnügungseinrichtungen, meist in südkoreanischem und chinesischem Besitz. Beeindruckend und ungebrochen ist auch der Bauboom. Doch vornehmlich entstehen luxuriöse Wohnungen, die von der Masse der Stadtbewohner nicht bezahlt werden können und daher leer stehen. Wohnungsbau für die Armen und die Einkommensschwachen findet nicht statt. Daher dringen die beklagenswerten, dürftigen Jurten- und Hüttenviertel ins Stadtinnere ein oder wachsen schier unendlich über die, die Stadt umgebenden Hügel.

Land Grabbing in der Mongolei

Nicht nur auf die mineralischen Rohstoffe, auch auf ackerwürdige Flächen ist inzwischen das Interesse des (globalen) Kapitals gerichtet. Bevorzugte Ziele dieses Land Grabbings sind die klimatisch begünstigten und teilweise bereits im Sozialismus ackerbaulich erschlossenen Regionen der nördlichen Zentral- und der Ost-Mongolei. Die heutigen Besitzer dieser oft Tausende Hektar umfassenden Agrarflächen sind fast ausschließlich städtischer, vermehrt auch ausländischer Provenienz (vor allem aus Südkorea, China und Indien). Im Khalkh gol-Flusstal (Ost-Mongolei; in unmittelbarer Nähe zur chinesischen Grenze) sollen sich mehrere Hunderttausend Hektar in ausländischer Hand befinden. Die neuen Nutzer haben langjährige Nutzungsrechte (60 Jahre mit 40-jähriger Verlängerungsmöglichkeit) vom Staat erworben. Häufig steht jedoch nicht der Anbau im Vordergrund, sondern Spekulation; denn nach kurzer Zeit wird das erworbene Land gewinnbringend weiter veräußert. Als Arbeitskräfte bieten sich ehemalige Angehörige der aufgelösten Staatsfarmen an, die allzu eilig und unüberlegt ihre Vouchers veräußerten und heute als echte Proletarier ein elendes Dasein fristen.

Neben staatlich subventioniertem Weizen werden noch Futtermittel und Kartoffeln angebaut. Im vergangenen Jahrzehnt hat der großflächige Anbau von Raps deutlich zugenommen. Er wird vor allem zur Biokraftstoff-Herstellung ins benachbarte China verkauft. Für den Anbau von Soja und exportwürdigen Nahrungsmitteln gewährt die mongolische Regierung sogar Steuer- und Zollvergünstigungen. Das ist angesichts der Tatsache, dass die Mongolei auf den Import

M1: Modernes Shopping Center in Ulan Bator

M2: Jurtenviertel am Stadtrand von Ulan Bator

Nach Karl Marx (1818 – 1883) handelt es sich bei dem Proletarier um eine doppelt freie Arbeitskraft. Sie ist frei von jeglichem Eigentum und sie kann ihre Arbeitskraft frei anbieten.

M3: Tavan Tolgoi/Südgobi ist mit 6,5 Mrd. t das größte Kokskohlevorkommen der Erde.

M4: Oyu Tolgoi/Südgobi: Umzäunte Betriebsanlage der Kupfer- und Goldmine mitten im Weidegebiet

von Nahrungsmitteln aus China, Russland und Europa angewiesen ist, nicht nachvollziehbar und wohl der allgemein herrschenden Korruption geschuldet.

Ähnlich kontraproduktiv ist die Agrarpolitik der Regierung auch hinsichtlich der mobilen Tierhaltung und der Verfügbarkeit über Weideland. Denn inzwischen kommt es trotz der riesigen Größe des Landes in wachsendem Maße zu Landkonflikten zwischen Bergbau, Ackerbau und mobiler, nomadischer Tierhaltung. Gerade sie ist bei den extremen und unsicheren klimatischen Verhältnissen und der in weiten Teilen des Landes äußerst dünnen Vegetationsdecke auf den freien, überall möglichen Zugang zum Grasland angewiesen.

Ressourcenreichtum: Fluch und Segen

Der Reichtum an Ressourcen sollte eigentlich immer Chancen für die Entwicklung eines Landes bieten. Er birgt aber auch unzählige Risiken. So erwachsen der Mongolei aus den mineralischen/fossilen Vorkommen und den riesigen Landreserven eigentlich Einnahmen, die zur Landesentwicklung, zur Verbesserung der Lebensbedingungen, zur Beseitigung der Armut und zur Tilgung der seit den 1990er-Jahren angehäuften ausländischen Schulden genutzt werden könnten. Tatsächlich entsteht auch Wohlstand, doch nur für Wenige und einzig an wenigen Orten. Die Bevölkerungsmehrheit fristet ein karges, beklagenswertes Dasein. So ist die Gesellschaft heute – wie nie in der mongolischen Geschichte – durch eine unüberbrückbare Kluft zwischen Arm und Reich, zwischen globalisierten Exkludierten und Inkludierten gespalten. Immer häufiger regt sich daher zivilgesellschaftlicher Protest. Er beklagt den Ausverkauf landeseigener Interessen durch Vertreter der mongolischen Eliten sowie die überall feststellbare Korruption und Vetternwirtschaft. Seit einigen Jahren führt auch die vermehrte Beschäftigung qualifizierter Chinesen im Bau-, Minen- und Landwirtschaftssektor zu Unmut und zu Angst vor dauerhafter chinesischer Überfremdung und Abhängigkeit.

Für die Entwicklung des Landes, das als ehemaliges sozialistisches Partnerland der UdSSR nach 1990 alle Merkmale von Unterentwicklung erworben hat, bedarf es einer anderen als der bisher betriebenen Politik: Transparenz in allen Fragen der Landesentwicklung, Beendigung der Korruption und des Ausverkaufs der materiellen Ressourcen sowie Maßnahmen, die die Interessen der Bevölkerung in den Mittelpunkt des Handelns rücken.

---

1 Erläutern Sie die kurz- und langfristigen Folgen der Transformation für die Entwicklung der Mongolei.
2 Begründen Sie das Auftreten fragmentierender Entwicklung in der Mongolei.
3 „Auch die Mongolei leidet unter dem Ressourcenfluch." Nehmen Sie Stellung zu dieser Aussage

4.4 Asien: aufsteigend – ausbeutend?

Autorin: **Frauke Kraas**, Universität zu Köln
f.kraas@uni-koeln.de

4.4.5 Laos: Agrarstaat und globalisierter Tourismus

Während der Großteil der Bevölkerung von Laos im ländlichen Raum lebt und den Lebensunterhalt mit traditioneller Landwirtschaft erwirtschaftet, stellen die wenigen Städte zunehmend modernisierte Enklaven dar. Über die Bedeutung des Landes als Transitraum zwischen den großen Nachbarn hinaus etabliert sich ein zunehmend globalisierter Tourismus.

Fruchtbare Stromebenen und gekammerte Peripherien

Lebensader des gebirgigen Binnenlandes Laos ist der Mekong, der über Kambodscha und Vietnam einen indirekten Zugang zum Meer bietet. Das schmale, sich Nord-Süd erstreckende Land ist naturräumlich in wenig miteinander verbundene, kleingekammerte Gebirgs- und Beckenlandschaften gegliedert. Zentraler Lebensraum bildet das Mekongtal mit der Ebene um die Hauptstadt Vientiane; hier konzentrieren sich der Großteil der Bevölkerung und die ökonomischen Aktivitäten.

Kleinräumige Agrarflächen liegen in den Flussniederungen und wenigen Ebenen. Fruchtbare Sedimente, die mit den jährlichen Überschwemmungen in den Flussniederungen abgelagert werden, garantieren eine sich regelmäßig erneuernde natürliche Düngung. Uferdämme entlang der größeren Flüsse bilden natürliche Deiche, hinter denen sich das rückfließende Wasser staut und das für den Feldbau genutzt werden kann. Zudem weisen der Mekong und seine Nebenflüsse einen reichen Fischbestand auf, der für die Ernährung der Bevölkerung lebensnotwendig ist. Das Mekongsystem bildet ferner das zentrale nationale und internationale Transportnetz und bietet Potenzial für die Erschließung hydroelektrischer Energie. Der überwiegende Teil des Staatsgebietes wird jedoch von waldbestandenen Gebirgen dominiert, die bis zu circa 2800 m aufragen.

Einwohner	7,0 Mio.
Fläche	236 800 km²
Lebenserwartung	66 Jahre
Anteil unter 15-Jähriger	35 %
Fertilitätsrate	3,7
Verstädterungsquote	39 %
Kindersterblichkeit	3,0 %
Anteil Bevölkg. mit Zugang zu sicherem Trinkwasser	76 %
Analphabetenquote	20 %
BNE/Ew. (nach KKP)	5400 US-$
Ø-BIP-Wachstum (2006–2015)	9,8 %
Anteil Landwirtschaft BIP	27,4 %
Export-Import-Relation	k. A.
Jahresstromverbrauch / Ew.	k. A.
Absolut Arme (1,90 US-$ / Kopf und Tag)	16,7 %
HDI-Wert (Rang)	0,546 (147.)
ODA (Anteil am BNE)	4,0 %
Internetpenetrationsrate	18 %

Quelle: Population Reference Bureau, World Bank, UNDP

M1: Basisdaten Laos 2015

Historische Königreiche, Kolonie und Indochinakrieg

Im 8. Jahrhundert verdrängten die aus dem südchinesischen Yünnan in das heutige Staatsgebiet eingewanderten Laoten die dort ansässigen Mon-Khmer in die Berge und gründeten erste lokale Fürstentümer. Im 14. Jahrhundert eroberte Feldherr Fa Ngoum weite Teile des heutigen Laos, gründete das „Reich der Millionen Elefanten und des Weißen Schirms" (Lane Xang), das nach zwei Jahrhunderten zerbrach und unter den Einfluss der Nachbarn Siam (heute Thailand), Vietnam und Birma (heute Myanmar) geriet (M2). Im Jahr 1893 wurde es, zusammen mit Kambodscha und Vietnam als die sogenannten Indochinastaaten, der französischen Schutzmacht unterstellt, diente hinfort als „Pufferstaat" zur westlich angrenzenden britischen Kolonialsphäre und erfuhr daher keine nennenswerte Landeserschließung, die größere Entwicklungsimpulse hätten liefern können.

Bald nach Erlangung der Unabhängigkeit 1949 und endgültig im Rahmen der Genfer Indochina-Konferenz am 22.7.1954 setzten sich in Vietnam, Laos und Kambodscha sozialistisch-kommunistische Regierungen durch. Ihre enge Zugehörigkeit zum sowjet-kommunistischen Block in Ost- und Südostasien dauerte bis zur Auflösung der Sowjetunion 1989/1991 an. Daher auch wurde Laos in den Indochina- und Vietnamkrieg einbezogen, in dem speziell das gebirgige Ostlaos und der dort grenznah verlaufende Ho-Chi-Minh-Pfad durch exzessive Flächenbombardements der USA massiv getroffen wurden (M2).

Mitte der 1980er-Jahre experimentierte Laos mit einem Reformkurs, der Prinzipien der sowjetischen Perestrojka-Politik mit solchen „westlicher" Marktwirtschaft verbinden sollte. Die erhofften positiven Auswirkungen blieben zunächst aus, da der jähe Rückgang der Unterstützung durch die Sowjetunion mit deren

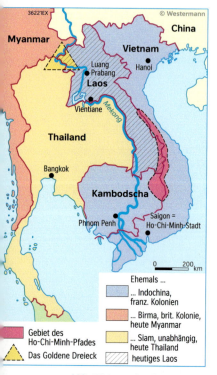

M2: Südostasien in kolonialer Zeit

Auflösung gravierende Versorgungsprobleme nach sich zog. Hier rächte sich die lange Abhängigkeit der laotischen Wirtschaft von der finanziellen Hilfe aus der Sowjetunion (die bis zu 80 % des laotischen Haushaltsdefizits ausgeglichen hatte).

Wirtschaftliche Öffnung nach Jahrzehnten der Isolation

In den Jahren 1989/1991 setzten wirtschaftliche Transformationsprozesse mit marktwirtschaftlichen Konzepten ein, wobei jedoch die alten politischen Kader die Macht in den Händen behielten. Auch konnten die Auswirkungen von Jahrzehnten Krieg und Bürgerkrieg nicht einfach überwunden werden. Zerstörte Verkehrsinfrastruktur sowie vernachlässigte Bildungs- und Gesundheitsversorgung stellen noch immer eine erhebliche Belastung für den wirtschaftlichen Aufbruch dar. Nicht weniger bedeutsam sind die hohen Opferzahlen in der Zivilbevölkerung (einschließlich Minenopfer und Personen mit psychischen Traumata), die innenpolitischen Machtkämpfe und die Brüche in den traditionellen Werten. Selbst die außenpolitischen Beziehungen wurden dadurch von Zurückhaltung und Misstrauen geprägt.

Geringe Bevölkerungsdichte und ethnische Vielfalt

Die Bevölkerung von Laos umfasst sieben Mio. Einwohner, von denen etwa die Hälfte jünger ist als 17 Jahre. Mit durchschnittlich etwa 20 Ew./km² ist das Land dünn besiedelt, wenn auch in sehr ungleicher Verteilung: In der Hauptstadtregion allein leben etwa zehn Prozent aller Einwohner (M4). Die vergleichsweise niedrige Lebenserwartung weist zusammen mit der hohen Säuglingssterblichkeit auf ein desolates Gesundheitswesen hin. Medizinische Grundversorgung ist zumeist nur in den Haupt- und Provinzhauptstädten gesichert. Auch die Analphabetenrate ist bei erheblichen regionalen und geschlechtsspezifischen Unterschieden hoch. Große ethnische Vielfalt begründet sozioökonomische Fragmentierung und innenpolitische Konfliktpotentiale. Die im Jahr 2000 durchgeführten Zählungen erfassten 49 bis 55 ethnische Bevölkerungsgruppen, die sich in drei Hauptgruppen einteilen lassen:

In dem 1964 bis 1973 wütenden Indochina-Krieg („secret war") warfen die USA in 580 000 Einsätzen 270 Mio. Streubomben über Laos ab. Davon waren 75 Mio. Blindgänger, die seither Tausende Opfer gefordert haben und noch immer weite Gebirgsgegenden entlang der Grenze zu Vietnam unzugänglich machen. Im Jahr 2016 besuchte der US-Außenminister J. Kerry Laos, um über die Beteiligung der USA an der Entschärfung und Beseitigung der Streubomben zu verhandeln.

M3: Mekong

M4: Laos: Bevölkerungsverteilung

4.4 Asien: aufsteigend – ausbeutend?

Etwa 65 Prozent der Gesamtbevölkerung zählen zu den *Lao Lum*, den Flachland-Lao, die vorwiegend in den fruchtbaren Flusstälern des Mekong und seinen Zuflüssen siedeln und traditionell vom Nassreisanbau leben. Diese Bevölkerungsgruppe ist am besten in das nationale Wirtschafts- und Verteilungssystem eingebunden. Sie erwirtschaftet Überschüsse für den nationalen Markt und den Export und hat aufgrund ihrer räumlichen Nähe zu den Markt- und Verwaltungszentren des Landes am ehesten Zugang zu dessen Versorgungseinrichtungen.

Weitere 22 Prozent der Bevölkerung gehören zu den *Lao Theung*, den Bergland-Lao, einer von der Mon-Khmer-Urbevölkerung abstammenden Ethnie. Sie betreiben meist Subsistenzwirtschaft, die nicht immer für ein Jahr ausreicht. Sie bilden daher die ärmste Schicht der laotischen Bevölkerung. Da sie aufgrund der unzureichenden Verkehrserschließung nur mühsam und während der Regenzeit (Mai bis Oktober) überhaupt nicht zu erreichen sind, fehlt ihnen auch der Zugang zu dem nationalen Versorgungsnetz. Daher widmen sich zahlreiche Entwicklungsprojekte gerade dieser Bevölkerung. Um den Lebensstandard zu heben und die Lebensbedingungen zu verbessern, fördern sie beispielsweise den Marktfruchtanbau und die Wiederbelebung handwerklicher Traditionen.

Die *Lao Seung* oder Hochland-Lao stellen mit nur zehn Prozent die kleinste ethnische Gruppe des Landes. Sie leben in Höhen über 1000 m und sind kaum in die laotische Volkswirtschaft einbezogen. Die überwiegende Lebensgrundlage dieser Volksgruppe bilden mobile Tierhaltung und Maisanbau, aber auch der Anbau von Schlafmohn zur Opiumproduktion (Goldenes Dreieck) spielt bei ihnen eine wichtige Rolle.

Neben diesen drei ethnischen Hauptgruppen existiert in den Städten eine chinesische Minderheit, die überwiegend im Dienstleistungsbereich tätig ist und den Großteil des unternehmerischen Kapitals des Landes bereitstellt. Hinzu kommen vietnamesische, thailändische, indische und europäische Minderheiten.

Goldenes Dreieck
Grenzregion zwischen Laos, Thailand und Myanmar am Zusammenfluss von Mekong und Ruak, die ehemals als das bedeutendste Anbaugebiet für Schlafmohn und für die Herstellung von Opium/Heroin galt. Die Bezeichnung „golden" geht darauf zurück, dass die chinesischen Händler das Rauschmittel mit Gold bezahlten. Heute gilt Afghanistan als der Hauptproduzent von Opium.

Landwirtschaft

Laos durchläuft seit Beginn der 1990er-Jahre einen Transformationsprozess von einer Zentralverwaltungs- in eine marktorientierte Wirtschaft und befreit sich allmählich aus wirtschaftlicher Isolation. Dabei bildet die Landwirtschaft die zentrale Stütze: Etwa ein Viertel des Bruttoinlandsproduktes werden vom primären Sektor erwirtschaftet, in dem nach wie vor etwa 70 Prozent aller Beschäftigten tätig sind. 80 Prozent der Bauern leben von der Subsistenzwirtschaft, nur ein kleiner Teil der Ernten gelangt in den Handel. Reisbau dominiert auf 72 Prozent der Anbauflächen, wovon zwei Drittel in Tiefländern liegen. In jüngerer Zeit weitet sich – insbesondere im Norden – der Brandrodungsfeldbau aus (Zunahme um 55 % zwischen 1990 und 2011).

Der Ertrag des wichtigen Reisanbaus ist mit zwei bis drei Tonnen pro Hektar sehr gering (Vietnam: 5,6 t). Ertragreiche Bewässerungsflächen nehmen nur fünf Prozent der Fläche ein (meist Reisanbau), obwohl durchaus größere Flächen theoretisch zu Verfügung stünden. In den Hochlandgebieten wird zum Teil auf den Flächen des Brandrodungsfeldbaus Reis angebaut, der den Eigenbedarf der ansässigen Bevölkerung nur für etwa neun Monate im Jahr deckt. Hinzu kommt in allen Gebieten eine starke Abhängigkeit von den Witterungsbedingungen: Während in den Hochländern fehlende Niederschläge zu geringeren Ernten führen, waren die Flachländer in den letzten Jahren wiederholt von erheblichen Missernten aufgrund starker Überschwemmungen betroffen. Hochertragssorten werden im Reisanbau nur in der kommerziellen Reisproduktion während der Trockenzeit eingesetzt, bei der ein Ertrag von über 3 t/ha erwirtschaftet werden kann.

M1: Reisanbau im Luang Namtha-Tal

M2: Brandrodungsfeldbau

M3: Shifting Cultivation im laotischen Hochland

Neben Reis sind Mais, Mungo- und Sojabohnen, Erdnüsse, Tabak, Baumwolle, Zuckerrohr und Kaffee weitere wichtige Anbauprodukte.

Schätzungsweise 300000 Haushalte, das heißt rund die Hälfte aller Bauernhaushalte, leben vom Brandrodungsfeldbau mit Reiskultur auf Regenstau zur Selbstversorgung oder verbinden Brandrodung mit anderen Anbautechniken. Da infolge der raschen Bevölkerungszunahme die Landnachfrage und die Nutzungsdauer der gerodeten Flächen zunehmen und die Regenerationszeit für die Böden abnimmt, mehren sich die ökologischen Nachteile dieser Methode (Regenerationszeiten: 1981/82: durchschnittlich zwölf Jahre, 1989: acht Jahre, seit 1992: 5,5 Jahre): Die Bodenfruchtbarkeit schwindet, der Pflegeaufwand der Felder erhöht sich. Daher versucht die Regierung den Brandrodungsfeldbau zu verringern. Dazu propagiert sie drei Methoden:
- Verbesserung der Erträge auf den vorhandenen Flächen mittels Modernisierung der bisherigen traditionellen Anbauverfahren und der Versorgung der Bevölkerung in den Bergregionen.
- Ausweitung der bewässerten Anbauflächen in den Tälern der Bergregionen und Erhöhung der Erträge.
- Schaffung von Erwerbs- und Einkommensmöglichkeiten vor allem in nichtlandwirtschaftlichen Bereichen.

In den Brandrodungsgebieten, vornehmlich Lebensraum ethnischer Minderheiten, sind inzwischen auch erste Ansätze zum Aufbau von Dauerkulturen zu beobachten. Sie richten sich – unterstützt von Entwicklungsprojekten – auf den Anbau von Kaffee, Zuckerrohr und industriellen „tree crops" (Kautschuk, Eukalyptus und Akazien). Doch positive Erfolge bei all diesen Maßnahmen hängen ganz entscheidend von einer gelungenen Einbindung der ethnischen Minderheiten und dem Ausbau der ländlichen Infrastruktur ab. Insbesondere der Landtransport, dem gegenüber der Schiffs- und Flugverkehr fast unbedeutend sind, leidet unter fehlenden oder völlig unzureichenden Straßen. Eisenbahnen existieren nicht und das Telekommunikationswesen harrt des Ausbaus.

Forstwirtschaft und Energie aus Wasserkraft

Beachtliche Potenziale für die wirtschaftliche Entwicklung des Landes liegen in den Bereichen Forstwirtschaft und hydroelektrische Stromgewinnung. Zwar ging das Waldareal von 1963 mit 63 Prozent bis 1991 auf 35 Prozent der Landesfläche zurück, doch bis 2020 sollen bis zu 70 Prozent der früheren, bis heute abgeholzten Waldfläche wieder aufgeforstet werden. Denn die wertvollen tropischen Hölzer, über die Laos verfügt (Teak, Ebenholz, Palisander, Rosenholz, Bambus, Rattan), sind ein wichtiges Exportgut.

Haushalte (insgesamt)	1 021 000
Landwirtschaftliche Haushalte	783 000
Landwirtschaftliche Fläche (insgesamt)	1 623 000 ha
Mittlere Fläche pro landwirtschaftl. Haushalt	2,4 ha
Landeigner	93 %
Reisfläche (insgesamt)	986 000 ha

Quelle: FAO Agriculture Census 2010/11

M4: Landwirtschaft: Kennzahlen

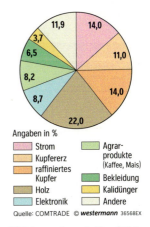

M5: Laos: Exportgüter 2014

4.4 Asien: aufsteigend – ausbeutend?

M1: Wasserkraftwerke in der Mekong-Region

M2: Nam Ngum-Talsperre

M3: Königsstadt Luang Prabang

M4: Elektrizitätsgewinnung durch Wasserkraft und Elektrizitätsexport in Laos, Thailand, Kambodscha 1995–2014

Eine Schlüsselrolle in Südostasien könnte Laos künftig bei der Wasserkrafterschließung zukommen: Das Potenzial des Landes wird auf etwa 18 000 bis 24 000 MW geschätzt (zum Vergleich: installierte Leistung in Deutschland: 4500 MW). Davon sind bisher erst zehn Prozent erschlossen. Wird jedoch die Vielzahl von Kraftwerks- und Staudammprojekten am Mekong und seinen Nebenflüssen realisiert, könnte Laos den steigenden Energiebedarf der wirtschaftlich aufstrebenden Nachbarstaaten befriedigen und Bedeutung für die großräumige Energieversorgung gewinnen. Eine positive Vorstellung von den sich dann ergebenden Möglichkeiten für Laos bieten der bisher größte und älteste Staudamm des Landes, Nam Ngum, und das angeschlossene Wasserkraftwerk (M2). Sie waren 1971 mit finanzieller Hilfe von Japan, Australien und der Weltbank fertig gestellt worden. Das Kraftwerk produziert 150 MW und trägt erheblich zur Befriedigung des nationalen Energiebedarfs und zur Verbesserung der Exportbilanz bei (M4).

Kulturerbe-Tourismus als Globalisierungsanker

Große Entwicklungserwartungen verbinden sich mit dem Tourismus: Erst 1994 wurden die Reisebeschränkungen innerhalb des Landes aufgehoben. Die Königsstadt Luang Prabang hat sich inzwischen zum Hauptziel des internationalen Tourismus – vom Backpacker- bis zum Luxussegment – entwickelt (2014 über 411 000 Besucher; M3). Wegen der jahrzehntelangen Isolation durch Bürger- und Indochina-Kriege sowie infolge der trennenden Wirkung des „Eisernen Vorhangs" zur Zeit des „Kalten Krieges" in Südostasien blieb die Anlage der Königsstadt mit ihren kunstgeschichtlich bedeutenden Tempelbauten, buddhistischen Klosteranlagen und dem Königs-/Goldenen Palast in fast unveränderter Form erhalten.

Es überrascht daher nicht, dass das traditionelle Luang Prabang 1995 als erstes Monument des Landes in die Liste des UN-Weltkulturerbes aufgenommen wurde.

Der Tourismus wird von Gruppen- und Individualtouristen mit einer kurzen Verweildauer bestimmt. Die wenigen Tourismusveranstalter, die sich in Laos engagieren, bieten in der Regel zwei- bis dreitägige Abstecher nach Luang Prabang zumeist im Rahmen einer Thailand-Reise an. Daneben bestimmen individuelle Trekkingreisende den laotischen Tourismus, die die landestypischen Lebensformen und die Ursprünglichkeit des Landes suchen und von denen insbesondere die lokale Bevölkerung (private Guesthouses, kleine Restaurants und Essensstände usw.) Nutzen ziehen kann. Angesichts dieser „heilen Welt" ist zu hoffen, dass Laos aus den Fehlern seiner Nachbarn (vor allem Kambodscha, Thailand) lernt und sich dem großen Tourismus durch eine Limitierung der Reiseveranstalter und der Übernachtungsgäste in bestimmten Städten entzieht. Damit könnte Laos sich als attraktives und, aufgrund des geringen Volumens, auch exklusives Reiseziel etablieren.

Jahr	Touristen
1990	14 400
1995	346 460
2000	737 208
2005	1 095 315
2010	2 513 028
2014	4 158 718

Quelle: MOICT

M 5: Laos: Entwicklung des Tourismus 1990 – 2014

Perspektiven

Der Ausbau der Stromgewinnung aus Wasserkraft stellt die wohl offensichtlichste Quelle für künftigen Wohlstand und wirtschaftlichen Aufstieg dar. Denn ebenso wie die Forstwirtschaft soll der Bereich der Wasserkraft auf möglichst nachhaltige und ökologisch vertretbare Weise zur Entwicklung des Landes beitragen. Durch beträchtliche Investitionen in den Ausbau der Infrastruktur sollen auch die Vorteile der Binnenlage des Landes („from landlocked to land-linked") als potenzieller Wirtschaftspartner für die angrenzenden dynamischen Staaten herausgestellt werden. Auf diese Weise, so die Erwartung, könnte Laos innerhalb der ASEAN als wirtschaftlich und sicherheitspolitisch ernst zu nehmender Partner akzeptiert werden. Die Investitionen in die Verkehrsinfrastruktur sollen darüber hinaus der nationalen Integration dienen. Diesem Ziel stand bis Mitte der 1990er-Jahre die Tatsache entgegen, dass nicht einmal bei Trockenheit die Hälfte des Landes über Straßen erreicht werden konnte. Für die Verbesserung des Lebensstandards in allen Landesteilen sowie für das Zusammenwachsen der Gesellschaft und die Ausbildung einer nationalen Identität wird ein solcher Ausbau der Verkehrsinfrastruktur als unerlässlich erachtet.

Laos ist wie seine Nachbarn, insbesondere Vietnam, als Billiglohnproduzent in die globale Wirtschaft eingebunden. Die ILO geht davon aus, dass Laos in Zukunft verstärkt als Standort ausgelagerter Werkbänke fungieren wird. Günstige Voraussetzungen dafür sind in dem großen Angebot an geschickten Arbeiterinnen, den geringen Löhnen und an ausreichender Elektroenergie gegeben.

1. Fassen Sie die Entwicklungshemmnisse von Laos zusammen.
2. Charakterisieren Sie die Probleme der laotischen Landwirtschaft.
3. Erläutern Sie die Bedeutung der Verkehrsinfrastruktur für die laotische Landesentwicklung.
4. Erörtern Sie das Potenzial a) der Wasserkraft und b) des Tourismus als Motor von Entwicklung.

4.4.6 Asien – Entwicklungssituation aus Expertensicht

Die Situation und die Perspektiven der Entwicklung in Asien sind so vielgestaltig wie die Zahl der Länder. Daher gibt es auch kaum übergreifende strukturelle Merkmale oder Indikatoren, doch eines haben alle Länder Asiens gemein: das Dilemma zwischen punkthafter Integration und flächenweiter Desintegration in das globalisierte Geschehen. Auch bildet sich neben der traditionellen Elite eine bislang unbekannte Mittelschicht heraus, die sich kontrastreich von dem Rest der Gesellschaft absondert. Dieser Prozess, traditionell/kolonialzeitlich vorgezeichnet, wird für Ost- ebenso wie für Südostasien beschrieben, und er sei aus Expertensicht hier für Südasien dargestellt:

4.4 Asien: aufsteigend – ausbeutend?

Autor: **Hermann Kreutzmann,**
Freie Universität Berlin
h.kreutzmann@fu-berlin.de

Postkoloniale Entwicklungen in Südasien sind von einem folgenreichen Erbe gekennzeichnet, das sich unmittelbar nach der Unabhängigkeit in Grenzkonflikten und Kriegen – Stichwort Kaschmir und Bangladesch – niedergeschlagen hat. Diese Konfrontationen haben zu einem mangelhaften Austausch und schwer belasteten nachbarschaftlichen Beziehungen beigetragen, die der Zusammenschluss in der South Asian Association for Regional Cooperation (SAARC) bislang kaum verbessern konnte. Das Potenzial für bilateralen Austausch, multilateralen Handel und regionale Mobilität ist kaum ausgeschöpft worden. Ganz im Gegenteil: Indien, Bangladesch und Pakistan haben mehrere gewaltsam ausgefochtene und verlustreiche Kriege und Scharmützel erlebt. Innerstaatliche Konflikte lähmten Sri Lanka (Singhalesen-Tamilen-Konflikt) und Nepal (maoistisch inspirierter Untergrundkampf zum Sturz der Monarchie) über lange Jahre und sind bis heute nicht in eine konstruktive Aufbauphase übergegangen. Das buddhistische Königreich Bhutan beschmutzte seinen positiven Ruf durch die Vertreibung eines Sechstels seiner Bevölkerung Anfang der 1990er-Jahre nach Nepal; die Betroffenen leben dort zu einem großen Teil bis heute in Flüchtlingslagern. Pakistan ist von regionalistischen Bewegungen in seiner staatlichen Einheit herausgefordert; diese innenpolitischen Auseinandersetzungen, seien es die von Afghanistan unterstützte Pashtunistan-Bewegung oder die opferreichen Auseinandersetzungen um die Ressourcen Baluchistans, um nur zwei zu nennen, binden staatliche Ressourcen und behindern Infrastrukturausbau und wirtschaftliche Entwicklung. Indien erscheint international zwar weniger prominent in den Medien, seine Regierung kämpft aber in fast allen Bundesstaaten des Nordostens um Autorität und staatliche Kontrolle; in den ‚Unruheprovinzen' sind in den letzten Jahren auch Untergrundbewegungen wie die Naxaliten erstarkt. Sie reagieren auf die Neoliberalisierung und Quasi-Enteignung schwacher Bevölkerungsgruppen ihres angestammten Territorialbesitzes und ihrer lokalen Ressourcen.

Ein unauflöslicher Antagonismus zwischen nachholender und nachhaltiger Entwicklung, schon immer ein Problem Südasiens, kennzeichnet insbesondere seine Situation seit Beginn der Neoliberalisierung in der indischen Wirtschaft vor einem Vierteljahrhundert. Durch die Entfesselung der einheimischen Produktion und ihre Rückkoppelung mit den globalen Märkten sind der Druck auf die vorhandenen Naturressourcen, die Umweltverschmutzung sowie die Probleme für das gesellschaftliche Miteinander gestiegen. Gleichzeitig wuchs die daran partizipierende Mittelschicht überproportional. Man kann Arundhati Roy nur zustimmen, wenn sie die wachsende Mittelschicht als gravierendes Problem Indiens ausmacht. Ihr Bedarf an neuem Wohnraum und die Nachfrage nach billigen Dienstleistungen wächst beständig, erfasst sowohl in ländlichen als auch in städtischen Gebieten alle Lebensbereiche und hat sich verstetigt. Ihr Ressourcenverbrauch und ihre Ansprüche im motorisierten Verkehr steigen und finden sinnbildlich Ausdruck in den fast täglichen Smog-Warnungen und Verkehrsinfarkten in Delhi und anderen Megacities. Gleichzeitig verringern sich die riesige Unterschicht und die Anzahl der Armen Südasiens nur geringfügig. Denn sie sind von einkommens- und urbanitätsbezogenen Entwicklungsperspektiven abgekoppelt; ihre Lebensbedingungen auf dem Lande sowie in den Städten sind entwicklungspolitisch nicht relevant.

Indiens Mittelschicht gilt, ähnlich wie die in Südost- und Ostasien, als Gewinner der Globalisierung. Trotz eines späteren Beginns in Südasien stellen sich bei einem erhöhten Tempo ähnliche zukunftsweisende Herausforderungen ein, wie sie die Staaten Südost- und Ostasiens bereits erfahren haben. Nachhaltige Entwicklungsmodelle verlieren gegenüber wachstumsorientierten weiter an Boden.

5 Akteure und Konzepte der Entwicklungszusammenarbeit

Europäische Entwicklungshelferin im Gespräch mit afghanischen Dorfbewohnern

Die Zahl der Akteure, die sich aus entwicklungspolitischer Perspektive mit den Ländern des Südens befassen, ist ebenso unübersehbar wie die der Konzepte und Maßnahmen, die dazu diskutiert wurden. In der Entwicklungsdiskussion ging es stets um Lösungen für die Probleme, unter denen die Mehrheit der Menschen des Südens leidet und um die Klärung der Ursachen, die dafür verantwortlich sind. Immer gab es aber auch theoretisch weniger anspruchsvolle, doch recht effektive und problemnahe Konzepte und darauf basierende und umgesetzte Maßnahmen. Auch hat – ausgelöst durch die Globalisierung – inzwischen ein Umdenken stattgefunden. Heute steht nicht mehr in erster Linie die (karitative) Hilfe im Mittelpunkt der Entwicklungspolitik, sondern der inzwischen wiederholt bekundete Wille, durch wirtschaftliches Handeln und Einsatz von Kapital endlich Unterentwicklung zu überwinden.

5.1 Entwicklungsakteure

Die Welt der Entwicklungspraxis ist im Norden wie im Süden angesiedelt und überall wirklich dicht bevölkert. Hier agieren internationale und nationale Agenturen, tummeln sich staatliche, karitative und private Organisationen und mischen Regierungen und Ministerien mit.

An der Entwicklungszusammenarbeit sind allein in Deutschland heute unzählige Geber und Nehmer, Träger und Institutionen beteiligt. Gewichtig sind vor allem die staatlichen, internationalen Akteure und Organisationen. Doch über die Jahre ist dazu sowohl im Norden wie im Süden ein Heer von privaten/nichtstaatlichen Organisationen (NGOs) getreten, das immer wichtiger bei der Umsetzung von Maßnahmen auf lokaler und regionaler Ebene und vor allem im sozialen und karitativen Bereich geworden ist. Inzwischen wird auch die Privatwirtschaft zur Beteiligung angeregt (M1).

Formen der Entwicklungshilfe
F = Finanzhilfe, langfristige Kredite zu niederen Zinsen, direkte Geldzuwendungen, Privat-Investitionen.
T = Technische Hilfe bei Strassen-, Brückenbau, in der Landwirtschaft, Bewässerung.
P = Entsendung von Experten für Verwaltung, für Projektdurchführung, Beratung.
N = Hilfe in Notfällen, z.B. naturbedingte Katastrophen, Kriege.
S = Einsatz von Mitteln für soziale Einrichtungen.
K = Hilfe von kirchlichen Einrichtungen.

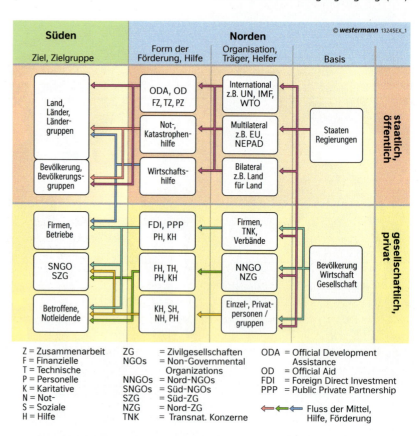

M1: Schematische Übersicht: Organisationen, Träger, Formen und Ziele der Entwicklungshilfe, -zusammenarbeit

Bretton Woods Institutionen

Der *International Monetary Fund* (**IMF**, ggr. 1944; Internationaler Währungsfond, IWF) war als Hüter des Weltfinanzsystems sowie zu dessen Neuordnung und Stabilisierung gedacht. Mit ähnlichen Zielen war 1944 auch die *World Bank* (**WB**, Weltbank), gegründet worden. Ihr fiel die Rolle eines Weltkreditinstitutes zu, das Darlehen auf Antrag von Regierungen zur Verfügung stellt. Das *General Agreement on Tariffs and Trade* (**GATT**; Zoll- und Handelsabkommen) entstand 1947 als Unterorganisation der *World Trade Organisation* (**WTO**; Welthandelsorganisation) zur Förderung des Außenhandels und zur Regelung zwischenstaatlicher Wirtschaftsbeziehungen. IMF, WB und WTO wuchs nach dem Zweiten Weltkrieg rasch die Funktion zu, die Entwicklung in den Ländern des Südens zu fördern. Dazu dienten das Strukturanpassungsprogramm (SAP, vgl. Kap. 5.4.2) und die Strukturanpassungsdarlehen

5.1

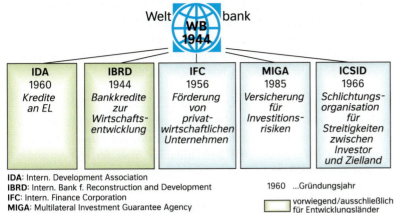

M2: Vereinfachter organisatorischer Aufbau der World Bank
www.worldbank.org

(SAD). In erster Linie verhalfen sie den Ländern des Südens zur Öffnung für und zur Einbindung in den globalen Markt. Unterstützt wird die WB bei ihrem Einsatz von der *International Bank for Reconstruction and Development* (**IBRD**), die Darlehen zum Wirtschaftsaufbau an kreditwürdige Länder vergibt, und der *International Development Association* (**IDA**). Die IDA gewährt ohne oder zu ganz niedrigen Zinsen und geringen Rückzahlungsraten Kredite mit langen Laufzeiten (M2).

United Nations (UN)

Als Nachfolgeorganisation des Völkerbundes wurden 1945 die *Vereinten Nationen* gegründet. Eigentlich keine Organisation für Entwicklung an sich, entstanden unter ihrem Dach doch mehrere autonome Sonderorganisationen (Special Agencies z. B. **FAO, IDA, ILO, WHO**), Sonderprogramme und Fonds (z. B. **UNAIDS, UNFPA, UNDP, UNHCR**) sowie regionale Wirtschaftskommissionen (z. B. **UNECA, UNESCAP**, M3). Sie haben sich der Bekämpfung von Unterentwicklung und Rückständigkeit angenommen und Beachtliches geleistet.

Multilaterale Akteure

Staatliche Gemeinschaften wie die EU und die Afrikanische Union oder regionale Entwicklungsbanken wie die Asia und Arabian Development Bank sind mit eigenen Programmen entwicklungspolitisch tätig und fördern einzelne Länder oder Ländergruppen. So wird beispielsweise die Entwicklungszusammenarbeit der EU

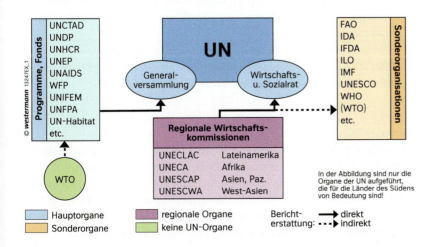

M3: Vereinfachter organisatorischer Aufbau der UN und ihrer für die Länder des Südens wichtigen Einrichtungen
www.un.org

5.1 Entwicklungsakteure

von dem *Europäischen Entwicklungsfonds* (EEF) ausgeführt. Er gilt weltweit als der größte Donator von Entwicklungshilfe. Seine Mittel stammen aus Beiträgen der Mitgliedstaaten und werden überwiegend als nicht-rückzahlbare Zuschüsse vergeben. Übergeordnetes entwicklungspolitisches Ziel bildet dabei die Bekämpfung von Armut unter Einbezug nichtstaatlicher Akteure.

M 1: Originaltext zur EU-Entwicklungszusammenarbeit
Maria Tekülve, Mitarbeiterin des BMZ, Referat EU Entwicklungspolitik

» *Ein großer Anteil der deutschen Entwicklungshilfe fließt über die Europäische Union. Diese hat ihren Hauptsitz in Brüssel. Von dort aus arbeitet sie eng mit etwa 140 „Delegationen" in aller Welt zusammen. Viele dieser Stellen sind in Entwicklungsländern, auch in schwachen und fragilen Staaten. Das zuständige „Direktorat für Internationale Zusammenarbeit und Entwicklung" (DEVCO) arbeitet eng mit dem „Europäischen Auswärtigen Dienst" (EAD) zusammen. Die 28 EU-Mitgliedstaaten, darunter Deutschland als größter Beitragszahler mit etwa 20 Prozent, bestimmen gemeinsam mit der EU-Kommission die Ausrichtung und Gestaltung der EU-Entwicklungszusammenarbeit.*

Die EU-Entwicklungszusammenarbeit begann bereits Mitte der 1950er-Jahre. Die damalige EG gründete 1957, am Vorabend der Entkolonialisierung, den „Europäischen Entwicklungsfonds" (EEF) zur Förderung der wirtschaftlichen und sozialen Entwicklung der AKP-Staaten. In den folgenden Jahrzehnten entstand eine breite Palette entwicklungspolitischer Ansätze, darunter Handelspräferenzen, politische Dialoge zur Demokratieförderung, langfristige wirtschaftliche und soziale Programme und kurzfristige Katastrophenhilfe, auch für Nicht-AKP-Länder. Die übergeordneten Ziele der EU-Entwicklungszusammenarbeit, darunter die Förderung von Demokratie und Menschenrechten, als ein besonderer Fokus der EU, Armutsbekämpfung und nachhaltige Entwicklung, sind in mehreren Grundlagenwerken festgeschrieben, darunter der Vertrag von Maastricht 1993, der Europäische Entwicklungskonsens 2005, der Vertrag von Lissabon 2007, Agenda für den Wandel 2012. Besonderes Kennzeichen der EU-Entwicklungszusammenarbeit [„komparative Vorteile"], etwa im Vergleich zu bilateralen Ansätzen, sind:

AKP-Staaten
Den 77 Afrika- Karibik-Pazifik-Staaten wurde 1975 im Lomé-Abkommen günstiger Zugang für ihre agrarischen Erzeugnisse und Mineralstoffe auf dem europäischen Markt eingeräumt.

- *Das hohe politische und wirtschaftliche Gewicht der EU. Sie unterhält gute Beziehungen in fast alle Weltregionen, auch in fragile Staaten. Sie gilt überwiegend als vertrauensvoller Partner.*
- *Das hohe finanzielle Volumen. Die europäische ODA (EU und Mitgliedstaaten) erreichte 2015 die Rekordhöhe von 120 Mrd. Euro, das heißt etwa 60 Prozent der weltweiten ODA. Dadurch können auch kostenintensive und überregionale Vorhaben, wie Energienetze und Überlandstraßen, gebaut werden.*

Official Development Assistance (ODA)
Öffentliche Ausgaben für Entwicklungszusammenarbeit

Wichtige Themen für die kommenden Jahre sind die Umsetzung der Agenda 2030 [SDG] und die Modernisierung der Zusammenarbeit der EU mit den AKP-Ländern, wobei Afrika eine besondere Rolle spielen wird. «

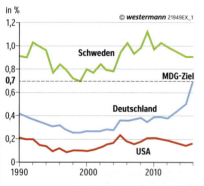

M 2: Entwicklug der ODA-Quote (ODA/BNE) im Vergleich zur 0,7%-Forderung der UN

Nationale Träger

Alle Länder des Nordens verfügen über Ministerien oder staatliche Organisationen für die Entwicklungszusammenarbeit. Dazu gehören beispielsweise DFID für Großbritannien, DEZA für die Schweiz, US-Aid für die USA oder SIDA für Schweden. In Deutschland begannen entwicklungspolitische Aktivitäten im Jahr 1956 und fanden 1961 mit der Einrichtung des Bundesministeriums für wirtschaftliche Zusammenarbeit und Entwicklung (BMZ) Eingang in die Bundespolitik.

5.1

Bundesministerium für wirtschaftliche Zusammenarbeit und Entwicklung BMZ

staatlich z. B.
Nachgeordnete Organisationen z.B.:
- Kreditanstalt für Wiederaufbau (KfW) KfW-Entwicklungsbank
- Deutsche Gesellschaft für internationale Zusammenarbeit (GIZ)
- Deutsche Investitions- und Entwicklungsgesellschaft (DEG)
- Deutscher Akademischer Austauschdienst (DAAD)

nicht staatlich z. B.
Politische Stiftungen
- Friedrich-Ebert-Stiftung
- Konrad-Adenauer-Stiftung
- Friedrich-Naumann-Stiftung
- Hanns-Seidel-Stiftung
- Heinrich-Böll-Stiftung
- Rosa-Luxemburg-Stiftung

Kirchliche Institutionen z.B.
- Diakonisches Werk / Brot für die Welt
- Evangelischer Entwicklungsdienst/Zentralstelle für Entwicklungshilfe
- Misereor/ Zentralstelle für Entwicklungshilfe

Zivilgesellschaftliche Gruppen, NGO z.B.:
- Deutsche Welthungerhilfe
- Kindernothilfe
- VENRO
- Terre des Hommes
- Komitee Ärzte Dritte Welt

Privatwirtschaft z.B.:
- AGE
- SEGUA

... erhalten Mittel/Förderung vom/durch BMZ

M3: Wichtige staatliche und private Akteure der deutschen Entwicklungszusammenarbeit

Die deutsche Entwicklungspolitik war von Anbeginn durch das Primat der außenwirtschafts-, außenhandels- und außenpolitischen Interessensicherung bestimmt. Ende der 1960er-Jahre kamen vereinzelt und nach 1980 vermehrt sozial-, umwelt- und friedenspolitische sowie nachhaltigkeitssichernde Forderungen auf und setzten sich humanitäre Grundpositionen durch. Spätestens seit 2001 führten sicherheitspolitische Überlegungen zu Maßnahmen wie Konfliktprävention, Friedenssicherung sowie internationaler Terrorbekämpfung. In jüngster Zeit werden zwar die humanitären, ökologischen Ziele der deutschen Entwicklungspolitik unverändert verfolgt, doch wird – dem wettbewerbsbestimmten Zeitgeist der Globalisierung folgend – die privatwirtschaftliche Zusammenarbeit mit den Ländern des Südens unter verstärktem Einbezug der deutschen Wirtschaft betont.

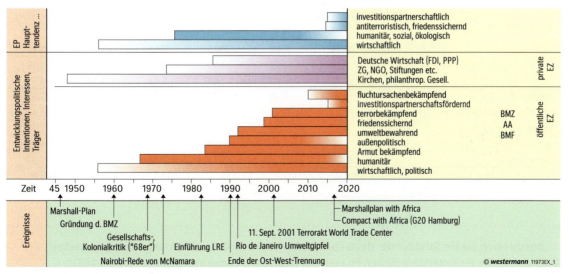

M4: Phasen der deutschen Entwicklungspolitik

5.1 Entwicklungsakteure

M 1: Verteilung der Mittel des BMZ-Haushalts 2017

Oberstes staatliches Organ deutscher Entwicklungspolitik ist das Bundesministerium für wirtschaftliche Zusammenarbeit und Entwicklung (BMZ) mit den verschiedenen entwicklungspraktischen Einrichtungen (z. B. KfW-Entwicklungsbank, GIZ, DEG, DAAD). Beteiligt an den entwicklungspolitischen Entscheidungen sowie deren Ausführung und Finanzierung sind neben dem BMZ auch das Auswärtige Amt und zwölf andere Ministerien sowie die Bundesländer und sogar die Kommunen.

Das BMZ sorgt für die Durchsetzung ihres Mittelbedarfs und ist für die Verteilung und Auszahlung dieser Mittel verantwortlich. In seine Zuständigkeit gehören Formulierung und Umsetzung der entwicklungspolitischen Ziele der Bundesregierung. Ihm unterstehen mehrere Durchführungsinstitutionen mit unterschiedlicher Aufgabenstellung. So wickelt beispielsweise die Kreditanstalt für Wiederaufbau (KfW) mit ihrer Entwicklungsbank mehrheitlich großvolumige Projekte der finanziellen Zusammenarbeit (FZ) ab. Die Gesellschaft für Internationale Zusammenarbeit (GIZ), 2010 durch Zusammenlegung von GTZ, InWent und DED entstanden, fungiert hingegen als zentrales Ausführungsorgan für alle entwicklungspraktischen und entwicklungspolitischen Maßnahmen der Bundesregierung.

Private Organisationen

In der Entwicklungszusammenarbeit sind seit Mitte der 1980er-Jahre auch zivilgesellschaftliche Gruppen (ZG), Nicht-Regierungs-Organisationen (Non-Governmental-Organisations = NGOs) tätig und ist auch die Wirtschaft beteiligt. In Deutschland zählen zu den privaten Trägern politische Stiftungen, kirchliche Einrichtungen und eine große Zahl von NGOs und ZG, die sich aus Spenden, Beiträgen, Stiftungen und auch aus Mitteln des BMZ-Haushalts (M 2) finanzieren.

Alle diese Organisationen sind staatlich ungebunden, agieren im öffentlichen Raum und vertreten freiwillig und selbstentscheidend Interessen von allgemeiner politischer, sozialer, ökonomischer, ökologischer und/oder kultureller Relevanz. Es handelt sich um einzelne oder um Zusammenschlüsse von Menschen, die sich für gerechte und humane Lösungen einsetzen. Im Süden sind sie zu den Hauptträgern der praktischen Entwicklungshilfe geworden, da sie wegen ihrer Basisnähe und Vertrautheit mit den individuellen Bedürfnissen Hilfsmaßnahmen direkter, bedarfskonformer und kostengünstiger umzusetzen vermögen. Verwiesen sei hier nur auf die Grameen Bank (Bangladesch, vgl. Kap. 5.3.3), das Aga Khan Rural Support Programme (AKRSP; Pakistan) und Chipko Andolan (Indien), eine Bewegung der Frauen zur Unterbindung der Vernichtung von Wäldern.

Exporteure	1998	2002	2006	2011	2013	2016
Entwicklungspolitische Bildung (in %)	0,52	1,25	2,18	1,87	2,67	3,70
Ziviler Friedensdienst (in %)	0,00	2,62	3,04	4,58	4,20	4,92
Sozialstruktur (in %)	4,93	5,45	6,35	6,97	6,31	5,58
Politische Stiftungen (in %)	38,37	39,39	38,61	36,80	35,76	30,47
Private Träger (in %)	4,12	5,59	6,44	7,83	8,50	11,10
Deutsche Wirtschaft (in %)	2,02	8,6	7,94	9,57	11,31	14,34
Kirchen (in %)	36,27	37,1	35,44	32,38	31,26	29,89
Insgesamt (in Mio. Euro)	403,2	417,8	478,7	633,1	697,4	853,6

M 2: Ausgezahlte Mittel des BMZ an Nichtregierungsorganisationen (Quelle: BMZ)

---

1 Beschreiben Sie die Struktur der deutschen und internationalen Entwicklungszusammenarbeit.
2 Erläutern Sie die unterschiedlichen Phasen der deutschen Entwicklungspolitik (M 4, S.163).
3 Begründen Sie Stärken und Schwächen der einzelnen Entwicklungsakteure.

Klassische Entwicklungsvorstellungen 5.2

Die zahlreichen Entwicklungsakteure folgen ganz unterschiedlichen Vorstellungen und Konzepten von Entwicklung. So boten beispielsweise die sogenannten „großen" Theorien, Modernisierungs- und Dependenz-/Abhängigkeitstheorie, sowohl Erklärungen der Unterentwicklung als auch Lösungen für deren Überwindung an. Ihre Kernaussagen sind auch heute keineswegs überholt, liefern sie doch noch immer Einsichten in übergreifende Zusammenhänge. Auch haben sie weitere konzeptuelle Ansätze angeregt und Perspektiven aufgezeigt.

Modernisierungstheorie

Die in der Nachkriegszeit formulierte Modernisierungstheorie definiert Entwicklung aus der Erfolgsgeschichte der Industriestaaten heraus, die auch Lösungen für die Länder des Südens vorgibt: nachholende Entwicklung von Ländern als Ganzen. Grundlage dafür bilden wirtschaftliches Wachstum sowie gesellschaftliche, politische und infrastrukturelle Modernisierung (M 3). Länder, die wirtschaftlich kein Wachstum erzeugen, sind rückständig, unentwickelt oder unterentwickelt und vergleichsweise arm. Das trifft für die Länder des Südens zu, wo die Ursachen dafür in der speziellen Kultur, in tradierter Gesellschaft und Demografie sowie in der Unfähigkeit verortet werden, beispielsweise die vorhandene Ressourcen- und Naturausstattung nicht gewinnbringend zu nutzen. Dafür wiederum verantwortlich ist das Fehlen dynamisierender Impulse, die dem Kapitalismus der Industrieländer eigen sind.

Diese These hat der Berliner Entwicklungssoziologe Richard Fritz Behrendt in der „Theorie des dynamischen Kapitalismus" begründet. Dabei griff er gedanklich auf die calvinistische Prädestinationslehre zurück. Danach erwuchs zu Beginn der Neuzeit in Europa ein Arbeitsethos, das den Sinn des Lebens in der Pflichterfüllung sah („Wer nicht arbeitet, soll auch nicht essen"). Daraus erwuchs jene kapitalistische Dynamik, die den wirtschaftlichen Aufstieg Europas initiierte, Impulse zur Modernisierung und damit zur kulturellen, gesellschaftlichen und zivilisatorischen Entfaltung gab.

Prädestination
Vorherbestimmung, Erlangung göttlicher Gnade schon im Diesseits. Erkennbarer Beleg dafür ist (materieller) Erfolg im beruflichen Streben und wirtschaftlichen Handeln.

Die Tatsache, dass die heutigen Entwicklungsländer keine den Industrieländern vergleichbare Entwicklung durchgemacht haben und trotz der Kontaktnahme mit Europa und den USA bis heute dazu nicht fähig waren, wird nach dieser Theorie damit erklärt, dass diese dynamischen Impulse in ihren Wertordnungen und den darauf basierenden gesellschaftlichen Strukturen fehlen. Sie haben, wie Richard F. Behrendt in „Lob des Westens" (1971) schreibt, eben keine eigenen Entwicklungsimpulse aus sich selbst erzeugt und gerieten daher unter den überlegenen externen Einfluss. Daraus haben sie sich – von einigen asiatischen Ländern einmal abgesehen – bislang nicht zu befreien vermocht.

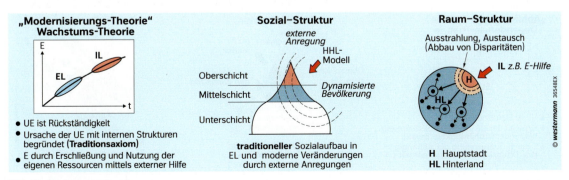

M 3: Modernisierungstheorie

5.2 Klassische Entwicklungsvorstellungen

Um in derart strukturierten Gesellschaften/Ländern Entwicklung zu generieren, sind Kapitaleinsatz, technische Unterstützung, Expertenhilfe, Export von Know-how für Industrie, Verwaltung, Infrastruktur, Gesundheits- und Schulwesen sowie im Sonderfall auch karitative Hilfe geboten. Damit sind der Kanon der entwicklungspolitischen Zusammenarbeit der ersten Jahrzehnte nach dem Zweiten Weltkrieg und die dabei verfolgte Strategie zur Überwindung der Unterentwicklung grob umrissen.

Abhängigkeits- oder Dependenztheorie

In kritischer Auseinandersetzung mit der Modernisierungstheorie und der historischen Vergangenheit Lateinamerikas formulierten südamerikanische Wissenschaftler die Dependenz-Theorie (Abhängigkeits-Theorie; M2). Sie gehen dabei von folgender Überzeugung aus: Wer kolonialer Bevormundung und ökonomischer Beherrschung unterliegt, dessen Bedürfnisse und Entfaltungschancen werden fremdbestimmt. In einem solchen Klima können sich individuelle Kreativität, gesellschaftliche Neuerungen und wirtschaftlicher Aufschwung nicht eigenbestimmt entwickeln. Unterentwicklung beziehungsweise Deformation ist die Folge.

Die These, Unterentwicklung aus Abhängigkeit und Fremdbestimmung abzuleiten, beruht auf empirischen Befunden. Beispielsweise sind die in den meisten Ländern des Südens heute anzutreffenden Sozial- und Raumstrukturen (Zentrum: Peripherie) das Ergebnis kolonialer Einflussnahme und Dominanz. Die Kolonialherren beuteten unter Einsatz von Sklaven und Unterworfenen die mineralischen und agrarischen Rohstoffe des Südens aus, errichteten riesige Kolonialreiche/Imperien, nutzten sie als Absatzmärkte für ihre Erzeugnisse und begründeten damit letztlich ihren eigenen Aufstieg zu den wohlhabenden Industriestaaten. Gleichzeitig vernichteten sie durch den Export ihrer Waren die auch im Süden vorhandene handwerklich-manufakturelle und aufkeimende industrielle Produktion (M1). Entwicklung und Unterentwicklung sind damit gleichzeitig an unterschiedlichen Orten (Norden : Süden) verlaufende, funktional aber aufeinander bezogene Vorgänge desselben historischen Prozesses: nämlich der Herausbildung einer weltweit geltenden Arbeitsteilung in überlegene Industrie- und unterlegene Agrar-/Rohstoffländer.

Aus diesen Beobachtungen leitete der Politologe Dieter Senghaas 1974 die „Theorie des peripheren Kapitalismus" ab. Derart abhängige Gesellschaften, deren Produktivkräfte nicht aus den Bedürfnissen der Bevölkerung erfolgen konnten, – so seine Folgerung – waren auch nicht zu einer eigenständigen Entwicklung befähigt. Um sie zu realisieren, ist es notwendig, diese Abhängigkeit zu beenden. Als geeignete Strategie sahen die Abhängigkeitstheoretiker dafür die Dissoziation (Abkopplung) der Länder des Südens vom Weltmarkt (autozentrierte Entwicklung). Denn nur dann, wenn die überlegene externe Einflussnahme wegfällt, können sie ihre Produktivkräfte nach eigenen Bedürfnissen, Möglichkeiten und Zwängen entfalten, eine Tiefen-

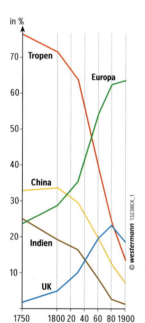

M1: Industrieproduktion 1750–1900

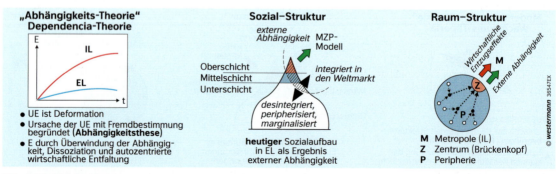

M2: Abhängigkeitstheorie

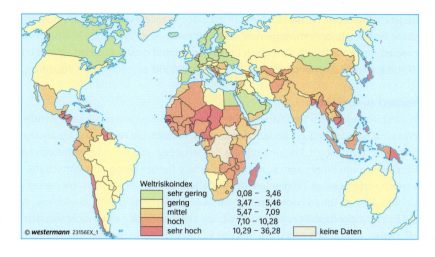

M3: Vulnerabilität: Weltrisikoindex 2016
www.weltrisikobericht.de

struktur der Produktion (d.h. Herstellung von Roh- und Grundstoffen, Halbfertig-, Fertigwaren sowie Entwicklung von Produktions- /Fertigungs- und Vermarktungsverfahren im eigenen Land) erlangen und internationale Konkurrenzfähigkeit für ihre Erzeugnisse erreichen. Eine solche autozentrierte Entwicklung – wachstums- und modernisierungsbasiert – führt auch zu eigenständiger Befriedigung der internen gesellschaftlichen Bedürfnisse sowie zum Ausbau von landesweiter Infrastruktur. Die dadurch erlangte Position interner Konsolidierung und konkurrenzfähiger Produktionskompetenz erlaubt die Reintegration in den Weltmarkt als gleichwertiger Partner. Sie setzt aber auch weltweit praktizierte paritätische, gleichberechtigte Teilhabebedingungen am Welthandel voraus.

Verwundbarkeitsansatz

Die Ursachen für Unterentwicklung werden mehrheitlich – wie eben gezeigt – in lokalen und globalen ökonomischen und sozialen Strukturen gesehen. Natürliche Faktoren wie beispielsweise Dürren, Überschwemmungen, Wirbelstürme, Erdbeben, Vulkanausbrüche, Wald-/Steppenbrände und Bodenerosion/-degradation wurden in der Vergangenheit zwar in ihren sozioökonomischen Auswirkungen wahrgenommen und waren Anlass für rasche, direkte (Katastrophen-)Hilfe. Doch als steuernde Größen für Unterentwicklung gewannen diese Ereignisse erst erklärende Bedeutung, als sie als ein ständiges Gefährdungspotenzial erkannt wurden, das eine Gesellschaft verwundbar macht.

M4: Massai-Frauen in Ostafrika müssen aufgrund von Dürre kilometerweit Wasser in ihr Dorf transportieren.

Der aus dieser Erkenntnis entwickelte Verwundbarkeitsansatz (Vulnerabilität) gründet auf folgender Überlegung: In jeder Gesellschaft ist eine bestimmte Grundanfälligkeit sowie ein Potenzial an Strategien zur Bewältigung und Anpassung im Bedrohungsfall vorhanden. Reichen die verfügbaren Strategien, Mittel, Maßnahmen und Techniken im konkreten Fall zur Gegensteuerung nicht aus, erhöht sich die Anfälligkeit, und bei einem erneuten Krisenereignis steigt das Ausmaß der Auswirkungen an. Bei weiteren Bedrohungen ohne angemessene Gegenmaßnahmen können sich landesweit bleibende Schäden und katastrophale Verhältnisse einstellen. Dadurch erhöht sich erneut die Verwundbarkeit einer Gesellschaft und verschlechtert sich die Fähigkeit zur Problemlösung. Derartigen Gefährdungsszenarien sind insbesondere die Länder des Südens vermehrt ausgesetzt (z. B. Haiti).

Zwar wurde von den Vertretern des Verwundbarkeitsansatzes keine Gegenstrategie explizit formuliert oder vorgeschlagen. Doch die Logik dieses Ansatzes legt zahlreiche Maßnahmen nahe. Dazu dient zuerst einmal eine Typisierung der Länder nach dem Verwundbarkeitsgrad (M3). Daraus ergibt sich der Katalog der Vorsichts- und

5.2 Klassische Entwicklungsvorstellungen

Gegenmaßnahmen, die die Länder auch mit externer Hilfe jeweils ergreifen müssen, sowie ein Katastrophenmanagement, das rechtzeitig die notwendigen Maßnahmen einleitet und koordiniert. So logisch und überzeugend dieses Konzept ist und im Weltrisikobericht auch empfohlen wird, in der Praxis findet es (noch) wenig Beachtung.

Verflechtungsansatz

In den bisherigen oder traditionellen Entwicklungstheorien wurde ein bedeutender Wirtschaftsfaktor in den Ländern des Südens, nämlich die Haus- und agrarische Subsistenzwirtschaft, die unbezahlte Frauenarbeit, die eigenverantwortliche Herstellung von Wohnraum sowie die außerhalb formell geregelter Wirtschaftsbereiche erfolgenden Tätigkeiten, der vielfältige informelle Sektor, nicht berücksichtigt. Das ist umso bemerkenswerter, weil die Sicherung des Überlebens, ja die Existenz der Bevölkerungsmehrheit, vor allem im Süden eben nicht von dem offiziellen, statistisch erfassten Teil der Wirtschaft (formeller Sektor) erbracht wird, sondern ganz wesentlich vom Zusammen- und Mitwirken dieser „kleinen" Aktivitäten (informeller Sektor) abhängt.

Zur Veranschaulichung ein Beispiel eines Haushaltes in Bangladesch: Von einer achtköpfigen Familie arbeiten die ältesten Kinder in Dhaka (Rana als Näherin, Rashid als Riksha-Fahrer). Sie überweisen kleine Summen an ihre Eltern und erhalten von dort Nahrungsmittel, wodurch sie ihre Ernährung sichern und etwas Geld sparen können. Die zweite Tochter Aisha schuftet in einer Shrimpsfarm und der jüngere Bruder Yoosef als Houseboy bei einem Landlord einzig für Essen und Unterkunft. Die Mutter produziert Gemüse auf dem Wegrain und dem Hüttendach sowie Flechtwerk für den Markt. Der Vater ist offiziell als Fahrer bei der Grameen Bank beschäftigt. Dafür benötigt er Kleider, die er sich nur mit den Überweisungen der Tochter und des Sohnes aus Dhaka leisten kann, denn sein Lohn wird zur Gänze vom Schulgeld für die beiden jüngsten Kinder, in die die Familie ihre Hoffnungen setzt, aufgezehrt.

1. Gesellschaftlich und innenpolitisch stellt die Verflechtung von Einkommen aus verschiedenen Tätigkeiten/Beschäftigungsformen ein überlebenssicherndes, krisenbewältigendes materielles Netzwerk dar. Der überwiegende Teil der Bevölkerung in den Ländern des Südens – vor allem in den Städten (hier: informeller Sektor) – vermag auf diese Weise zu überdauern. Für die Regierungen ergeben sich daraus eine Möglichkeit zur Auslagerung und eine beträchtliche Einsparung von Kosten, und damit werden sie ihrer politischen Fürsorgepflicht entbunden. Auch können sie dabei von einer nachhaltigen Struktur ausgehen, weil die Akteure selbstverantwortlich und existenzsichernd handeln.

2. Ein Staat mit geringem Lohnniveau, das durch die haus-/subsistenzwirtschaftliche Sicherung der Arbeitskraft ermöglicht wird, kann sich trotz technischer und infrastruktureller Rückständigkeit im Konkurrenzkampf mit Nachbar- oder gar Industrieländern behaupten beziehungsweise für transnationale Konzerne interessant werden.

Die Vertreter dieses sogenannten „Bielefelder Verflechtungsansatzes" haben keine entwicklungspraktischen Konzepte aus diesen Erkenntnissen abgeleitet. Doch vermittelten sie Einsichten in eigenständige, angepasste Strategien zur Existenzsicherung in den Ländern des Südens, die in der Entwicklungspraxis nicht unbeachtet geblieben sind.

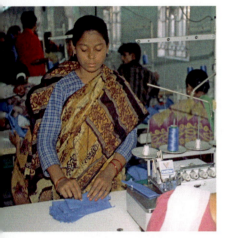

M1: Rana in Textilfabrik in Dhaka

M2: Die Mutter von Rana flechtet Bänder zur Herstellung von Säcken.

---

1 Vergleichen Sie die Modernisierungs- und die Abhängigkeitstheorie anhand der dafür postulierten Sozial- und Raumstruktur (M3, S.165, M2, S.166).
2 Erläutern Sie den Verwundbarkeitsansatz anhand der Folgen der Erdbeben in Japan und Haiti.
3 Erörtern Sie die Bedeutung von „Verflechtung" bei (erfolgreicher) Entwicklungszusammenarbeit.

Praxisnahe Konzepte und Strategien ... 5.3

Die Erkenntnisse aus den „großen" Entwicklungstheorien blieben unbefriedigend für all diejenigen, denen an Lösungen für die Probleme der Menschen des Südens gelegen war. In den letzten Jahrzehnten kamen daher immer wieder neue und unterschiedlichste Konzepte auf. Gemeinsam waren/sind ihnen Problembezug, Basisnähe und sogar Erfolg. Trotzdem haben sie in der Entwicklungspolitik bemerkenswerterweise keine größere Akzeptanz gefunden und wurden nur begrenzt eingesetzt.

5.3.1 ... von „Unten"

Angeregt durch die Idee autozentrierter Entwicklung und in Anbetracht fortschreitender Verelendung des Südens trotz jahrzehntelanger Entwicklungshilfe, fand seit Ende der 1970er-Jahre die Auffassung Beachtung, dass Entwicklung bei den Menschen, in ihren Köpfen, ansetzen und auf ihrer kreativen und aktiven Beteiligung aufbauen muss. Gesamtgesellschaftlich gesehen muss sie von „unten" nach „oben", räumlich/länderbezogen von der Peripherie zum Zentrum fortschreiten und produktionsorganisatorisch in kleinräumigen Wirtschaftskreisläufen ablaufen (M3).

Diese **Bottom-up-Strategie** basiert auf der Vorstellung, unternehmerisches Engagement und kleine Wirtschaftskreisläufe auf unterster landwirtschaftlicher, gewerblicher und handwerklicher Ebene (Betrieb, Dorf) anzuregen und erste Marktbeziehungen auszulösen. Dadurch ließen sich lokal Kaufkraft und damit Nachfrage fördern, die vor Ort vorhandenen Produktivkräfte steigern, die Produktion technisch weiter verbessern, Arbeitsplätze schaffen und immer mehr Menschen einbinden. Eine solche Entwicklung greift allmählich von der Lokalität auf die Region und das ganze Land über.

Für die Umsetzung einer solchen Strategie sind bestimmte Voraussetzungen erforderlich: Der Zugang zu Land und lokal vorhandenen Ressourcen muss gegeben sein. Auch sollten angepasste und lokal kontrollierbare Technologien zum Einsatz kommen. Externe Hilfe ist nur dann sinnvoll, wenn sie wirklich einzig den lokalen Zielen dient und nicht von „oben" dirigistisch eingesetzt wird.

Diese Vorstellungen, in der Wissenschaft intensiv diskutiert, klingen einfach und fast selbstverständlich, und sie mögen für die Länder des Südens auch eine angepasste und umsetzbare Alternative bilden. Doch außer im Ujamaa-Sozialismus der tansanischen Regierung (1968 – 1985), in bescheidenen Ansätzen in Bolivien unter Evo Morales Ayma (Präsident seit 2006) und dem Konzept der „Ländlichen Regionalentwicklung" (1982 – 2005) fanden sie praktisch keine Anwendung.

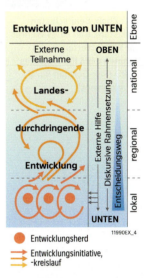

M 3: Modell der Entwicklung von „unten"

Ujamaa-Sozialismus
nach der Entwicklungsphilosophie von Julius K. Nyerere (Staatspräsident von Uganda 1962 – 1985): Übernahme aller volkswirtschaftlichen Bereiche durch den Staat, Abbau der Stadt-Land-Unterschiede, Zusammenführung der ländlichen Bevölkerung in selbstständigen Dorfgemeinschaften (Ujamaas) als kleinsten Produktionseinheiten mit interdörflichem Austausch nur der jeweils überschüssigen Erzeugnisse.

5.3.2 ... gegen Armut: Ländliche Regionalentwicklung

Anfang der 1980er-Jahre kamen angesichts des nicht enden wollenden Hungers und der sich verstärkenden Armut Forderungen auf, endlich gezielt den Menschen und seine elementaren Probleme in den Mittelpunkt der entwicklungspolitischen Maßnahmen zu stellen. Im Entwicklungspolitischen Bericht der Bundesregierung vom 5.3.1982 heißt es dazu: *„Die Hauptzielgruppe der deutschen Entwicklungszusammenarbeit sollten die ärmsten Bevölkerungsschichten sein. [...] Die Mobilisierung und aktive Beteiligung der betroffenen Bevölkerung am Entwicklungsprozess sowie die Erfüllung ihrer Grundbedürfnisse sollten bestimmende Kriterien für Programme und Projekte sein [...]. Die Bemühungen, vom Einzelprojektansatz zu integrierten Planungen überzugehen, sind zu verstärken."* Damit war ein Rahmen vorgegeben, innerhalb dessen ein Entwick-

5.3 Praxisnahe Konzepte und Strategien ...

M1: Zhob, Belutschistan (Pakistan): Bau eines Wehres zur Wasserverteilung im Rahmen des LRE-Projektes PGRD (Pak-German Rural Development)

lungskonzept entstand, das als „**Ländliche Regionalentwicklung**" (LRE) bis in die 1990er-Jahre erfolgreich Einsatz in der praktischen Projektarbeit der „Gesellschaft für Technische Zusammenarbeit" (GTZ) und des BMZ fand.

Das zentrale Anliegen bestand darin, durch Nutzung lokaler Ressourcen die Entwicklung ländlicher Regionen als Ganze zu bewirken und dadurch in erster Line die armen Gruppen der Bevölkerung in die Lage zu versetzen (**Armutsbezug**), ihre Lebensverhältnisse selbstverantwortlich und dauerhaft zu verbessern (**Nachhaltigkeit**). Bei diesen LRE-Projekten ging es somit nicht mehr um sektorale Einzelmaßnahmen (z.B. Land-/Tierwirtschaft, Pflanzenproduktion, Infrastruktur, Verkehr, Gesundheit etc.), sondern um einen multisektoralen, ganzheitlichen Ansatz. Er war von folgenden Einsichten und Erkenntnissen geleitet:

Erstens muss Entwicklung in den Köpfen der Menschen ansetzen, zweitens muss die Zielgruppe aktiv beteiligt (**Partizipation**), drittens die spezifische Bedarfslage der Zielgruppe berücksichtigt (**Zielgruppenbezug**) und viertens das lokale/regionale Ressourcenpotenzial erschlossen werden.

- Armutsbezug bedeutet Befriedigung der Grundbedürfnisse der durch Armut am stärksten betroffen Bevölkerungsgruppen.
- Nachhaltigkeit strebt die Verstetigung der extern geförderten Maßnahme über den Förderungszeitraum eines Projektes hinaus an.
- Partizipation verlangt die aktive Beteiligung der Zielgruppe an Planung, Durchführung und Nutzung eines Projektes.
- Zielgruppenbezug bedeutet, dass sich die Projektmaßnahmen auf die bedürftigen Bevölkerungsgruppen konzentrieren. Dazu ist es notwendig, dass die Bedürfnisse und Interessen identifiziert, in ihrer Wichtigkeit erkannt und konstruktiv berücksichtig werden.

Das tragende Entwicklungsverständnis basierte somit auf aktiver Beteiligung der Zielgruppe an den Maßnahmen und darauf, dass sie sich auf die Gesamtheit einer ländlichen Region beziehen. Damit wurde – letztlich im Sinne einer Entwicklung von „Unten" – räumliche Breitenwirksamkeit bei der Armutsbekämpfung angestrebt. Der Vorteil dieses regionsbezogenen Ansatzes besteht in der für Entwicklung letztlich unverzichtbaren Chance, die vorhandenen natürlichen/ökologischen, sozialen, kulturellen, politischen und ökonomischen Ressourcen in ihrer räumlichen Differenzierung zu erfassen, ihre jeweilige Entwicklungsrelevanz zu erkennen und in die Projektmaßnahme grundlegend einzubeziehen; ein originär geographischer Ansatz!

So verheißungsvoll und richtungsweisend diese LRE-Strategie auch war und so erfolgreich sie vielerorts eingesetzt wurde, so standen ihr doch zahlreiche Hemmnisse entgegen. Um erfolgreich zu sein, waren bei den LRE-Projekten genaue Kenntnisse über Natur, Wirtschaft und Gesellschaft der ausgewählten Region notwendig, die bei den Experten/Projektmitarbeitern häufig fehlten. Auch erforderten die Anwendung und Umsetzung der LRE-Konzeption die Zustimmung der nationalen und regionalen Verantwortlichen und machte die Bereitschaft oder Möglichkeit der lokalen Zielgruppe zur Mitarbeit notwendig. Doch daran mangelte es bei den Zielgruppen. Ihnen fehlte die Fähigkeit, ihre Bedürfnisse zu erkennen, die Maßnahmen zu deren Befriedigung zu begreifen und sich an deren Durchführung aktiv zu beteiligen. Und die Geber sahen häufig die Notwendigkeit nicht ein, gerade dafür, das heißt für die Ausbildung der Menschen, Mittel aufzuwenden.

Literaturhinweis:
Theo Rauch: LRE forever – oder: Lektionen aus 50 Jahren Erfahrung in der ländlichen Regionalentwicklung. In: GIZ: Updating ländliche Regionalentwicklung, Eichborn, 2014, S. 14-21
www.giz.de/de/mediathek/116.html

1 Erläutern Sie die Voraussetzungen für eine Entwicklung von „Unten" und von LRE.
2 Beurteilen Sie die Strategie „Hilfe zur Selbsthilfe" in der Entwicklungszusammenarbeit.

5.3.3 ... für Kapital der Armen

Selbst für einfachste Maßnahmen zur Existenzsicherung ist Kapital erforderlich. Doch auch kleinste Beträge sind bei der Bevölkerungsmehrheit des Südens nicht vorhanden. Da sie über keine Sicherheiten verfügen, erhalten sie von Geschäftsbanken keine Kredite und sind im Bedarfsfall auf private Geldverleiher und deren Wucherzinsen angewiesen. Es war daher ein Fortschritt, als spezielle Spar- und Kreditprogramme für Mittellose (Rural Saving, Ländliches Sparen) aufkamen. Auf diese Weise wird Zugang zu Mitteln für Maßnahmen geboten, durch die Einkommen erwirtschaftet und selbstverantwortlich die Lebensbedingungen verbessert werden können.

Die Erfahrungen, dass für Arme kein Zugang selbst zu kleinsten Krediten (außer Krediten mit Wucherzinsen) möglich ist, veranlassten den Bangladeschi Mohammad Yunus ein Spar-/Kredit-Konzept auf der Basis von Mikrokrediten für seine armen Landsleute zu entwickeln. Unter Einsatz seines Vermögens gründete er 1976/1983 die Grameen Bank (= dörfliche Bank).

M2: Mohammad Yunus, Gründer der Grameen Bank

Den ländlichen Armen fehlen – so die Beobachtung von Yunus in Bangladesch und in den Ländern des Südens generell – selbst die wenigen Mittel, die sie zur Anschaffung von Saatgut, Dünger und Geräten und damit zur Überlebenssicherung benötigen. Daher ermöglicht die Grameen Bank den Armen in Bangladesch Zugang zu Krediten, durch die sie in die Lage versetzt werden, Einkommen schaffende Maßnahmen zu realisieren. Kreditnehmer können alle Mitglieder armer Familien sein. Mehrheitlich sind es aber Frauen (heute zu über 90 %). Die Höhe der Kredite ist gering, sie liegt zwischen fünf bis maximal 50 Euro. Doch die Kreditvergabe ist dennoch an gewisse Regeln gebunden:

Grundelement der Kreditvergabe sind demokratisch funktionierende Kleingruppen auf Dorfebene, die von Agenten der Grameen Bank gegründet und von gewählten Funktionsträgern geleitet werden. Zu ihren Aufgaben gehört die regelmäßige Abhaltung von Zusammenkünften mit dem Ziel, die Kredit- und Rückzahlungsmodalitäten zu erklären sowie Selbstverantwortung, Eigeninitiative und Sparverhalten der Mitglieder zu üben. Sie werden dabei von Agenten der Grameen-Bank (Bankworkern) unterstützt, die die einzelnen Gruppen regelmäßig aufsuchen, um sie vor Ort zu betreuen und zu beraten. So helfen die Bankworker den dörflichen Spargruppen zum Beispiel bei Auseinandersetzungen mit lokalen Machthabern (z.B. Landlords, Händlern, Geldverleihern) und regen die Kooperation innerhalb der Gruppe an. Wichtig ist auch die Beratung bei Einsatz und Verwendung der erhaltenen Kredite. Bei den Bankworker handelt es sich um gut ausgebildete und hoch motivierte junge Leute, die die Spargruppe auch ermuntern, ihre Erfahrungen zu verbreiten, und sie zu demokratischem Denken anregen.

M3: Teilrückzahlung eines Mikrokredits an einen Bankworker der Grameen Bank

Die Vergabe der Mikrokredite erfolgt nämlich auf folgende Weise: Der potenzielle Kreditnehmer stellt in Anwesenheit aller Gruppenmitglieder glaubhaft dar, die Mittel einzig für eine Einkommen schaffende Maßnahme zu verwenden und sie in dem vorgegebenen Zeitrahmen zurückzuzahlen. Die Rückzahlung erfolgt nach Realisierung der Maßnahme in monatlichen Raten. Sie wird von der Spargruppe kontrolliert (Gruppendruck) und in besonderen Fällen von ihr auch mitgetragen. Bemerkenswert sind – trotz der Armut in Bangladesch – die guten Rückzahlungsergebnisse, die annähernd 100 Prozent erreichen. Dieses Ergebnis und die gezeitigten praktischen Erfolge bei der Grundbedürfnisbefriedigung veranlassten mehrere Länder, dieses Mikrokredit-Programm zu übernehmen. Es wird auch von dem UNDP und zahlreichen NGOs weltweit propagiert und praktiziert. Höchste Anerkennung und internationale Beachtung erfuhr das Grameen Bank-Konzept mit der Verleihung des Friedensnobelpreises an seinen Begründer Mohammad Yunus im Jahr 2006.

5.3 Praxisnahe Konzepte und Strategien ...

5.3.4 ... für fairen Handel

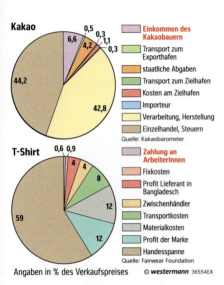

M1: Wertschöpfung bei Kakao und einem T-Shirt (in %)

FINE
FLO – Fair Trade Labelling Organizations international,
IFAT – The International Fair Trade Association,
NEWS – Network of European World Shops (IFAT und NEWS seit 2009 Teil World Fair Trade Organization (WFTO),
EFTA – European Fair Trade Association
www.fairtrade.net

M2: Quellentext zu den Codes of Conduct
Feuchte, B.: Billig nähen für den Weltmarkt – Lebens- und Arbeitsbedingungen der Beschäftigten der bangladeschischen Bekleidungsindustrie. Berlin 2007
Beate Feutchte ist deutsche Geographin.

Wesentliche Mittel zur Überwindung von Unterentwicklung sind die Verbesserung der Arbeitsbedingungen und vor allem der Einkommen all jener, die für den Norden (Luxus-)Nahrungsmittel, Konsumgüter oder Billigkleidung produzieren und an den dabei erzielten gewaltigen Gewinnen bislang kaum beteiligt sind (M1).

Dagegen wendet sich das Netzwerk FINE mit der Forderung nach weltweit fairem Handel (Fair Trade). Ziel ist es, die Verbraucher im Norden zum Erwerb sozial- und umweltgerecht produzierter Waren zu bewegen und ihr Bewusstsein für mehr Gerechtigkeit im internationalen Handel zu wecken. In den Ländern des Südens sollen auf diese Weise bessere Handelsbedingungen sowie angemessene und gerechte Löhne für die bislang benachteiligten Produzenten und Produzentinnen erreicht werden.

In über 60 Ländern des Nordens und über 80 des Südens ist FINE bemüht, Standardisierung, Verbesserung und Zertifizierung (Siegel, Labelling) der Produkte sowie Erleichterung ihres Importes und einen effektiveren Zugang zum Markt bei stabileren Preisen durchzusetzen. Doch die Preise hängen vom Weltmarkt ab und unterliegen von Jahr zu Jahr erheblichen Schwankungen. Das trifft sowohl für agrare Luxusartikel wie Kaffee, Tee, Kakao, Gewürze oder Schnittblumen zu, als auch und vor allem für agrare Rohstoffe wie Baumwolle, Kokosöl, Soja, Zuckerrohr und Hölzer. Ursache dafür sind weniger unsichere Naturgegebenheiten, als vielmehr die global agierenden Rohstoffspekulanten an den internationalen Börsen. Die Folgeprobleme der Preisschwankungen sind in erster Linie Einnahmeverluste für die Regierungen und sogar nicht selten existenzgefährdende Lohnausfälle für die Produzenten.

Fairer Handel und damit faire Löhne sollen nach FINE auch für die im Süden industriell erzeugten (Massen-)Waren gelten. Denn sie werden bei laschen Umweltauflagen sowie mittels extrem niedriger Löhne hergestellt. Das ist nur möglich wegen des massenhaften Angebotes an einfachen, willigen, gewerkschaftlich nicht organisierten und meist völlig rechtlosen Arbeitern. Die damit einhergehenden Arbeitsbedingungen werden von Nichtregierungsorganisationen und der Internationalen Arbeitsorganisation (ILO) kritisiert. Der dadurch weltweit entstandene Druck, insbesondere auf die Global Player, hat einige deutsche Unternehmen veranlasst, darauf mit den Codes of Conduct (CoC) zu reagieren.

> Bei den CoC handelt es sich um unternehmenseigene Verhaltenskodizes [...] deutscher Unternehmen. Sie haben sich damit zu sozialer Verantwortung im globalen Handel verpflichtet. Dabei orientieren sie sich an den ILO-Standards, Social Accountability 8000, und den Vorgaben der Außenhandelsvereinigung des Deutschen Einzelhandels. Sie basieren auf folgenden Prinzipien: „In the long term trading companies will only gain the confidence if their clients use their influence and if they contribute towards improving life conditions in the countries of production. Best by supporting suppliers in complying with social and environmental standards. Orders of production would then contribute both to social progress and to economical development. And clients could be sure that the products are in compliance with the criteria of quality and sustainability.

Damit ist zweifellos ein Schritt in die richtige Richtung getan. Doch steht eine wirklich effiziente soziale, ökologische und nicht gewinndiktierte Wettbewerbsordnung, die der Ausbeutung von Mensch und Natur im Süden Grenzen oder – besser noch – ein Ende setzten, bislang noch aus. Aber nur auf diese Weise kann den ausbeuterischen Praktiken der globalen Wirtschaft Einhalt geboten und eine faktisch spürbare Verbesserung der Lebensbedingungen der Arbeiter und Arbeiterinnen des Südens erreicht werden. – Daran sollten auch die Verbraucher des Nordens interessiert sein, denn nur dann, wenn wir den Süden retten, wird der Norden überdauern.

5.3.5 ... für Nachhaltigkeit

Bei der Diskussion über Nachhaltigkeit oder nachhaltige Entwicklung wird von drei ganz einfachen, geradezu elementaren Überlegungen ausgegangen:
- Erstens darf die Nutzung einer Ressource (z.B. Wasser, Boden, Vegetation) nicht größer sein als deren Fähigkeit zur Regeneration oder die Substitution durch technische Lösungen.
- Zweitens müssen Entwicklungsmaßnahmen auf Langfristigkeit angelegt sein, sollen sie wirkungsvoll zur Verbesserung der Lebensbedingungen der Menschen führen.
- Drittens liegt eine nachhaltige Maßnahme nur dann vor, wenn sowohl lang- als auch mittelfristig keine Verschlechterung in den Bereichen Natur, Gesellschaft, Politik, Wirtschaft und Umwelt stattfindet.

Diese Nachhaltigkeitsüberlegungen fanden gegen Ende der 1980er-Jahre Eingang auch in die bundesdeutsche entwicklungspolitische Praxis. Hier gilt seither die Forderung, dass alle Maßnahmen und Anstrengungen zur gesellschaftlichen und ökonomischen Entwicklung folgende Kriterien zu erfüllen haben:
- Erstens muss stets eine schonende Nutzung der natürlichen Ressourcen stattfinden.
- Zweitens sind alle Maßnahmen so auszulegen und durchzuführen, dass eine langfristige Inwertsetzung der natürlichen Ressourcen garantiert ist.
- Und drittens sind alle Entwicklungsprojekte so zu konzipieren und abzuwickeln, dass sie über die Zeit ihrer externen Förderung und Finanzierung hinaus selbstständig weiter funktionieren, eben nachhaltig wirken.

Dafür sind in erster Linie die Befähigung der lokalen Bevölkerung zu selbstverantwortlichem Handeln sowie die Einsicht erforderlich, dass die existenzielle Sicherheit des Menschen ein anstrebenswertes Gut per se darstellt. Dieses edle Ziel kann jedoch ohne Berücksichtigung und Erhaltung der Natur nicht erreicht werden. Damit ist Nachhaltigkeit eine die Natur betreffende sowie gesellschaftliche und individuelle Herausforderung.

Dieses Verständnis von nachhaltiger Entwicklung, im Brundtland-Bericht (1987) begründet, bestimmte die entwicklungspolitische Diskussion auf nationaler und internationaler Ebene. Doch seit der UN-Konferenz in Rio de Janeiro 1992 hat das Thema „Nachhaltigkeit" eine global-politische Dimension angenommen und weltweit Erwartungen geweckt. Wirklich greifbare Ergebnisse stehen trotz zahlreicher verheißungsvoller Folgekonferenzen jedoch noch aus. Sicher ist eigentlich bisher nur, dass auch die Eliten des Südens die Notwendigkeit zu nachhaltigem Handeln akzeptiert und Anteil an den bereits oder in Aussicht gestellten Mittel für ihre Länder reklamiert haben.

M3: Konferenz der Vereinten Nationen über Umwelt und Entwicklung (UNCED) in Rio de Janeiro 1992

1 **Erklären Sie das Grundprinzip der Mikrokredite.**
2 **Analysieren Sie den Preis von Kakao und von T-Shirts im deutschen Handel (M1).**

5.4 Neue Vorstellungen und Maßnahmen ...

„Ich weiß nicht, ob es besser wird, wenn es anders wird. Aber es muss anders werden, wenn es besser werden soll." (1796)
Georg Christoph Lichtenberg,
deutscher Naturforscher (1742 – 1799)

Durch die geringen Erfolge der viele Milliarden Dollars umfassenden Entwicklungshilfe, die globale Bewegung von Kapital und Waren seit den 1990er-Jahren sowie die vermehrt auftretenden, gepeinigten, Schutz und Existenzsicherheit suchenden, flüchtenden Menschen ist die Weltgemeinschaft noch mehr als in der Vergangenheit herausgefordert. Neue Überlegungen, verheißungsvolle Konzepte und eine entschlossene Politik sind erforderlich und liegen vor.

5.4.1 ... für Unternehmen: FDI und PPP

Seit Mitte der 1990er-Jahre bemühte sich das BMZ, die Entwicklungspolitik aktiver zu gestalten und sah dazu in der Privatwirtschaft einen möglichen Partner. Dafür aber sind offene Märkte im Süden, insbesondere Sicherheiten für Investitionen und Gewinne, erforderlich. Um diese Voraussetzungen zu schaffen, ließ sich das Ministerium von folgenden Zielen leiten:
- Erstens soll das seit den 1980er-Jahren schwindende Interesse der Wirtschaft an den Ländern des Südens wieder geweckt werden.
- Zweitens werden Bedingungen geschaffen, um die Privatwirtschaft (Unternehmen, Banken) stärker in die Entwicklungszusammenarbeit einzubinden.
- Drittens sollen der sich abzeichnende Aufschwung der Wirtschaft in zahlreichen Ländern des Südens genutzt sowie die Absatz- und Rohstoffmärkte gesichert werden. Zur Erreichung dieser Ziele wurden zwei Instrumente angeboten: Foreign Direct Investments (FDI) und Public Private Partnership (PPP).

FDI sind Kapitalanlagen im Ausland durch
- *Erwerb von Immobilien,*
- *Gründung von Auslandsniederlassungen und Tochterunternehmen,*
- *Übernahme von ausländischen Geschäftsanteilen (z.B. Aktien) bzw. von Unternehmen (bis 49%) sowie*
- *gezielte Reinvestitionen und Direktinvestitionen in Unternehmen.*

Der Kapitalexport erfolgt mit dem Ziel, Einfluss auf die Unternehmenspolitik im Zielland zu gewinnen und dadurch die industrielle Entwicklung zu fördern. Natürlich spielen dabei auch Eigeninteressen der Investoren eine Rolle.

Entwicklungspolitisch werden im Sinne globalisierten Wirtschaftsdenkens mit den **Foreign Direct Investments** die Erwartungen verbunden, in den Ländern des Südens Arbeitsplätze zu schaffen, die Produktivität zu erhöhen, den Export zu steigern sowie Ausbildungs- und Technologieniveau zu verbessern. Diese Strategie ist im Prinzip begrüßenswert, können durch die Zusammenarbeit von einerseits erfahrenen und andererseits interessierten Partnern Synergieeffekte erzielt, eine Win-win-Situation erreicht und auch eine industrielle Tiefen- und Breitenwirkung ausgelöst werden. Ein 2010 durchgeführte Analyse hat belegt, dass FDI in zahlreichen Ländern des Südens tatsächlich zu robustem Anstiegen der industriellen Produktivität und auch zu nachhaltiger Verbesserung von Infrastruktur und Löhnen geführt hat. Allgemein gilt, dass die FDI für ein Empfängerland umso größer ausfallen, je stabiler und nachhaltiger seine Volkswirtschaft eingeschätzt wird. Daher sagt der Prozentanteil des FDI am BIP eines Landes etwas über dessen Teilhabe an der globalen Wirtschaft aus. Und so kann es bei

	Absolut	in %
Welt insgesamt	1762	100,0
Industrieländer	963	54,7
Transformationsländer	35	2,0
Entwicklungsländer	765	43,4
davon Asien	498	28,3
davon China	136	7,7
Subsahara-Afrika	41	2,3
Nordafrika, Vorderasien	55	3,1
Lateinamerika	168	9,5
Ozeanien	3	0,2

Quelle: UNCTAD

M1: FDI-Zuflüsse 2015 (in Mrd. US-$)

	in %		in %
Singapur	24,1	Indien	2,1
Laos	8,9	USA	1,9
Niger	7,4	Oman	1,9
Chile	6,6	China	1,2
Costa Rica	5,6	Bangladesch	1,2
Botsuana	4,7	Haiti	1,2
DR Kongo	4,5	Deutschland	1,0
Brasilien	3,6	Mongolei	0,8
Mexiko	2,9	Afghanistan	0,8
VAE	2,4	Pakistan	0,5

Quelle: UNCTAD

M2: Anteil der FDI-Zuflüsse am BIP 2015 (in US-$)

der Vielfalt der Länder nicht überraschen, dass dieser Prozentanteil recht unterschiedlich ausfällt. Afrika nimmt beispielsweise nur eine nachgeordnete Rolle ein und auch Lateinamerika (Ausnahme Brasilien) wird nur begrenzt bedacht (M1).

Der Erfolg, den FDI für lokale Unternehmen bringen sollen, ist jedoch nicht generell gegeben. Das trifft besonders dann zu, wenn diese lokalen Partner aus unterschiedlichsten Gründen nicht in der Lage sind, die sich bietenden Chancen zu nutzen. Auch herrscht bei den Partnern des Nordens nicht immer der Hilfsgedanke, sondern das Interesse am raschen Gewinn vor. Daher sind die Maßnahmen meist nicht langfristig konzipiert, bleiben ohne nachhaltige Effekte und tragen daher nicht dazu bei, strukturelle Mängel vor Ort bleibend zu beheben. Trotzdem gelten die FDI als ein wirksamer Beitrag zur Entwicklung der Länder des Südens.

Public Private Partnership (PPP), seit 1997 von den UN gefördert, ist ein im Jahr 1999 vom BMZ in die deutsche Entwicklungszusammenarbeit eingeführtes Instrument. Damit soll die Kooperation zwischen öffentlicher Hand und Privatwirtschaft in der Entwicklungspraxis gestärkt werden. Konkret dient es zur staatlichen Förderung unternehmerischer, privatwirtschaftlicher Aktivitäten in Ländern des Südens, die ohne öffentliche Finanzhilfen – wegen der Risiken und Gefahren für die Investitionen – nicht durchgeführt würden. Daher übernimmt in der Praxis die öffentliche Hand (Public-Beitrag) eine Vielzahl von Vorleistungen und Aufgaben, zu denen die Bereitstellung von Mitteln für materielle Infrastruktur, Fachberater, Experten, Investitionskredite (bis zu 75 % der Kosten) und für den Betriebsstart gehört. Die materielle Förderung umschließt auch Ausbildung, Logistik (Standortauswahl, Transport) und lokale Kontaktnahme. Der private PPP-Beitrag liegt für das einzelne Vorhaben bei 25 bis 50 Prozent.

Für die Privatwirtschaft des Nordens können – so die Erwartung – durch PPP dank der Risikominderung vielfältige Anreize entstehen, um in den Ländern des Südens tätig zu werden. Für den Süden sollen dadurch Arbeitsplätze geschaffen, die Infrastruktur verbessert, Industrie aufgebaut und Steuereinnahmen erhöht werden. In diesem Sinne böte sich PPP insbesondere für Aktivitäten in Afrika an, wo in größerer Zahl Klein- und Mittelbetriebe vorherrschen und auch einfachere, lokale Infrastrukturprojekte auf diese Weise realisiert werden könnten. Doch der Einsatz von PPP ist bescheiden.

	FDI/Ew.
Singapur	12 595
USA	1 070
VAE	960
Chile	884
Costa Rica	612
Deutschland	413
Brasilien	309
Mexiko	261
Oman	183
Laos	164
Botsuana	300
China	99
Mongolei	32
Indien	34
Niger	27
DR Kongo	22
Bangladesch	14
Haiti	10
Pakistan	7
Afghanistan	5

Quelle: UNCTAD

M3: FDI- Zuflüsse pro Einwohner 2015 (in US-$)

5.4.2 ... für Länder des Südens: SAP

Länder, die über keine internationalen Zahlungsmittel (Devisen) mehr verfügen oder zahlungsunfähig sind, können Hilfe beim International Monetary Fund (IMF) beantragen. Voraussetzung dafür ist die Bereitschaft des Landes, das **Strukturanpassungsprogramm** (SAP) durchzuführen. Oberste Ziele sind dabei die Wiederherstellung einer soliden Zahlungsbilanz, Preisstabilität, Marktöffnung und selbsttragendes wirtschaftliches Wachstum. Sie werden im Sinne des Washington Consensus – dem Credo der Globalisierung – durch Liberalisierung, Deregulierung und Privatisierung angestrebt und umgesetzt (siehe M3, S. 27). Folgende außen- und binnenwirtschaftliche Einzelmaßnahmen finden dabei Anwendung:

Außenwirtschaftlich wichtig ist die Abwertung der jeweiligen Währung. Dabei wird davon ausgegangen, dass sich die Preise für die Exporterzeugnisse verbilligen sowie die Herstellung exportwürdiger Produkte erweitert und deren Export angeregt wird (Exportdiversifizierung). Außerdem wird die Nachfrage nach Importen gesenkt, da sich die Einfuhrwaren verteuern. Daraus sollen Anstöße für die heimische Industrie resultieren, zum Beispiel die bisherigen Importwaren durch

Literaturhinweis
Joseph Stiglitz: Die Schatten der Globalisierung, Berlin 2002.

5.4 Neue Vorstellungen und Maßnahmen ...

eigene Produkte zu ersetzen (Importsubstituierung). Wirkungsvoll ist außerdem die Erhöhung des lokalen Zinsniveaus. Dadurch sind Zinsgewinne möglich, machen Investitionen „daheim" Sinn und wird der Kapitalflucht entgegengewirkt. Nicht zuletzt regt die Zinserhöhung den Kapitalimport an und werden auswärtige Anleger und Unternehmen zu wirtschaftlichen Aktivitäten ermuntert.

Hinzu kommen folgende weitere Maßnahmen: Um einer erneuten Verschuldung vorzubeugen, wird die Aufnahme von Krediten im Ausland limitiert und der Import von (vor allem Luxus-)Gütern beschränkt. Eine binnenwirtschaftlich wichtige Maßnahme ist auch die Reduzierung der Staatsausgaben (z.B. durch Reduzierung von Subventionen und Sozialleistungen), die Senkung des Lohnniveaus, die Anregung der Landwirtschaft durch Festlegung sicherer Preise sowie die Einrichtung von Sonderwirtschafts- oder Exportproduktionszonen (EPZ). Nach Durchführung des SAP kommen die Länder in den Genuss des Strukturanpassungsdarlehens (SAL) durch die WB. Es dient in erster Linie zum Aufbau technischer und sozialer Infrastruktur sowie zur Verbesserung der industriellen und landwirtschaftlichen Produktionsbedingungen.

All diese Maßnahmen führen aber auch zu Problemen: So tragen die SAL entschieden dazu bei, die Außenschulden der Empfängerländer zu erhöhen. Der durch SAP erzwungene Abbau von Sozialleistungen und Subventionen kann zu Unzufriedenheit und Unruhen führen. In gleicher Richtung wirken sich nachweislich die Anhebung der administrativen Preise (z. B. bei Lebensmitteln) und der öffentlichen Tarife (z.B. bei Post, Bahn, für Wasser und Strom) aus.

Auch öffnen all diese Maßnahmen von IMF die Länder des Südens für den globalen Markt, den freien Welthandel. Dadurch werden die einheimischen Produzenten der überlegenen ausländischen Konkurrenz ausgesetzt, für die sie mehrheitlich nicht vorbereitet und der sie damit geradezu schutzlos preisgegeben sind.

Es kann daher nicht überraschen, wenn nicht nur NGOs und Globalisierungskritiker an diesen seit Ende der 1970er-Jahre geförderten Maßnahmen Kritik üben, sondern auch namhafte Wirtschaftsexperten wie der ehemalige Chefökonom der WB, Joseph Stiglitz.

Sonderwirtschafts-/Exportproduktionszone
Meist räumlich vom Binnenland abgegrenztes Gebiet innerhalb des Wirtschaftsraumes eines Staates, für das zoll-, steuer- und andere rechtliche Sonderbestimmungen und administrative Vergünstigungen für Güter gelten, die nicht in den inländischen Warenverkehr gebracht werden. Mit Sonderkonditionen (z.B. keine Gewerkschaften, geringe Umweltauflagen) sollen transnationale Unternehmen angelockt werden.

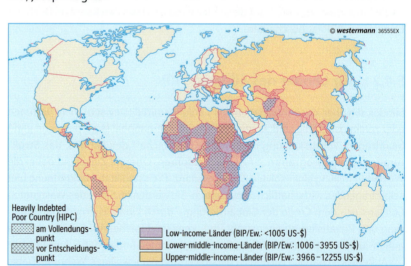

M1: Gliederung der Staaten nach Einkommenskategorien durch die Weltbank und Länder im HIPC-Programm (Heavily Indebted Poor Countries, hochverschuldete, arme Länder)

---

1 Analysieren Sie die FDI in den Ländern des Südens (M1–M3, S.174/5).
2 Vergleichen Sie das Konzept von FDI und PPP.
3 Erörtern Sie die entwicklungspraktischen Vor- und Nachteile des SAP.

5.4.3 ... für Schuldenerlass

Im Jahr 1980 betrug die gesamte Auslandsverschuldung (Staats- und private Schulden) der Low- und Middle-Income-Länder noch 490 Mrd. US-$ (Low-income-Länder: 24 Mrd. US-$; M2), 2015 lag sie bereits bei 6669 Mrd. US-$ (111 Mrd. US-$), und sie ist weiterhin im Steigen begriffen. Während bei den Low-Income-Ländern der überwiegende Teil der Staatsschulden von öffentlichen Gebern (Internationale Finanzinstitute wie WB, IMF oder Staaten) stammen (86 %), ist der Anteil der privaten Geber (z.B. kommerzielle Banken) bei den Middle-Income-Ländern bedeutend höher (64%). Schuldenhöhe, Schuldendienst und Schuldenquote sind in den Entwicklungsregionen und einzelnen Ländern des Südens recht unterschiedlich (M2 – M4).

Die Ursachen der hohen Verschuldung sind zahlreich. So fehlt es den Ländern mehrheitlich an internationalen Zahlungsmitteln (Devisen), um die notwendigen Importe an Investitionsgütern und eben auch an den, von den Eliten als unverzichtbar gehaltenen Luxuskonsumwaren zu bezahlen. Der Zugang zu den devisenbringenden Märkten des Nordens für die Produkte des Südens ist ebenso limitiert wie der Handel mit den Nachbarländern. Einmal verschuldet, verschlingt der Schuldendienst die kargen Devisenreserven oder einen Teil der erneut gewährten Kredite, was die Schulden weiter erhöht. Zudem werden die Länder des Südens auf dem Weltkapitalmarkt von den Rating-Agenturen mit hohem Risiko eingestuft, wodurch die Gläubiger-Banken des Nordens wiederum zu hohen Zinsen veranlasst werden und dadurch die Schuldenlast ohne Neuverschuldung ansteigt. Und es trifft sicher auch zu, dass Korruption und Selbstbereicherungspraktiken in den Ländern selbst zur Schuldenlast beitragen.

Da die Länder des Südens wegen der Schulden wichtige Entwicklungsmaßnahmen nicht ausführen, selbst die elementaren Lebensbedingungen für die breiten Massen nicht verbessern und ihre Kaufkraft (aus der Sicht der Exporteure des Nordens) nicht heben konnten, begannen sich Mitte der 1990er-Jahre WB, IMF und die G7/8 mit dem Schuldenerlass zu befassen. Im Jahr 1996 wurde die Last der am höchsten verschuldeten Länder schon einmal reduziert. Der Entschluss zu einer generellen Entschuldungsinitiative fiel jedoch 1999 auf dem G7-Gipfel in Köln auf Betreiben der deutschen Bundesregierung. Um in den Genuss des Erlasses zu gelangen, müssen die Schuldnerländer folgende drei Bedingungen erfüllen:

- Stufe 1: Die Grundvoraussetzung ist gegeben, wenn ein Land nach IMF/WB arm (Pro-Kopf-Einkommen unter 1005 US-$) und hoch verschuldet ist (Schulden zu Exporterlösen > 150 % oder Schulden zu Staatseinnahmen > 250 %).
- Stufe 2: Länder, die der Stufe 1 genügen und akzeptierbare Konzepte für Good Governance und Armutsbekämpfung vorlegen, erreichen den „Entscheidungspunkt" und können Schuldendienstentlastung erhalten.

Schuldendienst
Tilgung und Zinsen an die Gläubiger (in US-$)

Schuldenquote
Verhälnis Verschuldung zum Bruttonationaleinkommen

	Verschuldung (in Mrd. US-$)	Schuldenquote (in %)
China	1418,3	13,1
Brasilien	543,4	31,3
Indien	479,6	23,4
Mexiko	426,3	37,8
Panama	87,7	180,3
Pakistan	65,5	22,9
Bangladesch	38,6	18,6
Costa Rica	23,7	47,9
Mongolei	21,5	201,7
Laos	11,6	99,6
DR Kongo	5,4	16,8
Niger	2,9	40,8
Afghanistan	2,5	12,6
Botsuana	2,1	15,1

Quelle: World Bank

M2: Gesamtverschuldung und Schuldenquote in ausgewählten Ländern des Südens 2015

M3: Entwicklung der Schuldenquote 1981 – 2015

	Verschuldung (in Mrd US-$)	Schuldenquote (in %)	Schuldendienst (in Mrd. US-$)
Subs.afrika	416	28,0	26
Nordafrika/ Vorderasien	198	16,3	18
Ostasien	2274	17,5	196
Südasien	637	23,9	55
Europa/ Zentralasien	1449	51,4	234
Lateinamerika	1696	36,1	225

Quelle: World Bank

M4: Verschuldungsindikatoren in Entwicklungsregionen 2015

5.4 Neue Vorstellungen und Maßnahmen ...

- Stufe 3: Setzt ein Land die Bedingungen von Stufe 2 erfolgreich um, erlangt es den „Vollendungspunkt" und kommt in den Genuss des Schuldenerlasses. (Dabei geht es aber nur um Staatsschulden bei öffentlichen Gebern.)

Das Ziel dieser Maßnahmen besteht entwicklungspolitisch in erster Linie darin, dass nur noch weniger als zehn Prozent der Exporterlöse jährlich für den Schuldendienst aufgewendet werden müssen. Der größte Teil der Deviseneinnahmen soll nach offizieller Meinung der Landesentwicklung zur Verfügung stehen und bei der Armutsbekämpfung eingesetzt werden.

Im Juli 2005 stellten die Mitgliedstaaten des G8-Gipfels in Gleneagles ausreichend Mittel zur Entschuldung aller 49 HIPC (High Indebted Poor-Countries) zur Verfügung, wenn sie die oben genannten Kriterien erfüllen. Ende 2015 hatten 36 HIPC den Vollendungspunkt erreicht und wurden von ihren bi- und multilateralen Schulden entlastet.

5.4.4 ... für Wachstum

Durch Entwicklung entsteht Wachstum, werden Bedürfnisse geweckt, Aktivitäten zu ihrer Befriedigung angeregt, Marktkreisläufe und Industrialisierung generiert, Ressourcen in Wert gesetzt, soziale und technische Infrastruktur aufgebaut sowie Staaten als Ganze durchdrungen und räumliche Disparitäten überwunden. Demokratisierung und gesellschaftliche Mobilisierung und Dynamisierung folgen und Armut verschwindet. Diese Auffassung von Entwicklung, entlehnt den Erfahrungen des Nordens und entsprechend der Idee von einer Entwicklung „von Oben" (M 1), bestimmte seit den 1950er-Jahren die entwicklungspolitischen Vorstellungen, und sie erfährt durch die Verheißungen der Globalisierung eine Auffrischung. Dabei fällt der Macht des Kapitals eine bedeutende Rolle zu. Zwei recht unterschiedliche und keineswegs unumstrittene Modelle seien vorgestellt:

Der US-amerikanische Ökonom, Bankier und ehemalige Weltbankberater **Jeffrey Sachs** setzt sich mit Entschiedenheit und radikal-neoliberalen Vorstellungen für die Beseitigung der Armut im Süden – insbesondere Afrikas – ein. Er verwendet dazu den Begriff „*clinical economics*", womit die Idee transportiert werden soll, dass Länder so individuell wie Patienten diagnostiziert und dann entsprechend behandelt werden müssen. Dabei geht er von der These aus, dass Armut durch bedachte Planung und sorgfältigen Einsatz externer Hilfe beseitigt werden kann. Dadurch werden die armen Länder in die Lage versetzt, die unterste Sprosse auf der wirtschaftlichen Entwicklungsleiter zu erreichen. Von da ab besitzen sie dann die Fähigkeit, ohne fremde Unterstützung am globalen Markt teilzunehmen, Devisen zu erwirtschaften und Wachstum zu generieren.

Um diese Basissprosse zu erlangen, müssen die gestreute Verteilung und die geringe Höhe der Entwicklungsgelder ein Ende haben. Sachs fordert eine drastische, massive Erhöhung der Finanzmittel, ein finanzielles „Klotzen". Dafür ist es dringend erforderlich, dass die in den MDG vereinbarten 0,7 Prozent des BNE aller Staaten des Nordens für Entwicklungshilfe unbedingt erreicht werden. Denn nur durch massiven Einsatz von Mitteln können sowohl Entwicklungsimpulse zwingend ausgelöst, als auch die Empfängerregierungen zu weitreichenden Maßnahmen befähigt und veranlasst werden. Einzig dadurch lassen sich die unmenschlichen Lebensbedingungen in den Ländern des Südens wirksam und nachhaltig beheben.

Eine strategisch völlig andere Auffassung vertritt die sambianische Ökonomin **Dambisa Moyo**, ehemalige Mitarbeiterin von WB und der Investmentbank Goldman Sachs. Sie sieht in dem bislang praktizierten Umgang mit den Ländern des Südens, in der Zahlung von Hilfsgeldern und der Leistung von personeller und technischer

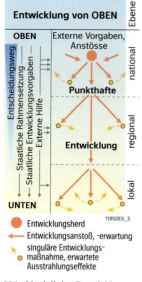

M 1: Modell der Entwicklung von „oben"

Entwicklungshilfe keine Lösung. Ihr kritisches Augenmerk ist auf den öffentlichen Finanzsektor gerichtet. In den vergangenen 50 Jahren sind nach Moyo über 4000 Mrd. US-$ an (meist öffentlicher) Hilfe von den reichen an die armen Länder geflossen, doch nirgendwo haben sie wirtschaftlichen Aufschwung gebracht. Vielmehr sind die staatlichen Mittel des Nordens und der WB inzwischen als Einnahmequelle in den Köpfen (insbesondere) der afrikanischen Regierungen so fest verankert, dass sie das politische Handeln bestimmen und die Regierungsverantwortung korrumpieren. Die einzige Alternative dazu besteht in einer radikalen Einstellung all dieser (Hilfs-)Maßnahmen und einer entschiedenen Anbindung der Länder des Südens an den globalen Kapitalmarkt. Nur durch die geschäftsmäßige Aufnahme von Krediten werden der bisher durch die Hilfsgelder und zinsgünstigen Darlehen erzeugten und geförderten Nehmermentalität der Empfänger und ihren für die Entwicklung ineffektiven Bereicherungspraktiken ein Ende gesetzt. Gleichzeitig werden die notwendige Eigenverantwortung sowie Eigeninitiative und aktives Handeln der Verantwortlichen erzwungen. Dadurch werden die Länder des Südens endlich direkt in den globalen Markt eingebunden, der Einhaltung der dort geltenden Regeln unterworfen und den international praktizierten Kontrollmechanismen ausgesetzt. Um dabei zu bestehen, sind sie zu Wirtschaftswachstum und zur Schaffung von Arbeitsplätzen geradezu gezwungen. Dadurch wiederum könnten demokratische Strukturen gefördert, Korruption und Vetternwirtschaft unterbunden und letztlich die Probleme, unter denen die Menschen des Südens zu leiden haben, endlich überwunden werden.

Literaturhinweis
Jeffrey Sachs: Das Ende der Armut – Ein ökonomisches Programm für eine gerechtere Welt (2005).
Dambisa Moyo: Dead Aid – Warum Entwicklungshilfe nicht funktioniert und was Afrika besser machen kann (2009).

5.4.5 ...für Fluchtursachenbekämpfung

Die Wanderung unzähliger Menschen aus dem Süden in die „Paradiese" des Nordens ist keine neue Erscheinung, war doch schon die deutsche Entwicklungshilfe in den sechziger Jahren mit dem Ziel angetreten, die Lebensbedingungen insbesondere in Afrika so zu verändern, dass Landflucht nicht stattfindet und Auswanderung keine Alternative bietet. Von den Kriegsereignissen mit ihren Flüchtlingsströmen in Nahost einmal abgesehen, sind die Fluchtursachen sonst in all den Mängeln zu sehen, die gemeinhin als Ausdruck von Unterentwicklung gelten (vgl Kap. 3.1.5). Angesichts der seit einigen Jahren vermehrten Flüchtlingsbewegungen erfährt die Frage nach den Ursachen eine neue Bedeutung und Wichtigkeit. Auch ist inzwischen wohl eingesehen worden, dass die bisher ergriffenen Maßnahmen wie Zäune, Mauern, Hotspots, Auffanglager, Internierungscamps und Grenzschutz unbefriedigend sind. Auch die Partnerschaftsverträge (zwischen EU und Türkei, Ägypten, Maghreb-Staaten) oder die von der EU finanzierten Aufnahmelager in einigen Sahelländern und Nordafrika stellen keine nachhaltige Lösung dar. Migration bedeutet eine generelle und – wie inzwischen allgemein eingesehen – fortdauernde Herausforderung. So ist beispielsweise damit zu rechnen, dass allein aus Afrika, dessen Bevölkerung sich bis 2050 verdoppelt, in Zukunft Millionen Zuwanderer nach Europa kommen.

Das Problem ist erkannt und es sind inzwischen mehrere Programme vor allem für Afrika vorgelegt worden und in Umsetzung begriffen. Auf deutscher Seite sind das BMZ zusammen mit EU und das BFM auf G20-Ebene (incl. IWF, WB, AfDB) aktiv geworden. Die einzelnen Programme unterscheiden sich zwar in ihren Zielen und Maßnahmen, sollen jedoch generell dem Aus- und Aufbau von Infrastruktur und Industrialisierung sowie der Schaffung von Arbeitsplätzen dienen. Damit wird die generelle Verbesserung der Lebensverhältnisse angestrebt und versucht, der Bereitschaft und Notwendigkeit zur Flucht vorzubeugen. Es ist daher nicht unangemessen, all diese Programme unter *Fluchtursachenbekämpfung* zu fassen:

Hotspots
EU-finanzierte, mobile Aufnahmezentren in Italien und Griechenland, wo die Migranten aufgefangen und registriert werden.

„Die Bekämpfung von Fluchtursachen vor Ort durch den Westen ist eine pure Illusion jener Politiker, die kein Wissen über den Gegenstand haben. Die tribal und religiös motivierten Ressourcenkonflikte, die sich nach dem Zerfall von staatlichen Strukturen dramatisieren, resultieren in Protracted Conflicts, in anhaltenden, ausdauernden Konflikten. Diese werden gewaltförmig und veranlassen Menschen, eine durch Schleuserbanden organisierte Flucht nach Europa zu riskieren."
Bassam Tibi, *deutscher Politikwissenschaftler (2017)*

5.4 Neue Vorstellungen und Maßnahmen ...

M1: Originaltext zu BMZ/EU-Maßnahmen zur illegalen Migration aus Afrika
Maria Teküve, Mitarbeiterin des BMZ, Referat EU Entwicklungspolitik

» *Im BMZ wurde zusammen mit der EU auf der Grundlage einer umfassenden „Migrationsagenda" der EUN ins Leben gerufen. Dieser **EU Nothilfe-Treuhandfonds für Stabilität und zur Bewältigung der Ursachen illegaler Migration in Afrika** wurde auf dem „Migrationsgipfel" in Valletta/Malta Ende 2015 initiiert, als die 28 EU-Staats- und Regierungschefs die Gründung eines speziellen Fonds beschlossen haben. Sein Ziel ist es, in 23 Ländern des Sahel, am Horn von Afrika und in Nordafrika (Hauptherkunftsländer und Transitländer für die zentrale Mittelmeer-Flüchtlingsroute) zu Stabilität beizutragen sowie die Ursachen irregulärer Migration anzugehen. Der Fonds verfügt über 2,5 Mrd. Euro (Stand Januar 2017). Zu der breiten Palette von Maßnahmen gehören zum Beispiel die Förderung einer friedlichen Diskussionskultur in Gemeinden oder die Belebung der lokalen Wirtschaft. Ein Schwerpunkt liegt auf der Schaffung von guten Zukunftsperspektiven für Mädchen und Jungen in ihrer Heimat, zum Beispiel durch Berufsausbildung. In vielen Ländern verfügen die Landwirtschaft und der nachfolgende Verarbeitungssektor über ein großes Potenzial und bieten Beschäftigungsmöglichkeiten. Hier liegen Chancen zur Verringerung des Drucks, die Heimat zu verlassen und sich dem gefährlichen Unternehmen auszusetzen, sich nach Europa aufzumachen. Weiterhin gibt es spezielle Maßnahmen zur Förderung eines geregelten „Migrationsmanagements", darunter zum Beispiel Veranstaltungen, die über die Risiken und Erfolgsaussichten einer geplanten Auswanderung informieren. Wichtig ist außerdem konkrete Nothilfe wie die Versorgung gestrandeter Migranten im Transit mit Nahrung und Medizin.*

*Ebenfalls auf Initiative des BMZ geht EID zurück. In dieser **Europäischen Investitionsoffensive für Drittländer** bilden Investitionen einen Schlüsselfaktor bei der Umsetzung der Entwicklungspolitik und -hilfe, wenn es darum geht, die Ziele für nachhaltige Entwicklung zu erreichen und die zahlreichen Herausforderungen in der EU-Nachbarschaft und in Afrika zu bewältigen. Intelligente und nachhaltige Investitionen können in erheblichem Maße dazu beitragen, in Entwicklungsländern Arbeitsplätze zu schaffen und das Wachstum anzukurbeln. Dies erhöht die Stabilität und verbessert in fragilen, von Konflikten betroffenen Ländern die Verhältnisse vor Ort.*
Diese Initiative entstand ebenfalls auf einem „EU-Gipfel" in Brüssel 2016 zur Ankurbelung der häufig schwachen Wirtschaftsleistung. Die Ziele umfassen die Unterstützung der Agenda 2030, die Bekämpfung der Fluchtursachen und die Wiedereingliederung von Rückkehrern in ihren Heimatländern. Die EU stellt für diese „Investitionsoffensive" 3,5 Mrd. Euro [bis 2020] zur Verfügung. Daraus können zum Beispiel europäische und nicht-europäische Unternehmen und Entwicklungsbanken (z.B. die Kreditanstalt für Wiederaufbau/KfW oder die Europäische Investitionsbank) Geld beantragen. Dieses können sie mit ihrem eigenen Kapital „mischen" [„Mischfinanzierung"] und dann günstige Kredite und Garantien an kleine und mittlere Betriebe in Afrika vergeben. Dies gilt besonders für Länder, in denen wenige Investitionen getätigt werden und wo die wirtschaftliche und soziale Infrastruktur schwach ist. Wichtig dabei ist auch die Verbesserung der Rahmenbedingungen: Stabilität und Frieden, zuverlässige Gesetze für Arbeitgeber und Arbeitnehmer, Verfügbarkeit von Transport und Energie, gut ausgebildete Jugendliche. «

Immer wieder erlangte insbesondere Afrika mit seinen Problemen wie Dürren, Hungersnöten, Massensterben, Beschäftigungslosigkeit, kriegerischen Konflikten, Staatszerfall und jüngst den Flüchtlingsströmen weltweit Beachtung. In Deutschland haben sich in der Vergangenheit wiederholt mehrere Bundespräsidenten und Bundesminister verstärkt für mehr Einsatz in Afrika ausgesprochen. Auf den G7/8- und G20-Gipfeln stand Hilfe für Afrika und Unterstützung für NEPAD stets auf der Agenda. Auch IWF und WB sind mit ihren Stabilisierungs- und Strukturanpassungsmaßnahmen ständig mit Afrika befasst. Seit vergangenem Jahr sind BMF und BMZ im Rahmen der G20-Präsidentschaft in besonderer Weise mit zwei Programmen in die Öffentlichkeit getreten:

Compact with Africa

Vom BMF wurde Partnerschaft mit Afrika, Compact with Africa, vorbereitet und auf dem G20-Gipfel in Hamburg vorgestellt. Nach den Worten des Bundesfinanzministers handelt es sich um einen *„völlig neuen Ansatz in der wirtschaftlichen Zusammenarbeit. Die Erfahrungen der letzten Jahre haben uns gelehrt, dass die vielen bilateralen und multilateralen Akteure besser kooperieren müssen. Auch die Länder selber müssen mehr Verantwortung übernehmen. Hier setzt unsere Compact-Initiative an: Die afrikanischen Länder werden mit den Internationalen Organisationen und bilateralen Partnern gemeinsam daran arbeiten, die Rahmenbedingungen für private Investitionen zu verbessern."* Zentrales Anliegen ist danach die Schaffung von Investitionspartnerschaften. Dabei müssen sich die afrikanischen Staaten verpflichten, durch industrie- und handelsdienliche Reformen sowie nachhaltige Investitionssicherheit sowohl lokale als auch vor allem ausländische Investoren anzulocken. Bei diesen Bemühungen werden sie von den internationalen Organisationen und bilateralen Partnern (z.B. EU, Deutschland) unterstützt, die in ihren Ländern für Kooperationen mit Afrika werben und potenzielle Interessenten finanziell fördern.

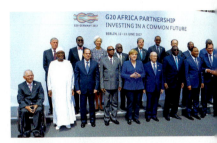

M2: Afrika-Konferenz in Berlin im Juni 2017

Wichtiges Anliegen dieses Prestigeprojektes der Bundesregierung ist der wirtschafts-/industriedienliche Aufbau der Infrastruktur (Elektrizität, Straßen, Trinkwasser, Transportsysteme, Land- und Flughäfen). Dadurch und durch die angestrebte Investitionspartnerschaft (beispielsweise auch unter Beteiligung von Rentenfonds, Lebensversicherungen) wird ein „Big-Push" erwartet, den die bislang praktizierte Entwicklungshilfe nicht auszulösen in der Lage war. Erste Schritte zur Realisierung dieses Programms sind Gespräche mit den afrikanischen Ländern, die zur Durchführung von Reformen und zum Informationsaustausch mit ausländischen Investoren bereit sind. Bisher gehören dazu Elfenbeinküste, Marokko, Ruanda, Senegal, Tunesien, Ghana und Äthiopien. Sie haben schon im Juni 2017 an der großen G20 Afrika-Konferenz in Berlin teilgenommen (M2).

Big Push
ein durch massiven Kapitaleinsatz/Investitionen in allen Sektoren ausgelöstes wirtschaftliches/industrielles Wachstum mit ausgewogener gesellschaftlicher Entwicklung

Die Erwartungen, die mit diesem Konzept verbunden sind, werden von deutschen NGOs und Unternehmen recht kritisch gesehen: Erstere weisen darauf hin, dass bislang Aussagen zu Investitionen in die sozialen Sektoren, in Bildung und Gesundheit fehlen sowie die Forderung, dass sich daran auch die afrikanischen Regierungen angemessen beteiligen müssen. Sie sollten auch zu eigenfinanzierten öffentlichen Großprojekten veranlasst werden, um nachhaltig Beschäftigung zu schaffen. Die Wirtschaft hingegen bemängelt, dass die zwischen den Staaten bestehenden Zollschranken, die die Erschließung größerer Absatzmärkte für produzierte Waren behindern, nicht thematisiert wurden. Außerdem fehlen eindeutige Aussagen zur Beteiligung der Regierungen am Ausbau der notwendigen technischen Infrastruktur und es dürften nicht nur die wirtschaftlich ohnehin schon relativ gut gestellten Länder in das Programm einbezogen werden, weil sich sonst die bereits bestehenden zwischenstaatlichen Disparitäten weiter verstärken würden.

Literaturhinweis
Bundesfinanzministerium: Beschluss zur „Compact with Africa"-Initiative durch G20-Finanzminister und Notenbankgouverneure in Baden-Baden. Berlin 2017
www.bundesfinanzministerium.de

5.4 Neue Vorstellungen und Maßnahmen ...

Marshall-Plan with Africa

Aus entwicklungspraktischer Erfahrung und aus entwicklungspolitischem Engagement stellte im Januar 2017 der Bundesentwicklungsminister den Marshall-Plan mit Afrika (Marshall-Plan with Africa) vor. Dieser Plan, auf dem Konzept von Compact with Africa weiterentwickelt, reagiert nicht nur auf die augenblicklich herrschende Dürrekatastrophe rings um das Horn von Afrika oder auf die gefährlichen Flüchtlingsströme über das Mittelmeer nach Europa. Vielmehr verlangt er, natürlich auch um diese Massenflucht zu beenden, ein völlig neues entwicklungspolitisches Afrikakonzept:

Im Vordergrund stehen *erstens* die Abkehr von den bisher geltenden postkolonialen, kurzfristig eigennützigen Wirtschafts- und Handelsinteressen und *zweitens* die entschiedene Hinwendung zu einer friedvollen und entwicklungsfördernden Zusammenarbeit zwischen Afrika und Europa auf der Basis guter Regierungsführung, Demokratie, Einhaltung der Menschenrechte und Rechtsstaatlichkeit. Konkrete Schwerpunkte sind fairer Handel und insbesondere mehr private aus- wie inländische Investitionen bei garantierter Investitionssicherheit. Auch bedarf es vor allem mehr wirtschaftlicher Entwicklung von unten, mehr unternehmerischer Entfaltung, höherer Produktivität, Produktionsleistung und Produktqualität sowie vor allem mehr Jobs und Beschäftigung. Es sollen die Eigenverantwortung der afrikanischen Staaten gestärkt sowie ihre Abhängigkeit und Erwartung von Hilfsgeldern (Nehmerhaltung) beendet werden. Zentrales Anliegen ist eine Entwicklung, die alle Afrikaner und ihre Fähigkeiten sowie vor allem die lokalen sozialen, kulturellen, agrarischen, mineralischen, wirtschaftlichen Potenziale einbezieht, um für die Herausforderungen in Afrika *afrikaeigene* Lösungen zu initiieren.

Ganz konkret bilden vier Ziele, die auf der Agenda 2063 und damit auf afrikanischen Vorstellungen beruhen, das Fundament des Marshallplans mit Afrika:

1. Ziel ist ein Afrika mit einer modernen Landwirtschaft für höhere Produktion, Produktivität und Wertschöpfung, die zu bäuerlichem und nationalem Wohlstand ebenso beiträgt wie zu Afrikas kollektiver Ernährungssicherheit.

2. Ziel ist ein grünes und nachhaltiges Afrika, dessen natürliche Ressourcen, Umwelt und Ökosysteme, einschließlich wilder Tiere und Landschaften, stabil sind sowie geschätzt und geschützt werden, mit klimaangepassten Wirtschaftssystemen und Gemeinschaften.

3. Ziel ist eine flächendeckende und hochwertige Energie-, Transport-, Wasser- und IKT-Infrastruktur in Ballungsgebieten („New Urban Agenda") sowie im ländlichen Raum, die Afrikas beschleunigte regionale Integration sowie Wachstum, technologische Transformation, Handel und Entwicklung unterstützt.

4. Ziel ist ein Afrika, dass in punkto Lebensqualität weltweit zur Spitzengruppe gehört, etwa durch die Bereitstellung grundlegender Dienstleistungen in den Bereichen Bildung und Gesundheit, und dessen Humankapital als seine wichtigste Ressource voll entwickelt ist.

Resümee

Wie sind diese wirklich verheißungsvoll klingenden und in dieser Form wahrlich neuen Programme zu bewerten? All die genannten Ziele sind notwendig, sinnvoll und richtungsweisend für die Zukunft Afrikas. Doch wurden in der Vergangenheit schon vergleichbare Forderungen formuliert und dafür auch geeignete Maßnahmen (z.B. Ländliche Regionalentwicklung, vgl. Kap. 5.3.2.) zu implementieren versucht. Jetzt aber – und das ist betont neu – stehen private Investitionen im Mittelpunkt, von denen unausgesprochen eine tiefen- und breitenwirksame Entwicklung erwartet wird. Dabei drängen sich die Erinnerungen an modernisierungstheoretische

---

Agenda 2063
Rahmenwerk für die sozioökonomische Transformation Afrikas bis 2063. African Union commission, Addis Ababa, 2013

Literaturhinweis
Afrika und Europa – neue Partnerschaft für Entwicklung, Frieden und Zukunft. Eckpunkte für einen Marshallplan mit Afrika. BMZ. Bonn: 2017. www.bmz.de

Entwicklungsvorstellungen (vgl. Kap 5.2) oder an die Ideen von Jeffrey Sachs und Dambisa Moyo auf (vgl. Kap. 5.4.4), die nicht gerade zu Erfolgen geführt haben oder Anwendung fanden. Daher ist zu hoffen, dass diese neuen, von BMF und BMZ ausgehenden Initiativen nachhaltige Ergebnisse zeitigen und sich alle Verantwortlichen von dem Satz des ehemaligen Bundespräsidenten Horst Köhler, den er bei seiner Amtseinführung 2004 formulierte, bei ihrem Handeln leiten lassen: „*Für mich entscheidet sich die Menschlichkeit unserer Welt am Schicksal Afrikas.*"

Von den Absichten all dieser groß angelegten Programme einmal abgesehen, sei doch die folgende, wichtige Frage aufgeworfen: Können dadurch die Lebensbedingungen verbessert sowie die Fluchtursachen eingeschränkt und die Zahl der Migranten reduziert werden? Und ist es aus Sicht der afrikanischen Länder überhaupt begrüßenswert, die Migration zu verringern, zu unterbinden? Seit langem sind es nämlich gerade Migranten, die mit ihren Geldüberweisungen effektiver als alle Entwicklungshilfe das Leben ihrer Angehörigen erleichtern und – wie viele Beispiele nicht nur aus Westafrika belegen (M1) – sogar dazu beitragen, die Infrastruktur in ihren Herkunftsgebieten/-orten zu verbessern. Diese Tatsache ist bemerkenswert, handelt es sich dabei doch um eigenständige und von den Migranten und ihren Angehörigen selbst gesteuerte Aktivitäten. Derartige Initiativen sollten bei der Fluchtursachenbekämpfung unbedingt mit bedacht und berücksichtigt werden, könnten dadurch doch die offensichtlich lokal vorhandene Eigenverantwortung gestärkt und das Bewusstsein für selbstgesteuerte Lösungen der anstehenden Probleme und sogar zur Befriedigung persönlicher Bedürfnisse geweckt werden.

„*Fluchtursachenbekämpfung*" *ist zu einem zentralen Schlagwort der deutschen Regierung geworden, wenn es um das Verhältnis zu Afrika geht. […] Eines der Länder, das bei der „Fluchtursachenbekämpfung" im Mittelpunkt steht, ist das westafrikanische Mali. […] Hört man sich in malischen Dörfern um, haben zwar viele Menschen in Radio und Fernsehen von den versprochenen Millionen zur Bekämpfung der Fluchtursachen gehört, aber noch keinen afrikanischen Franc davon gesehen. Das gilt auch für die Bewohner des Ortes Komakary. […] Beim Besuch dort fallen jedoch die vielen öffentlichen Einrichtungen auf […] Entbindungsstation, Gesundheitszentrum, Rathaus […] Woher kamen die Gelder dafür? Eine Erklärung liefern die Werbetafeln für internationale Geldtransferanbieter. Sie ermöglichen Migranten Rücküberweisungen von Geld, das sie im Ausland verdient haben. In der Tat wurde die Entbindungsstation schon 1972 errichtet, bezahlt ausschließlich von Migranten. Ebenso wie das Gesundheitszentrum (… und das Rathaus). Es hat 120 Millionen westafrikanische Francs (CFA) gekostet, umgerechnet rund 183 000 Euro. […] In ganz Mali gibt es nur fünf solcher Zentren […] alle gehen auf Initiative von Migranten zurück und wurden von Migranten bezahlt.*

M1: Quellentext zur Bedeutung von Rücküberweisungen
Rühl, B.: Wie Migranten Fluchtursachen bekämpfen. Internationale Politik und Gesellschaft 3.7.2017
Bettina Rühl ist deutsche Journalistin.

1 Vergleichen Sie die beiden Ansätze von Sachs und Moyo (Kap. 5.4.4).
2 Erörtern Sie die Entwicklungsstrategien von „Oben" (M1, S. 178) und von „Unten" (M4, S. 169).
3 Vergleichen Sie den entwicklungspolitischen Ansatz der Programme „Compact with Africa" und „Marshallplan with Africa".
4 Erklären Sie, inwieweit die Programme sich aus den modernisierungstheorethischen Entwicklungstheorien ableiten und sie geeignet sind, fragmentierender Entwicklung entgegenzuwirken.
5 Nehmen Sie Stellung zur aktuellen entwicklungspolitischen Initiative Deutschlands.

5.5 Abschließende Gedanken

Realutopie
Zukunftsvision, eine Vision, die eigentlich schon jetzt realisiert werden könnte, aus wirtschaftlichen Gründen jedoch nicht erfolgt. Ernst Bloch (1885 – 1977) war ein deutscher Philosoph und Pazifist.

Gruppe der 77
*Ursprünglich von 77 Entwicklungsländern im Verlauf der ersten Welthandelskonferenz (UNCTAD/UN) 1964 gegründete Vereinigung, mittlerweile 130 Mitglieder, jährliche Ministertreffen in New York
www.g77.org*

Literaturhinweise
William F. Fisher, Thomas Ponniah: Another world is possible. New York: Zed Books 2003

Serge Latouche: Es reicht! Abrechnung mit dem Wachstumswahn. München: Oekom 2015

Jean Ziegler: Das Imperium der Schande. Der Kampf gegen Armut und Unterdrückung. München: Bertelsmann 2008.

Bekenntnisse zur und Forderungen nach Beseitigung der Unterentwicklung gab und gibt es unzählige. Auch Visionen von einer neuen, einer anderen, einer besseren Welt sind keineswegs neu und eigentlich zeitlos. Doch in der globalisierten Gegenwart, bei einer weltweiten Vernetzung in Politik und Wirtschaft sowie globaler Relevanz von Klima, Gesundheit und sozialer Zerklüftung, erlangen sie eine besondere Aktualität. Selbst wenn diese Visionen als anspruchsvoll und im Sinne von Ernst Bloch vielleicht als „Realutopie" angesehen werden mögen, so stellen sie doch eine unaufschiebbare Herausforderung für die Weltgemeinschaft dar. Und bei dem heute gegebenen unbeschreiblichen Reichtum auf dieser Erde sollte es doch möglich sein, das Elend, in dem sich Milliarden Menschen befinden, wenigstens zu reduzieren.

Um die Lebens- und Wirtschaftsbedingungen der seit den 1960er-Jahren unabhängig gewordenen Länder Afrikas und Asiens sowie der Staaten Lateinamerikas, eben der Länder des Südens, zu verbessern, waren bald nach dem Zweiten Weltkrieg die UN und die Industrieländer angetreten. Schon im Jahr 1964 hatte sich in der Generalversammlung der UN die „Gruppe der 77" gebildet. Sie war Ausdruck der ideellen Einsicht intellektueller Vertreter aus den Ländern des Südens, stärker zusammenzuarbeiten (Collective Self-Reliance) sowie ihre Interessen und Anliegen abzustimmen und wirkungsvoller zu vertreten. Dabei ging es beispielsweise um fairen Handel für ihre Erzeugnisse (mehrheitlich mineralische und agrarische Rohstoffe), bessere Terms of Trade und ausgeglichenere Weltmarktpreise. Zehn Jahre später fanden diese Vorstellungen Niederschlag in der Forderung nach einer Neuen Weltwirtschaftsordnung (NWWO). Sie besteht bis heute fort und hat in der Parole der Globalisierungsgegner „Eine andere Welt ist möglich!" neuen Schwung erhalten. Dadurch angeregt und durch die fortdauernde, beklagenswerte Situation der Länder des Südens herausgefordert, seien am Ende dieses Buches auf drei räumlichen Ebenen einige für wesentlich und notwendig erachtete Maßnahmen und Voraussetzungen für eine „andere", eine „bessere" Welt zusammengestellt. Mit Blick auf die entwicklungspolitischen Erfahrungen der Vergangenheit mögen sie illusorisch anmuten. Doch zur Rettung dieser Welt, oder weniger anspruchsvoll, für die unaufschiebbare Verbesserung der Lebensbedingungen der Menschen des Südens und damit letztlich auch für den Fortbestand des Nordens sollten sie ernsthaft bedacht werden.

1. Auf internationaler Ebene bedarf es endlich einer grundlegenden Revision der insbesondere seit der Globalisierung kaum mehr infrage gestellten Wachstumsideologie. Auch müssen beispielsweise für die Länder des Südens gerechtere Austauschbeziehungen (Terms of Trade; faire Marktpreise) geschaffen, die Rohstoffkartelle mit Marktmacht und Preisautonomie aufgehoben sowie die Verfügungsgewalt der Länder des Südens über ihre natürlichen Ressourcen gesichert werden. Die Ausbeutung des Südens als Billiglohnanbieter und Rohstofflieferant muss beendet und der Aufbau eigener umweltschonender sowie rohstoff- und energiesparender Produktionen ermöglicht werden. Ebenfalls bedarf es der gleichberechtigten Berücksichtigung und angemessenen Einbeziehung der Länder des Südens bei der Lösung der durch den Klimawandel verursachten Umweltprobleme und ihrer existenzbedrohenden Auswirkungen (z.B. Landverlust, Dürren, Ausbreitung der Wüsten). Auch müssen sie angemessen in den Ausbau der elektronischen Kommunikations- und in die globalen Transportnetze integriert werden. Vor allem aber ist mehr und gerechtere Mitsprache in den internationalen (Entwicklungs-) Agenturen (IMF, WB, UN) sowie eine wirklich paritätische Position innerhalb der WTO notwendig. Auf diese Weise erlangte das

internationale System ein Gleichgewicht, ohne das die Zukunft der auf Humanität und Menschenrechten ruhenden Weltgemeinschaft nicht überdauern kann.

2. Auf nationaler Ebene des Südens müssen die Vorzugsstellung der sich selbstbereichernden Eliten, die allgegenwärtige Korruption sowie Klientelismus und Patronage beseitigt werden. Auch dürfen sich die Länder des Südens nicht länger mehr wie selbstverständlich als „Nehmerländer" gerieren und den Norden als gefügige „Geberländer" betrachten. Die innerstaatlichen Konflikte sind mit Entschiedenheit abzubauen, wofür unbedingt die Durchsetzung von politischem Pluralismus, demokratischer Machtregelung, staatlichem Gewaltmonopol, absoluter Geschlechtergleichstellung sowie von Souveränität und allgemeiner Akzeptanz der Staatsgewalt erforderlich sind. Diese muss auf dezentraler, demokratischer Entscheidungsfindung und Administration basieren sowie Gewaltwillkür und Machtmissbrauch unterbinden können und wollen. Ihr oberstes entwicklungspolitisches Ziel und ihre vornehmste staatliche Pflicht haben in Armutsbekämpfung, Schulbildung, Krankenversorgung, Beschäftigungssicherung und Grundbedürfnisbefriedigung für alle sowie in Unantastbarkeit des Individuums zu bestehen. Dafür ist der Aufbau einer selbstständigen, die eigenen Ressourcen nutzenden, breiten-/tiefenwirksamen und arbeitsplatzschaffenden Wirtschaft (Industrie, Gewerbe, Landwirtschaft) erforderlich. Ganz wichtig ist die Reduzierung der Geburtenrate und des Bevölkerungswachstums. Nur dadurch können die demografischen Blasen (Youth Bulges) und die daraus erwachsenden nationalen (z.B. Landflucht) und internationalen Probleme (z.B. Migration, Flucht) abgebaut werden.

3. Auf nationaler Ebene des Nordens ist eine generelle Umorientierung des Anspruchsdenkens notwendig. Dafür wäre beispielsweise eine sinnvolle (aber äußerst unpopuläre) Beschränkung des Wohlstandes erforderlich, wodurch sich Ressourcenverbrauch und Umweltbelastung reduzieren und das Wachstumsdogma relativieren ließen. Durchzusetzen ist die Bezahlung reeller Preise für die Erzeugnisse des Südens sowie die Beendigung der Ausbeutung seiner Arbeiterinnen und Arbeiter und seiner Ressourcen durch die Unternehmen des Nordens. Um die martialischen Konflikte in den Ländern des Südens zu verringern oder gar zu stoppen, müssen die Produktion und der Export von Waffen unbedingt eingestellt werden. Zu beenden ist ebenfalls die Schwächung der Wirtschaft des Südens oder gar ihre Vernichtung durch die überlegene Exportwirtschaft des Nordens und eine verfehlte Entwicklungshilfe. Und von ganz zentraler Bedeutung ist die Beendigung der korrumpierenden Ausnutzung der lokalen Eliten des Südens zur Sicherung und Erfüllung der Wünsche und Interessen von Wirtschaft und Politik des Nordens.

Diese recht einfach klingenden Vorstellungen, folgend dem ebenso schlichten Credo: „Weniger Nehmen ist mehr Geben!", werden von der Weltgemeinschaft zwar wahrgenommen. Auch werden sie auf dem Weltwirtschaftsforum in Davos und dem Weltsozialforum diskutiert. Zweifellos handelt es sich um nicht ganz unbegründete Vorstellungen und Forderungen. Doch war die Menschheit in der Vergangenheit je bereit und sind die Verantwortlichen (und jeder Einzelne) dieser Erde heute, in Zeiten der Globalisierung, wirklich willens und fähig, sich den damit verbundenen Herausforderungen und Aufgaben zu stellen? Selbst ein Optimist wird auf diese Frage keine schlüssige Antwort geben können/wollen. Wenn dem so ist, was wird dann aus dem Elend, in dem sich die Mehrheit der Weltbevölkerung befindet? Der in dieser Frage anklingende Pessimismus entbindet uns, die junge Generation, jedoch nicht der dringenden Pflicht, uns mit ihr und den zugrundeliegenden Zusammenhängen und Hintergründen zu befassen und sie als Herausforderung zu begreifen. Denn letztlich hängen Gestaltung und Sicherung unserer, ja der Zukunft der Weltgemeinschaft von den Antworten ab.

Weltwirtschaftsforum
Stiftung, die seit 1971 jährlich verschiedene Treffen von führenden Unternehmern, Politikern, Wissenschaftlern und Intellektuellen abhält, um soziale, politische und ökologische Fragen zu erörtern
www.weforum.org

Vor 1945 haben wir den Blick von den Millionen Morden an Juden und anderen Unschuldigen abgewendet!
Und was tun wir seither angesichts des Elends im Süden?
Fred Scholz, *August 2017*

Anhang

Ausgewählte Literatur

Empfehlungen zur weiterführenden Beschäftigung mit dem Thema Entwicklungszusammenarbeit

Asserate, A.-W.: Die neue Völkerwanderung. Berlin: Propyläen 2016
Brüne, S.: Europas Außenbeziehungen und die Zukunft der Entwicklungspolitik. Eichstätt: VS Verlag 2005
Engelhard, K.; Otto, K.-H. (Hrsg.) : Globalisierung. Die Herausforderung für Entwicklungspolitik und entwicklungspolitische Bildung. Münster, New York, München, Berlin: Waxmann 2005
Fues, Th.; Hippler, J. (Hrsg.): Globale Politik. Entwicklung und Frieden in der Weltgesellschaft. Festschrift für Franz Nuscheler. Bonn: Dietz 2003
Gray, J.: Die falsche Verheißung. Der globale Kapitalismus und seine Folgen. Berlin: Fest 1999
Kappel, R.: Deutschlands neue Afrikapolitik vor dem Aufbruch. GIGA Focus, Afrika,1/2017
→ www.giga-hamburg.de/de/publikationen/giga-focus/afrika
Kappel, R.; Reisen, H.: Was in Hamburg fast unterging. Die G20 Beschlüsse zu Afrika sind neokolonial und paternalistisch. IPG, Hamburg, 11.7.2017
→ www.ipg-journal.de
Keely, B.: Internationale Migration. Die menschliche Seite der Globalisierung. OECD Insights: Internationale Migration 2009
→ www.oecd.org/berlin/publikationen/internati onalemigration-diemenschlicheseitederglobalisierung.htm
Korf, B.; Rothfuß, E.: Nach der Entwicklungsgeographie. In: Freytag, T. et al. (Hrsg.): Humangeographie kompakt. Berlin: Springer 2016
Liberti, St.: Landraub. Reise ins Reich des neuen Kolonialismus. Berlin: Rotbuch 2012
Müller-Mahn, D.; Pfaff J.: Geographische Entwicklungsforschung – alte Probleme, neue Perspektiven. IN Geographische Rundschau 10/2010, S. 4 – 11.
Nuscheler, F.: Lern- und Arbeitsbuch Entwicklungspolitik. Bonn: Dietz 2004
Rauch, Th.: Entwicklungspolitik. Das Geographische Seminar. Braunschweig: Westermann 2010.

Sassen, S.: Metropolen des Weltmarktes. Frankfurt/New York: Campus 1997
Scholz, F.: Entwicklungsländer. Entwicklungspolitische Grundlagen und regionale Beispiele. Das Geographische Seminar. Braunschweig: Westermann 2006
Scholz, F.: Globalisierung. Genese – Strukturen – Effekte. Diercke Spezial. Braunschweig: Westermann 2010.
Scholz F.; Yankah Ch.: Ebola - eine Krankheit, die nicht nur Westafrika bedroht. In: Praxis Geographie 12, 2014, S. 44 – 46
Tekülve M.; Rauch Th.: Alles neu, neu neu in Afrika – Vier Jahrzehnte Kontinuität und wandel in der sambianischen Provinz. Berlin: Schiler 2017.
Welthungerhilfe: Die Wirklichkeit der Entwicklungspolitik 2015. Eine kritische Bestandsaufnahme der deutschen Entwicklungszusammenarbeit. 23, 2015.
→ www.welthungerhilfe.de
Zial, A.: Post-Development: Fundamentalkritik der „Entwicklung". In: Geographica Helvetica. 67, 133-138, 2012.
→ www.geographica-helvetica.net
Ziegler, J.: Der schmale Grat der Hoffnung. München: Bertelsmann 2017
Ziegler, J.,: Der Hass auf den Westen. Wie sich die armen Völker gegen den wirtschaftlichen Weltkrieg wehren. München: Goldmann 2009

Reihe Diercke Spezial
Braunschweig: Westermann
- Feldhoff, T.: Ostasien 2014
- Girndt, T., Zimmermann, S.: Nordafrika/Vorderasien 2016
- Girndt, T. et.al.: Südostasien 2015
- Girndt, T., Schoop, W., Mingenbach, M.: Raummodul Lateinamerika 2012
- Lohnert, B.: Subsaharisches Afrika 2014
- Rauch, Th.: Afrika im Prozess der Globalisierung 2007
- Stöber, G. Banerjee, B. K.: Südasien 2017

Zeitschriften

Themenhefte Geographische Rundschau
- Brasilien 4/2017
- Vietnam - Laos - Kambodscha 2/2016
- Ressourcenkonflikte in Entwicklungsländern 12/2015
- Zentralafrika und die Great Lakes-Region 6/2015
- Indien 2015 1/2015
- China 4/2014
- Chile und Argentinien 2/2013
- Zentralasien 11/2013
- Westafrika 9/2013
- Ländlicher Raum in Entwicklungsländern 9/2012
- Afghanistan 11/2011
- Konflikte um Weideland 7-8/2011
- Globalisierung und globale Nahrungskrise 12/2010
- Geographische Entwicklungsforschung 10/2010
- Südliches Afrika 6/2010
- Südostasien 20/2009
- Megastädte in Entwicklungsländern 11/2008
- Globale Wertschöpfungsketten 9/2008
- Internationale Migration 6/2008
- Schwellenländer 9/2007
- Mittelamerika 1/2007

Themenhefte Praxis Geographie
- Tropischer Regenwald 5/2017
- Seeschifffahrt. Häfen und Handelsrouten – Globalisierung über Weltmeere 10/2016
- Globale Ursachen von Hunger 7-8/2016
- Südostasien - Wirtschafts- und Stadtentwicklung 3/2016
- Asyl- und Flüchtlingsmigration 2/2016
- Armut als Herausforderung 12/2015
- Südliches Afrika - Wirtschaft, Bevölkerung, Ökologie 4/2015
- Milllenniums-Entwicklungsziele - Eine Bilanz in Beispielen12/2014
- Brasilien - Zwischen Rohstoffboom und Eventkultur 3/2014
- Orient 11/2013
- Afrika - Mehr als ein Risikokontinent 7-8/2013
- Südasien - Gleichzeitigkeit des Ungleichzeitigen 9/2012
- Metropolen Lateinamerikas - Was kommt nach dem Boom? 5/2012
- China 3/2012

Organisationen

Abkürzungen/Internetlinks

AfDB: African Development Bank
→ www.afdb.org

AKRSP: Aga Khan Rural Support Programme
→ www.akdn.org/

ALBA: Alianza Bolivariana para los pueblos de Nuestra América (Bolivarianische Allianz für die Völker unseres Amerika)
→ www.portalalba.org/

ASEAN: Association of Southeast Asian Nations (Internationale Organisation südostasiatischer Staaten)
→ http://asean.org

ATTAC: Association pour une taxation des Transactions Financières pour l'Aide aux Citoyennes (Verein für eine Besteuerung von Finanztransaktionen zum Wohle der Bürger)
→ www.attac.de

AU: Afrikanische Union
→ https://au.int/en

BFM: Bundesfinanzministerium
→ www.bundesfinanzministerium.de

BMZ: Bundesministerium für wirtschaftliche Zusammenarbeit und Entwicklung
→ www.bmz.de

BRICS: Brasilien, Russland, Indien, China, Südafrika
→ http://infobrics.org/

COMESA: Common Market for Eastern and Southern Africa (Gemeinsamer Markt für das Östliche und Südliche Afrika)
→ www.comesa.int

DAAD: Deutscher Akademischer Austauschdienst
→ www.daad.de

DAC: Development Assistance Committee (Entwicklungsausschuss der OECD)
→ www.oecd.org/development/developmentassistancecommittee dac.htm

DEG: Deutscher Investitions- und Entwicklungsgesellschaft
→ www.deginvest.de

DEZA: Direktion für Entwicklung und Zusammenarbeit
→ www.eda.admin.ch/deza/de/home.html

DFID: Department for International Development
→ www.gov.uk/government/organisations/department-for-international-development

EAD: Europäischer Auswärtiger Dienst
→ https://eeas.europa.eu/headquarters/headquarters-homepage_en

EG/EU: Europäische Gemeinschaft/Union
→ https://europa.eu/european-union/index_de

FAO: Food and Agriculture Organization (Welternährungsorganisation)
→ www.fao.org

FTAA: Free Trade Areas of the Americas (Amerikanische Freihandelszone)
→ www.ftaa-alca.org/alca_e.asp

G 8: Gruppe der Acht (Industriestaaten Deutschland, Frankreich, Großbritannien, Kanada, Italien, Japan, USA, Russland)

G 20: Gruppe der 20 (wichtigsten Industrie- und Schwellenländer)
→ www.g20.org

GCC: Gulf Cooperation Council (Golf-Kooperationsrat)
→ www.gcc-sg.org/en-us

GIZ: Deutsche Gesellschaft für Internationale Zusammenarbeit
→ www.giz.de

IBRD: International Bank for Reconstruction and Development (Internationale Bank für Wiederaufbau und Entwicklung)
→ www.worldbank.org/en/who-we-are/ibrd

ICSID: International Centre for Settlement of Investment Disputes (Internationales Zentrum für die Beilegung von Investitionsstreitigkeiten)
→ https://icsid.worldbank.org

IDA: International Development Association (Internationale Entwicklungsorganisation)
→ http://ida.worldbank.org/

ILO: International Labour Organization (Internationale Arbeitsorganisation, IAO)
→ www.ilo.org

IMF: International Monetary Fund (Internationaler Währungsfond, IWF)
→ www.imf.org

KfW: Kreditanstalt für Wiederaufbau
→ www.kfw.de

MERCOSUR: Mercado Común del Sur (Gemeinsamer Markt des Südens)
→ http://www.mercosur.int/

NAFTA: North American Free Trade Agreement (Nordamerikanisches Freihandelsabkommen)
→ http://www.naftanow.org/

NATO: North Atlantic Treaty Organisation (Nordatlantikvertrag-Organisation)
→ www.nato.int

NEPAD: New Partnership for Africa's development (Neue Partnerschaft für Afrikas Entwicklung)
→ www.nepad.org

OAS: Organization of American States (Organisation Amerikanischer Staaten)
→ www.oas.org

OECD: Organization for Economic Co-Operation and Development (Organisation für wirtschaftliche Zusammenarbeit und Entwicklung)
→ www.oecd.org

OPEC: Organization of the Petroleum Exporting Countries (Organisation erdölexportierender Länder)
→ www.opec.org

SADC: Southern African Development Community (Südafrikanische Entwicklungsgemeinschaft)
→ www.sadc.int

SEATO: Southeast Asia Treaty Organisation (Südostasiatisches Verteidigungsbündnis)

SIDA: Swedish International Development Cooperation Agency (Internationale Schwedische Agentur für Entwicklungszusammenarbeit)
→ www.sida.se/English/

UN: United Nations (Vereinte Nationen)
→ www.un.org

UNAIDS: Joint United Nations Programme on HIV/AIDS (Gemeinsames Programm der Vereinten Nationen zu HIV/AIDS)
→ www.unaids.org

Unasur: Unión de Naciones Suramericanas (Union Südamerikanischer Nationen)
→ www.unasursg.org

UNCTAD: United Nations Conference on Trade and Development (Welthandels- und Entwicklungskonferenz)
→ www.unctad.org

UNDP: UN Development Programme (Entwicklungsprogramm der Vereinten Nationen)
→ www.undp.org

UN/ECA: Economic Commission for Africa (UN-Wirtschaftskommission für Afrika)
→ www.uneca.org

UNECLAC: Economic Commission for Latin America and the Caribbean (Wirtschaftskommission für Lateinamerika und die Karibik)
→ www.cepal.org/en

Anhang

UNEP: UN Environment Programme (Umweltprogramm der Vereinten Nationen)
→ www.unep.org

UNESCAP: UN Economic and Social Commission for Asia and the Pacific (Wirtschafts- und Sozialkommission für Asien und den Pazifik)
→ www.unescap.org

UNESCWA: Economic and Social Commission for Western Asia (Wirtschafts- und Sozialkommission für Westasien).
→ www.unescwa.org

UNFPA: UN Fund for Population Activities (UN-Fonds zur Finanzierung von Bevölkerungsprogrammen)
→ www.unfpa.org

UNHCR: UN High Commissioner for Refugees (Hoher Flüchtlingskommissar der Vereinten Nationen)
→ www.unhcr.org

UNICEF: UN Children's Fund (UN-Kinderhilfswerk)
→ www.unicef.de

UNIFEM: UN Development Fund for Women (UN Entwicklungsfond für Frauen)
→ www.unwomen.org

VENRO: Verband Entwicklungspolitik Deutscher Nichtregierungsorganisationen e.V.
→ http://venro.org/

WB: World Bank (Weltbank)
→ www.worldbank.org

WFP: World Food Program (Welternährungsprogramm)
→ de.wfp.org

WHO: World Health Organization (Weltgesundheitsorganisation)
→ www.who.int

WTO: World Trade Organization (Welthandelsorganisation)
→ www.wto.org

Statistiken

UN World Population Prospects (Bevölkerung)
→ https://esa.un.org/unpd/wpp/
UN World Urbanisaation Prospects (Verstädterung)
→ https://esa.un.org/unpd/wup/
UN Habitat (Slums)
→ urbandata.unhabitat.org
Deutsche Stiftung Weltbevölkerung
→ www.dsw.org

UNHCR (Flüchtlinge)
→ http://popstats.unhcr.org/en/overview
UN Migration
→ https://esa.un.org/unmigration
WHO (Gesundheit)
→ www.who.int/gho/en/
UNAIDS (Aids)
→ http://aidsinfo.unaids.org/
Faostat (Landwirtschaft)
→ www.fao.org/faostat/en/
Aquastat (Wasser)
→ www.fao.org/nr/aquastat/
UN Water
→ www.unwater.org/statistics
Land Matrix (Land Grabbing)
→ www.landmatrix.org
Bundesanstalt für Geowissenschaften und Rohstoffe
→ www.bgr.de
Internation Energy Agency
→ www.iea.org
Human Development Index
→ www.hdr.undp.org
World Bank (Entwicklungsindikatoren)
→ http://databank.worldbank.org/data/ddperror.aspx
World Bank (Armut)
→ http://data.worldbank.org/topic/poverty
World Trade Organization (Handel)
→ http://stat.wto.org/
UNCTAD (Handel, FDI, Rücküberweisungen)
→ http://unctadstat.unctad.org/EN
International Monetary Fund (Wirtschaft)
→ www.imf.org/en/Data
OECD (Wirtschaft)
→ https://data.oecd.org
Transparency International (Korruption)
→ www.transparency.de
Freedom House Report
→ https://freedomhouse.org/reports
Eurostat
→ http://ec.europa.eu/eurostat/de
Afrobarometer
→ www.afrobarometer.org
CEPAL (Lateinamerika)
→ www.cepal.org/en/datos-y-estadisticas

Abkürzungen

AIDS: Acquired Immune Deficiency Syndrome (erworbenes Immundefektsyndrom)
AKP: Afrika-Karibik-Pazifik-Staaten
BIP: Bruttoinlandsprodukt
BNE: Bruttonationaleinkommen
BW: Bürgerwehr
CoC: Codes of Conducts (Verhaltenskodex)
EEF: Europäischer Entwicklungsfonds
EH: Entwicklungshilfe
EL: Entwicklungsland
EP: Entwicklungspolitik
EPZ: Exportproduktionszone
ER: Entwicklungsregion
EZ: Entwicklungszusammenarbeit
FDI: Foreign Direct Investments (Ausländische Direktinvestitionen, ADI)
FPZ: Freie Produktionszone
FZ: Finanzielle Zusammenarbeit
GATS: General Agreement on Trade in Services (Allgemeine Abkommen über den Handel mit Dienstleistungen)
GATT: General Agreement on Tarifs and Trade (Allgemeine Zoll- und Handelsabkommen)
GDI: Gender-related Development Index (geschlechtsbezogener Entwicklungindex)
GII: Gender Inequality Index (Index für Geschlechterungerechtigkeit)
HDI: Human Development Index (Index der menschlichen Entwicklung)
HIPC: High Indebted Poor-Countries (Hochverschuldete arme Länder)
HIV: Human Immune Deficiency Virus (Menschliches Immunschwäche-Virus)
HPI: Human Poverty Index (Index für die menschliche Armut)
IL: Industrieland
IT: Informationstechnik
KZ: Karikative Zusammenarbeit
LDC: Least Developed Countries (Am wenigsten entwickelte Länder)
LIC: Low-Income-Countries (Länder mit niedrigen Einkommen)
LLDC: Landlocked Developing Countries (Entwicklungsländer ohne Meereszugang)
LRE: Ländliche Regionalentwicklung
MDG: Millenium Development Goals
MFA: Multifaser-Abkommen
MIC: Middle-Income-Countries (Länder mit mittleren Einkommen)

Mio.: Million
MPI: Multidimensional Poverty Index (Index für Multidimensionale Armut)
Mrd.: Milliarde
NDC: Newly Declining Countries
NGO: Non-Governmental Organization (Nicht-Regierungsorganisation, NRO)
NIC: Newly Industrializing Countries („Schwellenländer")
NWWO: Neue Weltwirtschaftsordnung
OD: Official Aid (Entwicklungszusammenarbeit)
ODA: Official Development Aid (Öffentliche Ausgaben für Entwicklung)
PPP: Public Private Partnership (Öffentlich-Private Partnerschaft)
PZ: Personelle Zusammenarbeit
SAL: Structural Adjustment Loan (Strukturanpassungsdarlehen, SAD)
SAP: Structural Adjustment Program (Strukturanpassungsprogramm)
SIDS: Small Island Developing Countries (Inselentwicklungsländer)
SILIC: Severely Indebted Low Income Countries (Stark verschuldete Länder mit geringen Einkommen)
SIMIC: Severely Indebted Middle Income Countries (Stark verschuldete Länder mit mittleren Einkommen)
SWZ: Sonderwirtschaftszone
TNK/TNU: Transnationale Konzerne/Unternehmen
TZ: Technische Zusammenarbeit
VAE: Vereinigte Arabische Emirate
ZG: Zivilgesellschaft
ZFD: Ziviler Friedensdienst

Register

fett – definierender oder erläuternder Text in der Marginalspalte

Abhängigkeitstheorie 166f
Absolute Armut 8, 43, **53**, 83
Afrikanische Union 16, **88**, 161
Agenda 2030 9
Agenda 2063 182
Agenda 21 8, 162
Agrarische Rohstoffe 70ff
Agrarkolonialisation 117
Agrarländer 166
Agrarsubventionen 72
Agrobusiness 63, 71, 73, 112, 124
AIDS 55, 59ff, 66, 92f
AKP-Staaten 87, **162**
ALBA 16, **108**
Allmende 122
Altersaufbau 51
Amenity Migration 46
Antiretrovirale Therapie 93
Apartheid 90
Appeasement-Politik 89
Arabische Liga 16
Arabischer Frühling 128
Arbeitslosigkeit 11, 18, 21, 30, 42, 63, 128, 133, 137, 147
Armut 9, 17, 53ff
Armutsquote 109, 131
Armutsviertel (Slum) 32, 34, 44, 68, 109, 130
ASEAN 16, 18, **131**, 157
Asyl 62
Austerität 113
Automobilindustrie 29, 110f
autozentrierte Entwicklung 166

Bad Governance 11, 17, 42, 77ff, 100,
Bandung-Konferenz 13
Banken 26, 29, 42, 65, 98, 107, 112f, 148, 171, 174, 177
Baumwolle 72, 129
Bekleidung, Textilien 7, 28, 30, 43f, 45, 110, 129, 142, 155, 172
Bergbau 65, 88, 90f, 94f, 98, 109,124, 149f
Berliner Konferenz 21, 85, 94
Bevölkerungsdruck 21
Bevölkerungszunahme 48f, 63
Bewässerung 82, 101, 136, 142f, 154
Bewässerungsfeldbau 70, 99, 120f
Big Push 181
Bildung 6, 8f, 14f, 18, 34, 48ff, 51f, 53, 55f, 65f, 85, 89, 91, 104, 106, 113, 115, 132, 139, 142ff, 153, 175, 180f
Billiglohnarbeitskräfte 30, 34f, 45, 130

Billiglohnländer 11, 28, 34f, 43, 55, 58, 129, 157, 184
Blockhandel 22
Blue Card 66
Blumen 34, 63, 172
BMZ 7f, 13f, 85, 162ff, 170, 174f, 179, 182
Boat People 62f
Bottom-up-Strategie 169
Braindrain 33, 66f
Brandrodungsfeldbau 70, 72, 75f, 154f
Bretton Woods 26
BRICS 16, 88, 120, 130
Budgethilfe 90, 99, 136
Bürgerkriege 11, 17, 55, 74, 85f, 94f, 103, 105, 109, 118, 138, 153, 156
Bürokratie 129, 145f

Cash Crops 71
Cash-for-Work-Programm 92
Chaebol 18
Chicago-Boys 45
Ciudades Valladas 69
Codes of Conduct 172
Coltan 34, 74, 87, **95**
Compact with Africa 181
Container 26
Cotonou-Abkommen 87

Dangerous places 79f
Degradation 10, 72, 75, 167
Dekolonisation 22
Demografischer Übergang 48f
Demokratie 16, 77ff, 98, 100, 107, 109, 115, 130, 141, 162, 182
Deregulierung 11, 27, 30, 46, 175
Devisen 22, 42, 60, 71f, 75, 93, 101, 113, 175, 177f
Diamanten 90ff
Diktatur 11, 107
Disparität 30, 39, 100, 146, 165, 178, 181
Dissoziation 166
Diversifizierung 92f, 135
Dreieckshandel 20f, 105
Dritte Welt 13
Drogen/Drogenhandel 38, 113

EAD 162
Ebola 59, 163
EEF 162
Einwanderungspolitik 66
Eisenbahn 85, 88, 94, 109, 149, 155
Empowerment 56
endemisch 59
Entschuldung 177f
Entstofflichung 26
Entwicklung 6

Anhang

Entwicklung von oben 178
Entwicklung von unten 169
Entwicklungsbank 16, 84, 148, 161ff, 180
Entwicklungshilfe 7, 17, 22, 62, 89, 101, 136, 160ff, 169, 178f, 181, 185
Entwicklungsland 13, 22
Entwicklungspolitik 7, 163
Erdbeben 17, 63, 70, 115, 118, 131, 167
Erdgas 40, 74, 87, 109, 114, 127, 133, 135, 136
Erdöl 40f, 69, 74f, 87f, 96, 99, 105, 109, 124, 127, 148f
Erdölländer 13f, 24, 65, 74, 87, 108, 110, 125ff, 132f
Erneuerbare Energien 119, 121f
Erste Welt 13
Europäischer Entwicklungsfonds 162, 164
Europäisierung 20, 22, 26, 82
Exportdiversifizierung 175
Exportproduktionszone 34f, 43, 68, **176**

Failing, failed State 78, 85, **86**
    Fairer Handel (Fair Trade) 46, 104, 172, 182
    Favela 123
    FDI 8, 67, 82f, 111, 160, 163, **174**, 175
    Finanzkrise 30, 114
    Fine 172
    Flüchtlinge 7, 16, 62f, 80, 98, 99, 115, 139, 144
    Flüchtlingslager 63f
    Food Crops 70
    Fordismus 27
    Forstwirtschaft 155
    Fragmentierung 26, 31, 33ff, 45, 55, 91, 93, 109, 117, 150, 153
    Frauendiskriminierung 11, 55ff
    Freihandel 20f, 107f, 111
    Freihandelszone 107
    Friedenssicherung 7, 163
    FTAA 107

G20 15, 123, 163, 179, 181
    G7/G8 15, 46, 84, 88, 177, 178, 181
    Gated Communities 35, 45f, 67, 69, 91, 130, 150
    GATT 26, 160
    GCC 16, 135
    GDI 14, 56, 142
    Gebrauchtwaren 35, 100f
    Geburtenrate 48
    Gesundheitstourismus 118
    Gewerkschaften 27f, 34, 46, 107, 176

GII 14
Global City 34, 42
Global Player 18, 30, 34, 38, 41, 44, 74, 87, 124, 172
Globale Märkte 18, 35, 158
Globale Orte 33f, 40f
Globale Produktionskonzepte 28
Globale Produktionsnetze 28
Globalisierte Orte/Regionen 33ff, 40f, 42ff, 67, 97, 124, 125, 130, 159
Globalisierung 6, 8, 11, 22ff, 25ff, 33ff, 51, 53, 59, 61, 63, 69, 74, 76, 82, 84f, 103, 107ff, 111, 120, 124f, 131, 143, 146, 156, 158, 163, 175, 178, 187
Gold 34, 87, 94, 96, 99, 105, 121, 128, 147ff, 150f
Goldenes Dreieck 154
Good Governance 77ff, 177
Großgrundbesitz 105, 109, 122, 124, 129, 145, 148
Grundbedürfnisbefriedigung 171, 185
Gruppe der 77 184
Guerilla 95, 109

Hacienda 105
Hafen 6, 41, 64, 68, 88, 99, 123, 132, 172
HDI 14f, 56, 142, 145
Heimarbeit 29, 34, 44
Heiratsalter 52
Herodisierung 106
Hexagon der Entzivilisierung 11
Hexagon der Zivilität 6
Hexagon fragiler Staatlichkeit 77
Hightech 34, 121
HIPC 176, 178
HIV 9, 59, 60ff, 90ff
Hotspots 179
Humanressourcen 6, 12
Hunger 7, 9f, 11f, 16, 32, 34, 53, 57, 63, 70, 73, 79, 85, 89, 99, 10f, 108, 169, 181
Hungerbörse 73

Ibadismus 134
    IBRD 161
    IDA 161
    ILO 55, 57, 65, 157, 161, 167, 169, 172
    IMF 14, 26, 30, 45, 109, 110ff, 119, 148, 160f, 175f, 177, 184
    Imperialismus 10, 85, 87, 143
    Imperialistischer Handel 21, 25
    Importsubstitution 106, 110
    Indigenes Wissen 82, 89
    Industrialisierung 10, 20f, 32, 89, 105, 110f, 178, 179
    Infektionskrankheiten 61

Informeller Sektor 43, 58, 63f, 68, 96, 113, 123, 139f, 146, 168
Infrastruktur 7, 10, 15, 17, 20, 26, 35, 41ff, 44f, 63, 67f, 79, 85, 88, 90f, 93, 94, 96, 100, 102, 109, 115, 119, 120, 126ff, 132, 136, 142, 147ff, 153, 155, 157, 158, 165ff, 170, 174ff, 178f, 180, 181, 182f
Internet 26, 41f, 64, 82f, 84, Islam 42, 49, 56f, 82, 87, 102, 125, 126, 129, 134, 137, 143f
IT-Infrastruktur, IT-Wirtschaft 18, 41, 44, 66, 127, 130

Jirga 140f
    Joint Venture 91
    Just-in-time-Produktion 27, 44

Kaffee 23, 57, 63, 71, 75, 97, 05, 112, 116f, 155, 172
    Kakao 23, 57, 63, 71, 75, 172
    Kapitalflucht 176
    Kapitalismus 22, 25, 165, 166
    Kasinokapitalismus 30
    Katastrophenhilfe 17, 22, 36, 49, 63, 87, 100, 106, 160, 162, 167, 168
    Kinderarbeit 11, 28, 35, 57ff, 68, 149
    Kindersoldaten 58, **96**
    Kindersterblichkeit 9, 11, 15, 30, 34, 49
    Kleptokratie 78, **94**
    Klientelismus 11, 78
    Klimaschutz 122
    Klimawandel 10, 62f, 75f, 184
    Kohle 95, 128, 147, 149
    Kolonialhandel 20ff
    Kolonialismus 10, 11, 20, 48, 53, 71, 73, 78, 85f, 90, 94, 96f, 102f, 104, 106, 111, 117, 118, 121f, 124, 127, 131, 136, 142f, 149, 152, 157, 166
    Kooperationsländer 13f
    Korruption 11, 42, 74, 77f, 83, 86, 89, 102, 104, 107, 109, 137, 143, 149, 151, 177, 179, 185
    Krieg 9, 11f, 16, 18, 57, 62, 67, 79f, 85, 94f, 105, 125, 128f, 138ff, 144, 152f 158, 179
    Kriminalität 58, 68, 109, 115, 117, 123, 149
    Kupfer 74, 94, 105, 107, 127, 147ff,

Land Grabbing 38, 60, 63, 71, 73f, 150
Länder des Südens 11, 13
Landflucht 18, 51, 67, 69, 109, 139, 179, 185
Ländliches Sparen 171
Landlord 54, 125, 145, 168, 171
Latifundium 105f

LDC 13
Lean Management 29
Lebenserwartung 11, 15, 48f, 59f, 84f, 92f, 104, 142, 145, 153
Liberalisierung 11, 27, 98, 107, 109, 120, 128, 146, 158, 175
LIC 15
Lomé-Abkommen 87
LRE/Ländliche Regionalentwicklung 169f
Luxuskonsum 34, 36, 75, 129, 140, 174, 176, 177

Malaria 59, 66
Maquiladoras 110
Marshallplan für Afrika 85
MDG 8f, 46, 52, 53, 162, 178
Megacity 43, **67**, 158,
Mercosur 16, **107**
Merkantilistischer Handel 20
Migration 11, 16, 43, 51, 62ff, 66, 85, 103, 109, 179f, 183, 185
Mikrokredite 129, 171
Militär, Militarismus 11, 17, 26, 63, 79, 85f, 94, 102, 106f, 121, 129, 134, 137, 143ff
Militärhilfe 36, 86, 146
mobile Tierhaltung/Nomadismus 70, 90, 99, 138f, 148f, 151, 154
Modell 35
Modernisierungstheorie 165f
Monarchie 77, 78, 85, 126, 158
Monroe-Doktrin 106
MPI 14f
Multifaserabkommen 87
Müttersterblichkeit 8, 9
Nachhaltigkeit 7, 9, 35, 69, 87, 163, 170, 173
nachholende Entwicklung 6, 33, 37, 142, 158, 165

NAFTA 108, 111
Nation Building 134
Nationalpark 115f
Naturkatastrophen 17, 34, 59, 67, 85, 100
Natürliches Bevölkerungswachstum 48
Neoliberalismus 45, 85, 108, 120, 123f, 143, 158, 178
NEPAD 88, 160, 181
Neue Peripherie 23, 34f, 40f, 45, 125, 130
Neue Weltwirtschaftsordnung 184
NGO 13, 46, 96, 129, 160ff, 171, 174, 176, 181
NIC 16, 18, 23
No-Entrance-Area 68
No-Go-Areas 68

OAS 107
ODA/Entwicklungshilfe 22, 67, 101, 160, **162**
Offshoring 33
Ökotourismus 115ff
Ölpalme, Palmöl 71, 74, 95, 99, 101
Orienthandel 20
Outsourcing 33, 44

pandemisch 59, 92
Partizipation 6f, 11, 31, 35, 51, 78, 124, 170
Partnerschaftsvertrag 179
Pashtunwali 140f
Pavement Dweller 68
Peacebuilding 98
Plantagenwirtschaft 20, 55, 58, 71, 75, 101, 105, 116, 121
Planwirtschaft 13, 22, 147
PPP 8, 160, 163, 174f
Prädestination 165
Privatisierung 11, 27, 30, 46, 109, 110, 114, 128, 146, 175
Produktivität
Pufferstaat 65, 136, 152
Push-and-Pull-Modell 63f
Pyramidale Produktion 29, 44

Quecksilber 149
Quilombolas 122

Regenfeldbau 99f, 136
Regenwaldzerstörung 75f, 177
Reis 42, 56, 99, 120, 154f
Religion 52, 62, 125, 129, 143f
Rentierstaat 78
Ressourcenfluch 124
Ressourcenkrieg 87, 95
Rohstoffländer 74f, 166
Rücküberweisungen 66f, 114, 126, 183

Scheingewinner 33f, 38, 45
Schengener Abkommen 65
Schuldendienst 177
Schuldenquote 177
Schuldknechtschaft 145
Schwellenländer 13
SDG 9f, 46, 52f, 162
Seroprävalenz 92
Shifting Cultivation 70, 155
Shopping Mall 41, 84f, 112, 140, 150
SILIC 15
SIMIC 15
Sklaverei 8, 20f, 65, 85, 94, 121f, 123, 166
Slum 32, 34f, 44, 68, 109, 130
Soja 71, 74, 76, 105, 121, 124, 150, 155, 172

Söldner 63, 86
Sonderwirtschaftszone 18, 64, 68, **176**
Soziale Fragmentierung 26, 31, 38, 55, 90f, 109, 117
Soziale Marktwirtschaft 27
Sozialismus 23, 102, 107f, 147f, 152
Sozialleistungen 176
Sozialstandards 27, 46,
Staatsunternehmen 110, 147
Sterberate 48
Strukturanpassungsdarlehen/SAL 160, 176
Strukturanpassungsprogramm 27, 100, 109, 110, 120, 160, 175f, 181
Subsistenzwirtschaft 63, 70, 154, 168
Subvention 72, 92, 101, 104, 112, 150, 176
Sweatshop 46, 55, **65**, 68

Tee 43, 57, 71, 97, 172
Telekommunikation 26, 132, 155
Terms of Trade 22, 113, 184
Terrorismus 36, 39, 42, 82, 87, 102, 125, 128f, 143, 146,
Terrorismusbekämpfung, Terrorismusprävention 7, 16, 26, 36, 63, 79, 102, 163
Terrororganisationen 85, 87, **102**, 137,
Therapietreue 93
Tojotismus 27
Tourismus 34, 41, 76, 91, 115ff, 129, 133, 152, 156f
Transformation 147ff
Transformationsländer 14, 23, 174
Transnationale Konzerne 16, 23, 26, 28, 32, 34, 43, 63, 71, 112, 121, 131, 149, 168, 176
Triade 24
Trinkwasser 9, 11, 34, 48, 53, 59, 76, 99, 132, 140, 181
Tuberkulose 59, 66

Überflüssige 32, 33, **38**, 45
Ujamaa-Sozialismus 169
Umweltauflagen 26, 28, 32, 34, 110, 172, 176
Umweltschutz 7, 119, 164
Umweltzerstörung 32, 75f
UN 14, 161
Unabhängigkeit 11, 17, 21f, 42, 77, 85f, 90, 94, 99, 102, 106, 126, 142ff, 152, 158,
UNAIDS 61, 92, 161
Unasur 16
UNDP 14, 161
UNECA 86, 161

Anhang

UNHCR 62, 161
Unterentwicklung 11f
Unterernährung 9, 30, 42, 59, 83

Verflechtungsansatz 168
Verkehrsinfrastruktur 41, 91, 94, 118, 123, 140, 142, 153, 157
verlängerte Werkbank 23, 30, 125, 130
Verschuldung 15, 17, 22, 27, 99, 110, 113, 151, 176, 177f
Verstädterungsquote 67
Verstädterungsrate 67
Verwundbarkeit 11, 167
Virtuelle Unternehmen 23, 28

Waffenhandel 79
Warlord 11, 95, 137f
Washington Consensus 27
Wasserkraft 155f
Weltarbeitsteilung 22, 30
Weltmarktpreise 101, 103
Weltsozialforum 32, 185
Weltwirtschaftsforum 185
WHO 161
Wirtschaftswachstum 33
World Bank (WB) 15, 26, 160f
WTO 160

Zivilgesellschaft (ZG) 162, 164
Zölle 43, 99, 110, 120, 150, 181
Zuckerrohr 71, 74, 105, 121f, 155, 172
Zulieferbetriebe 30
Zwei-Kind-Politik 49f
Zweite Welt 13

Bildnachweis

alamy images, Abingdon/Oxfordshire: 135 M 4 (Eric Nathan); BMW Group PressClub, München: 29 M 3 (Fabian Kirchbauer); Borsdorf, Axel, Innsbruck: 46 M 1; Bundesgesetzblatt 2012, I S. 1230/wikimedio.org: 66 M 1; Doevenspeck, Martin, Bayreuth: 98 M 1; dreamstime.com, Brentwood: 71 M 6, 82 M 3 (Vatikaki), 88 M 2 (Derejeb), 154 M 1 (Digitalpress); Ellenberg, Ludwig, Berlin: 117 M 5, M 6 118 M 3; Getty Images, München: 5 (Neil Thomas/FIFA), 86 M 1 (Bettmann Archive), 171 M 3 (Phillip Lissac), 173 M 2 (The Asahi Shimbun), 176 M 1 (AFP); Glawion, Rainer, Freiburg: 119 M 5; Hahn, Paul: 72 M 1; iStockphoto.com, Calgary: Titel (AYOTOGRAPHY), 6 M 2, 17 M 3 (Niko Guido), 20 M 2 (Grafissimo), 41 M 3 (Nikada), 47 (Bartosz Hadyniak), 68 M 3 (danishkhan), 71 M 4 (Josef Friedhuber), 81 mi. (MissHibiscus), 81 li.(jcarillet), 82 M 2 (Heiko Honsa), 109 M 3 (Bannach), 113 M 4 (CharlieRamos), 115 M 2 (rob_knight_ink), 118 (Roberto A Sanchez), 126 M 1 (ugurhan), 129 M 6 (Mlenny), 129 M 4 (fmajor), 130 M 2 (real444), 132 M 3 (Jolkesky), 167 M 4 (Bartosz Hadyniak); Janzen, Jörg, Berlin: 148 M 1, 149 M 3, 150 M 2, 151 M 3, M 4; Jüngst, Reiner, Wolfenbüttel: 130 M 1; Kraas, Frauke, Köln: 155 M 2, M 3 156 M 3; Krüger, Fred, Erlangen: 61 M 4, 90 M 2, 92 M 1, M 2; laif, Köln: 101 M 4 (Deville), 125 M 2 (Wolf); Malteser International e.V., Köln: 17 M 4; MONUSCO Photos, Kinshasa - Gombe: 64 M 1 (Sylvain Liechti/Lizenz: CC-BY-SA 2.0), 96 M 2 (Abel Kavanagh/Lizenz: CC-BY-SA 2.0), 97 M 5 (Abel Kavanagh/Lizenz: CC BY-SA-2.0), 98 M 2 (Sylvain Liechti/Lizenz: CC BY-SA-2.0); NASA Johnson Space Center, Houston/Texas: 76 M 3 (The Gateway to Astronaut Photography of Earth); Neuburger, Martina, Hamburg: 121 M 4, 122 M 2; Picture-Alliance, Frankfurt/M.: 16 M 1 (EFE/Jarbas Oliveira), 28 M 1 (dpa/Andreas Gebert), 43 M 4 (AP Photo/A.M.Ahad), 50 M 3, 58 M 1 (dpa/epa Leslie Neuhaus), 62 M 2 (Rowan Griffiths/Daily Mirror), 66 M 2 (Armin Weigel/dpa), 77 M 4 (dpa/epa afp C K Karki), 79 M 3 (AP Photo/Jon Gambrell), 82 M 1 (Clemens Emmler), 87 M 3, 181 M 2 (ZUMAPRESS/Egyptian President Office); Scholz, Prof. Fred, Berlin: 41 M 4, 44 M 2, 50 M 2, 55 M 2, 70 M 2, M 3, 100 M 3, 129 M 5, 132 M 2, 133 M 6, M 7, 145 M 3, 168 M 1, M 2, 170 M 1; Schütte, Stefan, Berlin: 138 M 1, 139 M 2, M 3, 140 M 2; Schwarz, Fabian, Bayreuth: 71 M 7; Shutterstock.com, New York: 19 (hxdyl), 41M 2 (Kjersti Joergensen), 45 M 3 (Andrew V Marcus), 59 M 3 (paul prescott), 64 M 2 (Patrick Poendl), 68 M 2 (Vitoriano Junior), 69 M 5 (DoublePHOTO studio), 77 M 5 (R. Szymanski), 81 re. (StanislavBeloglazov), 95 M 2 (Nada B), 116 M 4 (jo Crebbin), 121 M 6 (celio messias silva), 123 M 3 (Sergio Shumoff), 128 M 2 (Yury Shkrebiy), 150 M 1 (alenvl), 153 M 3 (Thanyapat Wanitchanon), 159 (Tracing Tea), 171 M 2 (lev radin); Thomson Reuters (Markets) Deutschland, Berlin: 43 M 3 (Andrew Biraj), 76 M 1 (Nikhil Monteiro), 80 M 2 (Abdalrhman Ismail), 100 M 2 (Finbarr O'Reilly), 103 M 2 (Luc Gnago), 111 M 5 (Jorge Duenes), 113 M 3 (Daniel Becerril), 128 M 3 (Shamil Zhumatov), 128 M 1 (Asmaa Waguih), 131 M 3 (Kim Min-hee/Kyodo News/Pool), 134 M 1 (Ahmed Jadallah), 140 M 1 (Ahmad Masood), 144 M 1, 146 M 1 (Akhtar Soomro); Tielman, Frank-Udo, Köln: 125 M 1; ullstein bild, Berlin: 79 M 2 (AP); wikimedia.commons: 20 M 1 (Lizenz: CC 0), 21 M 4 (Adalbert von Rößler), 62 M 1 (U.S. Department of State), 103 M 3 (Thomas Goisque/Lizenz: CC BY-SA-3.0), 105 M 1 (Ten Views in the Island of Antigua, London 1823/Lizenz: CC0), 107 M 2, 116 M 3 (CC 0), 156 M 2 (Chaoborus/Lizenz: CC-BY-SA 3.0); Wu Ning, Chengdu: 26 M 1.